EICHMANN
L'INTERROGATOIRE

JOCHEN VON LANG

EICHMANN
L'INTERROGATOIRE

Edition établie avec la collaboration
de Claus Sibyll

Introduction d'Avner W. Less

Traduit de l'allemand par Jean-Marie Argelès

PIERRE BELFOND

216, boulevard Saint-Germain
75007 Paris

Ce livre a été publié sous le titre original
DAS EICHMANN-PROTOKOLL
par Severin und Siedler, Berlin

Si vous souhaitez recevoir notre catalogue
et être tenu au courant de nos publications,
envoyez vos nom et adresse, en citant ce livre,
aux Editions Pierre Belfond
216, boulevard Saint-Germain
75007 Paris

ISBN 2.7144.1646.2

Aux victimes

INTRODUCTION

C'est le 26 mai 1960, vers 16 heures 45, que je vis Adolf Eichmann pour la première fois. Mon supérieur direct, le colonel Hofstätter, et moi-même l'attendions dans la salle des interrogatoires. Nous étions l'un et l'autre très tendus. Le colonel, pourtant si maître de lui habituellement, ne parvenait à dissimuler sa nervosité. Lorsque, enfin, nous eûmes devant nous le détenu, vêtu d'un pantalon et d'une chemise kaki, chaussé de sandales découvertes, je fus déçu. Je ne me rappelle plus ce que je m'imaginais, vraisemblablement un nazi tel qu'on les voit dans les films : grand, blond, les yeux bleus, un regard perçant, un visage brutal où éclate une arrogance hautaine. Et c'était soudain quelqu'un de tout à fait ordinaire qui se présentait, un homme légèrement plus grand que moi, plutôt maigre que mince, la chevelure clairsemée ; rien d'un Frankenstein ni d'un diable cornu aux pieds fourchus. Une apparence aussi normale me fit trouver plus accablante encore l'insensibilité dont il fit preuve durant ses interrogatoires, insensibilité à laquelle je m'attendais pourtant après avoir lu de premiers documents.

Eichmann ouvrit nos entretiens par une demande ; il portait des lunettes en Argentine. On les lui avait enlevées et il en avait maintenant besoin. Je les lui fis redonner. Plus tard, pour des raisons de sécurité, on remplaça les verres par des lentilles en matière synthétique et, comme il désirait prendre des notes avant les interrogatoires, je veillai à ce qu'il pût les porter toute la journée, dans sa cellule.

Eichmann se révélant gros fumeur, je fis augmenter sa ration de cigarettes ; en outre je lui offris constamment des miennes ; à l'époque, je fumais aussi et il ne me vit jamais allumer une cigarette sans en recevoir une. Ce geste de ma part ne relevait pas d'une intention particulière mais le fait est que fumer le rendait plus loquace et l'aidait à se concentrer.

La première fois que nous fûmes assis face à face, c'était un vrai paquet de nerfs. Un tic lui contractait la moitié gauche du visage. Il cachait sous la table le tremblement de ses mains. Je sentais qu'il était terrorisé à l'idée qu'on pourrait user avec lui de méthodes expéditives. Il ne connaissait en effet que ses propres manières de mener un interrogatoire ainsi que celles de ses anciens collègues de la Gestapo. Il devait lui paraître tout à fait invraisemblable que la police israélienne pût se montrer à son égard d'une extrême correction.

A le voir ainsi devant moi, j'eus soudain l'impression de tenir entre mes mains un oiseau apeuré et sans défense. Toutefois, à mesure que l'instruction se poursuivait, d'autres sentiments se firent jour en moi. Tant ses propos que les documents montraient à l'évidence avec quelle froide astuce et quelle ingéniosité il avait planifié et mis en œuvre l'extermination des Juifs. L'envie me prenait alors, parfois, de fuir tout contact avec lui et de me trouver une bonne raison de repousser l'entretien à un autre jour, car je me sentais incapable d'écouter plus longtemps ses récits atroces ou ses mensonges grossiers.

L'interrogatoire garda néanmoins, d'un bout à l'autre, le ton de la conversation. Les premiers jours, dans le feu de la discussion, il nous arriva de parler en même temps ou de nous couper la parole. Les secrétaires qui décryptaient les bandes magnétiques s'étant plaintes de cette cacophonie, nous décidâmes d'un commun accord qu'Eichmann cesserait de parler à mon signal. Cela fonctionna très bien.

Il parlait un allemand impossible. J'eus au début les plus grandes peines à le comprendre — il s'exprimait dans son dialecte autrichien mâtiné de berlinois, alourdi encore par le jargon de l'administration nazie et par d'interminables phrases à tiroirs dans lesquelles il lui arrivait de se perdre lui-même. Le lendemain de la première visite que lui fit son avocat, le Dr Servatius, Eichmann me demanda : « Mon Capitaine, savez-vous ce que vient de me dire le Dr Servatius ? Il a trouvé à redire à mon allemand et m'a déclaré : " Vous devriez commencer par réap-

prendre l'allemand. Même le meilleur des traducteurs ne viendrait pas à bout de vos phrases à tiroirs". »

Son total manque d'humour me frappa tout particulièrement. Il avait des lèvres minces ; les rares fois où il souriait, son sourire n'atteignait pas ses yeux. Il donnait en permanence l'impression d'être tout à la fois sarcastique et agressif.

Il avait d'emblée arrêté sa stratégie défensive. Je la connaissais depuis les procès de Nuremberg ; il reprenait visiblement la tactique qu'avaient suivie les accusés de l'époque. Sachant qu'il jouait sa tête, il se retrancha dès le premier interrogatoire derrière ce système de défense. Tant que les documents n'avaient pas apporté de preuve formelle de sa culpabilité, il niait ; son ancien chef, Kaltenbrunner, n'avait pas procédé autrement. Lorsqu'on le poussait dans ses retranchements, il prétendait alors n'avoir été qu'un « petit rouage » et rejetait toutes les responsabilités sur le dos de ses supérieurs ou de ses subordonnés. Mais il invoquait en règle générale une prétendue obligation disciplinaire.

Il eut recours à ces trois procédés durant son interrogatoire et son procès à Jérusalem. Manifestement, il avait cru pouvoir sauver sa peau s'il parvenait à convaincre tout un chacun de son insignifiance. Je ne m'explique pas autrement les récits si détaillés qu'il me faisait des tueries massives dont il n'avait, en fait, été qu'un témoin totalement passif. Il semblait escompter qu'en contrepartie de la bonne volonté dont il faisait preuve pour décrire les forfaits d'autrui je prêterais foi à ses mensonges et à ses tentatives de dissimulation.

Je devins pourtant pour Eichmann un interlocuteur privilégié. C'était à moi qu'il pouvait tout raconter, les mensonges comme les vérités. Il arrivait parfois qu'accablé par un document à charge il reconnût les faits, à ma grande surprise. Mais, dès la séance suivante, ayant réalisé la portée de ses aveux, il demandait à pouvoir revenir sur le point en question. Il démentait alors tout ce qu'il avait spontanément avoué précédemment.

Une fois même, il me fit un compliment dans les règles. L'interrogatoire portait sur un brouillon de lettre rédigé au ministère des Territoires occupés; ce texte traitait des divers dispositifs à adopter pour le gazage des détenus et contenait cette phrase : « ...Je dois souligner que le Sturmbannführer Eichmann, le responsable aux affaires juives du RSHA, est d'accord avec cette méthode... » C'était un document absolument accablant pour Eichmann mais il avoua pourtant, spontanément, avoir eu cette discussion avec l'auteur de la lettre. Lorsque, le lendemain, nous vérifiâmes ensemble la retranscription de notre entretien, il me dit qu'il aurait quelque chose à ajouter lors du prochain interrogatoire. Je lui fis remarquer que selon nos accords il était maître de ses déclarations ; ce qui me valut un éloge de sa part ; il me répondit qu'il savait très bien que je n'avais pas une seule fois essayé de le faire avouer par des promesses ou des menaces. Il ajouta — textuellement — qu'il lui fallait en conséquence m'exprimer sa très vive gratitude pour un interrogatoire aussi correct. Il souligna ce propos d'une courbette solennelle.

Au début, je n'avais en face de moi qu'un paquet de nerfs ; mais, au bout d'une semaine, Eichmann s'était déjà sensiblement ressaisi — manifestement, la manière dont se déroulait l'interrogatoire le tranquillisait. Une fois pourtant — cela dut se passer durant la deuxième quinzaine du mois de juin 1960 — il céda à la panique ; il avait cru sa dernière heure venue : l'officier commandant la garde était entré dans la salle où je l'interrogeais et avait sommé Eichmann de le suivre chez le juge. Eichmann, profondément effrayé, se leva et, lorsque, de surcroît, un soldat de la garde lui banda les yeux, il eut un instant de faiblesse. « Mais, mon Capitaine, me supplia-t-il, je ne vous ai pas encore tout raconté ! » Je le rassurai : « On vous conduit simplement chez le juge afin qu'il prolonge votre mandat d'arrêt. Nous reprendrons ensuite l'interrogatoire. » A ces mots, Eichmann retrouva sa raideur, et c'est d'un pas assuré qu'il quitta la pièce, encadré de deux soldats. Le bandeau sur les yeux n'était d'ailleurs destiné qu'à l'empêcher d'examiner les environs au cours de cette sortie.

Ce qui m'était le plus désagréable, c'étaient les avances que me faisait Eichmann. Un jour, montrant du doigt ma cocarde de la police israélienne, il me dit : « Mon Capitaine, je constate, à la vue de cet insigne, que nous sommes tous les deux des collègues. Moi aussi, jadis, j'étais un policier. » Je le remis à sa place : « Vous n'avez jamais été un policier. Vous étiez dans la SS et au SD. » Il me regarda avec ahurissement et se contenta d'un : « Ah bon ? » Après un bref instant de silence, il reprit : « Mais je n'ai pas peur de la police. Elle, je la connais. Le tribunal, c'est autre chose car je ne suis encore jamais passé en justice. »

Si j'enchaîne ainsi ces scènes sans rapport entre elles, c'est afin de caractériser cet homme que j'eus devant moi non seulement au cours des interrogatoires mais encore durant les séances de correction des transcriptions. Ce qui me révoltait le plus, c'était de constater que, manifestement, Eichmann n'était pas conscient de la monstruosité de ses crimes et qu'il n'éprouvait pas le moindre remords. Lorsque, le 1er janvier 1961, je fis remarquer qu'une nouvelle année commençait, Eichmann me déclara : « Puis-je me permettre, mon Capitaine, de vous souhaiter une bonne et heureuse année ? » En même temps qu'il me présentait ainsi ses vœux, il s'inclina sur sa chaise et claqua les talons sous son siège. Je me contentai de répondre qu'il m'était impossible de lui rendre ses vœux. Il eut alors cette réplique : « Bien sûr, mon Capitaine, je comprends très bien que vous n'y soyez pas autorisé. » Il ne lui vint pas une seconde à l'idée que cela aurait été au-dessus de mes forces.

Son insensibilité m'apparut encore plus nettement le jour où il me demanda si j'avais des frères et des sœurs et si mes parents vivaient encore. Je lui dis que mon père avait été déporté à l'Est, par l'un de ses services, en janvier 1943, et qu'il avait fait partie d'un des derniers convois sortis de Berlin ; il écarquilla alors les yeux et s'écria : « Mais c'est épouvantable, mon Capitaine, c'est vraiment épouvantable ! »

On comprendra que je ne me sois pas senti en mesure de lui fournir plus de détails sur le destin qui fut celui de ma famille. Je suis né en 1916, à Berlin, dans la Prager Strasse. La famille de mon père était originaire de la Prusse-Orientale, celle de ma mère était installée à Berlin depuis des générations. Mes parents étaient de bons Juifs et n'en étaient pas moins de bons Allemands. Mon père a toujours travaillé durement et honnêtement en Allemagne, aussi longtemps que cela lui fut permis. Lorsque éclata la Première Guerre mondiale, en 1914, il s'engagea comme volontaire. Il survécut à la guerre ; il était très fier de sa Croix *de fer. Ma mère — « par chance » — est morte à quarante-cinq ans à Berlin, juste après la prise du pouvoir par Hitler.*

C'est à l'Ecole supérieure en plein air de la gare de Heerstrasse que je dois les plus belles heures de ma jeunesse. C'était la première école mixte d'Allemagne et on y passait, de plus, la journée entière ; nous y prenions notre déjeuner puis faisions une sieste d'une heure ; nous y faisions aussi nos devoirs et pratiquions beaucoup le sport. Cette méthode éducative a exercé une telle influence sur les anciens élèves de l'école qu'ils se réunissent encore chaque année à Berlin.

J'avais seize ans depuis quelques semaines à peine lorsqu'Hitler arriva au pouvoir. Quelques jours plus tard, la SA et la Gestapo fouillèrent notre appartement. Des SA armés jusqu'aux dents firent encore irruption chez nous, tard le soir, le jour même où l'on avait transporté ma mère à l'hôpital ; elle ne devait d'ailleurs pas en ressortir. Ils nous accusèrent d'avoir vidé la maison du matériel de propagande antinationale — en profitant de la civière qui avait servi à transporter ma mère. Durant l'été de cette même année, mon père acquit la certitude que c'était particulièrement à moi que s'intéressait la SA ; il m'envoya alors en France.

J'arrivai à Paris le 5 septembre 1933, j'étais un réfugié, je n'avais pas de permis de travail. Un jour, je fus chassé de mon hôtel parce que je ne pouvais plus payer ma chambre. Le propriétaire conserva toutes mes affaires ; je ne possédais plus que ce j'avais sur moi. J'avais aux pieds des chaussures de gymnastique — en plein hiver, à Paris, ce n'est pas précisément l'idéal. Mais un jeune a l'art de se faufiler au travers des obstacles et de toujours se tirer d'affaire. Paris devint ainsi ma nouvelle patrie ; mais, dans le même temps, je pris conscience qu'en ma qualité de Juif il ne m'était pas possible de rester dans l'Europe d'alors.

C'est pourquoi j'adhérai à l'Hechaloutz, un mouvement de jeunesse sioniste qui donnait une formation agricole aux jeunes gens désirant se rendre en Israël — la Palestine à cette époque encore. Au début de l'année 1935, Alfred Döblin tint une conférence à Paris. Quelques-uns de mes amis me parlèrent de cette manifestation et me dirent qu'ils y avaient vu une jeune Allemande belle comme le jour. Je décidai d'aller voir cette merveille de mes propres yeux ; je me rendis dans ce local, je la vis et j'en tombai follement amoureux. A mes amis j'annonçai laconiquement : « Je l'épouserai ! »

La jeune fille était originaire de Hambourg et, lorsqu'elle apprit à sa famille que nous avions l'intention de nous marier, ce fut comme si elle annonçait la fin du monde ; j'étais un moins que rien, je n'avais pas encore vingt ans et je n'avais même pas de métier. Sa famille expédia Véra à Stockholm pour lui permettre de prendre du recul mais elle ne put tenir plus de trois mois dans la capitale de la Suède et rentra à Paris. La famille de Hambourg s'avoua vaincue et ne me posa qu'une condition, celle d'apprendre un métier. Je suivis des cours pour devenir coiffeur pour dames, au terme desquels on me délivra un beau diplôme ; désormais, je pouvais au moins coiffer Véra. Nous nous sommes mariés le 7 novembre 1936 à la mairie du Ve arrondissement de Paris.

L'Hechaloutz de Paris nous envoya tout d'abord dans son centre d'apprentissage agricole, un kibboutz dans le Midi de la France. Fin août 1938, nous obtînmes un permis pour la Palestine et nous débarquâmes dans le port de Tel-Aviv au début du mois de septembre. Nous trouvâmes du travail dans les orangeraies de Hadéra ; Véra n'était employée qu'à la coupe des arbres et à la cueillette des fruits, un travail saisonnier par conséquent ; moi, en revanche, je fus embauché à plein temps. Certes, mon employeur n'arrivait pas à me payer en temps voulu et le travail était éreintant mais, au moins, notre existence était assurée.

En octobre 1939, au sixième mois de sa première grossesse, Véra contracta une poliomyélite. Au début, elle était paralysée des pieds à la tête et souffrait de névrite inflammatoire au point que tout contact la mettait à la torture. Aucun hôpital ne voulut l'admettre. Nulle part il n'y avait de personnel qualifié, il n'y avait pas même les appareils indispensables, comme un poumon d'acier ou un matelas hydraulique. A Hadéra, nous avions une pièce avec une petite cuisine ; les « toilettes » étaient à environ trente mètres de là, dans le jardin. Nous n'avions pas l'électricité mais des lampes et des réchauds à pétrole. Je dus abandonner mon travail pour m'occuper de Véra. Les médecins se donnèrent beaucoup de mal mais ils ne savaient encore que peu de chose sur la polio. Ils se demandèrent s'il ne serait pas plus sage d'inter-

rompre la grossesse. Par bonheur, ils ne retinrent pas cette solution ; notre fille, née en février 1940 au prix de grosses difficultés, est aujourd'hui la mère de deux ravissantes fillettes.

Ma sœur, qui vivait à Tel-Aviv, abandonna son travail et prit le bébé en charge. J'appris à masser Véra ; vingt-deux mois durant, je m'occupai d'elle exclusivement. L'allocation de chômage et l'argent de l'assistance ne permettaient pas de vivre mais permettaient de ne pas mourir de faim. C'est pour une part grâce au malheur qui avait frappé la mère de Véra que nous avons pu vivre à l'époque. Elle avait certes réussi à quitter l'Allemagne, peu avant le début de la Seconde Guerre mondiale, mais elle s'était retrouvée bloquée à Belgrade où les nazis la rattrapèrent. Elle y fut assassinée le 30 mars 1942 en même temps que beaucoup d'autres. Mais elle avait réussi à nous faire expédier son mobilier qui finit par nous parvenir après de longues tribulations. Je le vendis, pièce par pièce, à des prix dérisoires.

Véra avait une volonté de fer ; elle voulait vaincre sa maladie. Elle apprit à se déplacer dans la maison et à effectuer de nombreux travaux. Elle était obligée de porter toute la journée, même par les plus fortes chaleurs, un corset orthopédique qui montait très haut. Hors de la maison, elle ne pouvait marcher qu'en s'appuyant à une canne et à mon bras. La première fois que je la poussai dans la rue sur son fauteuil roulant, elle éclata en larmes ; elle venait seulement de réaliser que jamais plus elle ne marcherait comme les gens en bonne santé. Neuf ans plus tard, nous eûmes un nouvel enfant, un fils cette fois. L'accouchement faillit coûter la vie à Véra mais elle fut ensuite très fière de pouvoir langer elle-même notre enfant.

Lorsque Véra fut suffisamment rétablie pour pouvoir rester seule toute la journée, je me mis à la recherche d'un travail. Le gouvernement du territoire sous mandat britannique avait besoin de policiers auxiliaires pour assurer la protection de sites stratégiques. Je postulai à cet emploi et, au bout de quatre semaines d'entraînement militaire auprès de la police de Haïfa, je fus affecté à la surveillance de l'aéroport de la ville. J'étais de service la nuit car cela me permettait de m'occuper de Véra et du ménage durant le jour. Je conservai ce travail quatre ans et demi.

Je ne laissai pas passer la chance d'entrer dans la section du contrôle des prix, au sein du ministère de l'Economie du gouver-

nement sous mandat, lorsque cette chance s'offrit à moi. Mon nouveau salaire, considérablement plus élevé, nous permit de vivre pour la première fois sans souci d'argent ; nous pûmes même, en 1946, grâce à un prêt bancaire, nous acheter un petit appartement. Il était minuscule mais nous n'étions plus sous-locataires si bien que, malgré son exiguïté, il représentait presque pour nous le paradis sur terre. Sitôt l'Etat d'Israël proclamé, j'entrai dans son appareil de contrôle économique et, lorsque la police fut chargée de lutter contre la criminalité économique, je fus nommé officier.

En 1954, on m'envoya passer trois ans et demi aux Etats-Unis ; Véra et les enfants m'accompagnèrent. J'y fis examiner Véra par des spécialistes. Ils lui dirent : « Madame Less, vous êtes un miracle médical vivant. A vrai dire, vous ne devriez pas pouvoir exécuter tous les mouvements dont, pourtant, vous êtes capable. Votre corps est parvenu, d'une manière ou d'une autre, à assumer certaines fonctions par des voies dérivées. Nous ne pouvons rien faire de plus pour vous, sinon vous conseiller de ménager vos forces. » Ce sont eux qui devaient avoir raison ; à partir de 1968, l'état général de Véra s'aggrava ; à partir de 1974, elle dut de plus en plus souvent se servir du fauteuil roulant et elle mourut en 1980 d'une hémorragie cérébrale.

Vingt ans plus tôt, le 23 mai 1960, elle était encore, malgré sa maladie, en relativement bonne forme. Ce jour-là, les journaux du soir annoncèrent, en énormes caractères, l'arrestation d'Eichmann ; ils annoncèrent aussi que le Premier ministre Ben Gourion avait déclaré à la Knesset qu'Eichmann aurait à répondre de ses crimes contre le peuple juif devant un tribunal israélien. Cette nouvelle ne pouvait laisser indifférent aucun citoyen d'Israël, aucun Juif à travers le monde. Y avait-il un seul foyer juif, en Israël, qui n'eût pas à pleurer le sacrifice de l'un des siens ?

J'éprouvai, d'une part, de la satisfaction mais, de l'autre, un grand effroi à l'idée de voir se rouvrir des blessures à peine cicatrisées. Quels sentiments d'horreur, quelles larmes le rappel de telles atrocités n'allait-il pas provoquer ? Des pensées et des émotions qu'on avait à grand-peine refoulées et oubliées se réveillaient. Mais avions-nous le droit d'oublier ce passé épouvantable ? Cela ne mettrait-il pas en péril l'avenir même de nos enfants ? J'en discutai jusque tard dans la nuit avec Véra et quelques amis. Le lendemain, mon collègue et ami Jehuda Kaufmann me dit qu'il aimerait participer à l'instruction contre Eichmann. Moi, au contraire, une telle tâche me faisait horreur ; cela ne ramènerait pas à la vie une seule des victimes des massacres.

Et pourtant, le lendemain, le 25 mai, Shmul Roth m'appela tôt le matin au téléphone pour m'informer que le général Selinger désirait me parler d'urgence. Selinger était alors le chef de la police de Haïfa et de tout le district nord. Je rencontrai dans son bureau le colonel Efraïm Hofstätter-Elrom, le chef du CID du district de Tel-Aviv. Le général Selinger avait toujours été pour moi le modèle même du policier israélien et le colonel Hofstätter passait pour l'un des officiers de police judiciaire les plus capables du pays.

Selinger me dit : « Less, le gouvernement a confié à la police le soin d'instruire l'affaire Eichmann. Je suis en train de constituer un groupe d'officiers qui auront à préparer le procès. J'ai décidé de vous confier l'interrogatoire personnel d'Eichmann. Ce ne sera pas une tâche facile et, selon toute vraisemblance, elle durera bien plus de trois mois. Etes-vous prêt à assumer une telle mission ? »

Ma première réaction fut de refuser. L'idée de devoir exhumer tant d'horreurs me terrifiait. Lorsque Selinger s'aperçut que j'hésitais, il me dit : « Less, je suis convaincu que vous êtes bien l'homme qu'il nous faut pour l'interrogatoire. » Comme le colonel Hofstätter me pressait aussi d'accepter, je finis par vaincre ma répugnance ; il fallait bien, en définitive, que quelqu'un se chargeât de ce travail.

Selinger et Hofstätter convinrent d'une répartition territoriale de tous les pays concernés par l'instruction ; ils décidèrent d'affecter à chacun des pays où Eichmann et son appareil avaient participé à l'assassinat de Juifs un collaborateur maîtrisant parfaitement la langue du pays. Comme il était prévu de transférer

Eichmann dans une prison des environs de Haïfa, il fallait également envisager d'établir le quartier général de notre état-major dans cette ville. En conclusion, le général Selinger nous enjoignit de respecter le secret le plus absolu ; il nous recommanda de ne parler de rien, même chez nous.

Ce même soir, alors que je quittais le quartier général de la police, un journaliste m'aborda dans la rue : « Capitaine, j'ai appris que vous faisiez partie du groupe chargé de l'interrogatoire d'Eichmann. J'aimerais bien avoir quelques renseignements. » Ma stupéfaction fut totale car j'étais persuadé que personne n'était au courant, hormis quelques rares initiés. Je me contentai donc de répondre : « La seule chose que je serais prêt à faire avec vous serait de parler du temps qu'il fait. » A cet instant, un commandant sortait de l'immeuble. Le journaliste se plaignit auprès de lui de mon refus de donner même des renseignements sur ma propre personne. « Less, dit le commandant qui était par ailleurs le porte-parole officiel de la police, tu peux tranquillement parler de toi. » C'est ce que je fis, bien que très chichement. Lorsque j'arrivai chez moi, notre fille, très excitée, me raconta qu'elle avait entendu dire à la radio que je ferais partie du groupe de policiers chargé de l'instruction pour le procès d'Eichmann. En quelques heures à peine, donc, on avait déjà éventé la mèche. Plus tard, le lieu de détention d'Eichmann devint le secret le mieux gardé d'Israël : chacun le connaissait, mais personne n'en parlait.

Je reçus, pour ma mission, des directives que je résume brièvement ci-dessous :

Objectifs : *Obtenir de l'accusé toutes explications sur ce qu'il avait à faire et ce qu'il a fait pendant la période nazie.*

Préparation : *J'aurais communication de toutes les pièces du dossier ; elles seraient rassemblées chez l'adjoint du responsable en chef de l'instruction confiée au Bureau 06 (c'était le nom de code de notre équipe). Chacun des responsables de ce travail devrait attirer mon attention sur tout document, toute information, toute déclaration susceptible de m'être utile lors de l'interrogatoire ou nécessitant d'être authentifiée ou certifiée par l'accusé. De mon côté, je devais coucher par écrit, à l'avance, toutes les questions que j'envisagerais de lui poser.*

Interrogatoire : *Il serait enregistré au magnétophone. A la fin de chaque séance, il me faudrait aussitôt porter une marque distinctive sur les bandes utilisées. Si j'estimais utile de faire apporter par Eichmann des compléments écrits à ce qu'il avait spontanément déclaré et, s'il en était d'accord, je pourrais lui fournir du papier et de quoi écrire. Lorsque je lui soumettrais des documents, je serais tenu de l'inviter à s'exprimer à leur sujet. Il était libre de refuser.*

Bandes magnétiques : *Je devrais, au terme de chaque interrogatoire, remettre les enregistrements au responsable des archives 06. Ce dernier les ferait transcrire puis les déposerait dans un coffre-fort. Mais, auparavant, nous aurions, Eichmann et moi, comparé la transcription avec le texte enregistré. En cas de modifications à apporter, Eichmann devrait alors les écrire de sa main et authentifier ses corrections en les signant ; lorsque la transcription serait conforme au contenu de la bande, Eichmann devrait aussi le certifier de la même façon. On ferait une relecture de la transcription, en présence de tous les collaborateurs du groupe afin de pouvoir l'analyser et en discuter. Il resterait enfin à traduire en hébreu l'ensemble des pièces à conviction (procès-verbaux d'interrogatoire, documents, dépositions de témoins).*

Aucun de nous, dans le groupe, n'avait jusqu'alors de connaissances précises sur l'holocauste. Nous nous précipitâmes sur les nombreux ouvrages spécialisés que le général Selinger nous procura ; nous nous plongeâmes dans les quarante-deux volumes du Procès principal de Nuremberg et dans les milliers de pages supplémentaires consacrées aux procès annexes. Le centre de documentation Yad Vashem, à Jérusalem, était à notre disposition avec ses archives et ses collaborateurs scientifiques. Le livre La solution finale *de Reitlinger devint pour nous une espèce de bible ; nous ne pouvions plus nous passer des ouvrages de Poliakov ni de celui d'Adler,* Theresienstadt... *Nous passions des jours et des nuits assis, à lire, à lire... Aucun de nous ne dormait plus de trois à quatre heures par jour. Nous étions exténués, nerveux, parfois irritables. Ce fut une période particulièrement pénible.*

C'est Tuvia Friedman, un journaliste ayant fondé de sa propre initiative un centre de documentation à Haïfa, qui nous fournit nos premiers documents importants. Il avait lui-même eu à souffrir des nazis en Pologne. L'ancien procureur américain aux procès de Nuremberg, le Dr Robert Kempner, nous fut d'un grand secours en qualité de conseiller. Il devint notre éminence grise et apporta ultérieurement son concours actif à l'accusation. Des montagnes de documents nous parvinrent de tous ceux à qui le Bureau 06 avait fait appel à travers le monde. Seule l'URSS ne nous apporta aucune aide.

Ce travail fatigant, quelquefois forcené, sous la direction de Selinger et de Hofstätter, eut pour effet de souder notre groupe ; il naquit entre nous un esprit de corps [1] *qui nous unit encore aujourd'hui. Si, au début, Eichmann nous avait sidérés par sa connaissance du dossier, le jour vint pourtant bientôt où nous en sûmes beaucoup plus long sur ses agissements passés qu'il ne l'aurait souhaité. Le nombre des pièces à conviction grandissait de jour en jour et avec elles l'ampleur du dossier d'accusation. Avec mes 275 heures d'interrogatoire qui donnèrent 3564 pages de procès-verbaux, j'y apportai ma modeste contribution, mais elle n'aurait pas été possible sans les recherches de mes collègues.*

Pour tirer profit de la lecture de ces procès-verbaux, il faut savoir qu'en Israël l'instruction criminelle diffère profondément de celle du continent européen. Nous suivons chez nous la procédure anglaise : la police n'est pas soumise au ministère public ; elle n'en est pas un bras prolongé. Elle mène seule l'instruction, du début jusqu'à la fin, à son gré, dans le cadre de ses directives générales. Le policier qui mène l'enquête n'est pas un juge d'instruction et n'en possède donc pas les pleins pouvoirs. L'enquête policière terminée, l'ensemble du dossier est alors transmis au ministère public qui vérifie, de son côté, les déclarations et les pièces à conviction ; au cas où tout lui paraît en ordre, il poursuit l'accusé en justice et rédige l'acte d'accusation.

A la différence de la procédure continentale, l'enquêteur n'a pas le droit de soumettre le suspect à un interrogatoire contradictoire. Avant de commencer l'interrogatoire proprement dit, il est tenu d'attirer l'attention de l'accusé sur ses droits et de lui signaler qu'il doit témoigner sans contrainte et de son propre

1. En français dans le texte.

gré ; il doit également l'avertir que toutes ses déclarations pourront être utilisées en cas de procès. L'enquêteur n'a même pas le droit d'user de la formule « Tout ce que vous direz pourra être retenu contre vous » car, à lui seul, le mot « contre » serait une menace susceptible d'intimider l'accusé. Il est relativement difficile, dans de telles conditions, d'interroger un suspect. L'enquêteur, pour ses questions, est entièrement tributaire des propos de l'accusé lui-même puisqu'il ne peut que lui demander des précisions ou des explications. Mais, comme il arriva à Eichmann de le faire, l'accusé vient-il à solliciter lui-même des questions pour stimuler sa mémoire, l'enquêteur a alors, bien entendu, le droit de le questionner.

Durant toute notre enquête policière, le Bureau 06 resta en contact étroit avec le procureur général Gideon Hausner ainsi qu'avec Gavriel Bach qui est aujourd'hui juge à la Cour suprême de Jérusalem. Le temps leur était compté pour se familiariser avec un sujet aussi complexe puisque le gouvernement souhaitait que le procès eût lieu dans des délais très courts ; ils durent rédiger l'acte d'accusation en très peu de temps. Le sujet lui-même et l'abondance des documents auraient justifié un supplément d'enquête d'une année. Nous autres, du Bureau 06, regrettions beaucoup de devoir arrêter si tôt nos recherches mais, par ailleurs, les dépenses que l'Etat devait supporter du seul fait d'Eichmann étaient assez considérables. Il était le seul occupant d'un complexe carcéral important qui avait été vidé de tous ses autres détenus pour des raisons de sécurité. Outre les employés du Bureau 06 — nous devions être, au total, plus d'une bonne trentaine de policiers — il y avait encore là une unité de gardes-frontières qui, elle, était responsable de la sécurité. C'est cette unité qui fournissait également le personnel de garde. Aucun de ses membres ne parlait allemand ou espagnol, c'est-à-dire l'une des deux langues que possédait Eichmann. En revanche, les officiers de la garde devaient, eux, connaître au moins l'une de ces deux langues. Personne, parmi le personnel de garde, ne devait avoir perdu un membre de sa famille dans l'holocauste ; il fallait éviter toute vengeance personnelle. Tout le secteur de la prison était l'objet de la surveillance la plus sévère, jour et nuit, parce qu'on ne pouvait exclure que des terroristes tentent de libérer Eichmann.

La cellule d'Eichmann faisait environ trois mètres sur quatre. Elle ne contenait qu'un lit étroit, une table et une chaise. La lumière électrique y brûlait toute la nuit. C'était Eichmann qui nettoyait lui-même sa cellule ainsi que le cabinet de toilette avec douche et W.-C. qui se trouvait à l'entrée de la cellule. Il le faisait avec zèle et minutie. Dans la cellule, il y avait une sentinelle vingt-quatre heures sur vingt-quatre ; dehors, devant la porte, une autre sentinelle observait par le guichet son camarade assis à l'intérieur afin de s'assurer qu'aucun contact n'existait entre le détenu et son gardien. Ce gardien de l'extérieur était lui-même sous la surveillance d'une troisième sentinelle placée derrière la porte suivante, la porte de sortie.

Ces mesures de précaution n'étaient pas tant destinées à empêcher Eichmann d'agresser les gardiens dans sa cellule qu'à prévenir toute tentative de suicide, éventualité que nous redoutions beaucoup plus. La seule idée de ce suicide nous terrifiait ; s'il était parvenu à mettre fin à ses jours, pas une seule personne au monde n'aurait ajouté foi à la version d'un suicide ! Aussi veillions-nous sur lui comme sur la prunelle de nos yeux. La première semaine, il fut troublé dans son sommeil par la lumière électrique si bien qu'il se cachait la tête sous sa couverture de laine ; le gardien devait alors chaque fois la rabattre et s'assurer que le détenu n'essayait pas d'attenter à ses jours. Le médecin de la police le soumettait à un examen approfondi deux fois par jour.

La pièce où se déroulait l'interrogatoire était nettement plus vaste que la cellule d'Eichmann mais elle était, elle aussi, très simplement meublée ; il y avait une grande table de l'armée, flanquée de deux chaises et d'un large tabouret portant le magnétophone que je manipulais moi-même. Je faisais face à la porte à laquelle Eichmann, lui, tournait le dos. Devant chacun de nous deux, sur la table, il y avait un micro et, à ma droite, un appareil téléphonique.

Je n'étais jamais seul avec Eichmann. Chaque interrogatoire se déroulait selon un rituel bien établi. Venant de l'immeuble où était logé le Bureau 06, je me dirigeais vers la grande porte de la prison qui donnait accès au corps de bâtiment intérieur. Peu auparavant, la direction du camp avait averti la sentinelle de mon arrivée. Je montrais mon laissez-passer et il me faisait entrer. Je gagnais la salle des interrogatoires en traversant la grande cour intérieure, délimitée par une enceinte et un bâtiment d'un étage qui abritait les cellules. Arrivé dans la pièce, je mettais en ordre mes papiers et mes documents, je plaçais une bande magnétique sur l'appareil et je téléphonais alors à l'officier de garde de m'amener le prisonnier.

L'officier responsable marchait à la tête de l'escorte qui accompagnait Eichmann jusque dans la pièce. Derrière lui venait Eichmann encadré de deux gardiens. L'accusé restait debout derrière sa chaise, au garde-à-vous, jusqu'à ce que je l'aie invité à s'asseoir. Dès le début, je lui avais pourtant dit que je ne tenais pas à ces formalités mais il ne voulut pas en démordre. Peut-être était-ce une habitude dont il ne réussissait pas à se défaire, peut-être aussi n'agissait-il ainsi que pour signifier que, quinze ans après la capitulation de l'Allemagne, il entendait encore être traité comme un soldat.

L'officier de garde postait un gardien devant la fenêtre et un deuxième sur le seuil de la porte qui menait aux cellules ; tous deux prenaient place sur une chaise. L'homme devant la fenêtre devait observer le groupe que nous formions à la table, l'autre, sur le pas de la porte, était chargé de surveiller son camarade. Aucun des deux ne comprenait un mot de ce que nous disions, Eichmann et moi. Notre entretien ne commençait qu'une fois l'officier de garde parti. Ce dernier ne reparaissait qu'au moment de la relève des deux gardiens, au bout de deux heures, ou bien lorsque je l'avais informé, d'un coup de téléphone, que l'interrogatoire ou la correction des bandes magnétiques étaient terminés.

Je finis par m'apercevoir qu'Eichmann mentait chaque fois qu'il s'écriait : « Jamais ! Jamais ! Jamais de la vie, mon Capitaine ! » ou bien : « A aucun moment ! A aucun moment ! » Je demandais alors à mes collègues de rechercher d'autres documents relatifs aux points évoqués à cette occasion. Leurs recherches furent plus d'une fois couronnées de succès et leur ténacité me permit souvent, au cours d'un interrogatoire ultérieur, de produire d'autres documents accablants pour Eichmann. Ce dernier devint visiblement nerveux le jour où je lus des extraits du livre Le commandant d'Auschwitz parle, *écrit par le tristement célèbre commandant du camp, Höss. Il rejeta toutes les accusations portées contre lui dans cet ouvrage en prétendant qu'il n'avait pas joué le moindre rôle dans la vie intérieure des camps; il éclatait de temps à autre d'un rire ironique, essayant par là de jeter le doute sur les déclarations de Höss, mais le tremblement de ses mains trahissait son angoisse.*

Le 9 octobre 1960, le colonel Offer qui commandait notre camp fit son entrée dans la salle des interrogatoires et informa Eichmann qu'on attendait dans la journée l'arrivée de son défenseur, le Dr Servatius de Cologne. Deux jours plus tard, tandis que nous corrigions quelques bandes magnétiques, Eichmann, de fort bonne humeur, me raconta sa brève entrevue avec son avocat ; il était bien tel qu'il se l'était imaginé et lui avait fait l'impression de quelqu'un de très compétent. Il me dit aussi qu'il avait accumulé une expérience très utile durant le Procès de Nuremberg et que lui, Eichmann, en aurait bien besoin, qu'il était tout à fait conscient de la gravité de sa situation et qu'il ne se faisait par conséquent aucune espèce d'illusion. Son procès serait en tout état de cause un événement historique de premier rang, son destin personnel étant moins important que les « facteurs historiques ». Il n'avait été, finalement, qu'un « tout petit rouage » dans la gigantesque machinerie hitlérienne.

Je lui répliquai que la question centrale de son procès serait justement de savoir s'il n'avait pas plutôt joué le rôle de « volant » au sein de l'impitoyable machine à exterminer, mais qu'en définitive il s'agissait là d'une question que ni lui ni moi n'aurions à trancher et que c'était au tribunal qu'il revenait de se prononcer.

Quatre semaines plus tard environ, je montrai à Eichmann un document du 21 septembre 1939, date à laquelle les combats se poursuivaient encore en Pologne. Cette pièce avait trait à une réunion à laquelle Eichmann avait lui aussi participé ; on avait entre autres choses décidé, au cours de cette réunion, de regrouper tous les Juifs de Pologne dans des ghettos, première étape sur la voie de la solution finale. Peu de temps auparavant, Eichmann avait catégoriquement nié l'existence d'une telle mesure à cette époque. Ce fut visiblement un rude choc pour lui que de devoir admettre qu'il avait bien été au courant, dès septembre 1939, du plan d'extermination massive des Juifs. Ce document accablant lui coupa radicalement l'appétit ; il renvoya son déjeuner sans y avoir touché alors qu'il était plutôt gros mangeur.

Un jour que nous corrigions l'une des dernières bandes magnétiques, en février 1961, l'officier de service introduisit dans la pièce notre photographe Gerber. Tandis que ce dernier installait son appareil, Eichmann me regarda avec de grands yeux interrogateurs. Je lui dis alors : « Je crois qu'on va nous photographier. » Du coup, Eichmann boutonna le dernier bouton de son col de chemise, dit : « Ah ! Bien ! », se redressa sur sa chaise et, droit comme un cierge, prit un air sérieux et pensif. Sa vanité était assez grande pour qu'il voulût entrer dans l'histoire mondiale sous les traits d'un personnage imposant.

Deux mois après son dernier interrogatoire, Eichmann faisait face à ses juges à Jérusalem. C'était l'Etat d'Israël qui assumait les frais de sa défense. Son procès fut d'une correction exemplaire. Aucune de ses victimes n'avait bénéficié d'un semblable traitement.

Avner W. Less

AVANT-PROPOS

Le 31 mai 1962, à minuit, Adolf Eichmann fut pendu pour ses crimes contre le peuple juif et contre l'humanité ; son corps fut brûlé et ses cendres dispersées. Il fallait ne laisser subsister aucune trace de lui, mais garder vivant le souvenir de ses forfaits. Dans ses aveux au capitaine Less, le policier israélien qui l'interrogea, il apporta sur l'appareil d'extermination nazi des révélations qui dépassaient de loin tout ce qu'on avait appris jusque là : il découvrit à nos yeux terrifiés des dimensions nouvelles, inconnues et inexplorées de l'être humain.

Jusqu'à sa capture en Argentine et son enlèvement, le monde ignorait qu'Eichmann vivait encore. Sous le Troisième Reich déjà, l'opinion publique n'avait que très rarement entendu prononcer ce nom, si bien que, tout au long des mois que dura son procès, on se demanda si cet insignifiant officier SS avait réellement pu être le responsable de l'extermination des Juifs sous le Troisième Reich. Le Procès de Nuremberg avait déjà laissé transparaître qu'il avait peut-être occupé une position clef dans la « solution finale » ; il restait à établir si Eichmann, ce petit chef de service, n'avait pas plutôt servi de bouc émissaire, rôle qu'il s'attribua au cours de son interrogatoire. Car, si tel était le cas, son témoignage n'ajouterait rien à ce que les commandants de camp de concentration déjà jugés nous avaient appris.

Mais Eichmann occupait bien un poste clef ; c'est lui qui eut la responsabilité de faire disparaître le peuple juif. Certes, il ne fut pas directement mêlé au processus d'élimination physique mais l'ensemble de l'opération était de sa compétence : c'est lui qui organisait le transport des victimes dans les camps de concentration ; c'est lui qui faisait établir les plans de route ;

c'est lui qui veillait à un plein rendement des chambres à gaz. Mais ce ne sont ni son rang ni ses pouvoirs qui ont fait d'Eichmann plus qu'un simple auxiliaire de cette gigantesque machine à exterminer. On apporta la preuve en Israël que, dès le début, il avait contribué à préparer l'extermination systématique et massive.

En allant visiter les camps d'Auschwitz et de Maïdanek, il s'était fait sa propre idée du processus technique à inventer pour tuer à cette échelle. Mais Eichmann ne prenait pas plaisir aux souffrances d'autrui, ce n'était pas un sadique. C'est assis à son bureau qu'il accomplissait son travail et qu'il envoyait des millions d'hommes à la mort. Le bureaucrate Eichmann manquait par trop de sensibilité et d'imagination pour concevoir les souffrances qu'il organisait. Lorsqu'il apprit de Less, l'officier qui l'interrogeait, que le père de ce dernier avait lui-même trouvé la mort dans un camp d'extermination, il trouva la chose « épouvantable ». Mais, même dans ce cas, il ne se sentit qu'indirectement coupable ; ce n'était pas lui, en effet, qui l'avait mis à mort, pas plus qu'il n'avait lui-même mis à mort les millions d'autres Juifs ; il s'était contenté de les faire transporter, et sur ordre encore. Il ne cessa jamais de souligner que ses responsabilités et ses compétences s'arrêtaient aux portes des camps. Il n'entrait pas dans ses attributions d'assigner les gens au travail forcé, de les assassiner et de faire brûler les cadavres.

Eichmann était entré très jeune au Sicherheitsdienst (Service de sécurité, SD) de la SS sans que ses goûts ou ses connaissances l'y prédisposent particulièrement, et c'est le hasard plutôt qu'autre chose qui le fit ensuite entrer à la section chargée des questions juives. Il s'initia alors à ce domaine spécialisé avec zèle et assiduité et prit très vite du galon. Ses fonctions le satisfaisaient et lui donnaient pouvoir sur des millions de Juifs et quelques centaines de SS. Himmler ne pouvait rêver organisateur plus doué, bureaucrate plus insensible et plus consciencieux. Tout, dans le service d'Eichmann, était à sa juste place. C'est avec un enthousiasme évident qu'il renseigne l'officier israélien sur son travail, les structures administratives, les attributions respectives, la hiérarchie, les compétences de chacun et les règles présidant à la signature des actes dans son service.

Avant de rencontrer Eichmann, Less s'attendait à découvrir

un monstre ; il fut franchement déçu de se retrouver face à un homme comme les autres. Rien de sanguinaire, effectivement, chez cet assassin aux millions de victimes. Ainsi Eichmann, même après 1945, n'eut-il jamais maille à partir avec la justice d'Allemagne, d'Autriche ou d'Argentine — les étapes successives de sa seconde existence. S'il n'avait reçu l'ordre d'organiser l'holocauste, serait-il resté un citoyen et un père de famille irréprochable ?

Si la réponse est oui, il faut alors s'attendre à voir resurgir un jour un nouvel Eichmann, simple instrument aux mains de dictatures interchangeables qui, elles, sont tributaires de personnages de cet acabit. « L'histoire ne permet pas d'éviter les prochaines fois, écrit Jacob Burckhardt, mais elle rend sage à jamais. » La figure d'Eichmann nous offre l'un et l'autre : la compréhension de ce qui fut et l'horreur de ce qui demeure possible.

PREMIERE PARTIE

Commentaire : Ce n'est pas une fois, mais cent, qu'Hitler fit part à l'opinion publique, dans ses discours, de son intention « d'exterminer les Juifs ». Ainsi, avec une bonne dose d'humour cynique, déclara-t-il à ses fidèles de la première heure, le 8 novembre 1942, dans la brasserie *Löwenkellerbräu* de Munich, qu'on avait « toujours moqué en lui le prophète ; que très nombreux étaient les rieurs d'hier qui aujourd'hui ne riaient plus ; quant à ceux qui riaient encore, ils auraient peut-être cessé de le faire dans peu de temps ». A cette date, les cheminées des crématoires fumaient nuit et jour dans les camps de concentration. Tous les émetteurs allemands retransmirent son discours ; les journaux le reproduisirent textuellement. La plupart des Allemands, pourtant, interprétèrent ses propos comme une pure menace rhétorique, à caractère déclamatoire, destinée à intimider ses adversaires.

Le Reichsführer de la SS, Heinrich Himmler, se montra pour sa part beaucoup plus concret lorsque, le 4 octobre 1943, à Poznan, il évoqua à l'intention des chefs supérieurs de la SS « l'extermination du peuple juif ». Son discours resta secret. Himmler déclara ce jour-là : « La plupart d'entre vous savent certainement déjà ce que représente la vue d'une centaine de cadavres alignés, de cinq cents ou de mille cadavres entassés. Avoir supporté un tel spectacle sans perdre notre correction, à quelques manifestations de faiblesse humaine près, voilà qui nous a endurcis. »

Cette œuvre de mort impliquait tout un appareil de dirigeants et d'exécutants, d'organisateurs et d'hommes de main, de tueurs et de gens chargés de faire disparaître les traces du forfait. La plupart d'entre eux furent des SS car, de tous, ils étaient les plus durs, les plus prêts à tout, les plus dénués de scrupules. Ils se tenaient eux-mêmes pour l'élite des nationaux-socialistes. L'un des membres de cet « ordre noir » était Adolf Eichmann, chef du service des

« Affaires juives et déportations » au sein du « Bureau central pour la sécurité du Reich » (RSHA). Les Allemands avaient déjà appris à redouter les pouvoirs illimités de ce RSHA alors qu'il n'était encore connu que sous le nom de « Gestapo ».

Durant le Troisième Reich, la notoriété d'Adolf Eichmann ne dépassa pas celle de dizaines de milliers d'autres bureaucrates travaillant eux aussi à des niveaux élevés de l'appareil d'Etat. Après la guerre, son nom devint synonyme de génocide et d'holocauste. Quelle sorte d'homme était-ce ? Comment put-il accepter de se charger d'une telle mission ? Quelle fut donc cette époque, quelles circonstances fallut-il pour faire de lui ce qu'il devint ? C'est lui-même, dans les pages qui suivent, qui fournira les réponses à ces questions.

Avner Less est, lui, capitaine dans la police israélienne. Le procureur général de l'Etat d'Israël l'a chargé de mener l'interrogatoire d'Eichmann en vue du procès criminel. Depuis ce jour, le 29 mai 1960, des centaines d'heures durant, il sera face à cet homme qui envoya à la mort des millions de Juifs, parmi lesquels son propre père ainsi qu'une douzaine de ses parents proches. Le père d'Avner Less, un industriel berlinois qui avait combattu sur le front pendant la Première Guerre mondiale, fut conduit dans les chambres à gaz d'Auschwitz, en janvier 1943, après un séjour dans le camp de concentration de Theresienstadt. Titulaire de la Croix de fer, il eut le « privilège », comme le dit son fils avec une ironie amère, « d'être assassiné parmi les derniers ».

Hofstätter : Me reconnaissez-vous ? Je suis le colonel Hofstätter, de la Sûreté.

Eichmann : Parfaitement !

— *Monsieur Eichmann, on m'a fait savoir que vous étiez disposé et même intéressé à donner votre version à propos du rôle qui fut le vôtre sous ce qu'on a appelé le Troisième Reich. Est-ce exact ?*

— Oui, c'est exact.

— *Savez-vous qu'on ne peut en aucune façon vous y contraindre ?*

— Je le sais.

— *Dans ces conditions, le capitaine Less va rester ici avec vous pour que vous puissiez commencer dès aujourd'hui votre déposition. Je sais que vous aurez besoin, pour cela, de documents. Le capitaine Less établira, au fur et à mesure de votre déposition, une liste des documents dont vous aurez besoin et nous essaierons, dans la mesure du possible, de vous fournir ces documents. Je crois n'avoir rien à ajouter !*

Less : Je crois qu'il conviendrait de commencer par votre curriculum vitae.

Eichmann : Je suis né le 19 mars 1906 à Solingen, en Rhénanie. Mon père était le comptable d'une entreprise qui devait s'appeler quelque chose comme la Compagnie d'électricité et des tramways de Solingen. En 1913, il fut muté à Linz, sur le Danube, à la Compagnie d'électricité et des tramways de Linz, à la suite, je crois, d'un crédit que la Compagnie d'électricité allemande (AEG) attribua à cette société autrichienne dans laquelle mon père occupa, jusqu'en 1924, les fonctions de directeur commercial. Il fit venir sa famille en Autriche en 1914, et par conséquent c'est à partir de 1914 que j'ai vécu avec mes parents et mes frères et sœurs à Linz, sur le Danube, en Haute-Autriche.

— *Revenons peut-être un peu en arrière. Quel était le nom de votre père ?*

— Mon père s'appelait Adolf Karl Eichmann. Le nom de jeune fille de ma mère, Maria Eichmann, était Schefferling.

— *Combien de frères et sœurs avez-vous ?*

— Mon père a été marié deux fois. Sa première épouse est morte en 1916. Cinq enfants étaient nés de ce premier lit. Mon cadet était Emil ; il a deux ans de moins que moi.

— *Il est né en 1908 ?*

— Ça doit être ça, mon Capitaine ; oui, car le suivant, Helmuth, avait trois ans de moins que moi. Il est tombé à Stalingrad pendant la guerre. Vint ensuite ma sœur Irmgard, plus jeune que moi de quatre ou cinq ans, je crois. Ça fait déjà bien dixhuit ans que je n'ai pas revu mes frères et sœurs. Le dernier-né de ce lit fut mon frère Otto. Ces naissances rapprochées provoquèrent la mort rapide de ma première mère. C'est en 1916 que mon père s'est remarié ; il épousa une protestante, très stricte et très pieuse.

— *Appartenez-vous à une quelconque communauté religieuse?*

— J'ai fait partie, jusqu'en 1937, de l'Eglise évangélique mais ensuite j'en suis sorti. Puis, ces quinze dernières années, depuis 1945, où l'on s'est remis à voir les choses d'une autre manière — après cette période-là —, j'ai intérieurement retrouvé le chemin de la foi, mais je n'ai pas officiellement réintégré l'Eglise parce qu'une certaine gêne m'en retenait. Ce retour à la foi se fit surtout grâce à mon père qui était un homme fort pieux et très strict ; durant quelques années, il fut membre du conseil presbytéral de la paroisse protestante de Linz. Il est mort cette année, le 5 février.

— *Vous avez été quelque temps membre de la Société des jeunes gens chrétiens ?*

— Oui, très tôt. Toute la famille partait en groupe à l'église le dimanche à 9 heures et, sitôt après l'office ou bien l'après-midi, nous nous rendions à la Société des jeunes gens chrétiens. Mais il y eut un jour des changements à la tête de l'Education de la jeunesse, on n'arriva pas à s'entendre avec les nouveaux et je passai alors au *Wandervogel*[1], au groupe des « griffons », plus précisément. Ce groupe était membre de la Jeunesse fédérée[1]. J'en faisais encore partie lorsque j'entrai, à dix-huit ans, à l'école professionnelle publique.

— *Quelle école de Linz avez-vous fréquentée ?*

— A Linz, je suis allé à l'école élémentaire pendant quatre ans, ensuite j'ai fréquenté le collège pendant quatre ans encore.

— *Quel collège ?*

— Le Collège supérieur public de l'Empereur François-Joseph qui s'appela ensuite le Collège supérieur public fédéral, au moment des événements révolutionnaires.

Commentaire : En d'autres temps, Eichmann n'aurait pas manqué de souligner à ce propos qu'Hitler, quelques années seulement avant lui, avait lui aussi fréquenté cette même école.

— *Combien d'années êtes-vous resté au lycée ? Quatre ans ? En quelle année l'avez-vous quitté ?*

---

1. Le *Wandervogel,* « les oiseaux migrateurs », fut fondé en 1901 en Allemagne ; ce mouvement de jeunesse, pénétré d'idées nationalistes et antisémites, prônait le retour à la nature. Il était l'une des composantes de la *Jugendbewegung* (Mouvement de la jeunesse) ou *Bündische Jugend* (Jeunesse fédérée) qui regroupa, de 1900 à 1930, les organisations de jeunesse allemandes (N d T).

— J'ai dû quitter l'école élémentaire en 1916-1917. J'étais au collège pendant la période révolutionnaire. Je me souviens encore qu'il y a eu des troubles en classe.

— *Dans quelle rue de Linz habitiez-vous ?*

— Au 3 de la Bischofstrasse.

— *Etait-ce un immeuble de rapport ?*

— C'était un immeuble de rapport, en plein centre ville.

— *A votre sortie de l'école en 1921, à quinze ans, avez-vous obtenu votre Brevet ?*

— Non, il n'existait plus à notre époque. Je suis allé ensuite à l'Ecole professionnelle supérieure publique, plus exactement à l'Etablissement d'enseignement supérieur pour l'électronique, la construction mécanique et le bâtiment. Toujours à Linz. J'y ai étudié durant quatre semestres.

— *Vous êtes entré ensuite dans la vie active ?*

— Oui. C'est vers cette époque que mon père a pris sa retraite, retraite anticipée parce qu'il s'est mis à son compte, une première fois à Salzbourg où il a fondé la Société minière d'Untersberg dans laquelle il possédait 51 % des actions. Les galeries de mine se trouvaient entre Salzbourg et la frontière du Reich. Mais l'entreprise n'a jamais dépassé le stade embryonnaire. Ensuite, il a collaboré à une entreprise de construction de moulins dans la région de l'Inn, en Haute-Autriche. Bien souvent, par la suite, mon père a regretté ces tentatives ; il était en effet tombé en pleine période de crise économique en Autriche ; non seulement les affaires ne marchèrent pas mais il investit toutes ses économies ainsi que celles de ma belle-mère dans ses entreprises où elles fondirent comme neige au soleil. J'ai oublié de rapporter que mon père fit une troisième tentative et participa, à Salzbourg, à une entreprise de construction mécanique fabriquant des locomobiles. Cette fois-là, l'ancien propriétaire unique se pendit après avoir, d'une manière ou d'une autre, dilapidé l'argent que mon père avait investi en sa qualité d'associé. Mon père, un beau jour, ferma la société minière d'Untersberg mais, de longues années durant, il dut continuer de payer à l'Inspection des mines des taxes de prospection, comme cela s'appelait à l'époque.

— *Dans quelle entreprise de votre père avez-vous travaillé ?*

— Lorsque je..., à vrai dire, c'est mon père qui m'a retiré de l'école. Je dois ajouter qu'il l'a fait parce que je n'étais pas particulièrement appliqué.

Il me fit entrer dans la société minière d'Untersberg. Je travaillais aussi bien en surface qu'au fond. C'était une petite installation. La galerie principale faisait tout au plus trois cents mètres. On creusait quelques galeries latérales ainsi que des puits, pas très profonds. On extrayait du schiste bitumineux pour obtenir des huiles, du bitume à des fins thérapeutiques, des sous-produits, de l'asphalte, etc., etc. Au travail, j'étais sous les ordres d'un porion et je devais effectuer mes journées de travail comme les quelques autres travailleurs.

— *Combien de personnes l'entreprise employait-elle ?*

— Dix au total, je crois.

— *Combien de temps y êtes-vous resté ?*

— Ça a dû durer trois mois, à coup sûr pas plus de trois mois. Après, j'ai été affecté aux Constructions électriques de Haute-Autriche, en tant que stagiaire non rétribué, en tant que volontaire comme on disait à l'époque. J'avais fait le collège, j'avais effectué mon stage probatoire d'un an, selon la formule consacrée ; bien entendu, il n'avait aucune valeur. Tous les parents, en ce temps-là, tenaient à ce que leurs enfants aient au moins derrière eux ce stage probatoire. Je n'étais donc pas apprenti mais stagiaire volontaire ; je restai deux ans et demi aux Constructions électriques d'Autriche.

— *Dans quelle branche avez-vous été formé ? Etes-vous passé par tous les secteurs de production ?*

— Non, je suis entré aux Constructions électriques parce que mon père voulait que j'entre dans le secteur des ventes. La radio était justement en train de se répandre durant ces années-là. Je me consacrai à fond à ce nouveau produit parce qu'il me paraissait moderne. Au bout de deux ans et demi, mon père décréta que je n'arriverais à rien en continuant de la sorte. Il avait envisagé pour moi un poste de commis voyageur, comme on disait alors, auprès de la *Vacuum Oil Company* de Haute-Autriche. A l'évidence, mes parents venaient de découvrir cette petite annonce dans le journal. Ma mère, qui, la plupart du temps, prenait chez nous les initiatives, avait contacté un cousin, alors président de l'Automobile-Club d'Autriche. Il habitait Vienne et était l'ami intime du PDG de la *Vacuum Oil Company* d'Autriche. Un certain M. Weiss.

— *Avez-vous rencontré ce M. Weiss en personne et parlé avec lui ?*

— Non, non; je dus me présenter au responsable de province de Haute-Autriche, donc à Linz ; il m'informa qu'il y avait énormément de candidats mais qu'il devait m'envoyer à Vienne pour que je m'y présente.

— *Quel âge aviez-vous alors ?*

— J'étais très jeune, je m'excuse, il faut que je réfléchisse un instant.

— *Bien sûr, je vous en prie, monsieur Eichmann, voulez-vous une cigarette ?*

— Si je peux me permettre.

En 1928, j'avais vingt-deux ans. Je vins à Vienne, me présentai à la direction de la Vacuum Oil et l'on me mena à un certain M. Popper qui m'informa que, par ordre de M. Weiss, le PDG, j'étais embauché bien que n'ayant pas encore l'âge requis. Cet homme, manifestement, avait reçu des instructions du grand patron. Je revins me présenter à Linz et je passai les jours suivants à batailler pour me mettre dans la tête les diverses sortes de Gargoyle-Mobiloil, l'essence du Sphinx, les pétroles. On m'envoya ensuite à Linz-ville et, au bout de huit à quinze jours d'initiation, je crois, je me vis confier en toute responsabilité un district de Haute-Autriche.

— *Etait-ce un grand district qu'on vous avait confié ?*

— Je pense bien, il représentait la moitié de la Haute-Autriche.

— *Pendant toute cette époque, vous avez habité chez vos parents ? Chez votre père et votre belle-mère ?*

— J'habitais chez mes parents en effet ; mais je ne rentrais que le samedi et le dimanche ou bien, de temps à autre, en semaine lorsque mon travail m'amenait à Linz. Cette année-là, je m'occupai principalement d'installer des pompes à essence dans mon secteur. J'avais, en même temps, toujours à préparer des livraisons de pétrole pour la plus grande partie du *Mühlviertel*, car cette région n'était encore que peu électrifiée. C'était ce travail avec le pétrole qui m'intéressait le plus parce qu'il m'amenait dans une région à l'écart de la vie moderne et trépidante. Le *Mühlviertel* est une toute petite région, bien tranquille, où, à l'époque, les gens vivaient encore comme cinquante ou peut-être même cent ans auparavant. Ça me convenait très bien. Il y avait de plus la beauté de la nature. Des forêts de feuillus, de sapins et de pins. Il y avait les paysages romantiques. Le *Mühlviertel* est tout particulièrement riche en vieux châteaux forts, il s'agissait plus exactement de ruines laissées par diverses lignées de nobles ; certaines d'entre elles étaient de très vieilles ruines, disons des ruines authentiques. Au cours de mes tournées, je n'ai jamais manqué d'en visiter une seule. Je suis donc resté à ce poste jusqu'en 1933, date à laquelle je fus muté de Haute-Autriche à Salzbourg. Cette mutation me contraria. Je n'en avais d'ailleurs pas été averti à l'avance. Je vins donc à Salzbourg où je me vis confier la plus grande partie du secteur situé tout autour de la ville. Au début, je m'y plus beaucoup car c'était l'hiver, c'était la haute montagne et tout était enneigé. Mais vint ensuite l'avant-saison, le tohu-bohu du tourisme à Kitzbühel, Hofgastein, Gastein, Bad Gastein ; toute cette agitation me rebuta. Le travail ne me disait plus rien, je n'avais plus envie de vendre, de faire mes visites ; bien sûr, je continuais à accomplir mes tâches habituelles, lorsque, au lendemain des fêtes de Pentecôte, en 1933, M. Blum, le directeur, me dit : « Nous devons opérer des réductions de personnel. » J'étais, à ce qu'il me dit, le seul représentant célibataire, ce qui avait guidé leur choix ; j'étais donc licencié.

— *C'était en 1933 ? Après les fêtes de Pentecôte ?*

— En ce qui me concerne, j'étais très heureux d'avoir été licencié. Mais cela ne faisait pas l'affaire de mes parents. Je reçus une indemnité de cinq mois, correspondant aux cinq années que j'avais passées dans cette entreprise, et mon préavis de licenciement.

— *Et après votre retour à Linz ?*

— Une fois chez mes parents, je réfléchis à ce qu'il convenait dès lors de faire. Mon père avait échoué dans ses entreprises industrielles ; il avait tout perdu et était désormais à la recherche de places de représentant exclusif pour la Haute et la Basse-Autriche. Il avait gardé des relations après ses vingt-quatre années de travail dans les grandes sociétés d'électricité. Il obtint d'abord la représentation exclusive des lampes de radio Philips, puis celle de l'usine d'accumulateurs Varta. Mais je ne voulais pas voyager pour des lampes de radio et des batteries. Je rêvais vaguement de monter moi-même une affaire d'huiles de graissage. Comme représentant d'une petite marque et non plus, cette fois, d'un grand groupe. Des clients, j'en connaissais suffisamment, n'est-ce pas, surtout en Haute-Autriche. Je rencontrai je ne sais plus quelles difficultés lorsque j'entrepris de monter cette affaire ; je ne me rappelle plus très bien s'il s'agissait d'un problème d'argent ou bien si quelque chose ne me convenait pas dans cet emploi — toujours est-il, je m'en souviens, que, me rendant à Eferding pour visiter mon premier client, j'interrompis brusquement ma tournée. Je me dis : mais tu as la nationalité allemande, non ? Tu n'as qu'à aller en Allemagne et tenter ta chance auprès de la Vacuum Oil.

— *Qu'est-ce qui vous a poussé à prendre cette décision ?*

— J'étais relativement jeune et j'étais habitué à être au moins encadré, même en affaires. Le courage est-il venu à me manquer ? Je ne me rappelle vraiment pas. J'ai dû avoir d'autres sortes de difficultés ; quoi qu'il en soit, j'interrompis mon travail et dis à mes parents que j'allais partir pour l'Allemagne, que l'Allemagne était vaste et qu'il y avait à coup sûr encore du travail, vraisemblablement même dans la branche des huiles et pétroles. A cette époque, en effet, l'Autriche connaissait un fort chômage.

— *Tout cela se passait encore en 1933 ?*

— C'est ça ! Afin que tout soit parfaitement clair, il me faut maintenant passer du domaine professionnel à ce qu'on appelle la politique.

Commentaire : A cette époque, le chômage ne sévissait guère plus en Autriche qu'en Allemagne. Hitler avait certes proclamé entretemps qu'il procurerait pain et travail à tous ceux — et ils étaient tout de même six millions — qui restaient sans emploi, mais cette promesse, au regard de la crise mondiale, paraissait peu crédible. Involontairement, dans les propos qui suivent, Eichmann trahit les vrais motifs qui l'ont poussé à franchir la frontière.

— C'est la politique aussi qui explique, outre les considérations économiques, pourquoi j'ai voulu aussi soudainement et aussi brusquement partir. Quitter l'Autriche, partir pour l'Allemagne ! A l'école déjà, en toute innocence bien sûr, nous avions formé des groupes : les nationalistes, les socialistes, les monarchistes. A la manière des jeunes qui saisissent au vol tout ce qui passe, les idées révolutionnaires ou d'autres, sans intention bien établie. Peut-être tout simplement parce qu'un bon camarade de classe était monarchiste ou nationaliste, on se trouvait appartenir à tel ou tel groupe de la classe. A la maison, on ne parlait jamais politique. Mon père ne faisait pas de politique. J'avais à Linz un ami de longue date, il s'appelait Friedrich von Schmidt et était le fils d'un général von Schmidt que je n'ai jamais connu car il mourut avant que je me lie d'amitié avec son fils. La famille était extraordinairement fière de cet homme parce que, parti de rien, il avait réussi à devenir général sous l'empereur François-Joseph ; il avait dû être d'une grande bravoure, un soldat et un homme tout ce qu'il y avait de convenable et de correct. La famille, en tout cas, était d'une correction extraordinaire. La mère de mon ami avait été une comtesse d'Empire « machin-chose ». Après l'effondrement de son monde, en 1919, cette famille continuait de vivre avec les idées d'avant. Elle avait maintenu ce climat. Tout se déroulait selon l'étiquette comme si rien n'avait changé. Seul mon ami, Friedrich von Schmidt, sortait parfois un peu de son rôle et faisait preuve de décontraction. Il était en contact avec des anciens combattants de la Première Guerre mondiale car il vivait de fait dans ces milieux-là, les milieux de l'armée. Il n'eut pas de mal à me faire adhérer moi aussi, un jour, à « l'Union des jeunes combattants du front », une organisation de jeunesse de « l'Association austro-allemande des anciens combattants » qui avait pour devise : « L'intérêt général prime l'intérêt particulier ». C'était, à l'époque, outre le *Schutzbund*[1] républicain du parti social-démocrate, la seule organisation qui se risquait à descendre dans la rue, mais pour défiler uniquement — très rarement à vrai dire. Elle bénéficiait manifestement aussi du soutien du gouvernement du moment. Les adhérents étaient en majorité d'opinion monarchiste. Ils étaient par ailleurs chrétiens et seul un tout petit nombre d'entre eux était alors nationaliste. Il n'était pas encore question de national-socialisme.

— *Donc, essentiellement des gens qui pensaient « autrichien ».*

— Nous autres, les jeunes, nous nous rendions parfois en tramway à Klein-München, un faubourg de Linz, où l'on trouvait des stands de tir ; c'est là que j'ai eu pour la première fois de ma vie entre les mains une vraie carabine, j'en garde encore un souvenir précis. Ces débuts dans l'Association des anciens combattants doivent remonter aux années 1928-1929 à peu près. C'est ensuite, en 1931, que se firent jour des conflits entre nationalistes et monarchistes. Entre-temps, les SA à leur tour s'étaient mis à défiler dans les rues. La SS cherchait à recruter dans les rangs de l'Association des anciens combattants de Linz car, le gouvernement fermant les yeux, nous pouvions nous exercer au

1. Une espèce de milice paramilitaire (N d T).

tir réel et, à cette époque, la SS ne voyait pas cela d'un mauvais œil. Un jour, dans le *Märzenkeller,* une grande brasserie de style bavarois, le parti nazi, le NSDAP, tint un meeting de masse. C'est le Gauleiter de l'époque, un certain Bollek, qui parla. Ensuite, un dénommé Kaltenbrunner, Ernst, se dirigea vers moi. Nous avions fait connaissance dans la rue ; son père était avocat à Linz et avait avec le mien des relations d'affaires depuis vingt ans. Ernst Kaltenbrunner me fit une mise en demeure catégorique : « Viens chez nous ! » C'était comme cela que les choses se passaient alors, sans façons, on ne tournait pas longtemps autour du pot, on ne faisait pas de manières. Je lui dis alors : « Bon, d'accord ! » C'est ainsi que j'entrai à la SS.

— *C'était en dix-neuf cent...*

— C'était soit en 1931, à la fin de l'année, soit début 1932. On doit pouvoir retrouver ça dans mes papiers d'identité. Je ne m'en souviens plus très précisément aujourd'hui.

Commentaire : On a conservé en lieu sûr un dossier rassemblant les papiers personnels d'Eichmann. On y trouve notamment un curriculum vitae de sa main, écrit en 1937, qui indique le 1er avril 1932 comme date d'entrée au parti et à la SS . Numéro d'adhérent du parti : 889.895; numéro d'adhérent de la SS : 45.326. Ni la date, ni l'ordre d'adhésion ne pouvaient vraiment le faire apparaître, même en Autriche, comme un combattant de la première heure.

— A Salzbourg, je faisais mon travail normalement à la Vacuum Oil ; je rentrais tous les vendredis à Linz où j'accomplissais alors mon service de SS — en semaine, je n'étais jamais là — dans ce qu'on appelait la Maison brune de Linz ; c'était le Parti qui l'avait achetée ; ce service consistait pour moi à dormir sur une paillasse et à monter la garde durant la nuit. Tous les vendredis soir, donc, j'étais de service. Comme j'étais l'un des rares à avoir du travail en même temps qu'à très bien gagner ma vie, on était toujours très content de me voir arriver car il y avait, à côté de cette Maison brune, un restaurant où je commandais de la bière ou des jus de fruits ainsi que des cigarettes. Le samedi matin, je rentrais chez moi, je me lavais et je travaillais encore pour la Vacuum Oil, je rédigeais mes rapports ou je réglais d'éventuels problèmes. C'est justement à cette époque que l'uniforme avec la casquette plate a fait son apparition. Je m'en fis faire un. Un beau jour, nous sommes partis pour Freilassing.

Commentaire : Localité près de Salzbourg, juste de l'autre côté de la frontière avec l'Allemagne. A cette époque, en Autriche, il était interdit aux membres du NSDAP de défiler en uniforme. Le nouvel uniforme, dont il vient d'être question et qui se composait jusqu'ici d'une chemise brune et d'un pantalon en tissu noir, avait été complété par une veste de même tissu ; le col à revers portait les marques de grade et le haut képi noir, qui, par sa forme, ressemblait à celui de la Légion étrangère française, venait d'être remplacé par une casquette plate en tissu noir.

— A Freilassing, la SS servait de police auxiliaire et, le dimanche, on y « dressait » aussi, dans toutes les règles de l'art, les membres du régiment 37, tous originaires de Salzbourg et de Linz. Le soir, on nous ramenait à Salzbourg et, dès le lendemain matin, je devais être au travail. J'étais à Pinzgau lorsque j'appris que le Parti était interdit en Autriche.

— *En quelle année était-ce ?*

— C'était en dix-neuf cent... trente-trois, avant la Pentecôte.

Commentaire : A la mi-mai 1933, trois membres du NSDAP avaient tenté d'organiser des manifestations en Autriche ; il s'agissait de l'avocat Hans Frank, le futur gouverneur général de Varsovie, du Dr Hans Kerrl, le futur ministre des Eglises, et de celui qui sera plus tard le juge sanguinaire Roland Freisler, président du Tribunal du peuple. Le chancelier fédéral d'Autriche, le social-chrétien Engelbert Dollfuss, sitôt leur arrivée sur l'aéroport de Vienne, les fit refouler en Allemagne. Le conflit entre Vienne et Berlin qui résulta de cet incident entraîna, le 19 juin 1933, l'interdiction du NSDAP et de toutes ses organisations en Autriche.

— En tout cas, j'avais mon uniforme chez le tailleur, je l'avais déjà payé mais je ne suis pas allé le chercher puisque, de toute façon, tout était interdit. Je venais aussi d'être licencié, comme je l'ai déjà dit. En route, donc, pour Eferding où je devais réaliser ma première affaire pour mon propre compte, je me suis dit : « A quoi bon ? Tu n'as qu'à passer en Allemagne ! » C'est ainsi qu'un beau matin je suis parti de Linz avec la bénédiction de mes parents, muni d'un passeport allemand et d'une attestation du consul allemand certifiant que j'appartenais à l'une des meilleures familles de la colonie allemande de Linz et priant les autorités allemandes de m'apporter leur appui. Le genre de recommandation habituelle, donc...

— Il vous a bien fallu, avant de partir, en informer votre régiment SS ?

— Oui, c'est là que se situe cette partie de l'histoire. Je suis allé chez le Dr Kaltenbrunner, chez Ernst donc, qui, à l'époque, avait le grade de Truppführer, ce que plus tard on a appelé Oberscharführer. Mais ces fonctions étaient autrement plus importantes que ne le laissait supposer son grade. Il était aussi avocat, son père l'avait pris dans son cabinet. Il me dit : « Reviens demain, revenez demain. Je vous donnerai des lettres. Vous les mettrez dans votre valise. Cachez-les, faites-leur passer la frontière et rendez-vous chez le Gauleiter Bollek, à Passau. » Il s'agissait du Gauleiter en exil. Je suis ensuite repassé prendre les lettres.

— Chez Kaltenbrunner fils ?

— Kaltenbrunner fils, oui, le vieux était déjà mort à cette époque. Je n'ai pas eu à ouvrir mes valises à la frontière. Le siège de la direction du Gau de Haute-Autriche était à je ne sais plus quel numéro de la Bahnhofstrasse. Je remis les lettres et j'attendis longtemps dans l'antichambre ; je reçus enfin l'ordre d'entrer chez le Gauleiter Bollek. Je lui racontai ce qui m'amenait et je lui demandai s'il connaissait un moyen de me faire entrer à la Vacuum Oil, la Vacuum Oil de Bavière. Il me dit alors qu'il vaudrait mieux que je commence par faire mon service, qu'il était grand temps que je devienne enfin un homme. Je me suis dit : « Bon, va pour être soldat ! » Je n'avais personne à charge d'ailleurs. Là-dessus, on m'a envoyé à Kloster-Lechfeld.

— Etait-ce une école ou une caserne ?

— Ç'avait été autrefois un grand terrain d'exercice, du temps de la Première Guerre mondiale, du temps de l'ancienne armée donc ; on y avait planté des baraques, tout un tas, il y avait un couvent à proximité, une brasserie bien sûr [1]. Ce n'était certainement pas la première fois que ces baraquements étaient utilisés ; il y avait encore une grande cantine ; c'était la police bavaroise qui avait pris notre instruction en charge. L'ensemble s'appelait la « Légion autrichienne ».

— Lechfeld servait de camp à la SA et à la SS tout à la fois ?

— C'est ça ! A Lechfeld, il y avait un bataillon de la SS au complet, trois compagnies donc, en tout cas plus de trois cents

1. Les moines, en Allemagne, furent souvent brasseurs. Couvent et brasserie sont donc plus ou moins synonymes dans l'usage courant (N d T).

hommes. A la SA, ils étaient encore beaucoup plus nombreux. On y faisait l'exercice et il n'y avait, pour l'essentiel, que deux armes : l'infanterie et les sapeurs. Les sapeurs étaient soumis à l'entraînement réservé aux troupes de choc. La sélection était du seul ressort du médecin ; les costauds étaient versés dans les troupes de choc, les autres dans l'infanterie. Je fis mon service dans les troupes de choc parce qu'à l'époque j'étais plus solide que je ne le suis aujourd'hui. On nous formait essentiellement en vue du combat de rue. Comme j'avais une assez belle écriture, je me retrouvai tout de suite « juteux », c'est-à-dire adjudant de compagnie ; c'était moi qui tenais les carnets individuels ainsi que les registres de tir. En plus de notre formation militaire, on marchait toute la journée au pas, en formation douze sur douze, en guise de préparation au congrès du Parti. Plus tard, ce doit être en octobre 1933, je reçus l'ordre de me rendre à Passau, auprès d'un certain Sturmbannführer von Pichl ; c'était lui qui, à ce moment-là, dirigeait le détachement de liaison du Reichsführer de la SS à Passau. Ce détachement de liaison, qui comptait environ huit hommes, peut-être dix, était chargé, en coopération avec les gardes-frontières, de patrouiller le long de la frontière entre la Bavière et l'Autriche. Car, à cette époque, nuit et jour, des gens s'enfuyaient d'Autriche et passaient en Allemagne ; il fallait les accueillir et les héberger. S'ils étaient dans la SA ou la SS, on les transférait dans la Légion autrichienne. Par les mêmes voies, on faisait passer du matériel de propagande de Bavière en Autriche. C'était un service monotone mais, pour moi, ce fut une période agréable car je passais mon temps dans la Forêt bavaroise qui ressemblait comme une sœur à mes forêts du Mühlviertel, ma deuxième patrie ; je n'ai pas gardé le souvenir de ma première patrie ; dans mon for intérieur, ma patrie, c'est l'Autriche. Je me plaisais d'ailleurs beaucoup dans ce nouveau rôle. Nous mangions dans une boucherie où l'on pouvait aussi acheter des saucisses chaudes et de la salade de pommes de terre. Le Sturmbannführer von Pichl me prit comme adjoint. Je pus alors régler sous ma propre responsabilité des problèmes secondaires ; il me versait une petite somme, je crois que c'étaient cinquante Reichsmarks par jour, sur laquelle je payais le déjeuner de tout le groupe, j'achetais du savon et d'autres choses de ce genre ; je rendais ensuite mes comptes. De plus, c'était moi qui écrivais les lettres et les rapports qu'on envoyait à Munich, à la direction du Reich de la SS. Ce fut une période passée à ne rien faire, à littéralement fainéanter, on ne peut pas appeler ça autrement et, déjà alors, je suspectais ce

M. von Pichl d'avoir des intérêts personnels à Passau ; c'était un homme qui aimait la belle vie, un homme qui avait de belles manières et je m'imaginais que certaines femmes de Passau devaient passablement l'accaparer. A strictement parler, le travail du détachement de liaison ne servait à rien du tout. On a manifestement commencé à s'en rendre compte peu à peu, en haut lieu aussi, car, au lendemain de Noël 1934, tout le détachement a été dissous et nous nous sommes tous retrouvés à Dachau. Pour ce qui était de mon avancement, je n'avais toujours que ma première étoile au revers du col, j'étais donc Unterscharführer, c'est-à-dire sous-officier.

— *Et ensuite, comment cela s'est-il passé à Dachau ?*

— Le régime militaire y était très sévère, à un point que je n'avais encore jamais connu ailleurs. Nous étions un bataillon du régiment « Deutschland » qui n'était formé que d'Autrichiens. Nous logions en dehors du camp de concentration, dans un ancien hangar à munitions, une immense bâtisse en ciment et en fer où nous dormions dans des châlits à trois étages.

Commentaire : A partir de 1933, les nationaux-socialistes utilisèrent comme camps de concentration, à l'intention de leurs adversaires politiques et des Juifs, des installations qui avaient servi de dépôt de munitions pendant la Première Guerre mondiale, à proximité de la petite ville de Dachau, au nord de Munich. Le terrain et les bâtiments qu'il comportait servaient en outre de centre de formation paramilitaire pour les diverses organisations du Parti. Ce qu'on savait du traitement réservé aux détenus du camp était si terrible que les nazis pouvaient se contenter d'évoquer le nom de Dachau pour menacer leurs adversaires.

— C'étaient des SS bavarois qui gardaient le camp de concentration. Ils portaient une tête de mort au revers du col. Nous, les Autrichiens, nous les appelions les « têtes de mort ». Nous avions, nous, au revers du col, les caractères runiques SS avec le chiffre arabe 1.

— *Qui étaient alors vos chefs ?*

— Nous avions pour chef un commandant de la police prussienne affublé d'un uniforme SS. A la tête des compagnies, il y avait des Hauptsturmführer qui étaient eux aussi des capitaines de la police prussienne affublés d'uniformes SS. Les chefs allaient à cheval à la tête de leurs troupes, le reste suivait à pied. On accomplissait un exercice militaire absolument normal, tout à fait comme dans l'armée. Il n'était plus question de jouer aux troupes de choc comme à Kloster-Lechfeld. Tout était soumis à la discipline militaire. J'y suis resté jusqu'en septembre 1934.

J'avais entendu dire quelque temps auparavant que le Service de sécurité du Reichsführer allait recruter des gens ayant accompli leur service militaire. On en avait pas mal parlé car beaucoup en avaient assez des rigueurs de la vie à l'armée. Moi, ça m'était égal, ce que je ne supportais plus, c'était la monotonie du service. Toujours la même chose. Une anecdote, que j'ai souvent racontée par la suite aux officiers et sous-officiers placés sous mes ordres, montre à quel point je me moquais des rigueurs militaires. C'était encore du temps de Kloster-Lechfeld, on nous avait infligé un exercice disciplinaire et, comme cela se passe toujours en pareil cas, il nous fallait ramper interminablement dans les roseaux et sur le gravier, pratique qui fut par la suite interdite. Dès le début de l'exercice, certains étaient allés à l'infirmerie ; ils s'étaient fait porter pâles, quoi ! Moi, parce que je trouvais qu'on nous traitait de manière injuste, j'ai continué à ramper obstinément et, malgré mes coudes en sang, je n'ai pas voulu me faire panser. L'exercice disciplinaire reprit après le repos de midi, et, à force de ramper, j'eus tôt fait d'arracher le malheureux sparadrap que je m'étais mis. En bref, mes deux coudes étaient à vif. Je ne bronchai pas. C'est ainsi que je me fis remarquer et que j'eus ensuite de l'avancement. Ce ne fut donc pas la dureté de la vie militaire à Dachau qui me poussa à réfléchir aux moyens de m'en sortir. Ce fut sa mortelle monotonie. Aussi, lorsque j'appris que le Service de sécurité du Reichsführer recrutait, je me suis dit que c'était une occasion en or.

— *Le Reichsführer SS, c'était bien Heinrich Himmler ?*

— C'est ça oui ! Je me voyais déjà dans sa voiture, à ouvrir l'œil, assister à des tas de choses, un jour ici, un jour là. Je posai une demande de permission pour me rendre à Munich. Motif : faire une demande d'engagement auprès du Service de sécurité. Une fois à Munich, je dus remplir un questionnaire puis l'on me renvoya à Dachau. Pendant longtemps, je restai sans nouvelles de ma demande et je croyais déjà que tout était tombé à l'eau.

Commentaire : L'organisation du Service de sécurité commença par un malentendu. Lorsque Hitler et Himmler eurent l'idée de mettre sur pied un service de renseignement dirigé contre les autres partis et un service d'espionnage dirigé contre les membres du Parti eux-mêmes, en somme une sorte de service secret, ils se mirent à la recherche d'un homme qui eût quelque expérience en la matière. Le candidat, Reinhard Heydrich, un enseigne de vaisseau qui avait été mis à la réforme, fit référence à sa formation d'officier des renseignements ; en d'autres termes, il savait envoyer des messages radio, les chiffrer, etc. Mais Himmler se figura d'abord qu'Heydrich avait travaillé dans les services d'espionnage. Ce dernier se vit confier la mission, en juin 1931, de monter et de diriger un Service de sécurité, le SD (Sicherheitsdienst).

— Je fus convoqué un beau jour à Dachau, à l'état-major du bataillon. On m'informa que j'étais muté au Service de sécurité du Reichsführer de la SS, avec effet immédiat. Je reçus un ordre de route pour Berlin, au 102 de la Wilhelmstrasse, pas à la Prinz-Albert-Strasse qui était le siège de la Gestapo.

— *C'était le siège de la direction du Service de sécurité ?*

— La direction était en effet installée au 102 de la Wilhelmstrasse, dans le palais des Hohenzollern. C'est alors que je connus une très forte déception. Je m'étais imaginé les choses d'après ce que j'avais vu dans le *Münchner Illustrierte* : des commandos motorisés de la SS accompagnant de hauts dignitaires du Parti, des hommes debout sur les marchepieds, des escortes; j'avais donc confondu tout ça avec le Service de sécurité du Reich. Pas une seconde, je ne m'étais attendu à ce que j'allais découvrir. J'arrivai donc un matin, de bonne heure, à la Wilhelmstrasse — j'avais voyagé toute la nuit —, je me présentai et l'on me conduisit aussitôt dans une chambrée.

— *Auprès de qui deviez-vous vous présenter à Berlin ?*

— Je ne m'en souviens plus ; mais mon supérieur immédiat, à l'époque, était un Untersturmführer, un certain Petersen. Dans la chambrée, je recouvris mon lit des habituels draps à carreaux bleus car tel était le règlement : « non marié, célibataire donc, logement en caserne ». Marié, je pourrais loger en ville. Nous étions douze dans cette chambrée. Je n'étais pas le seul à avoir déjà fait mon service et à devoir néanmoins tout recommencer à zéro. On me conduisit à l'Untersturmführer Petersen qui m'ordonna de garder le secret le plus absolu sur tout, absolument tout. Là-dessus, on me fit prêter serment. Plus tard, beaucoup plus tard, j'en ai ri bien souvent ; mais, sur le moment, je trouvai vraiment étrange, venant d'une caserne et ayant la plupart du temps été au grand air, de devoir traverser les salles du Palais avec mes lourdes bottes, sans cesse attentif à ne pas déraper sur le parquet. Je passai à côté d'un cercueil dans lequel il y avait une espèce de squelette. Ce fut la première chose qui me frappa. Je n'appris que plus tard qu'on m'avait fait traverser le musée de la franc-maçonnerie. En voyant et en entendant tout ça, je dus avoir l'air passablement ahuri et effrayé, tellement j'étais incapable de m'expliquer quoi que ce soit. Je voulais faire partie du commando d'escorte, mais je ne savais même pas le terme exact. Je me disais : Service de sécurité du Reichsführer, ça doit vouloir dire de veiller à ce qu'il ne lui arrive rien, qu'il n'y ait pas d'attentat et des choses de ce genre. C'est ce que je m'imaginais. On nous a ensuite conduits dans une salle gigantesque où il y avait d'énormes fichiers ; dans un coin de la salle, un Scharführer travaillait à son bureau ; c'était notre chef. Dès ce premier instant, j'eus horreur de ce que nous avions à faire. Nous devions classer un fichier par ordre alphabétique. C'était un fichier de francs-maçons. Il nous a tout fallu classer méticuleusement, bien veiller à ce que les initiales concordent, les C avec les C par exemple, etc.

Je n'avais encore jamais entendu parler de la franc-maçonnerie et je ne voyais pas du tout ce que cela pouvait être. Plusieurs fois par jour, un Sturmbannführer traversait la salle. C'était, à ce que l'on disait, le chef de tout le service. Quand un supérieur, au-dessus du grade de Sturmführer, traversait la salle, nous devions tous nous lever, nous mettre au garde-à-vous et attendre les ordres ; en général, on s'entendait dire : « Continuez ! »

Commentaire : Ce rituel militaire pour un simple travail de bureau est caractéristique de la manie, particulièrement répandue dans la SS, consistant à tout faire faire comme à l'armée, même les besognes les plus terre à terre.

— Les journées paraissaient interminables avec un tel travail. Un Sturmbannführer avec un bouc était assis à l'écart de nous ; il était presque sourd ; je le trouvais très drôle et très étrange. Il s'agissait, comme je ne l'appris que beaucoup plus tard, du responsable scientifique du 1er Bureau du SD, le Pr Schwarz-Bostowitsch. Il avait siégé, du temps des tsars, à la Cour d'appel de Kiev, il s'était livré à des travaux sur la franc-maçonnerie et avait même publié un ouvrage sur ce sujet — ce qui lui avait valu de se voir, disons, « décerner » le grade de Sturmbannführer de la SS. Quelques jeunes gens s'affairaient autour de lui, assis comme nous derrière des fichiers ; parmi eux, un certain Wisliceny dont j'aurai souvent l'occasion de reparler.

— Dieter ?

— Oui, Dieter Wisliceny. Il était à l'époque sous les ordres directs de Schwarz-Bostowitsch. Durant les quinze jours, non, les trois semaines que dura mon travail à cet endroit-là, nous eûmes à plusieurs reprises des visiteurs. C'étaient soit le Reichsführer en personne, soit Kaltenbrunner qui les conduisaient. Nous détestions ces visites. Elles se produisaient tous les deux ou trois jours, le soir le plus souvent, et nous devions rester là, à attendre que tout ce monde ait quitté l'immeuble ou soit au moins sorti des locaux du 1er Bureau. Un beau jour, je fus transféré de la salle des fichiers au musée de la franc-maçonnerie. On ne me demanda rien ; on me mit sous les ordres de l'Oberscharführer Richter, un Berlinois qui avait étudié durant quelques semestres à l'Université, qui avait arrêté ses études du fait des événements politiques et qui faisait en quelque sorte fonction de directeur du musée. Il était chargé de mettre sur pied un musée en utilisant tous les objets saisis dans les diverses loges maçonniques d'Allemagne — aussi bien le contenu des bibliothèques que, si je puis dire, tous les objets dits rituels, tels les tabliers, ou bien encore des photographies, des médailles, des sceaux, etc. Il se proposait d'installer un véritable temple du Grade de Saint-Jean dans une pièce et un temple du Grade de Saint-André dans une autre. Mon travail consistait à classer les milliers de sceaux et les centaines de médailles, à les cataloguer et à les légender. Cette tâche m'occupa cinq bons mois, jusqu'au transfert du musée et de l'ensemble de cette section à l'autre bout de Berlin. Mais, entre-temps, j'avais fait la connaissance d'un Untersturmführer du nom de von Mildenstein. Il était venu un jour visiter notre service comme l'avaient fait avant lui Göring ou Goebbels. Je ne le connaissais pas ; il était Untersturmführer, moi, je n'étais pas encore officier et cela faisait entre nous, à l'époque et dans la SS, un écart considérable. Je travaillais à mon bureau dans la salle des francs-maçons du Grade de Saint-Jean. Il examina tout ce qui était là, se fit expliquer un tas de choses, ce que je fis dans la mesure de mes connaissances. Il me dit ensuite qu'il venait de monter la section « Juifs » au sein du Bureau central du SD et me demanda si je n'aimerais pas travailler avec lui. A ce moment-là, j'aurais répondu amen à n'importe quelle demande, uniquement pour me sortir de ma colle et de mes sceaux. Je répondis affirmativement et je n'entendis plus parler de rien. Le transfert que je viens d'évoquer à l'instant s'effectua, puis, un beau jour, je reçus l'ordre de me présenter à la section XY — je ne me rappelle plus aujourd'hui quel numéro elle avait — dans le Palais, au 102 de la Wilhelmstrasse, chez l'Untersturmführer von Mildenstein.

— *Quel était le nom de cette section ?*

— La section « Juifs » ! Le travail dans cette section « Juifs » était pour moi quelque chose de totalement nouveau. L'Untersturmführer von Mildenstein était quelqu'un de très ouvert, très aimable ; il était autrichien de naissance, semblait avoir beaucoup voyagé et, contrairement à la plupart de nos supérieurs à cette époque, il ne donnait pas cette impression de rigueur, il n'avait pas non plus cet aspect tranchant qui nous inspirait un tel respect qu'on ne se risquait pas à prononcer un seul mot. J'eus très vite avec lui des relations empreintes de chaleur. Une des premières choses dont il me fit cadeau, ce fut un livre, *L'Etat juif* de Theodor Herzl.

Commentaire : C'est sous le coup de l'indignation suscitée en lui par la condamnation frappant le capitaine Dreyfus — accusé à tort d'espionnage au profit de la Prusse —, condamnation inspirée par l'antisémitisme qui régnait alors dans l'armée française, qu'un avocat de trente-six ans, né à Budapest, Theodor Herzl, écrivit cet ouvrage dans lequel il se prononçait pour la fondation d'un Etat juif en Palestine ; il fut ainsi à l'origine du mouvement sioniste qui rencontra rapidement de nombreux partisans, surtout dans l'Est de l'Europe.

— Von Mildenstein me demanda de le lire. C'est ce que je fis et cela m'absorba totalement dans les jours qui suivirent. Ce livre m'intéressa ; jamais, jusqu'alors, je n'avais rien lu ni entendu de semblable et j'assimilai le contenu de l'ouvrage. Est-ce à cause de mon côté romantique, de mon amour pour la nature, pour les montagnes, pour la forêt ? Toujours est-il que cet ouvrage me toucha beaucoup, au point que j'en retins le contenu et l'assimilai. Je ne connaissais pas, évidemment, la suite des événements. Lorsque j'eus fini ma lecture, je reçus l'ordre de faire un résumé destiné à être publié sous forme d'une brochure-directive à l'usage de la SS en général mais aussi aux fins particulières du SD.

— *En quelle année était-ce ? Vous souvenez-vous de la date exacte ?*

— Fin 1934 — je suis entré au SD en septembre — non, ça doit être en 1935, plutôt dans la deuxième moitié de l'année. Le chef d'état-major de notre section, quelqu'un de très pointilleux en ce qui concerne le style, l'a revu à plusieurs reprises, proposant à chaque fois des corrections. C'est von Mildenstein qui se chargea des éventuelles corrections de fond. Ce projet fut ensuite effectivement imprimé, sous la forme, donc, d'une brochure SS ; j'avais, dans ce rapport, décrit de manière objective les structures de l'organisation sioniste dans le monde, les buts du sionisme, ses ressources et ses difficultés ; je soulignais également qu'il était nécessaire de le soutenir car il répondait à nos propres vues dans la mesure où il recherchait une solution politique : il voulait un sol, une terre où son peuple pourrait enfin s'installer et s'établir en paix. Cet objectif coïncidait dans une large mesure avec ce que voulait le national-socialisme. Dans le même temps, je me suis plongé dans l'étude de l'organisation néo-sioniste. J'ai fait un autre résumé sur cette question aussi, mais je ne sais pas s'il parut sous forme de brochure. J'ai, par la suite, appris à connaître dans l'Untersturmführer von Mildenstein un homme qui rejetait totalement les méthodes du *Stürmer* et qui recherchait une solution politique.

Commentaire : Le Gauleiter de Franconie, Julius Streicher, fit éditer à Nuremberg un hebdomadaire, *Der Stürmer,* qui ne contenait que des articles et des mots d'ordre haineux, appelant à la persécution des Juifs. Il s'adressait aux instincts les plus bas, ne reculait pas devant le mensonge délibéré si bien que de nombreux adhérents du NSDAP le rejetaient. Streicher, une brute primitive, corrompue et sadique, fut condamné à mort après la guerre par le Tribunal militaire international de Nuremberg et pendu.

— J'ai toujours considéré M. von Mildenstein comme mon maître car il était le seul, au sein du Bureau central pour la sécurité du Reich (RSHA), à pouvoir fournir sur les Juifs une information exhaustive. On m'attribua alors comme domaine de responsabilité propre « l'organisation sioniste mondiale, le néo-sionisme, l'orthodoxie ». Quelqu'un d'autre de la section était chargé des organisations soucieuses d'assimilation. C'était tout ce que nous avions !

C'est vers cette époque que fit son apparition une personne semblant bien connaître von Mildenstein, un certain Ernst von Bollschwingh. Il avait séjourné assez longtemps en Palestine, pour affaires, en compagnie d'un M. Bormann qui, tous les ans, expédiait de là-bas, si je ne me trompe pas, un bateau plein d'oignons à destination d'un pays scandinave quelconque. Ce M. von Bollschwingh venait assez souvent nous voir dans notre département et nous parlait de la Palestine. Concernant les objectifs et la situation présente du sionisme en Palestine, concernant aussi son rayonnement à travers le monde, ce monsieur faisait si bien le tour de la question que je devins peu à peu un spécialiste des problèmes du sionisme. Je recevais aussi des journaux, parmi lesquels le *Haint* [1]. Je ne parvenais pas à déchiffrer les caractères de ce dernier et je me suis alors acheté le *Samuel Kaleko*, un livre destiné à l'étude de l'hébreu. J'ai commencé par apprendre les caractères hébraïques d'imprimerie. J'ai aussi appris des mots, mais ce que je souhaitais avant tout, c'était de pouvoir lire le *Haint* qui était certes écrit en yiddish mais imprimé en caractères hébraïques.

— *C'était en 1935 ?*

— C'est ça ! Mais il y eut un changement début 1936 : M. von Mildenstein passa aux Ponts et Chaussées — à l'organisation Todt — et on l'envoya en Amérique du Nord pour y étudier le problème des autoroutes. J'ai oublié de dire que, sur le plan professionnel, il était ingénieur diplômé. Mon nouveau chef était quelqu'un de beaucoup plus jeune, un Scharführer ou bien un Oberscharführer, quelqu'un de pas mûr du tout, très content de lui. Notre département était dépourvu de toute importance et de toute influence, c'était un tout petit département qui tenait dans une seule pièce, deux fois grande comme celle-ci où je suis actuellement. Mais je n'eus pas longtemps à supporter ce supérieur car le jeune homme partit à l'armée quelques semaines plus tard et l'on n'entendit plus parler de lui ! J'eus alors un nouveau supérieur, Dieter Wisliceny, dont j'ai déjà eu l'occasion de parler. Ce changement s'accompagna d'un déménagement dans deux ou trois petites pièces. Wisliceny s'installa dans l'une d'elles, moi dans la deuxième et un certain Dannecker, je crois qu'il était aussi Scharführer, occupa la troisième. Je conservai mes attributions, Dannecker reçut en charge les questions d'assimilation ; Wisliceny régnait sur l'ensemble. C'était un supérieur très bienveillant. A lui seul, son embonpoint prédisposait au calme. Le temps que nous avons passé avec lui ne fut pas une période agitée. Il avait de très bonnes connaissances en histoire. Les conversations avec lui étaient passionnantes. C'est ainsi que, peu à peu, j'eus le droit de prendre lecture du courrier quotidien auquel je n'avais encore jamais eu accès. Il y avait des notes

1. *Haint* : *Aujourd'hui* en hébreu.

en provenance d'autres services du SD, des services parallèles ou des services supérieurs, en provenance aussi d'instances plus centrales, mais, la plupart du temps, il s'agissait de comptes rendus de réunions qui s'étaient tenues au sein des organisations juives dans différentes parties du monde. Parfois, il s'agissait de documents scientifiques, ou prétendus scientifiques, des documents qu'on avait trouvés quelque part à l'occasion de saisies ; comme la Gestapo ne savait qu'en faire, elle les expédiait au SD. Il y avait encore des rapports effectués par des organisations nationalistes et des informations en provenance de divers services de police. Les services chargés du tri du courrier dans la maison faisaient parvenir à notre section tout ce qui concernait les Juifs. Wisliceny n'avait plus ensuite qu'à décider ce qui me revenait et ce qui revenait à Dannecker en fonction de nos attributions respectives.

Commentaire : Ainsi, dès 1937, ce département II 112 du Bureau central du SD regroupait-il ces trois hommes, Theodor Dannecker, Dieter Wisliceny et Adolf Eichmann, qui, véritables bureaucrates du crime, expédieront des millions de Juifs à la mort et finiront par constituer le « détachement Eichmann ». Wisliceny fut condamné à mort en 1948 à Presbourg et exécuté. Dannecker a disparu depuis la fin de la guerre.

— C'est aussi à cette époque que chaque département, chaque section se vit pour la première fois demander de rédiger des rapports mensuels. Le responsable, dans notre cas Wisliceny, était donc chargé de faire la synthèse des rapports que Dannecker et moi-même lui fournissions ; ce rapport parvenait ensuite à notre chef, au Standartenführer, le Dr Six. Il était déjà, je crois, professeur à l'Université.

— *Et comment s'appelait alors votre département ?*

— Il s'appelait toujours le « 1er Bureau, le Bureau d'information ». Autant que je m'en souvienne, les Eglises, les Juifs, le communisme, les sectes et la franc-maçonnerie étaient de son ressort. Peut-être y avait-il quelque chose d'autre encore mais cela m'échappe pour l'instant. Six essaya par la suite d'organiser différemment toute l'affaire. Le problème numéro un devint celui des rapports à adresser par les divers services du SD aux services supérieurs et par ces derniers au Bureau central ; il fallut désormais indiquer précisément aux services supérieurs ce qu'ils avaient à dire dans leurs rapports et ce qui était intéressant ; de leur côté, ils devaient transmettre tout ça à leurs responsables respectifs ; puis les services extérieurs répercutaient l'ensemble sur le réseau des *Vertrauensmännernetz*.

— *Qu'est-ce que c'était que ce réseau ? De quoi était-il chargé ?*

— Il s'agissait du réseau des hommes de confiance. Ces hommes de confiance étaient chargés d'observer ce qui se passait ici ou là, ce que faisait tel ou tel, d'indiquer qu'ici se tenait une assemblée, là un office religieux, ou bien que se tenait chez les Juifs une assemblée au cours de laquelle on abordait les questions de l'émigration ou bien encore qu'il s'agissait d'une pure affaire religieuse, bref toutes ces questions. C'étaient en général des hommes de confiance bénévoles. Il y avait aussi, d'après ce que j'ai entendu dire, des hommes de confiance rétribués. Nous, au Bureau central, nous n'avions aucun rapport direct avec ces gens-là. Nous n'en connaissions aucun et, inversement, aucun d'eux ne venait jamais au Bureau central.

En ce qui concerne ces rapports à transmettre, pour ce qui était de mon secteur tout au moins, on disposait déjà des bases de travail voulues ; on disposait en effet de la brochure-directive de la SS. Il me suffisait de renvoyer à la brochure : voilà ce que nous voulons ! Le gouvernement est partisan de l'émigration ; il faut entreprendre tout ce qui va dans ce sens et rien ne doit venir l'entraver. Tout tournait autour de cette question. Il fallait bien sûr que je me tienne au courant du nombre des émigrants ; c'est alors que j'appris que ça se passait mal. J'entendis pour la première fois parler de difficultés à obtenir les visas fiscaux, de difficultés de dates aussi parce que, parmi les pièces exigées, nombreuses étaient celles qui étaient rapidement périmées et qu'il fallait alors faire refaire. J'entendis parler des difficultés créées par les services locaux de police qui, par bêtise ou ignorance, interdisaient les activités d'organisations juives, plaçaient leurs locaux sous scellés, arrêtaient leurs dirigeants, provoquant ainsi des blocages. J'entendis parler des difficultés soulevées par le gouvernement sous mandat en Palestine et sa politique de strict contingentement de l'immigration. J'entendis parler aussi des difficultés que faisaient d'autres pays d'accueil. Mais j'étais impuissant car le Bureau central du SD était une simple organisation de renseignement et devait se contenter de transmettre aux instances supérieures tout ce qu'il apprenait.

— *Vous dites avoir entendu parler de tout ça. Cela signifie-t-il que vous êtes directement entré en contact avec divers groupements juifs ?*

— A vrai dire, non. A cette époque, je n'avais encore aucun contact avec des groupements. C'est par les rapports des hommes de confiance que j'ai appris ces faits. Je m'étais procuré l'*Encyclopaedia Judaica* ainsi qu'une foule d'autres ouvrages. Je lisais des quantités de choses, toujours dans ce seul domaine bien sûr. Je lisais bien entendu aussi tous les journaux juifs que je pouvais me procurer. J'avais également noué de premiers contacts avec la section juive de la Gestapo à qui revenait de prendre les mesures exécutoires ; j'avais demandé à pouvoir consulter de temps en temps — pas chez nous bien sûr car nous n'avions aucun pouvoir exécutif et ne pouvions convoquer ni citer qui que ce soit —, j'avais donc demandé à pouvoir aller consulter sur place tel ou tel responsable à propos de telle ou telle question dans laquelle je ne voyais pas très clair. J'y fus autorisé. Par la suite, lorsque quelque chose restait obscur pour moi, j'ai en règle générale discuté du problème avec un certain Dr Eppstein. Pour cela, soit on le convoquait au 8 de la Prinz-Albert-Strasse, soit on m'informait des rendez-vous qu'il avait déjà avec la Gestapo. Il s'agissait manifestement de la personne avec qui la Prinz-Albert-Strasse avait le contact à cette époque.

— *Est-ce qu'à cette époque vous aviez eu à nouveau de l'avancement ?*

— En 1936, j'avais effectivement obtenu ma deuxième étoile, c'est ça, en 1936 ; j'étais donc Oberscharführer et c'est en 1937 que je fus nommé Hauptscharführer. Il n'était pas obligatoire de passer par le grade de Hauptscharführer, on pouvait le sauter. Je ne sais pourquoi, mais il m'a fallu en passer par là. Puis le Dr Six, qui était selon notre expression « un bourreau de travail », conçut de l'animosité envers Wisliceny qui, lui, était plutôt flegmatique, qui nous faisait certes travailler mais qui préférait pour sa part lire quelque ouvrage historique et tuer ainsi le temps.

— *Si vous voulez boire quelque chose, faites !*

— Merci beaucoup, merci bien ! Un beau jour, Wisliceny fut remplacé et c'est un proche de Six qui prit la responsabilité du service. Comment s'appelait-il donc déjà ? Il travaillait précédemment dans le service de presse sous les ordres de Six — Hagen, il s'appelait Hagen. Oui, c'est ça ! L'Oberscharführer Hagen était un homme habile, au vaste horizon intellectuel ; il disposait de solides connaissances générales et avait le don de s'assimiler en un rien de temps même ce qu'il ignorait jusqu'alors. Il n'avait, à son arrivée, pas la moindre idée du problème juif, il ne connaissait rien des organisations juives, ni de leurs buts, ni de leurs objectifs. Son premier acte fut de me faire venir et d'obtenir de moi une information complète sur tout ce qui était de mon ressort. Il voulait tout savoir dans le détail, au point que j'eus du mal à rassembler toutes mes connaissances. Toujours est-il qu'il réussit à tirer de moi tout ce que je savais. Le plus surprenant fut qu'il n'oublia rien. De cet instant, il en sut aussi long que moi-même.

— *S'il vous plaît, des cigarettes pour le détenu ! Je vous en prie !*

— Merci beaucoup ! J'étais toujours en contact avec M. von Bollschwingh. Ce contact m'était précieux car c'était le seul homme capable de me fournir des renseignements de première main sur ce qui m'intéressait au premier chef dans mon travail.

Je lus un jour dans *Haint* un article sur la Haganah. Il en ressortait qu'il devait s'agir d'une organisation sioniste de type militaire, voire militaire tout court. J'interrogeai à ce sujet le Dr Eppstein qui ne confirma pas mon interprétation mais je n'avais lu l'article qu'une seule fois et je dois avouer qu'à l'époque mes sympathies n'allaient pas aux Arabes mais aux Juifs. Le gouvernement du Reich était désireux d'apporter une solution politique au problème juif ; pour ma part, ayant comblé mon ignorance initiale et possédant de plus en plus à fond mon sujet, je n'avais rien d'autre à faire que d'obéir aux ordres de mon gouvernement ; ceux-ci, à vrai dire, n'arrivaient sur les bureaux de Six et de Hagen qu'après être passés par les mains d'un nombre incroyable de supérieurs hiérarchiques.

Commentaire : Soucieux de minimiser son rôle et de faire porter la responsabilité des crimes commis au plus grand nombre possible de ses supérieurs, Eichmann se présente comme le dernier maillon d'une longue chaîne que les ordres reçus auraient eu à parcourir ; elle était en réalité très courte : c'est lui-même qui, ultérieurement, occupera la place de Hagen, le responsable de la section ; plus tard encore, il doublera le chef du département, le Dr Six donc à cette époque, au sein du RSHA, en devenant le collaborateur direct de Müller, le chef de la Gestapo. Ce dernier n'avait d'ailleurs au-dessus de lui qu'Heydrich, le chef du RSHA, qui, de son côté, n'était le subordonné que d'Himmler.

— Les Arabes ne m'intéressaient pas. Ce qui m'intéressait, c'était d'envoyer en Palestine le plus fort contingent possible de Juifs. Toute possibilité d'émigration outre-mer m'intéressait. Mais tout cela n'était que théorie. Il me fallait toujours me contenter d'écrire dans mes rapports ce qui me paraissait possible, ce qui me paraissait souhaitable. Trouver une solution politique, là était la grande difficulté. Les méthodes du *Stürmer*, on les rejetait. Voilà ce qu'on disait aux personnalités du Parti ou de l'Etat en visite dans nos murs. Le *Stürmer* a dû, d'une manière ou d'une autre, avoir vent de l'affaire, je veux dire la rédaction ou bien l'administration. *Der Stürmer* était un journal, un hebdomadaire allemand, qui avait pour préoccupation exclusive de combattre les Juifs et il le faisait avec des conceptions que je qualifierais de moyenâgeuses ; il présentait les choses d'une manière... d'une manière impossible, je ne trouve pas d'autre mot pour le moment; en tout cas, cette méthode ne débouchait sur aucune solution ; peut-être, je dis bien peut-être, correspondait-elle, sur le plan de la propagande, à ce que beaucoup souhaitaient, mais elle ne nous rapprochait pas le moins du monde d'une solution.

Je reçus en effet la visite d'un membre de la rédaction, un dénommé Wurm, le bras droit de Streicher. Il était désireux de nouer des contacts d'une manière ou d'une autre et de transmettre au Bureau central du SD des informations en provenance du cercle des « Amis du Stürmer ». J'ai repoussé cette proposition par écrit et de vive voix. Le Dr Six et Hagen étaient comme moi d'avis que ces méthodes n'étaient porteuses d'aucune solution. Il me suffisait donc de continuer à travailler comme je l'avais fait jusqu'ici. On pouvait se passer des informations du *Stürmer*. On n'en a d'ailleurs jamais reçu. A défaut d'informations, je fus invité au congrès du Parti à Nuremberg. Mais je n'y suis resté qu'une nuit, deux nuits au maximum. Une rencontre des « Amis du Stürmer », venus du monde entier, se tenait dans une auberge et Wurm avait manifestement eu l'intention de m'y faire venir. Il y avait bien sûr avec moi un autre spécialiste du service mais, comme le sionisme était à l'ordre du jour, j'étais celui qui présentait le plus grand intérêt à leurs yeux — peut-être parce que j'étais celui qui avait le plus approfondi les choses et que j'étais mieux au courant que Dannecker, originaire de Tübingen, qui était intellectuellement quelque peu paresseux. Il recopiait tout ce qu'il pouvait ou bien avait recours à mes lumières lorsqu'il ignorait quelque chose. De retour à Berlin, je fis mon rapport ; nos relations avec le *Stürmer* restèrent ce qu'elles étaient. C'est à cette époque que je reçus, grâce à l'entremise de M. von

Bollschwingh, la visite d'un dirigeant juif de Palestine. Après avoir en effet lu cette affaire de la Haganah, je m'étais dit que, si on en était déjà là, ils allaient un jour se faire de la place par la force, contre le Haut-Commissaire, contre le gouvernement sous mandat, contre les Arabes. On pourrait dans ce cas envisager d'obtenir de plus forts contingents d'immigration, envisager d'y introduire, d'une manière ou d'une autre, de plus grandes quantités de Juifs et...

— *Qui était cette personne ?*

— M. von Bollschwingh me dit qu'il y avait à Berlin quelqu'un de la Haganah et m'a fait le rencontrer. Je dois tout d'abord ajouter que j'avais, au préalable, par la voie hiérarchique, transmis toutes précisions utiles par écrit et que j'avais sollicité des instructions quant à la manière d'opérer dans l'affaire qui se présentait. Je n'avais en effet pas le droit de décider quoi que ce soit de moi-même. Même Hagen, bien sûr, n'avait pas qualité pour cela. C'est Six qui prit la décision ; peut-être en a-t-il parlé aussi avec Heydrich. Je reçus en tout cas l'autorisation et je pus déclarer à M. von Bollschwing que cette personne serait l'hôte du Bureau central du SD à Berlin. J'ai bien entendu, complètement oublié son nom. Nous nous sommes rencontrés — je crois m'en souvenir encore — dans l'auberge « Zur Traube » près du zoo. J'invitai ce monsieur à déjeuner. Il savait qui j'étais et je savais qu'il venait de Palestine. Il me raconta des tas de choses sur l'installation des kibboutz, sur les travaux d'équipement et sur toute une série de problèmes, que je connaissais certes déjà pour les avoir lus, mais qui m'intéressèrent pourtant beaucoup. Nulle trace d'hostilité entre nous ; nous avons exprimé nos points de vue respectifs et aucun de nous deux — telle fut mon impression — ne resta sur sa réserve car nous pensions que, de toute façon, nos intentions convergeaient. Après un deuxième repas en commun, ce monsieur m'invita à venir en Palestine ; il m'invita à venir faire un tour, à visiter le pays et me dit qu'on me ferait voir tout ça. Rien ne pouvait me plaire davantage, ce que j'écrivis aussi dans le rapport que je fis sur ces entretiens et qui remonta jusqu'à Heydrich. Et il se produisit une chose que je n'aurais, à vrai dire, pas crue possible : Heydrich donna son accord à cette invitation. C'était un événement, jamais mes collègues n'avaient connu chose semblable. Ce fut alors, entre eux, une véritable course : Wisliceny voulait m'accompagner, Hagen aussi. C'est Hagen qui l'emporta. Nous avons voyagé sous notre véritable nom, moi comme rédacteur en chef du *Berliner Tageblatt,* Hagen comme étudiant. Le Bureau central vira au compte du *Berliner Tageblatt* cent livres sterling que le directeur du journal nous remit ensuite contre reçu.

Commentaire : Le choix de ce journal précisément était une opération de diversion de la part du SD. Jusqu'en 1933, ce journal réputé avait été édité par la maison Mosse. Son propriétaire, Hans Lachmann, était juif tout comme le rédacteur en chef Theodor Wolff et, à l'étranger, ce journal conservait un peu de son ancienne réputation de journal libéral et indépendant, bien que les nazis s'en fussent rendus maîtres depuis longtemps et l'eussent mis au pas. Comme le montrera la suite du voyage, les services secrets britanniques ne furent pas dupes de ce stratagème.

— Nous sommes partis par la Pologne et la Roumanie en direction de Constantza où nous avons embarqué à bord du vapeur *Konstanza* qui nous mena à Haïfa. Nous avons obtenu dans ce port l'autorisation de descendre à terre. Je pris un taxi et me rendis au mont Carmel. De retour à bord, je me suis dit : allons d'abord au Caire et ensuite on verra bien si...

— *A quelle date eut lieu ce voyage ?*

— Ce doit être fin 1937. Six avait mis à contribution le Bureau allemand d'information (DNB) pour notre voyage et il avait avisé le représentant du DNB à Jérusalem, le Dr Reichert, de l'arrivée des deux jeunots que nous étions, lui demandant de se tenir à notre entière disposition. Même chose pour le représentant du DNB au Caire ; je crois qu'il s'appelait Gentz. Nous sommes restés quelques jours à Alexandrie, dans la famille d'un compagnon de voyage égyptien qui nous avait invités. Nous nous sommes ensuite rendus au Caire chez ce Gentz. Il annonça notre arrivée au Dr Reichert, à Jérusalem, par l'intermédiaire de qui nous voulions joindre l'homme de la Haganah. C'est ainsi qu'un beau jour nous nous sommes rendus au consulat général d'Angleterre au Caire où nous nous sommes entendu dire : « I am sorry ! Impossible ! Terminé ! » Je crois me rappeler qu'il y avait à l'époque des troubles en Palestine, qu'il y avait même eu des attentats à la bombe. Il se peut aussi que les services secrets anglais nous aient repérés. Ce qui est certain, c'est que nous n'avons pas eu l'autorisation d'entrer sur le territoire alors sous mandat. C'est la raison pour laquelle il a fallu que le Dr Reichert vienne en personne au Caire accompagné de l'homme en question.

— *L'homme de la Haganah ?*

— C'est ça. Mais la véritable raison de mon voyage, voir ce pays de mes propres yeux et me rendre compte du travail qu'y effectuait pratiquement le sionisme, tout cela fut réduit à néant. Nous avons invité ce monsieur à dîner en compagnie des deux représentants du DNB. Ce fut un repas très agréable, très courtois, très joyeux, on parla de choses et d'autres mais nous n'avions pas atteint notre but.

Commentaire : Le SD a plus d'une fois mis à contribution les journalistes du très officiel DNB accrédités à l'étranger, les chargeant de missions qui avaient plus à voir avec l'espionnage qu'avec le journalisme.

— Au bout de quinze jours, nous sommes rentrés à bord d'un vapeur italien. Nous étions à peine sortis du port que je fus victime d'une crise de paratyphoïde ; j'ai fait le reste du voyage dans l'infirmerie du bateau et ce n'est qu'à demi guéri que je débarquai à Bari. Telle fut la triste conclusion d'un voyage qui s'annonçait pourtant bien.

— *Avez-vous fait un rapport ? Sur le voyage ?*

— Bien sûr, un rapport très détaillé ! Il n'a pu être que totalement négatif ; négatif du point de vue de l'objet même du voyage, bien entendu. Je me souviens encore très bien qu'Heydrich a inscrit au bas du rapport, au crayon vert, un « bien », suivi de son paraphe.

— *Je voudrais, si vous en êtes d'accord, vous poser des questions à propos des déclarations que vous avez faites jusqu'ici. Vous avez dit avoir été licencié par la Vacuum Oil Company à la suite de mesures de réduction de personnel.*

— C'est exact. A vrai dire, le consul d'Allemagne à Linz avait établi, je ne sais comment, que j'avais été licencié pour mon appartenance à la SS.

— *Vous écrivez dans votre curriculum vitae — je cite : « J'ai travaillé pour cette entreprise jusqu'en juin 1933 en Haute-Autriche, à Salzbourg et dans le Tyrol du nord. C'est à cette époque que je fus licencié pour mon appartenance au NSDAP. » Laquelle de ces deux versions est la bonne ?*

— Avant mon départ d'Autriche pour l'Allemagne, j'ai entendu dire au consulat d'Allemagne à Linz que j'avais été licencié pour mon appartenance à la SS. J'ai donc, par la suite, adopté cette version comme la plus exacte.

— *Lorsque vous parlez de votre activité, vous parlez toujours de l'émigration des Juifs et vous prétendez que cette émigration répondait aussi bien à l'intérêt des Juifs qu'aux intérêts du gouvernement allemand. Est-ce exact ?*

— Parfaitement exact.

— *Par une série de lois et de décrets, les Juifs d'Allemagne, puis ceux d'Autriche et de Tchécoslovaquie, se virent interdire l'exercice d'une activité professionnelle ; ils subirent aussi de lourdes pertes financières. Il y eut l'impôt sur la fuite des capitaux ; au lendemain de la Nuit de Cristal, tous les Juifs se virent imposer d'énormes amendes, une partie d'entre eux furent dépossédés de leurs biens dans le cadre de « l'aryanisation ». Pouvez-vous, dans ces conditions, parler simplement d'émigration ? N'était-ce pas plutôt une émigration forcée ?*

— A vrai dire, oui, bien sûr ; il s'exerçait des pressions en faveur de l'émigration.

Commentaire : C'est cette émigration forcée, plus exactement le refoulement massif de ressortissants polonais de confession juive en direction de leur pays d'origine, qui amena Herschel Grynspan, un jeune de dix-sept ans, résidant à Paris, à commettre un attentat au revolver sur la personne d'un secrétaire d'ambassade allemand en poste dans la capitale française. En guise de représailles, les nazis organisèrent une explosion de colère « spontanée » du peuple allemand. Le 9 novembre 1938 vit la destruction et le pillage des biens des Juifs, l'incendie de leurs synagogues ; nombre d'entre eux furent arrêtés, enfermés dans des camps de concentration, maltraités, assassinés.
Les Juifs vivant sur les territoires alors contrôlés par Hitler durent payer, au titre de « réparations », un milliard de marks. Alors que de nombreuses entreprises juives avaient déjà fait l'objet de mesures d' « aryanisation », c'est-à-dire qu'on avait dépossédé leurs propriétaires en échange d'une somme ridicule, un décret chassa ensuite les Juifs de la vie économique.

— *Avez-vous lu* Mein Kampf *d'Hitler ?*

— Pas de bout en bout et jamais à fond.

— *Etiez-vous d'accord avec sa doctrine ?*

— Je me trouvais encore en Autriche, le 30 janvier 1933, lorsque, dans un village du Tyrol où je séjournais pour mes affaires de la Vacuum Oil, j'entendis la radio annoncer la prise du pouvoir par Hitler. Je dois avouer que je fus, à l'époque, de ceux que cela enthousiasma ; je m'en tiens en effet, dans ce cas comme dans les autres, à la seule vérité ; dans cette prise de pouvoir je vis, bien sûr avec les yeux du jeune homme, du relativement jeune homme que j'étais, capable d'élan juvénile, elle fut pour moi une... je vis en elle un nationalisme qui me convenait. Hitler tonnait contre Versailles, il promettait du pain et du travail, ce qui fut fait d'ailleurs par la suite.

Mon Capitaine, cela nous entraînerait trop loin — mais tous ces événements firent naître en moi la joie et l'espoir que les choses allaient enfin changer.

— *En d'autres termes, vous approuviez alors la doctrine d'Hitler ?*

— A cette époque, je l'approuvais, c'est exact !

— *Avez-vous lu le programme du Parti ?*

— Les douze points ? Je les ai lus aussi, à coup sûr, mais je suis aujourd'hui incapable de dire en quoi ils consistaient.

Commentaire : Le programme du NSDAP, rendu public le 24 février 1920 dans la brasserie « Hofbräuhaus » de Munich, comportait vingt-cinq points. Il ne subit par la suite aucune modification et n'a jamais joué le moindre rôle dans l'histoire du parti nazi. Il est très significatif à cet égard qu'Eichmann — comme la plupart des Allemands d'ailleurs — n'ait eu qu'une vague connaissance du programme déclaré d'Hitler.

— *Quelle attitude était la vôtre à l'égard de celui de ces points qui contestait aux Juifs le droit à la citoyenneté allemande ?*

— Lorsque j'ai adhéré au NSDAP, je ne me suis pas soucié de ces questions de détail, pas le moins du monde. On n'a jamais non plus discuté de ces problèmes au sein de nos cercles de camarades, ce qu'on appelait alors les cercles de camarades.

— *Avez-vous lu le livre de Rosenberg* Le mythe du XXe *siècle ?*

— Non, je ne l'ai pas lu. Je n'ai d'ailleurs jamais lu de livres sur le national-socialisme, ni avant, ni après. Avant mon entrée au SD, je ne lisais pas du tout — au grand chagrin de mon père qui me rappelait sans cesse qu'il possédait une excellente bibliothèque, avec tous les classiques, et que, à l'évidence, il les avait rassemblés pour rien tout au long de sa vie. Une fois au SD, je me suis consacré à la lecture de tout autres livres, comme j'ai déjà eu un peu l'occasion de le dire. J'ai lu les ouvrages spécifiquement juifs ; j'ai lu des ouvrages sur la franc-maçonnerie. Je ne crois même pas pouvoir dire que j'ai lu le moindre autre livre durant cette période — par exemple des romans ou des choses de ce genre. Je n'ai pas lu un roman policier ou un roman de toute ma vie, pas le moindre jusqu'ici.

— *Les livres sur les Juifs que vous lisiez, étaient-ils également critiques ?*

— Ce n'étaient que des livres écrits par des Juifs. Car je n'avais besoin que de ceux-là dans mon... dans mes études. Auparavant, en effet, je n'avais pas la moindre compétence en ce domaine.

— *Saviez-vous qu'Hitler accusait les Juifs d'avoir provoqué la défaite de l'Allemagne pendant la Première Guerre mondiale ? Etiez-vous d'accord... étiez-vous d'accord avec cette accusation ?*

— A l'époque, j'étais de ces gens qui n'ont d'opinion personnelle sur rien.

— *Avez-vous lu le* Protocole des sages de Sion *?*

— Non, je ne l'ai pas lu, mais j'en ai entendu parler ; jamais, je n'ai pu me faire une idée précise de ce que c'était. Je posai la question à Mildenstein et, lorsqu'il m'eut répondu que c'étaient des balivernes, je m'en tins par la suite à cette version des choses; et c'est à peu près dans les mêmes termes — je m'en souviens très bien — que j'ai réfuté cette histoire à l'Ecole du SD elle-même, à Bernau.

> *Commentaire :* Ce *Protocole* était censé contenir les résolutions d'une très nébuleuse conjuration juive, dans le dessein d'établir une hégémonie juive sur le monde. C'était essentiellement le groupe de Streicher qui utilisait ce faux dans son argumentation.

— *Quand avez-vous quitté l'Eglise évangélique ?*

— Ce doit être en 1937. Il était devenu à la mode, dans les années... 1935, je crois, pour tout membre du SD, de quitter le Parti, je veux dire l'Eglise, bien sûr. Mais il s'agissait là d'un domaine où je ne me laissais pas dicter ce que j'avais à faire, ne serait-ce que parce que, ma vie durant, j'ai toujours été attaché à l'Eglise, que mon père avait été, de longues années, membre du conseil presbytéral de la paroisse protestante de Linz et que je ne voulais pas faire une chose pareille à mon vieux père. Et puis je me disais — justement durant ces années passées au SD à lire ces ouvrages scientifiques sur la religion — je me disais : ça, c'est une question qui réclame mûre réflexion. Je me suis marié à l'église, en 1935 encore, malgré toutes les tentatives faites pour me détourner de ce projet. On ne me l'a pas interdit mais on tournait la chose en dérision. Ma femme elle-même n'aurait absolument pas accepté de se marier ailleurs qu'à l'église car elle est issue d'une vieille famille de paysans catholiques à tout — oui — à tout crin.

— *Pour quelle raison, alors, avez-vous quitté l'Eglise ?*

— De plus en plus, je prenais conscience que Dieu ne pouvait être à l'échelle de toutes ces histoires qu'on raconte dans la Bible. Je crus alors avoir trouvé ce qui me convenait. J'avais lu aussi, dans Schopenhauer, que, si la voie religieuse était certes la voie la plus assurée, la voie du libre arbitre était, elle, plus périlleuse, une voie où, éternellement, on avait à travailler sur soi-même. Je me disais : le Dieu en qui je crois est plus grand que le Dieu des chrétiens. Car je crois en un Dieu très grand et très puissant, qui a créé l'univers et le maintient en mouvement. Ce n'est sous l'influence de personne — ma femme me retenait sans cesse mais, ensuite, j'ai cessé de raconter quoi que ce soit chez moi, de même que je n'ai jamais rien raconté à ma femme concernant mon travail —, c'est donc de moi-même qu'un beau jour je me suis rendu au Tribunal, en 1937, et que je me suis fait rayer des listes.

— *Etes-vous entré dans l'Eglise allemande ?*

— Non. J'ai quitté l'Eglise de mon propre chef, pour moi-même, et non pas pour faire comme tout le monde ou parce qu'on m'y forçait, et je n'ai donc adhéré à aucun autre courant.

— *Sur vos papiers d'identité, sous la rubrique religion, il est marqué que vous êtes croyant. Cela ne se rapporte-t-il pas à l'Eglise allemande ?*

— A l'époque, tous ceux qui quittaient l'Eglise se disaient croyants puisqu'il fallait bien dire quelque chose.

Commentaire : Il n'y eut jamais d'Eglise allemande mais il se constitua, à l'intérieur de l'Eglise évangélique, une fraction qui se dénomma : « Les Chrétiens allemands ». On note encore la naissance du « Mouvement allemand de la foi », un mouvement non chrétien, essentiellement panthéiste, mais qui ne connut jamais de véritable essor. Comme le Parti, conformément à son programme, se tenait sur le « terrain du christianisme positif » et qu'il ne cessait, dans sa propagande, de tonner contre les intellectuels athées et les marxistes sans Dieu, ceux qui quittaient l'Eglise pouvaient difficilement se qualifier d'athées.

— *Etiez-vous un SS fidèle, inconditionnel et obéissant ?*

— Oui. Je suis en droit de dire que j'ai toujours obéi aux ordres reçus, conformément à mon serment. D'ailleurs, les premières années, je n'ai pas eu de conflit, pas le moindre. J'étais derrière mon bureau et je m'occupais de mes affaires. Mon inconditionnalité, cette inconditionnalité intérieure, ne resta pas la même lorsque je vis... lorsque cette... cette... cette manière de soi-disant résoudre le problème juif s'aggrava... c'est-à-dire... lorsqu'on commença à gazer... et à exécuter. Là, alors, je n'ai pas caché ce que je pensais, j'ai dit — oui, je crois que je l'ai dit dès ce moment-là —, j'ai dit à mon chef, le Gruppenführer Müller, je lui ai dit que c'était... que ça, comme ça... Je ne m'étais pas imaginé les choses comme ça, aucun de nous, certainement, ne s'était imaginé que ça se passerait ainsi, car ce n'était quand même pas une solution politique... C'était pourtant toujours d'une solution politique qu'il avait été question... Jusqu'ici, c'est toujours ce qu'on avait... ce qu'on avait préconisé. Mais ça, ce n'était plus une solution politique. Et puis j'ai...

— *Comment avez-vous exprimé cette opinion ?*

— C'est cette phrase, dans les termes mêmes que je viens d'employer, que je lui ai dite à mon retour de Minsk, après y avoir vu ce que j'y ai vu. A mon retour de Chelmno, après toutes ces choses ; c'est à ce moment-là que je le lui ai dit.

— *Votre adhésion à la vision du monde national-socialiste était-elle inconditionnelle ?*

— Oui et non. Je peux dire que, dans les années, dans les premières années quoi, je ne me suis pas soucié de vision du monde national-socialiste ni d'autres choses du même genre. Les premières années, pour moi, ce fut d'abord, comme je l'ai déjà dit, du travail et du pain pour sept millions de chômeurs, les autoroutes, la lutte contre le traité de Versailles ; j'étais alors inconditionnellement pour. Plus tard aussi, lorsque j'étais chez les militaires, car on était quand même bien dans l'armée finalement, et d'ailleurs ça me plaisait bien au début jusqu'à ce que j'aie voulu partir de là-bas pour entrer dans l'industrie privée et qu'au lieu de ça je me sois retrouvé derrière un bureau. Et dans ce travail de bureau, mon Capitaine, premièrement personne ne vous demandait votre avis et, deuxièmement, personne ne s'occupait d'acceptation inconditionnelle, de soumission inconditionnelle, car on était absorbé dans ses... dans ses... dans ses affaires.

— *Vous étiez donc un national-socialiste convaincu, vous étiez un SS fidèle et obéissant et vous étiez fidèle au serment que vous aviez prêté. Comment expliquez-vous, alors, votre affirmation selon laquelle jamais vous n'avez eu de haine pour les Juifs, jamais vous n'avez été antisémite ?*

— C'est vrai, mon Capitaine, je serais certainement entré plus tôt en conflit si, au lieu de m'affecter au 1er Bataillon SS à Dachau, c'est-à-dire chez les SS autrichiens, on m'avait, dès cette époque, utilisé derrière les barbelés du camp de concentration. Mais, comme pendant longtemps je n'ai absolument rien eu à voir avec toutes ces choses-là, je ne me suis pas non plus posé la moindre question à ce sujet. Parce que je n'avais pas besoin de m'en poser.

— *Mais vous deviez bien avoir des opinions antisémites, car telle était la règle ; une grande partie du programme était d'ailleurs consacrée aux Juifs.*

— Mais pas dans les premiers temps, mon Capitaine. Dans les premiers temps, la solution du problème juif n'a pas été du tout la question centrale. Nous, en Autriche, ce qui nous intéressait, c'était d'avoir du pain, du travail, la liberté, la fin de la servitude.

— *La haine des Juifs ne court-elle pas comme un fil conducteur du début à la fin de* Mein Kampf *d'Hitler ?*

— C'est possible. Mais je l'ai déjà dit : je ne l'ai jamais lu à fond, jamais de bout en bout, je n'en avais pas besoin. C'est évident que la haine des Juifs existait, mon Capitaine. Mais il y avait, à cette époque, au NSDAP, un tas de gens qui étaient apparentés, de plus ou moins loin, avec des Juifs. Je sais moi-même qu'un Scharführer, par exemple, était juif.

— *Comment s'appelait-il ?*

— Je ne sais pas. Il vint en tout cas me trouver — un jour — à Berlin et me demanda ce qu'il devait faire. Il avait été Oberscharführer au moment où on se battait pour prendre le pouvoir ; je lui ai dit : « Mon vieux, je ne peux pas vous être d'une grande aide. La seule chose que je puisse vous dire, c'est de partir en Suisse ou là où vous voudrez, car vous n'avez pas intérêt, vraiment pas intérêt à rester ici. Ça n'est pas bon du tout. » Il me demanda alors de donner des instructions au poste-frontière, entre l'Autriche et la Suisse, afin de lui permettre de franchir sans ennuis la frontière, sans papiers. J'ai donné l'ordre qu'on laisse passer librement le dénommé X. J'avais emprunté cette pratique au 6ᵉ Bureau qui avait l'habitude de faire sortir de cette façon ses agents du territoire allemand. Je l'avais reprise à mon compte.

— *En tant que fidèle SS, n'auriez-vous pas dû en informer vos supérieurs ?*

— J'aurais dû le faire. Je n'aurais pas dû non plus laisser partir ma propre cousine à l'étranger, j'aurais dû aussi, j'aurais dû, je n'aurais pas dû non plus laisser, sans rien dire, les Juifs émigrer en Hongrie. Cela m'aurait paru — excusez-moi, je vous prie, de dire ce que je pense — cela m'aurait paru par trop, par trop, cela m'aurait paru trop tatillon de ma part si je m'étais cru obligé de signaler ces petites choses que je faisais en passant. A Vienne, par exemple, j'ai ainsi laissé partir un couple de Juifs pour faire plaisir à mon oncle ; il m'avait rappelé qu'il m'avait autrefois aidé à entrer à la Vacuum Oil Company, me disant qu'on m'y avait toujours bien traité alors que Topper, le directeur, était juif ainsi que son adjoint, Weiss, peut-être aussi le directeur de Linz, Kannhäuser, et très certainement le directeur de Salzbourg, Blum.

— *Vous souvenez-vous encore du nom de cette famille juive ?*

— Je ne m'en souviens plus — non, je ne m'en souviens plus.

— *Vous m'avez dit qu'à votre retour de Palestine vous aviez rédigé un rapport à l'intention de vos supérieurs.*

— Je ne me rappelle plus aujourd'hui ce que j'ai bien pu écrire dans ce rapport ; comme en effet je n'avais pas réussi à visiter Israël, c'est-à-dire à l'époque la Palestine, tout ce rapport ne présentait pas grand intérêt. Et il se peut même bien que, ce rapport, ce ne soit pas moi qui — oui —, que je n'aie pas écrit moi-même ce rapport, mais que ce soit Hagen qui s'en soit chargé parce que c'était lui le chef. Ça me revient à l'instant. Ce n'est pas du tout moi mais c'est Hagen qui l'a rédigé.

— *Si c'est Hagen qui l'a écrit...*

— ... j'ai aussi signé, bien sûr !

— *Vous avez aussi déclaré que vos sympathies allaient plus aux Juifs qu'aux Arabes. Est-ce exact ?*

— C'est exact. Par exemple, à Haïfa, ce n'est pas à un chauffeur de taxi arabe que j'ai demandé de me mener au mont Carmel, mais à un chauffeur juif.

— *Cette sympathie s'exprimait-elle aussi dans votre rapport ?*

— Je n'arrive pas à m'en souvenir, mon Capitaine. C'est pourtant bien possible car toujours je disais — et, depuis, il m'est peut-être arrivé cinquante ou cent fois de le dire —, toujours je disais qu'on ferait bien, en Palestine, de ne traiter qu'avec les Juifs, que les Arabes avaient en effet les doigts crochus et que, chez ces gens-là, l'ami, c'était toujours celui qui leur avait graissé la patte en dernier.

— *Permettez-moi de vous montrer cette liasse de photocopies du rapport rédigé par l'Hauptscharführer Eichmann et le Standartenoberscharführer Hagen au retour de leur voyage en Palestine et en Egypte. Il est daté du 4 novembre 1937.*

— Oui. C'est Hagen... Tout ça, c'est Hagen... comme je le disais, ce rapport n'est pas de moi. Il est de Hagen.

— *Mais ce rapport est à coup sûr aussi passé entre vos mains, vous l'avez corrigé. Regardez ces corrections, n'est-ce pas votre écriture ?*

— Non, c'est l'écriture de Hagen.

— *Et celles-ci ?*

— Oui, elles sont de Hagen... ces corrections — Je me demande pourtant... Voilà que ça se renouvelle... Le T pourrait être en effet de moi... Je voudrais voir aussi... oui, le D pourrait être aussi de moi. C'est ça, je les reconnais au D, ces corrections sont de ma main. Aucun doute — pas de doute possible, ces corrections sont de moi.

— *Je vais maintenant lire un extrait de ce rapport* :

« Du point de vue économique, la Palestine offre un spectacle de désolation. On nous a raconté que le principal moyen de paiement consistait en des traites que personne n'honorait mais qui continuaient néanmoins à se transmettre — quoique totalement dépréciées — parce que les protêts restaient la plupart du temps inopérants. L'argent considéré comme le plus sûr, ce sont les traites considérées sur les banques de templiers allemandes car ces dernières sont les seules institutions financières solvables. Une des causes, et pas la moindre, auxquelles on attribue ce chaos économique, c'est l'habitude qu'ont les Juifs de se tromper mutuellement; du fait de l'absence d'Aryens, en effet, ils ne peuvent traiter avec ces derniers. Un fait caractérise bien l'inaptitude totale des Juifs à diriger une économie saine dans leur pays : il paraît que, dans la seule ville de Jérusalem, existent quarante banque juives vivant de la duperie de leurs propres frères de race. »

Trouvez-vous que ce passage exprime vos sympathies projuives de l'époque ?

— Je ne suis pour rien dans toute cette affaire, je le déclare sous la foi du serment, mon Capitaine. Il s'est simplement passé qu'Hagen, après avoir dicté ce texte, me l'a soumis, comme je m'en rends compte maintenant, et que je l'ai corrigé. Mais c'est Hagen qui a rédigé et dicté l'ensemble du rapport.

— *Dans la partie consacrée aux Juifs allemands de Palestine, vous écrivez ceci :*

« Il vaudrait mieux pour nous revenir en Allemagne et aller dans un camp d'instruction que rester en Palestine. » Ou bien : « On sera de toute façon mieux en Allemagne qu'en Palestine. »

Qu'entendiez-vous par camp d'instruction ? Camp d'instruction et camp de concentration, était-ce la même chose ?

— Mon Capitaine, je ne sais pas qui a écrit ça.

— *Je répète ma question : qu'étaient ces camps d'instruction ? Etaient-ce des camps de concentration ?*

— Il ne pouvait pas s'agir d'autre chose. Il n'existait rien d'autre !

— *S'il était vrai que ce rapport soit essentiellement de la plume de Hagen, compte tenu de ce qu'il était tout de même votre supérieur, on l'aurait, en bonne logique, intitulé : « Rapport du Stabs-Oberscharführer Hagen et de l'Hauptscharführer Eichmann sur leur voyage en Palestine et en Egypte ». Comme c'est vous qui êtes nommé le premier, comme c'est vous qui, à proprement parler, avez été...*

— ... invité...

— *... à l'initiative du voyage, il faut nécessairement que tout ce qui est dit ici ait d'abord reçu votre approbation. Il se peut que la lettre du texte soit de Hagen, mais le contenu, le rapport lui-même, les opinions exprimées sont inévitablement de vous aussi étant donné que vous aviez la responsabilité de...*

— Bien sûr. Je ne peux pas aujourd'hui prétendre le contraire — je dois en assumer la responsabilité. Je n'ai pas le choix.

— *Trouvez-vous que les passages que je vous ai lus font apparaître les Juifs sous un jour sympathique ?*

— Non, ces passages n'en donnent pas une image sympathique.

— *Vous évoquez dans ce rapport la proposition qui vous a été faite de laisser émigrer cinquante mille Juifs par an en leur laissant emporter mille livres sterling par tête. Vous rejetez cette proposition pour deux raisons. Je cite :*

« a) Notre politique et nos efforts ne visent pas à placer à l'étranger les capitaux juifs mais à pousser à l'émigration les Juifs dépourvus de ressources en premier lieu. Comme l'émigration annuelle dont il est ici question aurait essentiellement pour effet de renforcer la juiverie de Palestine, il n'y a pas lieu de discuter de ce projet car il est de l'intérêt du Reich d'empêcher la constitution d'un Etat juif indépendant.

b) Augmenter le transfert de marchandises en direction du Proche et du Moyen-Orient reviendrait à priver le Reich allemand de l'apport de devises que représentent ces pays. »

— Il s'agit là de l'avis même du ministère de l'Economie du Reich ; nous avons demandé son avis à ce dernier et nous l'avons reproduit dans notre rapport.

— *Je vais maintenant vous lire quelles impressions vous avez retirées de votre traversée de la Roumanie durant votre voyage :*

Depuis quelque temps, la population rurale s'est mise à s'en prendre avec vigueur aux Juifs qui parcourent le pays en tout sens et, selon leur habitude, escroquent les paysans. »

Ne trouvez-vous pas que cette citation ne déparerait pas le Stürmer *?*

— Oui, mais cela non plus n'est pas de moi.

— *Mais — nous l'avons vu — vous l'avez approuvé !*

— Je ne peux pas... je... je ne peux pas me défendre parce que je ne peux pas... parce que je peux pas apporter de preuves.

— *Quelles directives aviez-vous reçues de votre supérieur avant votre départ pour la Palestine ? Qui était à l'époque votre supérieur ?*

— Mon supérieur, c'était Six, le Dr Six, mon Capitaine ; je n'ai pour ainsi dire pas reçu de di.. de directive.

— *N'avez-vous pas, pourtant, reçu la directive suivante : étudier à fond le travail de colonisation auquel se livrent les Juifs en Palestine ? Il paraissait, en effet, important de bien connaître ces travaux pour une raison essentielle : la proclamation d'un Etat juif ou d'une Palestine sous administration juive signifierait, pour le Reich allemand, l'apparition, à l'extérieur, d'un nouvel adversaire qui pourrait influer de manière décisive sur la situation politique au Proche-Orient. En outre, la constitution d'un Etat juif aurait rendu particulièrement brûlant le problème de la minorité juive en Allemagne.*

— Oui, ce fut en effet là, pendant longtemps, la position des Affaires étrangères.

— *On peut donc supposer que les instructions que l'on vous a transmises avant votre départ s'inscrivaient dans ce cadre ?*

— Ça ne me regardait pas. C'était Hagen, le chef. Tout ce sur quoi il s'est mis d'accord avec Six faisait en quelque sorte partie de notre mandat officiel pour ce voyage.

— *Tout de même ! Au moment où l'on vous a remis vos instructions, on a bien dû vous convoquer et vous dire : voilà vos directives, telle est votre mission, voilà ce que vous avez à faire.*

— Non ! J'en suis absolument certain. Non ! Ça ne se faisait d'ailleurs pas. On n'avait pas non plus besoin de le faire car, dans une affaire militante comme la nôtre, c'était le chef qu'on mettait au courant. Et le chef, c'était Hagen.

— *Après ce voyage, votre travail à Berlin s'est-il poursuivi normalement ?*

— Oui, tout à fait ! En janvier 1938, on a vu peu à peu apparaître les signes annonciateurs de l'opération « Autriche ». L'opération proprement dite ne s'est déroulée qu'en mars mais, plusieurs semaines auparavant, tous les gens disponibles furent affectés à un travail qui s'effectuait vingt-quatre heures sur vingt-quatre grâce à trois équipes qui se succédaient : il s'agissait de remplir des fiches destinées à un gigantesque fichier circulaire de plusieurs mètres de diamètre ; il suffisait d'un seul homme, assis sur une espèce de tabouret de piano, pour le manœuvrer et le faire tourner ; il pouvait, grâce à un système de perforations, trouver n'importe quelle fiche, à la demande. On portait sur ces fiches tous les renseignements de quelque importance se rapportant à l'Autriche. On utilisait, comme données de base, des rapports annuels, des manuels, l'ensemble des journaux des divers partis, des listes d'adhérents, bref, tout ce qu'on peut s'imaginer. Par exemple tous les documents, toutes les informations que nos correspondants avaient fait passer d'Autriche en Allemagne pendant les années d'interdiction. On portait sur chaque fiche le nom, l'adresse, ensuite... l'appartenance politique, si l'individu en question était juif, franc-maçon, catholique ou protestant politisé, s'il avait des activités politiques, si ceci, si cela. Pendant ce temps, notre véritable travail ne se faisait pas.

Commentaire : C'est le 11 mars 1938 que le chancelier fédéral d'Autriche, Kurt von Schuschnigg, démissionna. Il déclara agir sous la pression allemande et n'avoir cédé qu'à la violence, afin de ne pas faire couler de sang allemand. Le 12 mars, les troupes allemandes entrèrent en Autriche, sous les acclamations de la population. Le NSDAP, après avoir été déclaré antinational, avait été interdit dès le 19 juin 1933. Face aux menaces extérieures que la volonté d'annexion d'Hitler faisait peser sur le pays, face aux menaces intérieures que représentait l'activité croissante des nationaux-socialistes malgré leur interdiction, les gouvernements anglais, français et italien proclamèrent le 17 février 1934 qu'ils se portaient garants de l'indépendance autrichienne. Le bien-fondé d'une telle décision apparut en pleine lumière le 25 juillet 1934, lorsque les nationaux-socialistes organisèrent un putsch en Autriche, occupèrent à Vienne la Chancellerie fédérale et assassinèrent le chef du gouvernement, le Dr Engelbert Dollfuss. Le putsch échoua mais, alimentée par les succès remportés en Allemagne par Hitler, l'atmosphère révolutionnaire ne cessa de se renforcer dans le pays ; le gouvernement finit par se retrouver isolé et dans l'impossibilité de s'opposer aux projets d'Hitler.

— Le jour arriva enfin où le détachement autrichien du Bureau central du SD se mit en route pour Vienne. J'avais été sûr d'en faire partie et, pourtant, je n'en étais pas. Quelle que fût mon envie de revenir chez moi, je ne pouvais rien faire car les ordres sont les ordres, ils sont faits pour qu'on y obéisse. Toutefois, huit jours plus tard environ, je reçus soudain l'ordre de me présenter à Vienne auprès de la direction du SD pour l'Autriche. Il s'agissait d'un détachement provisoire seulement. Mais il fit place ensuite à une mutation. La direction du SD avait installé ses services dans la demeure d'une des branches de la famille Rothschild. On m'attribua une petite pièce qui, à part un bureau, était entièrement vide et l'on me signifia que j'aurais désormais à m'occuper ici des affaires juives.

DEUXIEME PARTIE

— Je ne connaissais pas Vienne ; j'y étais peut-être allé trois ou quatre fois lorsque j'étais jeune ; j'y avais rendu visite à de la famille et rien d'autre. J'ai commencé par me rendre au siège de la Gestapo, dans les directions, et j'ai cherché à savoir qui pourrait ici me fournir des renseignements sur les affaires juives ; on me conduisit alors — ah, j'ai oublié de préciser qu'entre-temps j'avais eu de l'avancement, le 30 janvier 1938, et que j'avais été nommé Untersturmführer —, on me conduisit donc alors à un *employé du Journal,* tel était son titre, un terme ancien qui datait encore de l'ancienne Autriche ; il s'agissait en fait d'un homme de loi qui se présenta sous le nom du Dr Ebner. Au moment où je le rencontrai, il portait encore un uniforme autrichien, un uniforme de la police de sécurité fédérale, de la direction de la sécurité ; je lui dis être descendu en Autriche pour m'occuper des questions juives mais que j'ignorais tout de ce qui se passait ici et je lui demandai de bien vouloir m'informer un peu de la situation.

— *Et quelle était la situation, fin mars 1938, deux semaines à peine après ce que vous avez appelé la prise du pouvoir à Vienne ?*

— Elle était très simple dans la mesure où, à ce qu'il me dit, tout était scellés et sous clef et où les dirigeants juifs étaient tous arrêtés. C'était la première fois que je me trouvais confronté à la pratique. J'étais, jusqu'ici, toujours resté derrière mon bureau. J'ai alors expliqué au Dr Ebner que, dans l'Ancien Reich — c'est ainsi que nous appelions désormais l'Allemagne — tous nos efforts tendaient à favoriser l'émigration des Juifs. Tout ce qui allait dans le sens de l'émigration était autorisé. Je lui expliquai encore qu'en Allemagne on ne mettait pas d'obstacle au développement de l'Union sioniste par exemple, que les organisations religieuses juives étaient libres d'agir à leur guise, dans la mesure où elles œuvraient en faveur de l'émigration, et que, dans ces conditions, il fallait, d'une manière ou d'une autre, relancer la vie politique juive à Vienne et en Marche orientale, nom qu'on donnait à l'Autriche à cette époque. Il me donna la liste des anciens dirigeants juifs qu'on avait mis en prison ; je lui demandai alors de me faire amener un tel, un tel, un tel encore, c'est-à-dire tous ceux qui, de par leur rang, me semblaient être les notables et les leaders ; je voulais m'entretenir avec eux car j'étais toujours au SD, en fait, et je n'avais donc pas de pouvoirs exécutifs. Lorsque je voulais faire quoi que ce soit, il me fallait en faire la demande à la Gestapo. Je ne me rappelle plus exactement qui vint me voir ; je reçus d'abord plusieurs messieurs mais ils me parurent trop âgés, trop peu énergiques et trop peu circonspects. C'est du moins l'impression qu'ils me donnèrent. Jusqu'à ce que je tombe sur le Dr Löwenherz, le Dr Richard Löwenherz. On relâcha les premiers messieurs que j'avais reçus — je les vois encore comme s'ils étaient là devant moi —, on ne les avait en effet... on ne les avait pas... pas incarcérés, pas vraiment incarcérés, on ne voulait pas les garder en prison, on s'était contenté de les enfermer durant les huit premiers jours, au moment du changement de régime, au moment où la révolution avait eu lieu. Je donnai du papier et un crayon au Dr Löwenherz et je lui dis : « Je vous en prie, retournez pour une nuit encore là où vous vous trouviez et mettez-moi noir sur blanc comment, à votre idée, il faudrait organiser toute l'affaire, comment vous la dirigeriez, avec une seule préoccupation : faire émigrer le plus grand nombre possible de Juifs. Je dois encore ajouter quelque chose qui ne m'est jamais plus sorti de l'esprit depuis ce jour-là ; pour m'amener le Dr Löwenherz, on venait naturellement juste de le sortir de sa prison et il était fort énervé, bien sûr ; au début de l'entretien, il a dit quelque chose qui n'était pas vrai, je ne sais plus quoi. Alors, sous le coup de la colère, bien qu'il ne soit pas dans mes habitudes de m'emporter — je ne sais pas ce qui me prit ce jour-là —, je me suis laissé aller à le gifler. Ce n'était pas une gifle à vous emporter la tête, certainement pas, car je n'ai pas les battoirs qu'il faut pour ça ; mais je ne me suis jamais caché, je n'ai jamais fait mystère de cette histoire. Plus tard, alors que j'étais déjà Sturmbannführer ou Obersturmbannführer, j'ai raconté cet incident à mes officiers, aux officiers placés sous mes ordres, en présence du Dr Löwenherz, et j'ai prié ce dernier de m'excuser. Je l'ai fait en toute conscience ; écoutez, croyez-moi, il vous est certainement assez facile de contrôler ce que je vous raconte là ; si j'ai agi ainsi, c'est que jamais je n'ai admis, dans la section que j'ai été appelé à diriger, que l'on se livre à des voies de fait sur qui que ce soit. C'est pour cette raison que je me suis excusé, en uniforme et en présence de mes hommes.

Commentaire : Depuis le 14 mars, c'est le Gauleiter de la Saxe et du Palatinat, Joseph Bürckel, qui détient les pleins pouvoirs politiques sur tout l'ex-territoire autrichien. Les dirigeants du Parti en Autriche, déchirés par la jalousie et les intrigues, doivent supporter de voir des *Piefkes* [1] venus de Berlin les supplanter dans toutes les fonctions importantes. Désormais, toutes les dispositions antijuives et toutes les lois raciales ont également force de loi dans la *Marche orientale.* Sans cesse, de nouvelles dispositions viennent s'ajouter aux anciennes. Le 28 mars, dans tous les territoires désormais sous l'autorité d'Hitler, les communautés religieuses juives perdent leur statut de collectivités de droit public et sont obligées de se faire inscrire sur le registre des associations. Quiconque a qualité de Juif, au sens où le précisent les lois de Nuremberg, doit déclarer son état de fortune aux autorités avant le milieu de l'année 1938 ; en août, les personnes d'origine juive sont contraintes d'ajouter à leurs noms de famille les prénoms d'Israël ou de Sarah pour bien marquer leur origine.

— Ledit Dr Löwenherz apporta son projet le lendemain ; je le trouvai tout à fait satisfaisant et l'on put aussitôt procéder selon ses indications. C'est le Dr Löwenherz lui-même qui proposa d'être nommé directeur de la communauté religieuse israélite, demande que j'appuyai ; il n'était pas de mon ressort de le nommer, c'était dans les attributions de la Gestapo. Durant les premiers jours, où il s'agissait de réorganiser la vie de la communauté juive, le Dr Löwenherz et ses collaborateurs eurent naturellement beaucoup de souhaits à formuler. Si j'ai bonne mémoire, on restitua aux Juifs leur argent ; il était toujours là, disponible, mais on l'avait mis en lieu sûr. On accorda à des organisations de jeunesse l'autorisation d'avoir des activités. On remit sur pied le service d'immatriculation de la communauté religieuse ; la vie religieuse retrouva, de son côté, son cours normal. En un mot, ce fut la normalisation mais, bien entendu, tout entière au service d'un objectif unique : favoriser l'émigration. Cette dernière

1. Nom légèrement méprisant que donnaient les Autrichiens aux Allemands (N d T).

gagnait en ampleur à mesure que les candidats à l'émigration se faisaient plus nerveux sous la pression qu'exerçait sur eux le Parti et, dans une certaine mesure aussi, l'administration publique. C'est cette nervosité qui explique nombre de démarches inutiles ; par ailleurs, peut-être sous l'effet de pulsions sadiques, les divers fonctionnaires, de même que les employés non fonctionnaires, s'ingéniaient à compliquer les démarches des Juifs désireux d'émigrer. On les renvoyait chez eux sous les prétextes les plus anodins. Un jour, le Dr Löwenherz et quelques-uns de ses collaborateurs vinrent me dire : « Hauptsturmführer — ou bien étais-je déjà Obersturmführer à l'époque ? —, ça ne peut pas continuer ainsi » ; ils me proposèrent de bien vouloir, d'une manière ou d'une autre, soit centraliser les choses soit m'adresser moi-même aux divers représentants de l'administration afin d'éviter aux Juifs toutes ces difficultés au moment du dépôt de leurs demandes. L'après-midi n'était pas écoulé que j'avais déjà trouvé la solution : j'eus l'idée d'un tapis roulant ; on poserait à l'un des bouts le premier document, puis les diverses autres pièces nécessaires, et, à l'autre bout, on récupérerait le passeport dans un panier. J'ai alors proposé à mon supérieur direct, le directeur gouvernemental et Dr Stahlecker, de solliciter de Bürckel, le commissaire du Reich en Autriche, un décret portant création d'un Service central pour l'émigration juive à Vienne ; les diverses instances administratives concernées — la préfecture de police, le ministère des Finances, la police, l'office des changes, bref tous les services sans exception — devraient affecter leurs employés directement à ce Service central. Ils devraient tous prendre place côte à côte, le long du tapis roulant, sous la surveillance d'un membre de la division principale du SD de Vienne, moi en l'occurrence. Une fois signé, ce décret se heurta au veto de Berlin ; on invoqua qu'une telle disposition représentait une innovation sans précédent dans l'histoire de la machinerie administrative et qu'elle était inapplicable. On me compara à... on parla à Berlin d'une mini-présidence du Conseil auprès de laquelle, auprès de moi donc, les diverses instances centrales se verraient contraintes de travailler et de se soumettre à une surveillance policière. Mais ces difficultés finirent par s'aplanir. A Vienne, nous n'avions rien su de cette discussion à Berlin. Tous les services collaboraient sans problèmes. La communauté israélite de Vienne avait elle aussi ses représentants devant le tapis roulant, de six à quatorze personnes selon le nombre de postulants. Certains jours, il nous fallait régler jusqu'à mille cas. Beaucoup essayaient, à la faveur d'une émigration d'une telle ampleur, de faire leur pelote. Il y avait par exemple les avocats nationaux-socialistes regroupés dans la *Ligue des défenseurs juridiques* qui ne voulaient pas que les Juifs se rendent individuellement au tapis roulant mais qui voulaient jouer le rôle de conseillers, moyennant rétribution, bien entendu. Il y avait aussi les « aryaniseurs » qui se précipitaient sur les commerces juifs pour en prendre possession.

C'est ce qui amena à proposer de créer ce qu'on appela un fonds d'émigration à qui serait conféré le droit de gérer les biens qu'il était interdit d'emporter à l'étranger.

— *Qui finançait — qui alimentait le fonds d'émigration ?*

— Ses ressources provenaient aussi, par le biais de dispositions très particulières, des valeurs et biens que les Juifs fortunés devaient déposer avant leur départ. J'ai également constamment envoyé le Dr Löwenherz et je ne sais plus combien d'autres personnes à l'étranger ; ils avaient pour mission d'une part de négocier des quotas d'immigration les plus larges possibles, d'autre part de rapporter des devises grâce aux conférences qu'ils prononceraient ; et c'est ce qu'ils firent en effet. J'avais passé avec l'Office des changes de Vienne un accord aux termes duquel les devises rapportées de l'étranger par les dirigeants juifs n'étaient pas soumises à l'obligation de dépôt. La communauté israélite devait ensuite revendre ces devises à ceux de ses membres désirant émigrer, sous le contrôle de l'Office des changes, à un cours qui variait selon la situation de fortune de chaque intéressé. Si l'émigrant juif disposait d'une forte somme en schillings ou en marks, le Dr Löwenherz fixait pour lui un cours de — j'avance un chiffre au hasard — un cours de vingt marks pour un dollar. S'il s'agissait d'un émigrant plus pauvre, il réclamait proportionnellement moins. Quoi qu'il en soit, l'émigrant pouvait acheter à sa communauté, en monnaie de son pays d'origine, la quantité de devises qu'il devrait présenter dans le pays d'accueil ; de son côté, la communauté réalisait avec ses devises une recette relativement élevée qui lui permettait de financer partiellement ses dépenses de fonctionnement.

— *Etait-ce le Dr Löwenherz qui fixait le cours du dollar ou bien était-ce le ministère des Finances ?*

— C'était le Dr Löwenherz parce qu'il connaissait, lui, la situation de fortune des divers candidats juifs à l'émigration.

Commentaire : Avant de laisser les Juifs quitter l'Allemagne, on les dépouillait une nouvelle fois consciencieusement. Il ne leur suffisait pas de prouver, grâce à un visa fiscal délivré par la perception, qu'ils n'avaient plus de dettes envers l'Etat et qu'ils n'avaient dissimulé aucun bien ; ils se voyaient imposer d'autres obligations encore. Le Reich souffrant d'une pénurie chronique de devises, il leur fallait obligatoirement déposer tous leurs avoirs en monnaie étrangère et il leur fallait une autorisation pour exporter des marks. Lorsqu'un Juif vendait ses biens, il était bien souvent l'objet de menaces et de tentatives d'intimidation. S'il voulait emporter avec lui des objets particulièrement précieux, il devait encore obtenir une autorisation. Les pays d'accueil refusaient les immigrants démunis de ressources, dans la crainte de les voir aussitôt tomber à la charge de l'assistance publique ; ils demandaient donc aux Juifs, à leur entrée sur le territoire national, de disposer d'une certaine somme en devises fortes. Ces dernières étant strictement rationnées sous le Troisième Reich, il n'était pas possible de les acheter dans une banque. Le candidat à l'émigration était alors dans l'obligation de payer le cours fantaisiste que, sur l'ordre d'Eichmann, la communauté exigeait de lui.

— *Ce projet ne consistait-il pas à faire payer les Juifs fortunés pour les Juifs moins favorisés ?*

— Voilà, voilà, c'est ça, c'est ça, c'est comme ça qu'il faut voir les choses.

— *Ce n'est donc pas Löwenherz qui a inventé ce système, c'est vous et vos services qui le lui avez dicté.*

— Dit sous cette forme, c'est exact, mon Capitaine. Löwenherz ou d'autres dirigeants juifs rapportaient de l'argent de l'étranger ; ou bien cet argent rentrait par voie de donations. De toute façon, il aurait bien fallu que cet argent soit déposé et seule la Reichsbank en aurait bénéficié ; Löwenherz, pour chaque dollar, aurait alors reçu une somme en marks, au cours officiel. Or le Dr Löwenherz m'avait justement dit : « Nous ne sommes plus en mesure de payer notre appareil qui réclame toujours plus de bras. Nous ne disposons d'aucun service qui se préoccupe des Juifs sans ressources. Nous pourrions vendre ces dollars si on nous dispensait de l'obligation de dépôt. » Je me suis dit : c'est formidable ! Que le Reich entre ou non en possession de ces dollars, il n'en sera ni plus riche, ni plus pauvre, mais l'appareil de la communauté de Vienne, lui, pourra continuer son bonhomme de chemin. C'est de cette façon que les choses se sont mises en place à l'époque. Du côté opposé, en revanche, sont venues plus tard des difficultés à n'en plus finir. On s'entendait dire : et les seuls qui échappent à l'obligation de dépôt, ce sont justement les Juifs !

— *On obligeait d'abord les Juifs à se faire envoyer de l'argent de l'étranger. Il leur fallait ensuite, chez eux, en acheter à un prix astronomique. Seul le gouvernement allemand tirait finalement profit de l'opération. Car les Juifs se retrouvaient encore plus pauvres qu'avant lorsqu'il leur avait fallu payer trente mille ou quarante mille marks pour mille livres dont le prix réel était de douze mille marks.*

— C'est exact, c'est exact, mon Capitaine, oui, en effet, en effet.

— *En juin 1939, le Dr Löwenherz est venu vous parler des Juifs congédiés par leurs propriétaires — il est venu vous parler des expulsions. Ils se voyaient attribuer des logements inacceptables. Ils étaient roués de coups et chassés des rares parcs qui leur étaient pourtant réservés. Le Dr Löwenherz vous pria instamment d'intervenir.*

— Je n'avais naturellement aucune compétence en matière de logement et aucune compétence non plus pour ce qui était des bagarres dans les parcs. Mais cette démarche vous montre qu'il me faisait part de tout.

— *Le Dr Löwenherz attira une nouvelle fois votre attention sur le climat de panique qui régnait chez les Juifs en raison des arrestations et des expulsions du territoire allemand dont ils étaient victimes. Ces mesures répressives paralysaient l'activité de la communauté ; dans l'impossibilité où ils se trouvaient d'obtenir en si peu de temps des laissez-passer — des permis —, les personnes menacées, des citoyens polonais et des apatrides, dans leur désespoir, cherchaient à quitter illégalement le territoire du Reich et à s'enfuir vers la Pologne ou la Belgique. Ils étaient alors refoulés de ces deux pays et leur rapatriement depuis la frontière occasionnait des dépenses superflues au bureau d'assistance de la communauté juive de Vienne.*

— Oui, à ce propos, je ne peux que me répéter : je n'étais à l'origine ni de leur expulsion, ni de leur arrestation. Cela n'était pas de mon ressort à cette époque. J'ai déjà indiqué que le Service central pour l'émigration juive était une innovation dans la machinerie administrative allemande, ce qui provoquait d'ailleurs un afflux de visiteurs, en provenance des diverses instances centrales, qui n'hésitaient pas à faire le voyage de l'Ancien Reich, comme on disait, jusqu'à Vienne pour venir voir fonctionner ce service. Il est même venu Heydrich, le chef de la police de sécurité. C'est aussi durant cette période d'activité du Service central qu'a eu lieu ce qu'on a appelé la *Nuit de Cristal*. Je ne sais pas comment l'appeler autrement...

— *Vous rappelez-vous quand elle s'est déroulée ?*

— Je ne m'en souviens malheureusement pas. Ça a dû avoir lieu, approximativement, à l'automne, je crois. En tout cas, c'est en 1938, ça c'est certain. Ni la police ni le SD n'ont été impliqués dans les événements de cette nuit-là. Je me souviens m'être rendu le lendemain à la communauté juive pour constater les dégâts car cela avait porté un nouveau coup très dur à l'émigration. Je revois un Oberführer ou un Brigadeführer de la SS générale [1] soulever une machine à écrire et, avant que j'aie pu lui demander s'il était chargé ici de fonctions de police, la projeter au sol. Une destruction inutile. Je lui dis que j'étais le chef du Service central. Là-dessus, il me qualifia d'un gros mot. Je lui fis remarquer que, par décision gouvernementale, il était absolument interdit de faire obstacle en quoi que ce soit à l'émigration et que j'en référerais à mon supérieur, le chef de la police de sécurité et du SD. Il me mit alors à la porte. J'ai fait le rapport promis. Je ne sais pas ce qu'il en est advenu.

Commentaire : Il est difficile de croire que précisément l'ancien responsable aux affaires juives du SD et de la Gestapo ne puisse se souvenir de la date de la Nuit de Cristal, ce pogrom accompli à la face du monde, car ce 9 novembre 1938 est resté gravé à jamais dans la mémoire de la plupart des témoins oculaires. Chaque fois qu'il fut question de cet événement au cours de son interrogatoire, Eichmann fit celui qui n'avait absolument pas été au courant. Peut-être peut-on expliquer ainsi son attitude : l'exécutant correct qu'il a toujours été voulait prendre ses distances vis-à-vis des brutes sauvages qui avaient effectué leur opération sans l'appui des autorités administratives, sans préparation bureaucratique, dans la plus complète improvisation en quelque sorte.

— Cette Nuit fut suivie d'un brusque surcroît de travail.

---

1. La SS se composait de la SS générale (Allgemeine SS), milice du Parti qui fut dissoute en 1939, de la Waffen-SS, formation purement militaire, de la police SS et des SS « têtes de morts », chargés de la garde des camps de concentration (N d T).

Jusqu'à mon transfert à Prague, cent cinquante mille Juifs émigrèrent d'Autriche. Je crois me souvenir que le nombre total et définitif fut de deux cent vingt-quatre ou de deux cent trente-quatre mille.

C'est du printemps 1939 que date la fondation de ce qu'on appela le Protectorat de Bohême-Moravie. Le Dr Stahlecker, qui avait été entre-temps promu au grade d'Oberführer, fut muté à Prague en qualité d'inspecteur de la police de sécurité et du SD ; il devait y prendre le commandement en chef de la police de sécurité et du SD en Bohême-Moravie. Bien entendu, sitôt à Prague, le Dr Stahlecker s'employa à me faire muter sans délai au siège de ses nouvelles fonctions, à Prague donc. C'est en avril 1939, à peu près, que je reçus mon ordre de route pour Prague. Au début, je ne voulais pas quitter Vienne. Lorsqu'on a réussi à monter un tel service, ce n'est pas de gaieté de cœur qu'on l'abandonne. Je n'avais pas de problèmes avec les dirigeants politiques juifs et je ne crois pas non plus qu'il s'en trouverait un parmi eux pour se plaindre de moi. Même pas aujourd'hui. Je ne le pense vraiment pas car ils savaient que je n'étais pas de ceux qui haïssent les Juifs. Je n'ai jamais été antisémite et je n'en ai jamais fait mystère. Je ne cherche pas, par là, à me faire valoir, je veux simplement dire que nous avons eu, au Service central, une collaboration correcte sur le plan technique. A l'école primaire, déjà, j'avais un camarade juif et, la dernière fois que nous nous sommes rencontrés, nous nous sommes promenés ensemble dans la Landstrasse de Linz ; j'avais déjà à la boutonnière l'insigne du NSDAP et il n'a rien trouvé à y redire.

Entre-temps, l'Hauptsturmführer Rolf Günther avait repris la direction du Service central de Vienne, assisté d'Alois Brunner qui deviendra plus tard Hauptsturmführer également. Je n'avais plus la responsabilité de ce service ; mes seules responsabilités étaient désormais à Prague. Le Service central de cette dernière ville était considérablement plus petit que celui de Vienne mais il fonctionnait exactement sur le même système ; les dirigeants des organisations juives de Prague se rendirent à Vienne et ceux de Vienne se rendirent à Prague. Je n'eus donc nul besoin de m'immiscer dans leurs affaires ; on se contenta, à Prague, de copier l'exemple de Vienne. De ce fait même, l'affaire se mit aisément en route même s'il me faut ajouter que je ne trouvai pas à Prague, et il s'en faut, de personnalités aussi énergiques et percutantes que le Dr Löwenherz. A Prague, tout se déroulait en effet de manière plus tranquille, plus paisible et, par conséquent, on n'obtenait pas non plus... on n'obtenait pas les.. on n'obtenait pas, pour les deux parties, les mêmes succès qu'à Vienne. Mais il est aussi probable qu'il ne restait plus grand-chose à obtenir de l'étranger car il nous était assez souvent arrivé à Vienne de récupérer tout ce qui était récupérable. C'est bien pourquoi, d'ailleurs, ces messieurs de Prague avaient tant de mal de ce point de vue. On a alors également créé un fonds d'émigration à Prague.

— *Qui étaient vos partenaires juifs ?*

— C'est avec le Dr Murmelstein, le rabbin, que je m'entendais le mieux. Il y avait encore le Dr Weinmann et un certain M. Epstein — je crois qu'il s'appelait Epstein. Peut-être était-ce leur accent tchèque qui — comment dirais-je — empêchait le contact de s'établir entre nous. Je n'eus très vite de bons contacts qu'avec le Dr Murmelstein. C'est lui ainsi que le Dr Weinmann, et d'autres dirigeants qu'ils choisirent eux-mêmes, qui prirent ultérieurement en charge les travaux d'équipement de Theresienstadt. J'avais avec le Dr Stahlecker de bons rapports personnels qui dépassaient le cadre des rapports de travail. Nous nous rencontrions le dimanche matin, à titre privé, et il est évident qu'entre autres sujets de conversation nous parlions des solutions possibles, des solutions politiques possibles, car ce problème a bien toujours été au centre même de ma carrière au SD. Theresienstadt devait, selon le désir de la direction du Protectorat, regrouper les Juifs de Bohême-Moravie ; on l'avait en fait conçu de manière beaucoup trop étriquée, même pour ce seul objectif. Nous estimions, lui et moi, qu'il suffirait de donner aux Juifs un territoire autonome pour que l'ensemble du problème se voie du même coup résolu, pour tout le monde. Tant que les Anglais resteraient en Palestine, en effet, et qu'ils limiteraient dans de telles proportions l'immigration, il nous faudrait trouver une solution provisoire, c'est-à-dire un autre territoire. Or, à ce moment-là, la campagne de Pologne était engagée et progressait à une allure record ; et alors, est-ce lui, Stahlecker, ou bien est-ce moi qui en eus l'idée, je ne sais plus, toujours est-il que, soudain, une idée nous vint : nous devrions aussi vite que possible, nous, c'est-à-dire la police de sécurité, choisir un territoire, le plus grand possible, et le déclarer Etat juif autonome, en faire un protectorat.

— *Etait-ce si urgent, en pleine guerre ?*

— La guerre avait rendu l'émigration plus difficile encore. Par ailleurs, les Gauleiter, le ministère de la Propagande, c'est-à-dire Goebbels, la chancellerie de l'adjoint du Führer, c'est-à-dire le

Reichsleiter Bormann, se faisaient pressants, on nous sollicitait de tout côté. Il n'était bien sûr pas question que d'aussi hauts personnages entrent directement en rapport avec des gens de mon rang. Ils s'adressaient au chef suprême, Himmler. C'était un homme toujours désireux de satisfaire ces hautes personnalités — enfin, hautes, à l'époque. Il était de bon ton pour tout un chacun de se mêler des affaires juives. A peine Hitler avait-il tenu un discours et abordé la question juive que toutes les instances centrales du Parti et de l'Etat se sentaient à leur tour obligées de faire un petit quelque chose de plus. Himmler répondait alors favorablement à chacune d'elles et promettait que tout serait réglé. Il transmettait ensuite l'affaire au chef de la police de sécurité et du SD, Heydrich, qui les passait lui-même à Müller et c'est moi qui m'en trouvais en définitive chargé.

— *Et qui est ce Müller ?*

— C'était mon chef, le Gruppenführer Müller. Je reviendrai à un autre moment sur le Bureau central pour la sécurité du Reich (RSHA) et sur Müller. Mais j'aimerais maintenant reprendre là où j'en étais resté, c'est-à-dire à la Pologne, si vous le permettez. Oui, nous avions flairé là la bonne occasion. Un beau jour, mon chef, ce Dr Stahlecker dont il a déjà été question, et moi-même partîmes pour la Pologne. Nous allâmes jusqu'à la San, un affluent de la Vistule, dans le Sud-Est de la Pologne. Des sentinelles de la police russe nous firent franchir un bout de leur territoire le long de la ligne de démarcation. C'est ainsi que nous sommes finalement arrivés à Nisko-sur-San. Nisko faisait partie de la province de Radom ; je le tenais des Juifs eux-mêmes car j'en avais envoyé quelques-uns là-bas pour voir quelles étaient les conditions d'existence. A notre arrivée, nous découvrîmes un immense territoire, une rivière, des villages, des marchés, de petites bourgades et nous nous sommes dit : que pourrait-on souhaiter de mieux ? Pourquoi ne pourrait-on pas aussi transplanter des Polonais alors que, de toute façon, on transplante tant et tant, et installer ensuite, à leur place, des Juifs sur ce vaste territoire ? Le Juif oriental, tout particulièrement, est un artisan extraordinairement habile. Si on le dote d'une industrie, qu'on envoie, en plus, des Juifs d'Autriche, d'Allemagne, de Tchécoslo... de Bohême-Moravie... c'est-à-dire du Protectorat, une agriculture par-dessus le marché, ce pourrait très bien être une solution pour quelque temps, assez longtemps, tout au moins, pour que nous n'ayons plus le feu aux trousses. Et toutes les parties en présence y trouveraient leur compte. Le gouvernement aurait ainsi fait triompher ses objectifs politiques, le Parti aurait réalisé la partie de son programme concernant la solution du problème juif ; nous, à la police de sécurité, nous aurions enfin la paix et les Juifs eux aussi auraient la paix ; on entrerait enfin dans des eaux calmes. Là-dessus, Stahlecker soumit ce projet à Heydrich qui l'approuva ; je reçus l'ordre d'envoyer à Nisko cinq cents artisans juifs, peut-être même s'est-il agi de mille artisans — je ne me souviens plus exactement du chiffre — d'y expédier quelques trains de marchandises chargés de matériel, d'y construire un village de baraquements et, à partir de ce village, de faire s'établir des Juifs dans le pays au fur et à mesure de l'expulsion des autochtones.

— *Le 10 octobre 1939 M. le Dr Löwenherz, de Vienne, reçut l'ordre d'organiser le premier transport en direction de la Pologne. La communauté était chargée de sélectionner mille à douze cents hommes en état de travailler, essentiellement des artisans, notamment des menuisiers, des charpentiers et des techniciens. Il fallait emporter des machines destinées au travail du bois, des scies, des haches, des marteaux et des clous...*

— Ah ! C'était pour Nisko !

— *... ainsi que des vivres pour trois à quatre semaines... On peut lire ensuite dans ce même rapport : « Le Dr Löwenherz demanda à être reçu par l'Hauptsturmführer Eichmann pour lui faire part des préoccupations...*

— Ah ! Ah !...

— *... qui étaient les siennes à propos de ces transferts en direction de la Pologne.*

— Ah ! Ah !...

— *Le 27 octobre, le Dr Löwenherz expliqua à l'Hauptsturmführer Eichmann que la communauté n'entendait naturellement pas se dérober aux tâches qui lui incombaient...*

— Ah ! Ah !

— *... mais qu'elle se heurtait à des difficultés au sein de la population juive. »*

— Tout avait bien commencé ; mais, entre-temps, on avait créé le poste de gouverneur général et on l'avait confié à Frank. Pour le distinguer de K.H. Frank, le secrétaire d'Etat de Prague, nous l'appelions Frank le Polonais. Il y eut alors des intrigues à n'en plus finir et une formidable épreuve de force. Frank, sans perdre une minute, passa à l'attaque à Berlin ; il voulait ne laisser à personne le soin de résoudre son problème juif et se refusait à accueillir dans son Gouvernement général les Juifs qu'on lui enverrait. Ceux qui s'y trouvaient déjà devraient décamper sur-le-champ. Frank ordonna au chef de la police de sécurité et du SD à Cracovie, le Brigadeführer Streckenbach, de m'arrêter dès que je mettrais le pied sur le territoire du Gouvernement général. Streckenbach m'informa de cet ordre ; il n'avait absolument pas le droit de m'arrêter sans l'accord de notre chef commun, Heydrich. Frank, dans sa fureur, l'avait sans doute oublié. Mais, une fois de plus, c'en était terminé de nos rêves de règlement provisoire de la question juive.

Commentaire : Peut-être le Dr Löwenherz comptait-il réellement trouver aide et compréhension de la part d'Eichmann en ces journées d'octobre 1939 ; toujours est-il que ce n'est pas à Prague qu'il lui fallut se rendre pour le rencontrer mais à Berlin. C'est ce dernier changement dans les fonctions et l'affectation d'Eichmann qui représente, pour sa carrière ultérieure, le tournant décisif et définitif. Il était jusqu'ici un simple employé du SD, sans pouvoirs exécutifs ; il se retrouvait maintenant intégré au RSHA qui représentait, selon les termes mêmes du décret d'Himmler, « le regroupement des Bureaux centraux de la police de sécurité et du SD ». Il continuait à jouir des avantages qu'offre une position intermédiaire ; il pouvait, selon les nécessités, se présenter soit comme dirigeant du Parti, en sa qualité de responsable d'une section du SD, soit comme chef de service à la Gestapo, c'est-à-dire en homme chargé d'exécuter les volontés du pouvoir politique.

— Je crois que c'est début octobre 1939 que mon remplaçant au Service central de Vienne, l'Hauptsturmführer Günther, et moi-même reçûmes par télex l'ordre de nous présenter à Berlin au chef du Bureau de la Gestapo, celui qui allait devenir le Gruppenführer Müller. C'était soi-disant pour que je fasse à Göring un exposé sur la question juive. En réalité, nous étions mutés à Berlin, Günther et moi, pour mettre sur pied dans la capitale un Office central pour l'émigration juive. Je fis valoir que j'avais des obligations à Prague et j'eus recours à diverses échappatoires. Je fis remarquer que j'avais déjà été muté de Vienne à Prague. On ne me répondit ni oui ni non et, déjà, je pensais avoir partie gagnée. Mais, quelques jours plus tard, je reçus un nouveau télex où l'on m'informait — cette fois-ci, de manière très concrète — que j'étais muté à Berlin à compter de tel jour.

Il me fallut transmettre les pouvoirs qui étaient les miens dans le Protectorat et je partis pour Berlin en compagnie de l'Hauptsturmführer Günther. On nous attribua, pour servir de siège à nos services, un local de la Kurfürstenstrasse, je crois que c'était au 116 — c'était un immeuble qui avait précédemment appartenu à je ne sais quelle institution juive. L'intérieur de l'immeuble avait été restauré. Il se composait de toute une série d'escaliers de marbre et de salles de grandes dimensions, en fait un local aussi peu adapté que possible aux besoins d'une administration mais convenant fort bien, en revanche, à un service central destiné à accueillir du public. Nous fîmes peu à peu venir de Prague et de Vienne les diverses personnes qu'il nous fallait pour mettre en place, ici aussi, un tapis roulant semblable à ceux qui fonctionnaient déjà dans ces deux villes. C'est un certain Dr Eppstein, de l'Association des Juifs en Allemagne — je crois que tel était le nom de l'organisation juive chapeautant officiellement toutes les autres — c'était donc ce Dr Eppstein qui occupait à Berlin à peu près les mêmes fonctions que le Dr Löwenherz à Vienne. Les administrations intéressées détachèrent auprès de nous leurs employés et l'affaire se mit en route. Il était, à vrai dire, déjà très tard ; lorsque je dis tard, je me réfère bien entendu à la fin de toute cette affaire qui, en ce qui concerne l'émigration des Juifs proprement dite, se trouva définitivement close lorsque commença la guerre contre l'Union soviétique. L'émigration se heurtait d'ores et déjà à des obstacles extraordinaires et, à ma connaissance, le Sud restait la toute dernière porte ouverte avec, à l'Est, la Roumanie. Au total, nous nous usions les nerfs et nous suions sang et eau à travailler dans ces conditions, au Service central. Des deux côtés, la note dominante était, pourrait-on dire, l'ennui. Du côté juif, parce qu'il n'y avait, pour ainsi dire, plus la moindre chance de parvenir à émigrer ; de notre côté, parce qu'il ne se passait rien et que notre service n'était plus fréquenté par personne.

— *Mais l'une de vos tâches consistait pourtant bien à faire en sorte que Vienne au moins soit débarrassé de tous ses Juifs avant la fin de l'année 1940.*

— Mais, mon Capitaine, il n'y avait pas que Vienne. On m'avait fixé les divers délais à respecter et je devais les tenir — à ce propos je dois d'ailleurs dire qu'il est, bien sûr, toujours assez aisé de donner des ordres ; mais, en aucune circonstance, il n'a été possible de respecter les délais impartis car, en ce domaine, on était tributaire de très nombreux facteurs qui échappaient totalement à ma sphère de compétence.

— *Permettez-moi de vous lire ce passage d'un rapport rédigé par le Service central de Vienne :*

« Le 2 décembre 1939, le Dr Löwenherz informa l'Hauptsturmführer Eichmann — *il a dû aller vous voir à Berlin* — que l'*American Joint Distribution Committee* lui faisait savoir que les versements de devises n'auraient désormais lieu que si l'émigration se poursuivait... Si les transferts vers la Pologne devaient reprendre à partir de mars 1940, les versements cesseraient aussi dans ce cas-là... L'Hauptsturmführer Eichmann autorisa le Dr Löwenherz à faire savoir au Joint qu'on arrêterait les transports vers la Pologne si le Joint, de son côté, se déclarait prêt, à l'avenir, à faire parvenir des devises à la Communauté jusqu'à la fin de l'année 1940 et si la Communauté s'engageait, pour sa part, à obtenir d'un nombre correspondant de Juifs qu'ils acceptent d'émigrer, de manière à être débarrassé de cette question de l'émigration d'ici la fin octobre 1940. »

— C'est à Berlin que j'ai fait part de ces conditions au Dr Löwenherz et, désormais, je n'ai plus rien entrepris au Bureau de la Gestapo sans avoir au préalable réglé le problème avec le chef du 4ᵉ Bureau. Je n'avais en effet plus besoin de contacter les responsables de Vienne ou de Prague. Très certainement, les choses se sont, à l'époque, passées de la manière suivante : j'ai dû m'adresser à Heydrich par écrit, pas oralement, par l'intermédiaire du chef du 4ᵉ Bureau, et lui dire : écoutez, si nous arrêtons tout transport vers la Pologne, nous toucherons tant et tant de devises. On a dû me répondre : Arrêtez les transports ! C'est durant ces jours-là que, à l'occasion d'un grand chamboulement au sein du Bureau de la Gestapo, je me suis vu confier la responsabilité de la section B4 du 4ᵉ Bureau. Manifestement, Müller s'était dit : Ils n'ont plus rien à faire dans leur Service central pour l'émigration, ça va me permettre de faire des économies de personnel. Il s'agissait de la section « Juifs » et, jusqu'à cette époque, elle était logée, avec le 4ᵉ Bureau, au 8 de la Prinz-Albert-Strasse. J'avais comme chefs, bien plus hauts que moi, Himmler et, au-dessous de lui, Heydrich. C'était le Gruppenführer Müller qui dirigeait le 4ᵉ Bureau, au sein du Bureau central de la police de sécurité. Entre lui et ma section, il y avait encore un Gruppenführer qui dirigeait, lui, le groupe B. Tout devait bien entendu passer par lui et il devait tout signer ; mais il ne tenait pas particulièrement à être mis au courant des questions techniques si bien que je m'efforçai toujours de traiter directement de mes problèmes avec Müller. Le 4ᵉ Bureau se composait de dix-huit à vingt-deux sections au total, approximativement. En raison de la pénurie de locaux, la section dont je reçus la responsabilité resta dans la Kurfürstenstrasse. Dans mon ancien Service central pour l'émigration juive, j'avais sous mes ordres, outre Günther, encore quelques-uns de mes anciens collaborateurs de Vienne et de Prague. Je gardai ce monde-là mais j'héritai de la section IV B4 non seulement son appellation mais aussi tout le personnel qui, lui, venait de la Gestapo, à l'exception de son ancien responsable.

— *Lorsque vous parlez de Günther, de quel Günther s'agit-il ? Ils étaient deux frères ?*

— Je parle de l'Hauptsturmführer Günther, Rolf Günther. Il était mon « remplaçant permanent ». On n'employait pas chez nous le terme d'adjoint. La section continua le travail de routine qu'elle avait accompli jusqu'alors car, au fond, les employés spécialisés n'avaient fait que changer de lieu de travail. C'était Günther qui, pour l'essentiel, s'occupait des aspects policiers du travail, aspects totalement nouveaux pour nous deux, totalement inconnus de nous ; il n'aurait, en fait, pas eu besoin de s'en occuper car ces vieux employés accomplissaient de toute façon leur — passez-moi la vulgarité de l'expression —, leur train-train comme ils le jugeaient bon. Moi, de mon côté, je m'occupais du projet de Madagascar.

— *Comment l'idée vous en est-elle venue ?*

— Par suite de la guerre, l'émigration en était pratiquement arrivée au point mort. Je voudrais pouvoir revenir en arrière : Theresienstadt n'avait pas non plus résolu le problème et notre tentative de Nisko-sur-San avait échoué. Nous étions maintenant en pleine campagne de France et c'est elle qui me fit retrouver l'espoir d'aboutir enfin à une solution, ne fût-elle que provisoire. Je me souvins de l'ouvrage d'Adolf Böhm qui décrivait les efforts déployés par Theodor Herzl pour créer un Etat juif et je me souvins notamment que ce dernier avait, toute une période, travaillé à des projets en rapport avec Madagascar.

Mais je me souvenais aussi qu'il s'était heurté, dans son entreprise, à des résistances parfois sérieuses dans ses propres rangs. Je me suis dit : ce qui importe, ce n'est pas l'endroit où se trouve un sol où vivre et poser le pied, l'essentiel est de bondir sur l'occasion. Le fossé entre les deux communautés se creusait en effet toujours davantage : d'une part, à la suite des lois raciales, les Juifs se retrouvaient chassés des divers territoires où ils vivaient jusqu'alors ; d'autre part, le Parti ne cessait de soumettre à une vive pression la population non juive à propos du problème juif. Il était évident, il n'était nul besoin d'être grand clerc pour s'en apercevoir, qu'à continuer ainsi on s'acheminait vers des désordres dont, à l'époque, j'étais incapable de me faire une image précise. Encore moins d'imaginer ce qui allait se passer plus tard. Mais il allait inévitablement se passer quelque chose, n'importe quoi, me disais-je, car une marmite pleine d'eau qu'on n'arrête pas de chauffer finit par exploser, d'une manière ou d'une autre, si elle n'a pas de soupape. Et moi, à la modeste place qui était la mienne, je voulais aider à trouver cette soupape ; et cette soupape, si je me permets cette comparaison, c'étaient mes efforts pour trouver un asile aux Juifs, quel qu'en soit l'endroit. Ce projet Madagascar fit naître en moi de nouvelles idées pour résoudre le problème juif.

Commentaire : La campagne de France, ouverte par l'offensive allemande du 10 mai 1940, se termina le 25 juin 1940 par une victoire totale de la Wehrmacht et par un armistice qui transforma en territoire occupé la moitié du pays vaincu. L'île de Madagascar était à cette époque une colonie française de trois millions et demi d'habitants, vivant sur un territoire d'une superficie nettement supérieure à deux fois celle de la République fédérale d'Allemagne.

— A la lumière de l'expérience de Theresienstadt, je voyais maintenant très clairement qu'il ne servait à rien de constituer des ghettos. De la manière dont je m'étais imaginé les choses, Theresienstadt aurait pu constituer une solution partielle relativement convenable pour environ dix mille personnes, mais on y avait injecté beaucoup trop de monde. De nombreux Gauleiter voulaient se débarrasser des Juifs de leur province qui, en raison de leur âge, n'étaient plus en mesure d'émigrer et ils mettaient donc tout en œuvre pour obtenir d'Himmler l'autorisation d'expédier leurs Juifs — comme ils avaient l'habitude de dire — à Theresienstadt. Par ailleurs, le Gauleiter de Saxe, lui, s'en prenait à ce ghetto sous le prétexte que les Juifs constituaient ainsi, à proximité des frontières de son Gau, un foyer de contagion et un centre de marché noir. Je n'arrêtais pas de signaler ces difficultés, bien que ce n'ait pas été de ma compétence puisque la constitution de ghettos avait été entreprise sur l'ordre personnel d'Himmler. Ce dernier, de ce point de vue, resta longtemps sous l'influence du courant de Streicher et du *Stürmer,* ce qui n'était pas du tout le cas de son chef de la police de sécurité et du SD, Heydrich, qui, lui, n'était pas un chaud partisan de cette folie, nom que je donnai un jour à ce projet absolument irréaliste.

— *Madagascar vous semblait plus réaliste ?*

— Je commençai par me rendre à l'Office national pour les problèmes de l'émigration, au ministère de l'Intérieur, pour m'y renseigner sur les conditions géographiques et climatiques, sur la configuration du pays et obtenir d'autres données. Je me fis également donner des informations complètes par l'Institut tropical de Hambourg ; l'affaire paraissait s'annoncer sous un jour pas défavorable du tout. Du point de vue juridique, j'avais vaguement dans l'idée une région juive autonome. Jusque-là, en tant que spécialiste placé à un rang subalterne, j'avais toujours pu m'abriter derrière les larges épaules d'un responsable de section. Il en allait maintenant différemment à Berlin. J'étais moi-même, désormais, à la tête d'une section et je n'avais encore jamais eu l'occasion de voir fonctionner de près, ni de connaître vraiment la machinerie administrative que j'avais ainsi mise en œuvre. A combien de difficultés, combien de négociations acharnées et épuisantes n'avais-je pas ouvert la voie ? A combien d'objections de la part des instances centrales ? Toutes s'estimaient plus compétentes les unes que les autres. C'est ainsi, par exemple, que le ministère des Affaires étrangères déniait tout droit de s'occuper de cette affaire à la police de sécurité parce que Madagascar n'était pas l'Allemagne. Les gens ne comprenaient ni ce que nous poursuivions, ni ce que nous voulions. Ils n'avaient d'ailleurs jamais rien lu, jamais étudié, jamais assimilé le moindre ouvrage fondamental sur ce sujet. Ils restaient extérieurs, tout à fait extérieurs à l'affaire. Ils ne faisaient pas l'effort de se pénétrer du problème lui-même. Jamais un homme tel que le conseiller gouvernemental Lischka, par exemple, ne se serait soucié d'une pareille affaire ; pas plus lui que le conseiller gouvernemental Lange ou que le conseiller gouvernemental Suhr ou que le conseiller gouvernemental X, Y, ou Z ; je dis que, quel qu'il soit, jamais un employé desséché ne se serait préoccupé d'un Nisko-sur-San, ne se serait préoccupé de Theresienstadt ; il ne se serait soucié de rien du tout ; cette affaire, en effet, n'intéressait pas ces gens-là ; elle ne figurait pas dans les dossiers officiels, il n'y avait pas de procédure en route, les registres administratifs ne contenaient rien à ce sujet ; ils se gardaient donc bien de s'y frotter. Ces gens-là, bien sûr, mènent une vie plus tranquille et ils se donnent beaucoup moins de mal ; tout ça, ça ne fait pas l'ombre d'un doute.

Ces gens-là n'avaient d'ailleurs jamais rien lu, jamais étudié, jamais assimilé le moindre ouvrage, disons, fondamental. Ils restaient extérieurs, tout à fait extérieurs à l'affaire. Lorsque enfin le projet sembla définitivement au point et qu'aucune instance centrale n'eut plus de vœu à formuler, il était trop tard. Certes, les troupes allemandes étaient depuis longtemps à Paris mais il n'était plus question de chercher quoi que ce soit à Madagascar. La flotte française ayant pris la mer et l'Allemagne ayant aussi occupé la partie du pays qu'elle n'avait jusqu'ici pas occupée, jusqu'à la côte méditerranéenne, il ne pouvait plus être question de Madagascar. C'en était fini de nos projets, ils étaient anéantis. Je capitulai. Le beau rêve s'était envolé. Tout cela a dû se passer en 1940.

Commentaire : Eichmann fait erreur dans les dates. Si l'Allemagne occupa la France entière, côte méditerranéenne comprise, le 11 novembre 1942, c'est en réponse au débarquement des forces armées alliées en Afrique du Nord le 7 novembre 1942. La flotte de guerre française, regroupée à Toulon et « neutralisée » depuis l'armistice, se saborda ; son commandant en chef s'était refusé à remettre les navires aux Allemands. Il ne paraissait désormais plus possible, dans ces conditions, de rétablir les liens entre la métropole et son empire colonial, Madagascar y compris bien entendu.

— *Le projet Madagascar avait-il pour objectif de regrouper tous les Juifs ! Il est toujours question de quatre millions de Juifs dans les actes officiels émanant de vos services.*

— Oui, enfin bon, ça n'a jamais été que théorique, très certainement, car personne ne pouvait savoir si Madagascar pouvait accueillir quatre millions d'émigrants.

— *Ce projet devait contribuer à résoudre le problème juif ?*

— Dans des proportions assez considérables — d'abord, et essentiellement, pour les Juifs résidant en Allemagne, en Autriche et en Tchécoslovaquie. Ensuite, si cela se révélait possible, d'autres seraient venus à leur tour.

— *Peut-être avait-on pris aussi en considération les Juifs du Gouvernement général ?*

— Sûrement, exactement de la même manière que, auparavant, j'avais commencé d'opérer à Radom.

— *Avez-vous entendu parler du rapport effectué par une commission d'enquête polonaise qui avait visité Madagascar en 1937?*

— Non, jamais, jamais ! Moi, c'est Theodor Herzl qui m'a lancé sur cette voie.

— *Etes-vous au courant qu'il y avait déjà eu des études sur Madagascar, par exemple celle de cette commission polonaise...*

— Non, ça, je ne l'ai pas... non, je ne le sais pas.

— *...qui en arriva à la conclusion que seules quinze mille familles européennes au grand maximum pourraient s'y établir, tandis qu'une autre partie de la commission estimait que ce chiffre était très exagéré ?*

— Mon Capitaine, non, non, je... je n'ai jamais entendu parler de ça. Je me suis fié, dans cette affaire, à ce que m'a dit le ministère de l'Intérieur, à ce que m'a dit l'Office pour l'émigration et l'immigration. C'est vraisemblablement durant toute cette période où je m'occupais de Madagascar qu'eut lieu, en Bade je crois, une opération d'évacuation. Voilà ce qui s'était passé : Himmler avait informé le chef de la police de sécurité et du SD que le Gauleiter untel, j'ai oublié son nom, s'était adressé à lui parce qu'il désirait être débarrassé de « ses Juifs ». En d'autres termes, Himmler avait donné son accord et ordonné de faire passer ces derniers en France non occupée. Ma section, la IVB4 donc, était chargée de réserver les trains auprès du ministère des Transports ; ledit ministère décida, lors d'une réunion où l'on arrêta le plan de route, que le trajet passerait par Châlons-sur-Marne, je crois. Je dois, à ce sujet, apporter les précisions suivantes : pendant la guerre, une des premières mesures que prit le ministre des Transports fut de rationaliser l'emploi du matériel roulant. Il passa un accord avec Heydrich aux termes duquel toutes les commandes de matériel roulant, pour des missions relevant de la police de sécurité, ne devraient provenir que d'un seul service : « Comme ça, dit-il, lorsque nous verrons venir ce service, nous saurons qu'il s'agit d'une chose indispensable ! Qu'il s'agit de " mesures de guerre à caractère important " » ; ultérieurement, « important » fut remplacé par « décisif ». Cette disposition était valable pour toutes les instances centrales et, chez nous, on chargea la section IVB4 de regrouper toutes les commandes destinées au ministère des Transports. Qu'il s'agisse de Polonais, de Tziganes, de matériel ou bien de baraquements, tout passait par la section que je dirigeais. Müller ou Heydrich auraient tout aussi bien pu choisir une section de l'administration, celle de l'habillement par exemple.

Je crois bien que Châlons-sur-Marne était la dernière gare en territoire occupé et qu'au-delà commençait la France non occupée. On me signifia qu'en aucun cas ces trains ne devraient stationner en territoire occupé. Pourtant, il me fallut bien constater à la gare-frontière que ma mission — faire franchir la ligne de démarcation à quatre ou six trains de transport, il s'agissait de wagons de voyageurs — était quasiment impossible. Premièrement, elle était gardée par la police et les Français étaient autonomes en territoire non occupé. Deuxièmement, les voies étaient bloquées par les signaux. Comment l'idée m'est-elle venue de déclarer au chef de gare de cette dernière station en France occupée qu'il s'agissait de transports de la Wehrmacht ? Pourquoi le chef de gare m'a-t-il cru et pourquoi a-t-il fait repartir les trains après leur avoir jeté un coup d'œil ? Je, je ne me souviens plus aujourd'hui. Je sais seulement que les choses auraient mal tourné pour les Juifs, et pour moi aussi, si les trains étaient restés immobilisés ; il aurait alors été impossible de les faire poursuivre mais aussi de les faire revenir en arrière. Lorsque le dernier train eut franchi la ligne de démarcation, j'étais en nage ; je pris place dans ma voiture et je m'en allai au plus vite. Ce sont les Affaires étrangères qui durent ensuite régler avec le gouvernement français de Vichy les difficultés soulevées par cette affaire.

— *Combien de Juifs avez-vous évacués de cette manière ?*

— Il y avait quatre ou six trains, c'est-à-dire à peu près, je pense, trois mille cinq cents à quatre mille Juifs.

Commentaire : L'épisode qu'Eichmann relate ici avec une pointe d'espièglerie représenta en fait, pour six mille cinq cent quatre Juifs et Juives de tous âges, le début d'une route qui devait les mener vers le malheur et la mort. Le Gauleiter Robert Wagner (Bade) avait vu l'Alsace s'ajouter aux territoires placés sous son autorité et le Gauleiter Joseph Bürckel (Sarre-Palatinat) la Lorraine. L'armistice avait prévu que les Juifs résidant dans ces deux régions annexées seraient accueillis en France, mais les deux Gauleiter profitèrent de l'occasion pour, du même coup, « nettoyer de leurs Juifs » leurs deux Gau. Fin octobre 1940, au petit matin, on chassa de chez eux et on poussa dans des trains plus de six mille cinq cents Juifs de la Bade et du Palatinat ; chacun ne put emporter avec soi que cinquante kilos de bagages et cent marks. L'Etat allemand s'empara de tous leurs autres biens. Le transport se composait de neuf trains et les déportés ne purent quitter leurs wagons qu'au terme de quatre jours et trois nuits de voyage — pour se retrouver dans des camps de concentration français. Moins de mille d'entre eux réussirent à émigrer ou à s'enfuir ; deux mille moururent de faim et de maladie dans les camps français, tous les autres, sur ordre d'Eichmann, furent ultérieurement déportés vers l'Est où on les extermina. Cette opération n'était d'ailleurs pas la première du genre. Eichmann nota à la suite d'une réunion qui se tint à Katowice le 10 octobre 1939 : « Pour l'heure, le Führer a ordonné d'évacuer trois cent mille Juifs d'Allemagne et d'Autriche. » La première opération de grande envergure eut lieu à Szczecin dans la nuit du 12 au 13 février 1940 : on chassa de chez eux mille deux cents Juifs et Juives de tous âges et on les entassa dans des wagons de marchandises ; ils n'avaient pu emporter que des vêtements chauds et une valise par personne. On établit dans leurs biens des Allemands originaires des pays baltes fuyant la « soviétisation ». Ces Juifs furent déportés dans le Gouvernement général. Soixante et onze d'entre eux moururent de froid durant le transport, deux cent trente périrent dans les camps en moins d'un mois et les autres disparurent ensuite dans les camps de la mort.

— Ces transports en direction de la France sont d'ailleurs un exemple typique des réactions impulsives d'Himmler ; en un clin d'œil, à propos de telle ou telle affaire, il donnait des ordres qui faisaient ensuite obstacle à quelque solution que ce soit. On craignait beaucoup Himmler pour cette raison. Une toute petite illustration seulement : s'il arrivait qu'Himmler convoquât quelqu'un qui fût fumeur, ce dernier disposait alors, dans le cabinet de toilette de son train spécial ou de son logement d'accueil, de pierre ponce et de citron. Car, s'il avait sur les ongles la moindre trace jaune de nicotine, il pouvait très bien se faire qu'Himmler lui prît alors la main et déclarât : « Interdiction de fumer de trois mois, de six mois ! Votre parole, je vous prie ! C'est un ordre ! Terminé ! »

Après l'abandon du projet Madagascar, je n'avais plus rien d'intéressant à faire ; je sollicitai alors du Gruppenführer Müller d'être muté dans un poste de préfet de police dans une ville. Il me répondit : « Ce n'est pas au soldat de choisir son poste de combat. » Par la suite, j'ai à plusieurs reprises essayé d'être envoyé au front, toujours avec le même résultat négatif.

Vers la fin de l'année 1940, la constitution de ghettos dans le Gouvernement général battait son plein, on travaillait d'arrache-pied ; il en allait de même dans le Warthegau — toutes opérations dans lesquelles notre section IVB4 n'était en rien impliquée.

Commentaire : Le Gauleiter Greiser, à Poznan, en Prusse occidentale, gouvernait d'anciens territoires polonais ; le Gouverneur général Frank, à Cracovie, régnait, lui, sur le reste de la Pologne ; Hitler avait accordé à l'un et l'autre les pleins pouvoirs pour concentrer dans des ghettos les Juifs de leurs territoires et pour supprimer ceux d'entre eux qui ne seraient pas en état de travailler. Ils n'avaient pas besoin d'Eichmann pour cela. Les services de ce dernier ne restèrent pas inactifs pour autant.

— Mon supérieur immédiat, le Gruppenführer Müller, m'envoyait maintenant assez souvent à l'étranger avec la consigne d'aller visiter ceci ou cela et de lui faire un rapport sur ce que j'aurais vu ; lui-même ne quittait en effet jamais Berlin mais voulait en revanche toujours être exactement informé de tout. C'est dans ces conditions que je visitai le ghetto de Litzmannstadt, ville qui a retrouvé aujourd'hui son nom de Lodz, et le ghetto de Varsovie.

— *Peut-être pourriez-vous maintenant évoquer ce que furent ensuite les fonctions de votre service dans le cadre de cette affaire ?*

— D'accord, d'accord. La section IVB4 a connu à plusieurs reprises des remaniements minimes. Lorsque j'en pris la responsabilité, elle s'appelait tout simplement « Affaires juives ». Avant de recevoir sa dénomination officielle « Lutte contre les adversaires idéologiques », a-t-elle, au cours de toutes ces années, porté le nom « Solution finale de la question juive ? » Je ne me le rappelle plus exactement aujourd'hui. Le terme de solution finale, à l'origine, n'a rien à voir avec l'anéantissement physique sur lequel je reviendrai. J'avais déjà en tête la formule de « solution finale de la question juive » au moment où je travaillais à mon projet de Madagascar.

— *Parlait-on déjà à l'époque de solution finale de la question juive ?*

— Mon Capitaine, je sais que le terme de solution finale était déjà usuel bien auparavant. Ensuite, Heydrich ou Himmler l'employèrent au même titre que d'autres dénominations. La section, lorsque j'en pris la direction, avait en charge les opérations visant à déposséder les Juifs de leur nationalité et à confisquer leurs biens. C'était un travail très complexe. La police d'Etat n'eut jamais directement affaire aux biens, la seule chose qu'elle ait jamais vue, ce furent des pièces administratives.

— *Contresigniez-vous les pièces avant de les transmettre ?*

— Bien souvent, elles n'étaient que paraphées, en bas de page, avec le cachet du service. Il s'agissait là d'affaires de routine qui se réglaient automatiquement, c'étaient des imprimés qu'on n'avait absolument pas besoin de lire.

— *Parlerez-vous maintenant des déportations des Juifs de l'Europe orientale et occidentale ?*

— Autant que je m'en souvienne, on a déporté des Juifs de Hollande, de Belgique, de France, puis de Grèce, de Slovaquie, de Roumanie. Je ne sais pas s'il y en eut de Croatie. Il y en eut aussi de, comment appelle-t-on déjà ce pays, là, tout en haut, du Danemark je crois ? De Hongrie. Je ne sais pas, ai-je par hasard oublié un pays ?

— *L'Italie ?*

— D'Italie proprement dite, non, mais il est possible qu'il y ait eu des déportations dans cette région proche de la Côte d'Azur qui était plus ou moins la cause de tensions frontalières entre la France et l'Italie.

(Less offre une cigarette à Eichmann.)

— Merci beaucoup, gracias !

Je n'ai, à l'heure actuelle, pas la moindre idée du nombre de Juifs qu'on a évacués de ces pays, ni du nombre de transports qu'il y a eu. Je serais obligé de citer n'importe quel chiffre au hasard mais je pense que personne n'a rien à y gagner. Mais, si c'est ce qu'on veut, je peux le faire, bien sûr. Ordonnez ! je vous écoute.

— *Bon, nous pourrons revenir ultérieurement sur ce problème. Vous avez évoqué la solution finale de la question juive. Voulez-vous en parler maintenant ou bien voulez-vous parler d'abord de la guerre avec la Russie ?*

— Ce problème de la solution finale, il dépend de..., il se confond... avec cette affaire qui se passa une fois la guerre déclenchée entre l'Allemagne et la Russie.

Il y a une question qui me vient maintenant : quel était l'intitulé exact, je me le demande bien, de l'acte de nomination que le Reichsmarschall Göring adressa au chef de la police de sécurité et du SD : responsable de la solution finale de la question juive ou bien responsable de la solution de la question juive ?

— Cette lettre ne daterait-elle pas de la période précédant immédiatement la Seconde Guerre mondiale ?

— On peut tout au plus la situer dans la période durant laquelle l'émigration devint impossible, au moment où débuta la solution radicale. Je crois que c'est en juin 1941 que débuta la guerre contre l'Union soviétique. Et c'est vraisemblablement deux mois plus tard, oui, ce doit être ça, mais ce pourrait être aussi trois mois plus tard, qu'Heydrich me convoqua. Je me présentai et il me dit alors : « Le Führer a décidé à propos de cette affaire d'émigration... » Tout un petit speech, donc, avant de déclarer : « Le Führer a ordonné l'extermination physique des Juifs. » C'est cette phrase, textuellement, qu'il m'a dite. Et, comme s'il voulait vérifier l'effet de ses paroles, il se tut longuement, ce qui n'était pas dans ses habitudes. Je m'en souviens aujourd'hui encore. Durant quelques secondes, je ne mesurai pas la portée de ses propos, tellement il avait choisi ses mots avec soin. Puis je réalisai enfin pleinement et je ne répondis rien parce que je ne trouvai rien à répondre.

Car une telle... de telles choses, une solution aussi violente, jamais je n'avais imaginé quoi que ce soit de semblable. Il me dit alors : « Eichmann, rendez-vous chez Globocnik, à Lublin. »

— Chez qui ?

— Chez Globocnik, l'ancien Gauleiter de Vienne ; il était alors le chef de la SS et de la police du district de Lublin, dans le Gouvernement général. Donc, Heydrich me dit : « Rendez-vous chez Globocnik. Le Reichsführer lui a déjà donné les ordres appropriés. Vérifiez où il en est de l'accomplissement de son programme. Il utilise, je crois, des fossés antichars russes pour exterminer les Juifs. » Conformément aux ordres, je me rendis à Lublin ; je me mis à la recherche des bureaux du chef de la SS et de la police et me présentai enfin au Gruppenführer Globocnik ; je lui dis venir de la part d'Heydrich et en raison de l'ordre d'exterminer physiquement les Juifs qu'avait donné le Führer.

— Le Gruppenführer ?

— Pardon ?

— Le Gruppenführer ?

— Le Führer, c'est du Führer que je parle, d'Hitler bien sûr, c'est d'Hitler que je parle ; ce sont les propos d'Heydrich...

— *Heydrich...*

— ...ce sont les propos d'Heydrich que je rapportais. C'est lui qui m'avait dit : « Le Führer, c'est-à-dire Hitler, a ordonné l'extermination physique des Juifs. »

Globocnik fit alors venir un Sturmbannführer du nom de Höfle, certainement quelqu'un de son état-major. Nous sommes partis de Lublin ; je ne sais plus comment s'appelle l'endroit où il m'a conduit, je le confonds, je ne peux pas dire, en effet, s'il s'appelait Treblinka ou autrement. Il y avait comme une forêt, ça ressemblait à une forêt que traversait une route ; une route départementale polonaise. Sur le côté droit de cette route, il y avait une maison d'apparence tout à fait normale, une maison d'habitation où logeaient les personnes employées dans ce lieu. Un capitaine de la police, de la police chargée du maintien de l'ordre public, nous salua. Quelques ouvriers étaient encore là. Le capitaine avait quitté son uniforme, ce qui m'étonna beaucoup, il avait retroussé ses manches de chemise et semblait avoir, d'une manière quelconque, pris une part active aux travaux en cours. Ils étaient en train de construire de petites maisons en bois, deux peut-être, ou bien trois. Leur taille ? Peut-être celle d'un chalet de deux ou trois pièces. Höfle donna l'ordre au capitaine de la police de m'expliquer ce qu'étaient ces installations. Et c'est alors qu'il s'est mis à raconter. Cet homme parlait une espèce de dialecte du Sud-Ouest, du fin fond de l'Allemagne, et il m'expliqua avec quel soin ils avaient rendu ces constructions parfaitement étanches, qu'on allait y faire fonctionner le moteur d'un sous-marin russe et qu'on introduirait les gaz de ce moteur à l'intérieur de ces maisonnettes pour y empoisonner les Juifs qu'on y aurait au préalable enfermés.

Pour moi aussi ce fut quelque chose de monstrueux. Je ne suis pas d'une nature très robuste, je ne suis pas capable de supporter une telle chose... de supporter une telle chose sans, disons, sans réagir d'une manière quelconque. Aujourd'hui encore, je ne peux supporter le spectacle d'une coupure béante chez quelqu'un. Je n'aurais jamais pu faire médecin. Je me rappelle bien m'être alors aussitôt représenté la chose de manière très concrète et avoir perdu totalement contenance comme si je venais de vivre quelque chose de bouleversant, une chose bouleversante. Ce genre de choses qui vous laissent un léger tremblement. Je repartis ensuite pour Berlin et j'ai raconté tout cela au chef de la police de sécurité.

— *A Müller ?*

— A Müller aussi, bien entendu.

— *Pas à Heydrich ?*

— A Heydrich, bien sûr, mais Müller était mon supérieur immédiat. Je lui ai raconté ce que je viens de vous raconter. Il est possible que je mélange maintenant un peu les choses. Je voudrais essayer moi-même...

(Il prend du papier et un crayon.)

— *Je vous en prie !*

— ...de compter les années et de prendre quelques notes car je souhaiterais garder un certain ordre. C'était... oui, je le disais à l'instant, ce devait être à la fin de l'été, à l'automne.

— *En quelle année ?*

— C'était après que la guerre eut commencé entre l'Allemagne et la Russie. Ce serait donc à l'automne 1941. On m'a alors, en effet, renvoyé à Chelmno, dans le Warthegau cette fois. Je reçus de Müller l'ordre de me rendre à Litzmannstadt et de lui faire un rapport sur ce que j'y aurais vu. Il n'a pas été aussi précis que... qu'Heydrich, aussi cru ; il m'a dit : « Une opération antijuive y est en cours, Eichmann. Faites-y un tour. Faites-moi ensuite un rapport ! » Je me présentai au siège de la police d'Etat de Litzmannstadt — Lodz maintenant — où l'on m'expliqua qu'il s'agissait d'un détachement spécial que le Reichsführer avait en personne engagé dans cette opération. On m'indiqua plus précisément où se trouvait Chelmno. Voilà ce que j'y vis : une pièce, grande peut-être cinq fois comme celle-ci, si je me souviens bien ; il y avait des Juifs dans cette pièce. On les fit se déshabiller et un camion arriva, un camion complètement fermé. On ouvrit les portes du camion et il vint se placer contre une rampe d'accès. On fit alors monter ces Juifs tout nus dans le camion. Puis on referma les portes et le camion démarra.

— *Combien de personnes le camion contenait-il ?*

— Je ne sais pas exactement. Je n'ai pas regardé tout le temps de l'opération, j'en étais incapable. Non ! Ça m'a suffi. Ces cris et... j'étais beaucoup trop bouleversé et tout ce qu'on peut imaginer. C'est d'ailleurs ce que je dis à Müller lorsque je lui fis mon rapport. Il n'en a pas tiré un grand profit. On me fit suivre le camion — et ce fut alors le spectacle le plus horrible auquel il m'ait jamais été donné jusque-là d'assister. Le camion se rangea le long d'une fosse toute en longueur. On ouvrit les portes et on jeta les cadavres du haut du camion. On aurait dit qu'ils étaient encore vivants tellement les membres restaient souples. On les jetait dans la fosse. Je revois encore un civil arracher les dents avec des tenailles. J'ai alors fiché le camp. Je suis monté dans ma voiture et je suis parti ; je n'ai plus ouvert la bouche. Je suis resté assis plusieurs heures sans échanger un seul mot avec mon chauffeur. J'avais mon compte. J'étais à bout. Je me souviens encore d'une chose : un médecin en blouse blanche m'avait dit de regarder par un judas pour voir dans quel état ils étaient dans le camion. J'ai refusé. Je ne pouvais pas, il ne m'était pas possible de dire un mot ; il fallait que je m'en aille. A Berlin, j'ai fait mon rapport au Gruppenführer Müller. Je lui ai dit exactement ce que je viens de vous dire. Je lui ai dit : C'est épouvantable, c'est l'enfer. Je ne peux pas. C'est... je ne peux pas supporter ça... ! Voilà ce que je lui ai dit.

— *Qu'a dit Müller ?*

— Müller avait pour habitude de ne jamais rien dire. Jamais ! Pas plus à propos de ces choses-là qu'à propos de quoi que ce soit d'autre. Il était toujours très laconique, très calme, ne disait jamais que le strict nécessaire. Il disait oui ou non. Et, lorsqu'il ne disait ni oui ni non, il avait alors le plus souvent coutume de dire : « Camarade Eichmann... », ce qui était en effet une manière de ne dire ni oui ni non. Il était vraiment laconique.

— *Avez-vous fait un rapport écrit sur ce que vous aviez vu ?*

— Non, je n'en avais pas le droit. Cela m'avait été expressément interdit, par Heydrich je crois. Müller voulut aussi surtout savoir combien de temps cela prenait, combien de temps durait l'opération. Je fus incapable de le lui dire ; je n'avais pas pu, je n'avais pas entendu ce qu'on me disait. Il m'aurait donc fallu aller là-bas une deuxième fois mais, naturellement, je ne me suis pas porté volontaire et je n'ai plus entendu parler de rien.

— *Avez-vous vu ensuite, chez Globocnik, gazer les Juifs avec le moteur de sous-marin ?*

— Non, ça, je ne l'ai pas vu, mais j'y reviendrai. On m'y a envoyé une autre fois encore. Mais, mon Capitaine, je suis justement en train de récapituler tout ça dans ma tête. On m'a envoyé voir les choses suivantes : les deux dont je viens de parler, puis on m'a envoyé à Treblinka. Puis on m'a... comment s'appelle cette double bataille près de Minsk ? ... On m'a envoyé près de

Minsk. De toute façon, on m'a envoyé à Minsk. Minsk, Auschwitz, Treblinka, Minsk, Auschwitz, Treblinka, Minsk... A part ça, je crois qu'il n'y avait rien d'autre. Ah si ! Lemberg, c'est ça, Lemberg [1] ! Voilà les six choses en question.

— *N'étaient-ce que des voyages d'information ou bien aviez-vous une mission particulière ?*

— Aucune, aucune. Je n'avais ni à donner d'instructions, ni à faire quoi que ce soit d'autre. Décider qui devait être éventuellement gazé, décider s'il y avait lieu de gazer, si l'on devait ou pouvait interrompre le gazage, s'il fallait le reprendre ou s'il fallait forcer le rythme, jamais, jamais, je n'ai jamais eu à voir quoi que ce soit avec ça, mon Capitaine, jamais. Si la presse l'a écrit, c'est, je le déclare ici en toute vérité, c'est un mensonge de sa part.

— *Quelle était la mission de votre section dans le cadre de l'extermination ?*

— L'évacuation. Mais pas dans le Gouvernement général de Pologne. Et je reviendrai plus tard sur les territoires russes occupés où cela se passait d'une autre manière encore.

— *Monsieur Eichmann, vous vouliez parler de vos visites aux camps d'extermination ?*

— D'accord, d'accord ! Müller me dit un jour : « A Minsk, on fusille les Juifs. Je voudrais un rapport sur la manière dont ça se passe. » Là-dessus, je suis parti pour Minsk. Je n'avais absolument rien à voir avec ça ; je n'y connaissais d'ailleurs personne; une fois là-bas, je me rendis aux services compétents... Quelle était donc leur dénomination ?... Etait-ce « commandant en chef de la police de sécurité » ou bien « détachement d'intervention de la police de sécurité » ? Je demandai à voir le responsable. Je me rappelle encore qu'il était absent. Je rencontrai donc quelqu'un d'autre et lui dis que j'avais ordre de regarder comment les choses se déroulaient. Le lendemain — je passai la nuit dans cette ville — je me rendis sur place mais j'arrivai trop tard. Ce matin-là, en effet, tout était déjà terminé, presque terminé — ce qui me soulagea beaucoup. Mais je pus encore voir, à mon arrivée, de jeunes soldats, je crois qu'ils avaient une tête de mort sur leurs écussons, tirer dans une fosse dont les dimensions étaient peut-être, disons, quatre ou cinq fois celles de cette pièce. Peut-

1. Aujourd'hui Lvov, en URSS (N d T).

être même était-elle beaucoup plus grande encore, six à sept fois. J'ai... j'ai... toutes les précisions que je pourrais donner dans ce cas sont sujettes à caution parce que j'ai assisté à toute cette scène sans me poser de question, sans me poser la moindre question. Je me suis contenté de regarder et c'est tout. Ils tiraient dans le tas et je vois encore une femme, les bras en arrière ; puis je sentis mes genoux se dérober sous moi et je m'en allai.

— *La fosse était pleine de cadavres ?*

— Pleine, oui. Pleine à ras bord. Je suis revenu à ma voiture, je suis monté dans ma voiture et je suis reparti. Je suis allé à Lemberg. Je n'avais pas reçu l'ordre d'aller à Lemberg ; je m'en souviens maintenant seulement. Quoi qu'il en soit, j'arrive à Lemberg, je rends visite au responsable local de la police d'Etat et je lui dis : « C'est épouvantable, ce qui se passe ici, lui dis-je, on est en train de faire de nos jeunes de véritables sadiques. » C'est ce que j'ai d'ailleurs répété, dans ces termes exactement, à Müller. C'est aussi ce que j'ai dit à Günther. Je l'ai dit à tout un chacun. Je l'ai dit à tout le monde. Et j'ai dit à ce chef de la SS de Lemberg : « Comment peut-on donc tirer ainsi sur des femmes et des enfants ? comment est-ce donc possible ? ai-je demandé. On ne peut... Ou bien les hommes perdent la raison ou bien ils deviennent des sadiques, nos propres soldats. » Il me répondit : « Ici, c'est exactement la même chose, on tire aussi. Voulez-vous voir comment cela se passe ? » Moi : « Non, je ne veux rien voir du tout. » Lui : « De toute façon, nous allons passer tout à côté. » Il y avait là une fosse mais elle était déjà refermée ; j'ai vu un... du sang, une espèce de geyser — comment pourrais-je dire ? — comme un jet de sang qui montait de cette fosse. Je n'avais encore jamais vu quelque chose de semblable. J'en eus tout à coup assez de cette mission ; je rentrai à Berlin où je fis mon rapport au Gruppenführer Müller. A lui, je lui dis : « On ne peut appeler ça une solution de la question juive. De surcroît, nous transformons nos hommes en sadiques. Ce ne sera pas la peine de s'étonner, vraiment pas la peine, s'ils deviennent un jour des criminels, de vrais criminels. » Je me rappelle encore l'air dont m'a regardé Müller et qui signifiait : Eichmann, tu as raison, ce n'est pas une solution. Mais il n'y pouvait rien non plus. Müller n'y pouvait rien, vraiment rien, rien du tout, rien. Qui avait ordonné une telle chose ? L'ordre, l'ordre proprement dit, provenait de Heydrich, bien sûr, le chef de la police de sécurité et du SD. Mais ce dernier avait aussi, à coup sûr, reçu ses instructions du Reichsführer de la SS, d'Himmler par conséquent. Il ne lui est pas possible, il ne lui était pas possible de prendre sur lui une chose pareille. Et Himmler lui-même a dû recevoir des instructions expresses d'Hitler ; s'il s'était permis de faire faire une chose pareille sans ordre d'Hitler, il se serait retrouvé muté quelque part avec perte et fracas.

— *Himmler n'a-t-il donc pas donné d'ordre écrit à propos de cette solution finale de la question juive ?*

— Un ordre écr... pour l'extermination, pour l'extermination physique ?

— *Oui, pour l'extermination physique.*

— Je n'ai jamais vu le moindre ordre écrit à ce sujet, mon Capitaine. La seule chose que je sache, c'est qu'Heydrich m'a dit : « Le Führer a ordonné l'extermination physique des Juifs. » Il a été aussi clair et net que ça, je ne fais que répéter ce qu'il m'a dit. Et maintenant, on recueillait les premiers... les premiers résultats. Et ce n'étaient, ce n'étaient encore que de petites choses ce que je vous ai raconté là. J'ai aussi demandé au Gruppenführer : « Je vous en prie, ne m'envoyez pas là-bas. Envoyez donc quelqu'un d'autre, quelqu'un de plus solide. Jamais, on ne m'a laissé partir au front ; jamais, je n'ai été soldat. Il y a tout de même assez de gens capables d'assister à cela sans pour autant tomber à la renverse. Moi, c'est au-dessus de mes forces, ça m'empêche de dormir la nuit, j'en rêve. Je ne peux pas, Gruppenführer. » Mais je n'obtins pas satisfaction.

— *Est-ce qu'à l'automne 1941 on a déporté à Riga et à Minsk des Juifs originaires du Reich, d'Autriche et du Protectorat de Bohême-Moravie ?*

— Mon Capitaine, en 1941, c'est possible. Je n'en sais rien. Ce que je sais, c'est que des trains sont partis pour Minsk et Riga.

— *Savez-vous qu'à cette époque, à l'automne donc, des détachements d'intervention ont fusillé et liquidé, à Riga comme à Minsk, les Juifs qu'on y avait déportés ?*

— A l'époque, je n'en ai rien su mais ensuite, bien sûr, j'en ai eu connaissance.

— *Vous avez dit que vous aviez fait une inspection à Minsk.*

— J'ai déjà dit que la IVB4, ma section donc, n'avait rien eu à voir avec l'activité des détachements d'intervention à l'Est. Ni pour donner des instructions, ni pour diriger. On n'envoyait d'ailleurs pas de, comment pourrais-je dire, pas d'observateurs, pas de conseillers.

— *Receviez-vous de manière permanente des informations sur les groupes d'intervention, des espèces de rapports d'activité, par conséquent un bilan de la liquidation des Juifs en Russie ?*

— Bien sûr ! Des informations sur d'autres missions de ces groupes d'intervention mais aussi sur la liquidation des Juifs. Je n'ai jamais prétendu avoir ignoré qu'on liquidait là-bas. Seulement, la section IVB4 n'avait rien à voir avec ça. A ce propos, je voudrais ajouter quelque chose bien que cela se soit passé antérieurement : il s'agit d'une réunion consacrée au plan Barbarossa. Peu avant le déclenchement de la guerre avec la Russie, il fut décidé de tenir à Berlin une réunion à laquelle tous les chefs de service du RSHA étaient tenus de participer. C'est lors de cette réunion que j'ai entendu pour la première fois le nom de code de la guerre qui se préparait contre l'Union soviétique. On y donna lecture d'un rapport d'organisation, préparé de longue main, qui évoquait la mise sur pied de groupes et de détachements d'intervention. Les groupes d'intervention, sous la responsabilité du chef de la police de sécurité et du SD, devaient accompagner la progression des forces armées allemandes afin de constituer, immédiatement derrière elles, l'exécutif policier. Ohlendorf était l'un des chefs de ces groupes d'intervention ; c'est lui qui, au Procès des criminels de guerre de Nuremberg, a d'ailleurs déclaré que son groupe avait passé par les armes quatre-vingt-quatre mille ou bien, je ne me rappelle plus, quatre-vingt-quatorze mille Juifs.

— *A-t-on dit, lors de cette réunion, ce que seraient les tâches et les fonctions de ces groupes d'intervention ?*

— Non, ce n'a pas été dit. J'ai pensé qu'il s'agissait de tâches militaires, liées à la progression des troupes, que ce serait la Waffen-SS qu'on en chargerait et, à l'époque, cela m'a fort contrarié parce que j'ai cru qu'on m'avait oublié. J'avais eu un avancement relativement rapide et je m'étais dit : « Te voilà déjà Obersturmbannführer, il ne te reste plus qu'à partir pour le front et tu ne tarderas pas à être Standartenführer ! » En réalité, je suis resté Obersturmbannführer jusqu'au 8 mai 1945. Toute promotion m'était en effet interdite ; le poste de responsable de section correspond, dans la haute administration, à un poste de cadre moyen ou supérieur et j'avais déjà atteint, dans la SS, le grade correspondant à cette fonction.

— *Vous êtes aussi allé ensuite à Auschwitz ?*

— On me pressait sans cesse d'aller visiter Auschwitz aussi. Müller me dit un jour que des travaux d'agrandissement y étaient en cours, que je devais aller voir sur place et lui faire un rapport. La façon dont ces gens, là-bas, se sont conduits, mon Capitaine, ce n'était vraiment pas bien de leur part : présenter ainsi leur affaire sous le jour le plus affreux possible, la révéler de la manière la plus brutale qui soit et, qui plus est, à un homme qui, c'était mon cas, arrivait tout droit de son bureau. Ils étaient bien sûr tout heureux chaque fois qu'on ne restait pas aussi maître de ses nerfs — c'était leur expression — qu'eux-mêmes l'étaient. Höss me dit à ce sujet qu'Himmler était lui aussi venu, qu'il avait tout examiné et que, tout Reichsführer qu'il fût, il s'était trouvé mal également. Il me rapporta cela avec une pointe de mépris car il s'était considérablement endurci, Höss. Cette scène s'était déroulée le jour même où, au terme de sa visite — certainement dans le but de se redonner du courage et de dissimuler son instant de faiblesse à ses SS des camps de concentration —, Himmler avait déclaré à Höss qu'on livrait en cet endroit des batailles que les générations à venir n'auraient plus à livrer. Höss se fit amener une voiture tout terrain, une espèce de jeep, pour me faire visiter les installations. Nous nous rendîmes dans je ne sais plus quelle partie du camp ; je ne m'y retrouve pas bien à Auschwitz. Je n'avais, jusqu'à ce jour, pas dépassé le poste de commandement qui se trouvait juste à l'entrée principale du camp. Je n'en avais d'ailleurs jamais éprouvé l'envie. Je vis en chemin de grandes bâtisses ; on aurait presque dit des usines ; il y avait une cheminée gigantesque et Höss me dit : « Voilà ce qui s'appelle avoir de la capacité ! Dix mille ! » Il se déroulait justement sous nos yeux une de ces scènes au cours desquelles on triait les personnes aptes au travail et les personnes prétendument inaptes. Je n'ai pas assisté à toutes ces histoires de gazage ; c'était au-dessus de mes forces, j'aurais certainement tourné de l'œil. Je me disais déjà : eh bien, te voilà une nouvelle fois passé au travers ! lorsqu'il me mena à une fosse énorme, absolument énorme, je ne saurais pas préciser ses dimensions, peut-être faisait-elle cent mètres de long, peut-être même cent cinquante ou cent quatre-vingts mètres. Et il y avait là un gigantesque gril, un gril en fer, et, sur ce gril, des cadavres brûlaient. Alors la nausée me prit. J'eus envie de vomir.

— *Mais vous êtes encore allé à Treblinka par la suite ?*

— Je vais donc aborder cette dernière... le dernier point de toute cette abominable affaire. Il s'agit de Treblinka. J'ai reçu l'ordre de m'y rendre. Je me suis donc rendu à Treblinka, chez Globocnik. C'était par conséquent ma seconde visite. Je devais faire un rapport à Müller à mon retour, les installations étant maintenant en plein fonctionnement. J'avais encore en tête l'image que je m'étais faite lors de ma première visite : une maison en bois sur le côté droit de la route et, à gauche, plusieurs autres maisons, en bois elles aussi. Au lieu de cela, je suis arrivé, toujours flanqué du même Hauptsturmführer Höfle, devant une station de chemin de fer appelée Treblinka ; on aurait tout à fait dit une gare allemande — une gare de n'importe quel coin d'Allemagne — très bien imitée, avec tous ses panneaux, etc. J'ai tout regardé de très très loin. Jamais, je ne me suis approché pour regarder quelque chose de plus près. J'ai vu une colonne de Juifs complètement nus avancer sur des passages surélevés ménagés entre les fils de fer barbelés et entrer dans une maison, dans une grande... non, pas dans une maison, dans un bâtiment en forme de hall ; c'est là-dedans qu'on devait les gazer. On utilisait pour ça, d'après ce qu'on m'a dit, du... comment déjà appelle-t-on ce... du cyan... ?

— *Du cyanure de potassium !*

— Du cyanure de potassium... ou bien de l'acide ? Ça a le nom d'un acide, ne serait-ce pas l'acide de cyanure de potassium ? Je n'ai pas assisté à l'opération proprement dite. J'ai fait mon rapport à Müller et, comme toujours, il a écouté mon rapport sans un mot, sans un commentaire. Seule sa mimique trahissait sa pensée : « Je n'y peux rien ! » Je suis persuadé, j'en suis convaincu, mon Capitaine, ça doit faire drôle dans ma bouche, je le sais, mais je suis convaincu que si c'était Müller qui avait eu à prendre la décision, ça ne se serait pas passé comme ça. Pas avec Müller !

Commentaire : Le produit dont il est ici question est l'acide prussique, un liquide ayant l'odeur de l'essence d'amandes amères, un liquide incolore que les chimistes appellent acide cyanhydrique et qui entre en ébullition et se volatilise à température ambiante. Il suffit d'inspirer soixante milligrammes de produit pour succomber. On utilisait l'acide prussique sous la forme d'un produit industriel, le cyclon B, qui était un produit désinfectant, une espèce d'insecticide par conséquent. Les nationaux-socialistes avaient acquis une première expérience pour ce qui était d'exterminer massivement au moyen de gaz ; cela s'était passé lors de ce qu'ils avaient appelé « l'opération euthanasie », en d'autres termes lorsqu'ils avaient supprimé les malades mentaux dans les hôpitaux, sous le prétexte qu'ils étaient inutiles et ne représentaient qu'une charge pour la collectivité. C'était la Chancellerie du Führer qui avait dirigé l'opération ; on dut l'interrompre lorsque, malgré le secret qui la recouvrait, l'opinion publique en fut informée et lorsque, en dépit des justifications prétextant la nécessité d'apporter une mort charitable à ces malades incurables, des protestations s'élevèrent de partout. Dans les régions occupées de l'Europe de l'Est, l'équipe des tueurs trouva un nouveau champ d'action, beaucoup plus vaste cette fois ; l'un des plus sinistres personnages de ce groupe fut ce capitaine de la police, ce Christian Wirth qu'Eichmann rencontra lors de sa première visite à Treblinka. Il périt vers la fin de la guerre au cours d'un coup de main des partisans.

— *Que savez-vous du gaz cyclon B ?*

— Je ne sais rien d'autre que ce que j'en ai entendu dire, qu'il se présentait sous la forme de dessous... D'ailleurs, c'est la première fois que je lui entends donner ce nom de cyclon B. Ça se présentait sous la forme de dessous de bière, comme des ronds en carton. Mais, était-ce du gaz cyclon B ou de l'acide prussique, ça je n'en sais rien.

— *Je vous donne maintenant lecture d'un passage du Procès des grands criminels de guerre devant le Tribunal militaire international de Nuremberg, il s'agit de l'édition allemande. Ce passage concerne la déposition que Rudolf Höss, commandant du camp d'Auschwitz de 1940 à 1943, fit sous serment en qualité de témoin. Il déclara : « Eichmann vint à plusieurs reprises à Auschwitz et il connaissait très exactement nos procédés. »*

— Mon Capitaine, je n'en savais pas davantage que ce que j'ai dit. Je savais que l'on tuait à l'aide de ces petits ronds en carton. C'est Höss qui me l'avait dit et il m'en avait même montré un. Ensuite, j'ai vu ce grand bâtiment de l'extérieur. Je n'ai assisté au processus de l'extermination ni à Auschwitz, ni ailleurs, où que ce soit. C'est à Minsk seulement que j'ai vu tirer ; sinon, j'ai toujours refusé de regarder parce que la seule vue des cadavres, des cadavres qui brûlaient, était déjà trop pour moi. Je n'étais pas à la hauteur.

— *Durant sa détention en Pologne, Rudolf Höss a écrit une autobiographie ; j'ai là son livre* Le commandant d'Auschwitz parle. *Je vous en cite un extrait :*

« Eichmann m'expliqua la façon de tuer les gens pendant le transport en camion en employant des résidus de gaz de moteur, comme cela se faisait jusqu'alors en zone orientale. Mais il ne pouvait en être question pour les convois massifs attendus à Auschwitz. Il me dit aussi qu'on avait employé, en certains endroits du Reich, de l'oxyde de carbone en utilisant les douches dans des salles de bain, afin d'exterminer des aliénés ; mais cela exigeait trop d'aménagements ; d'ailleurs, il était douteux qu'on puisse se procurer ce gaz en quantité suffisante pour des masses aussi considérables. Nous ne pûmes parvenir à aucune décision à ce propos. Eichmann voulait se renseigner au sujet d'un gaz qu'on pourrait facilement se procurer et appliquer sans installation spéciale ; il me ferait savoir ce qu'il en était [1] ».

— Bien sûr ! Tout ceci, la plupart de ces affirmations ne sont que des inventions pures et simples. Je constate qu'il se soucie uniquement de laisser en dehors de toute cette affaire son propre Bureau central, le Bureau central d'administration économique de la SS qui avait comme chef l'Obergruppenführer Pohl ; il utilise justement des détails techniques avec lesquels l'appareil de la Gestapo n'avait absolument rien à voir, pour tenir hors du coup les sections techniques compétentes de l'administration économique de la SS et les ménager ; j'ignore les raisons qui le font agir ainsi mais, en fait, elles sont bien connues. Je n'ai jamais parlé de ça avec Höss, absolument pas — j'en mettrais ma main au feu, mon Capitaine. Bien au contraire, lorsque Müller m'a envoyé pour la première fois à Auschwitz, c'est Höss lui-même qui m'a montré ce rond en carton.

— *Voici maintenant un document produit par l'accusation au premier procès des criminels de guerre de Nuremberg. Il s'agit d'une déposition du Dr Kurt Gerstein, l'ancien responsable des services techniques de désinfection au sein du Bureau central d'administration de la SS, du groupe D « hygiène », à propos de l'utilisation, dans les camps d'extermination, du gaz toxique que lui a commandé votre adjoint, Günther, en juillet 1942. Désirez-vous prendre connaissance de ce document ?*

— Certainement ! (Eichmann se penche sur le document et le lit.) Il est d'abord question d'une livraison d'acide prussique faite le 8 juillet 1942 au Sturmbannführer Günther, plus précisément de cent kilos d'acide prussique. Il est ensuite question

1. Rudolf Höss : *Le commandant d'Auschwitz parle*, Maspéro, Paris, 1979, p. 263.

d'un rapport faisant état de sa participation à des tueries dans le Gouvernement général. Et, à la fin de sa déposition, Gerstein signale que Günther voulut encore obtenir de lui de l'acide prussique, début 1944 ; il lui aurait aussi demandé s'il disposait d'un poison permettant, avec l'aide du vent, de tuer les Juifs de Theresienstadt. Je dois dire que tout ceci ne m'est pas connu. De toutes les personnes citées ici, j'en connais une tout au plus et c'est le capitaine Wirth — je ne me rappelais plus comment il s'appelait, mais il se peut qu'il s'agisse de ce capitaine dont j'ai parlé précédemment. Je ne connais aucun des autres noms ; je n'ai jamais entendu parler de qui que ce soit, je n'ai jamais parlé à ces gens-là, je n'ai jamais rien eu à faire avec eux. Que Günther soit allé chercher de l'acide prussique en 1942, je l'ignorais aussi. Je dois même dire que je trouve très curieux, vraiment très curieux, que Günther se soit occupé de ça et que mon nom ne soit même pas... Ecoutez, mon Capitaine, ce n'est pas que j'attache de l'importance à cela, mais je trouve curieux, si j'étais vraiment mêlé à cette affaire, qu'il ne soit fait nulle part mention de mon nom. En tout cas, je ne suis au courant de rien. Jamais je ne me suis occupé d'une chose semblable et, lorsque je n'ai pas été mêlé à une affaire, je ne peux tout de même pas aujourd'hui m'y fourrer à toute force. Si je m'étais occupé de ça, mon Capitaine, on aurait cité mon nom comme c'est partout l'usage.

— *C'est vous qui avez chargé Günther de cette démarche. Il est exclu que Günther ait agi de sa propre autorité.*

— Non, non, non, ce n'est pas moi, je n'accepte pas, mon Capitaine, ce n'est pas moi ! Il est certain que Günther n'a pas monté de lui-même cette affaire mais qu'il en a reçu l'ordre. C'est absolument évident. Mais non seulement ce n'est pas moi qui l'en ai chargé, mais encore je ne sais rien du tout de cette affaire. Cent kilos d'acide prussique — je n'ai pas la moindre idée de toute cette histoire.

Je ne suis au courant de rien, je ne suis au courant de rien !

— *Vous vous souvenez certainement de la déposition de Höss sur la préparation du gazage et vous vous rappelez aussi lui avoir dit que vous alliez vous occuper du gaz. Si vous prenez maintenant ce que dit ici Gerstein, c'est-à-dire que, soudain, le 8 juin, Günther s'est présenté chez lui et a passé commande de gaz, tout cela ne concorde-t-il pas parfaitement ?*

— Mon Capitaine, ce n'est pas la première fois que des choses concordent merveilleusement bien... Si j'avais eu quoi que ce soit à voir avec cette affaire, Gerstein m'aurait obligatoirement cité par mon nom. Il faut donc que quelqu'un d'autre ait donné des ordres. Peut-être aussi en avait-il été directement chargé par Müller, car Müller me savait beaucoup plus sensible que Günther. Je ne veux pas dire par là qu'un, qu'un... que je faisais preuve d'une sensibilité de fillette mais j'étais beaucoup plus sensible que Günther, par exemple.

— *C'est bien pour cette raison qu'on ne peut croire que Müller ait omis de vous informer qu'il chargeait Günther d'une mission spéciale.*

— Je ne peux que refuser d'être identifié à cette affaire parce que je n'ai rien à y voir. Si j'avais eu quelque chose à y voir, buona, j'assumerais mes actes. Je me dirais alors : bon, Himmler lui-même était mêlé à ça, qu'y pouvais-je ? J'ai reçu l'ordre et c'est, c'est sans importance ; faites de moi ce que vous voulez. Car je ne pouvais pas faire autrement, j'avais des ordres. Mais je n'ai rien eu à voir avec cette histoire.

— *Vous souvenez-vous de la Conférence de Wannsee ? Il me vient à l'esprit que vous y avez participé.*

— C'est exact. C'est même moi qui ai dû rédiger les invitations adressées aux secrétaires d'Etat ; c'est-à-dire qu'Heydrich m'avait rapidement indiqué ce qu'il désirait.

— *Pourquoi y avez-vous été invité alors que vous ne jouiez qu'un rôle tout à fait subalterne ?*

— Mon Capitaine, il m'a fallu rédiger les invitations, il m'a fallu fournir à Heydrich les éléments indispensables à son discours, tous les chiffres relatifs à l'émigration, c'était en effet moi le responsable de ces questions au sein de l'administration de la Gestapo.

— *Müller était-il aussi présent ?*

— Oui, c'était une conférence « au sommet » — comme on disait à l'époque. Rien que des secrétaires d'Etat donc.

— *Pourquoi a-t-on donc fait venir le modeste Eichmann ? Heydrich n'avait tout de même pas l'intention de vous demander à tout moment, au cours de la conférence, si ce qu'il venait de dire était bien exact ?*

— Non, il me l'avait demandé avant ; par exemple pour les questions d'émigration. Car la Conférence de Wannsee ne fut vraiment que le tout début des histoires d'exécutions proprement dites.

— *Oui, officiellement. Mais on a tué bien avant cette date.*

C'est vous qui affirmez qu'en 1941, en novembre environ, ces appareils de gazage avaient déjà fonctionné à Auschwitz.

— C'est ça, c'est exact ! Là, il s'agissait d'une conférence au cours de laquelle Heydrich fit savoir qu'on venait de lui conférer les pleins pouvoirs. Mais, j'y songe : si on tuait déjà — et, effectivement, on tuait déjà — la conférence a vraisemblablement servi à coordonner de manière plus rigoureuse tout ce qui se faisait déjà. C'est Göring qui a appelé Heydrich à cette fonction. Jusqu'alors, en effet, les difficultés avaient été trop grandes. Il y avait beaucoup trop d'instances centrales qui intervenaient à la fois.

Commentaire : Le 20 janvier 1942, à l'invitation du chef de la police et du SD, l'Obergruppenführer Heydrich, les chefs de service et les dirigeants de toutes les institutions en charge de la question juive dans l'Etat nazi se réunirent à Berlin, dans une villa, au 56 « am grossen Wannsee » ; seul manquait le Bureau central d'administration économique de la SS, c'est-à-dire l'institution dont dépendaient les camps de travail et d'extermination. Cette dernière avait déjà directement reçu ses ordres et ses instructions du Reichsführer de la SS. A l'origine, la conférence devait se tenir dès décembre mais la déclaration de guerre aux USA était intervenue entre-temps. Cette conférence, considérée comme un secret d'Etat, permit à Heydrich d'informer les participants que l'objectif poursuivi n'était plus l'émigration mais l'extermination des Juifs. Le procès-verbal qu'Eichmann rédigea au terme de la réunion commence d'ailleurs par cette phrase : « Heydrich, dès le début, fit part de sa nomination au poste de responsable chargé de mettre en route la solution finale. »

— *Le fait qu'on vous ait convoqué à cette conférence est à mes yeux l'indice que la solution finale par extermination vous conférait un rôle plus en vue que vous ne voulez l'admettre.*

— Non, non, mon Capitaine. Je l'admettrais, je l'admettrais, tout simplement, si c'était le cas, mais je n'ai jamais été que le responsable d'une simple section du 4ᵉ Bureau, la IVB4, et le chef d'une section du Bureau de la Gestapo ne pouvait en aucune facon sortir du cadre dans lequel on l'avait placé. Si j'avais une seule fois ouvert la bouche dans cette réunion, ne serait-ce qu'une seule fois, je vous dirais alors, mon Capitaine : d'accord ! Mais j'étais tenu au silence. On m'a même... je ne sais pas si vous pouvez comprendre ce que j'ai ressenti, mon Capitaine — j'étais assis dans un coin de la pièce en compagnie de la sténodactylo et personne ne s'est occupé de nous, personne. Nous étions beaucoup trop insignifiants pour ça. Personne ne nous a prêté attention, pas même Heydrich.

— *Moi, j'en retire l'impression qu'on vous destinait, à l'avenir, un rôle plus en vue.*

— Alors, c'est moi qui me serais moi-même attribué ce rôle puisque c'est moi qui m'étais porté sur la liste des gens à convoquer. Non, non, c'est vraiment une... J'aurais le courage de le dire tout simplement, car... qu'est-ce que je risquerais à le faire ?

— *Je vous lis un passage de votre procès-verbal consacré au discours d'Heydrich :*

> « Le Führer ayant préalablement donné son accord, l'évacuation des Juifs en direction de l'Est a désormais remplacé l'émigration comme solution envisageable de ce problème. Il faut, toutefois, ne considérer ces opérations que comme de simples pis-aller ; on a pourtant déjà pu, dans ce cadre limité, accumuler une riche expérience pratique qui se révélera d'une importance décisive lorsque sonnera l'heure de la solution définitive. »

Que signifie exactement tout cela ?

— Comme l'émigration était interdite, on refoulait les Juifs vers l'Est. Cette chose, là, dont vous me parlez, c'était la nouvelle — euh — conception ; c'était justement à cause d'elle qu'on avait décidé cette réunion des secrétaires d'Etat... Cette nouvelle conception, Himmler en avait discuté avec Göring, certainement en présence d'Heydrich.

— *Que signifie cette riche expérience pratique ?*

— La Conférence de Wannsee — nous l'appelions, nous, la réunion des secrétaires d'Etat — s'est tenue le 20 janvier 1942. Deux mois plus tard, on m'a envoyé chez Globocnik. Il est fort possible qu'au moment de la conférence ces gens-là aient déjà commencé à tuer là-bas.

— *Ah ! Vous voulez donc dire que cette « expérience pratique » concerne les exécutions de Juifs déjà en cours ?*

A l'époque, d'ailleurs, il y avait bien déjà des détachements d'intervention.

— Ils existaient déjà depuis...

Bien sûr qu'il y avait déjà des exécutions.

— *Ici encore, dans votre procès-verbal, à la page 7, Heydrich poursuit :*

« Dans le cadre de la solution finale, les Juifs devront désormais être mis au travail, à l'Est, sous les formes appropriées et avec la surveillance qui convient. Ces Juifs aptes au travail se rendront à pied dans ces régions, en longues colonnes de travail, hommes et femmes séparés ; en chemin, on leur fera construire des routes ; il ne fait pas de route qu'il interviendra une forte diminution naturelle dans leurs rangs. »

Que faut-il entendre par « diminution naturelle » ?

— Il s'agit d'une mort absolument normale. Par exemple un arrêt du cœur ou une pneumonie. Si je mourais à l'instant même, il se produirait une diminution naturelle.

— *Lorsqu'un homme est obligé d'accomplir un dur travail physique et qu'on ne lui donne pas suffisamment à manger — il s'affaiblit, il devient si faible qu'il meurt d'un arrêt du cœur...*

— Il aurait certainement figuré sous la rubrique « diminution naturelle ».

— *Heydrich poursuit encore :*

« Il faudra soumettre à un traitement approprié ce qui subsistera en fin d'opération car il s'agira là, sans doute possible, de la partie la plus résistante ; elle représentera donc une sélection naturelle et, au cas où on la laisserait en liberté, c'est elle qui, justement, serait la cellule germinale d'un renouveau juif. »

Que signifie ce traitement approprié ?

— C'est... c'est une... cette chose-là, elle vient d'Himmler. Sélection naturelle — c'est... c'était sa marotte.

— *Oui, mais ça signifie quoi, ici ?*

— Les tuer, les tuer ! A coup sûr !

— *On peut lire ensuite dans ce procès-verbal :*

« Le Dr Bühler, secrétaire d'Etat dans le cabinet du Gouverneur général, déclara que le Gouvernement général serait très favorable à une mise en œuvre de la solution finale qui commencerait par les territoires sous son contrôle ; le problème des transports n'y jouerait en effet qu'un rôle secondaire et aucune considération de main-d'œuvre ne viendrait entraver le bon déroulement de l'opération. Il était de la plus extrême urgence de débarrasser la région de ses Juifs parce qu'ils véhiculaient des épidémies et qu'ils constituaient donc, ici justement, un terrible danger de ce point de vue ; ils ne cessaient par ailleurs, par leurs activités commerciales clandestines et permanentes, de perturber les structures économiques du pays. Il convenait d'ajouter que, sur les deux millions et demi de Juifs en question, une majorité n'était pas en état de travailler. »

Que sous-entend-on par là ?

— Il sous-entend qu'il faut les supprimer.

— *Voici maintenant un document produit par l'accusation au 9ᵉ procès des criminels de guerre de Nuremberg. Il s'agit d'une lettre expresse, datée de Berlin le 21 septembre 1939, signée Heydrich, et adressée aux chefs de tous les groupes d'intervention. Elle a trait à la question juive dans la Pologne récemment conquise. Avez-vous quelque chose à dire à ce propos ?*

— Oui. En ce temps-là, mon travail n'avait encore rien à voir avec ces questions. Ce décret, dont je n'ai pas eu connaissance à l'époque ou que j'ai oublié depuis, tant d'années s'étant écoulées entre-temps, ce décret vient combler pour moi une lacune dans toute cette affaire de la constitution des ghettos. Il s'agit du décret fondamental qui est à la base de toute formation de ghetto dans le Gouvernement général. Ce décret précise d'emblée : « Il convient d'opérer une distinction entre 1) l'objectif final qui nécessite des délais assez longs et 2) les étapes dans la réalisation de cet objectif final, étapes qu'il faut mener à bien dans des délais rapprochés. »

Aujourd'hui, ayant lu cela, je me dis : l'ordre d'anéantir physiquement le judaïsme n'a donc pas été donné par Hitler vers le début de la guerre avec la Russie comme je le pensais jusqu'ici, mais ce... cette, disons la conception de base s'est bien plutôt imposée en haut lieu et tout au sommet de la hiérarchie dès la date de rédaction de ce décret. Je ne peux m'expliquer autrement les choses, ce point en particulier, là où il est dit que : ...l'objectif final nécessite des délais assez longs... Lorsque je suis arrivé à la Gestapo, tout était donc déjà... en route. Je me souviens même maintenant qu'Heydrich, au lendemain de la Conférence de Wannsee, accorda, à titre rétroactif, l'autorisation de tuer des Juifs à ce même Brigadeführer Globocnik qui, à Lublin, avait monté les installations de mort dont j'ai déjà parlé.

— *Qui transmit à Globocnik cet ordre rétroactif ?*

— C'est à moi qu'Heydrich, à l'époque, demanda de rédiger la lettre suivante à l'intention de Globocnik : Je vous autorise à appliquer la solution finale à cent cinquante mille Juifs supplémentaires. Ces Juifs étaient déjà morts. Je crois même qu'il devait bel et bien s'agir de deux cent cinquante mille Juifs. Il se fit alors adresser, je parle de Globocnik, une deuxième autorisation.

— *Où conserviez-vous la lettre adressée en avril 1940 par*

Himmler au chef de la police de sécurité et du SD, lettre dans laquelle il donne l'ordre de mettre en œuvre la solution finale de la question juive ?

— Un ordre d'Himmler au chef de la police de sécurité ? Et qui parlerait de supprimer les Juifs ?

— *L'ordre de mettre en œuvre la solution finale de la question juive, l'ordre indiquant que le Führer a décidé...*

— Mon Capitaine, je n'arrive pas à imaginer qu'Himmler ait pu mettre une chose pareille par écrit. Je ne peux pas le croire.

— *Pourtant, depuis la Conférence de Wannsee, nous savons qu'Heydrich, lui, l'a mise par écrit, à savoir dans le procès-verbal de la conférence.*

— Mon Capitaine, Heydrich n'a pas parlé de tuer les Juifs à la Conférence de Wannsee, mais de les affecter à des travaux à l'Est. C'est de cette manière qu'il a camouflé la réalité.

— *Lisez l'ensemble du procès-verbal de la Conférence de Wannsee et vous comprendrez aisément de quoi il parle. Il use certes d'expressions très délicates...*

— Ecoutez, s'il s'agit d'une lettre de ce genre, une lettre d'où l'on a enlevé les mots crus, les mots brutaux, alors là, mon Capitaine, d'accord, c'est bien possible, mais je n'arrive pourtant pas à me souvenir de cette lettre d'Himmler. Si, réellement, elle existe, elle doit alors très certainement se trouver dans les archives « secrets d'Etat ».

— *Je vais maintenant vous lire des extraits de la déposition que celui qui fut un temps votre subordonné, Dieter Wisliceny, fit sous serment, le 3 janvier 1946, devant le Tribunal militaire international de Nuremberg, en tant que témoin lors du Procès des grands criminels de guerre. Lorsqu'on lui demanda quelles étaient ses fonctions propres, Wisliceny répondit* :

> « C'est Eichmann qui était responsable de ce qu'on appelait la solution finale de la question juive en Allemagne et dans toutes les régions occupées par l'Allemagne. »

On lui demanda ensuite quelles avaient été les différentes étapes dans l'activité dirigée contre les Juifs ; il répondit alors :

> « Jusqu'en 1940, la section eut pour directive générale de régler la question juive par une politique d'émigration systématique. C'est ensuite que débuta la deuxième phase avec le regroupement de

tous les Juifs en Pologne et dans les autres territoires occupés par l'Allemagne — regroupement opéré sous la forme de ghettos. Cette période dura jusqu'au début de 1942 environ. La troisième phase fut celle de la solution finale proprement dite, c'est-à-dire l'élimination et l'extermination systématiques du peuple juif. Cette phase dura jusqu'en octobre 1944, lorsque Himmler donna l'ordre d'arrêter l'extermination. »

— Wisliceny dit dans ce document que la section était également chargée de constituer les ghettos. C'est inexact. Il dit que l'extermination débuta en 1942 — ça aussi, c'est inexact. La réalité, c'est qu'elle commença dès l'automne 1941.

— *Je cite toujours Wisliceny :*

« Je suis resté jusqu'au printemps 1943 à Bratislava, à la légation d'Allemagne. Au printemps 1942, dix-sept mille Juifs environ furent déportés de Slovaquie en Pologne pour y servir de main-d'œuvre. Eichmann donna à cette époque l'assurance au gouvernement slovaque que ces Juifs seraient l'objet, dans les ghettos polonais, d'un traitement humain et correct. A la suite de ces assurances, on déporta alors trente-cinq mille Juifs environ de Slovaquie en Pologne. Le Premier ministre Tuka me convoqua à plusieurs reprises, exprimant le désir qu'une délégation slovaque soit autorisée à se rendre dans les régions où les Juifs slovaques étaient censés se trouver. Eichmann me déclara qu'il ne permettrait sous aucun prétexte une telle visite. A ma question " Pourquoi ? ", il répondit, après quelques faux-fuyants, que ces Juifs, pour la plupart, n'étaient plus en vie. Je lui demandai alors qui avait donné un tel ordre. Il me dit qu'il s'agissait d'un ordre d'Himmler. »
Voilà pour Wisliceny. Votre commentaire maintenant.

— C'est très clair, mon Capitaine ; Wisliceny a bien évidemment essayé — et c'est son droit le plus absolu — de mettre la plus grande distance possible entre cette affaire et lui. Il me faut de nouveau répéter ceci : je n'avais aucune autorité pour ce qui se passait dans le Gouvernement général, quoi que ce fût.

— *Avez-vous discuté de ce problème avec Wisliceny dans les termes qu'il rapporte ?*

— Certainement que nous avons parlé de ce problème. Je voudrais... bien que je ne puisse plus me souvenir... on peut... ça... voilà trop longtemps... mais je veux néanmoins affirmer que nous avons parlé de ce problème.

— *Ecoutez maintenant la suite de la déposition du témoin Wisliceny :*

« Eichmann me dit alors qu'il pouvait aussi me montrer l'ordre écrit d'Himmler si cela devait apaiser ma conscience. Il sortit de son armoire blindée un mince dossier et me montra une lettre d'Himmler au chef de la police de sécurité et du SD. Il était écrit dans ce document, pour m'en tenir au contenu, que le Führer avait ordonné de résoudre définitivement la question juive et que le chef de la police de sécurité et du SD ainsi que l'inspecteur des camps de concentration étaient chargés de mettre en œuvre cette solution finale. Il fallait, avant de rendre effective cette solution finale, affecter à des travaux dans les camps de concentration tous les Juifs en état de travailler, hommes et femmes. »

Avez-vous un commentaire à faire ?

— Oui, mon Capitaine. Lorsque j'entends ça, maintenant, je me dis que — bien entendu, pas dans la, dans la, dans la formulation brutale que je croyais tout à l'heure, c'est-à-dire avec les mots « extermination » etc., mais ces périphrases, les corvées etc., ça c'est bien possible, je ne le conteste pas, même si je n'arrive toujours pas à revoir ce papier.

— *On a demandé à Wisliceny de quand datait cet ordre. Il répondit :*

« Cet ordre datait d'avril 1942 et il était signé d'Himmler en personne. Eichmann ajouta qu'au sein du RSHA c'était lui-même qui était personnellement chargé d'exécuter cet ordre. J'ai dit à Eichmann : Dieu veuille que nos ennemis n'aient jamais l'occasion d'infliger pareil traitement au peuple allemand. A quoi Eichmann répliqua que je ne devrais pas commencer à faire du sentiment, que c'était un ordre du Führer et qu'il fallait obéir. »

Avez-vous un commentaire à faire ?

— Certainement, mon Capitaine. A en croire ce récit, j'aurais donc eu des pouvoirs spéciaux qui m'auraient... euh, euh... habilité à diriger de moi-même, d'en haut, toute cette affaire, la déportation comme l'élimination des Juifs. C'est faux, c'est faux, c'est absolument faux. Wisliceny a quelque peu tiré toute cette histoire par les cheveux. Jamais je n'ai eu de mission spéciale et je n'ai rien eu à voir — je ne me lasserai pas de le répéter — avec les tueries. Avec l'évacuation, oui — là, je ne peux pas me défiler, ça, il me faut bien le reconnaître, ça oui ! Mais mes compétences s'arrêtaient lorsque j'avais acheminé les convois à leur terminus conformément aux horaires et à l'itinéraire décidés en réunion.

— *Vous étiez donc responsable de l'acheminement des convois mais l'extermination n'aurait pas été possible si les convois n'étaient pas arrivés à destination. En ce qui concerne l'extermination des Juifs, vous dites...*

— ...ce n'est pas moi... ce n'est absolument... ce n'est pas possible, ce n'était pas du ressort de la police de sécurité, ce n'était pas du ressort du Bureau central pour la sécurité du Reich (RSHA).

— *Mais il est pourtant bien étrange qu'aussi bien Höss, le commandant du camp d'Auschwitz, que Wisliceny, votre collaborateur, conseiller pour les questions juives auprès du gouvernement de Bratislava, fassent des déclarations quasi identiques. Je ne crois pas qu'ils aient eu l'occasion de se concerter.*

— Non, je ne le crois pas non plus. Mais il est étrange aussi que même le responsable du Bureau central d'administration économique de la SS Pohl — et il avait tout de même le rang de général — ait essayé de se tirer d'affaire d'une manière qui n'a vraiment rien de courageux. Je n'arrive pas à comprendre comment un gradé de ce rang n'hésite pas, lorsque les choses tournent mal, à rejeter ses responsabilités sur de moins gradés que lui. Le général Pohl, à ce que j'ai lu dans les journaux, a cherché à tirer son épingle du jeu en chargeant le RSHA. Lorsqu'ils sont couverts d'honneurs et de titres, les généraux paradent mais, lorsqu'ils se retrouvent devant un tribunal, ils essaient de tout, tout, tout rejeter sur autrui et là, alors, le courage leur fait défaut. Je n'ai nullement l'intention de mettre l'évacuation sur le dos de qui que ce soit. C'est moi qui en étais responsable. Je suis prêt à recevoir le châtiment que j'ai encouru, le courage ne me manque pas. C'est bien sûr un... un courage amer qu'il me faut avoir, je le sais bien, mais si, jadis, j'ai eu du cran et si j'ai dit « d'accord » en toute circonstance, il me faut, aujourd'hui encore, faire preuve de cran et dire : Voilà ! Je suis prêt ! Voilà ma tête... elle est sur le... qu'il advienne ce qui doit être !

TROISIEME PARTIE

Hofstätter : Nous sommes aujourd'hui le 6 juin 1960. Il est 14 h 10. Vous savez qui je suis ?

Eichmann : Certainement, mon Colonel.

— *Il ressort jusqu'ici de vos déclarations que vous avez commis des crimes contre le peuple juif et contre l'humanité à l'époque du pouvoir national-socialiste. Je voudrais une nouvelle fois attirer votre attention sur le fait que vous êtes libre de déposer ou de ne pas déposer. Vous avez bien conscience que toutes vos déclarations peuvent servir de preuves ? Que décidez-vous ?*

— Je veux poursuivre ma déposition.

Less : Alors, poursuivons. Vous deviez parler d'Himmler.

— Chaque fois qu'Hitler prononçait un nouveau discours particulièrement violent à l'égard des Juifs, nous savions alors pour la plupart ce qui nous attendait et nous nous disions : Himmler va encore nous inventer quelque chose ! Qu'est-ce qui va encore nous tomber dessus ? Ce qui ne veut d'ailleurs pas obligatoirement dire qu'il prenait aussitôt, de lui-même, des initiatives. Je crois plutôt que, dans ce cas, c'était la Chancellerie du Führer — c'était sa dénomination à partir du moment où elle fut dirigée par le Reichsführer Martin Bormann — c'était donc la Chancellerie qui attirait l'attention d'Himmler sur les insuffisances en ce domaine. Et c'est alors que tombaient sur nous les récriminations, on trouvait que les choses n'avançaient pas assez rapidement. Je me souviens qu'un jour Himmler demanda avec irritation à Kaltenbrunner pourquoi les choses restaient en plan en France ...ou en Hollande, je ne me rappelle plus exactement, il lui dit qu'on lambinait et que, manifestement, on oubliait qu'on était en guerre.

— *A quoi faisait-il allusion ?*

— Aux évacuations, aux évacuations. Je ne sais pas si le mot lui-même a été prononcé mais c'est bien de ça qu'il s'agissait. En pareil cas, je ne pouvais que dire au Gruppenführer Müller : « Pourriez-vous envoyer un télex au responsable des questions juives du pays concerné et le convoquer à Berlin afin qu'il rende compte de son activité. » Lorsque ce rapport était rédigé, je le transmettais au « chef du 4ᵉ Bureau, Gruppenführer Müller, avec prière d'en prendre connaissance et de décider s'il convenait de le soumettre à C », C étant en l'occurrence le chef de la police de sécurité et du SD. Je n'avais en la matière aucun pouvoir de décision ; c'était à Müller qu'il revenait de décider s'il fallait transmettre l'information en plus haut lieu. Elle revenait souvent avec la mention : « C en a pris connaissance, rapport communiqué au Reichsführer de la SS. » Je suppose par exemple qu'Himmler ordonnait de déporter des Juifs de France vers le ghetto de Litzmannstadt ou de Varsovie. Il transmettait son ordre en premier lieu au commandant en chef de la police et de la SS à Paris puis, en second lieu, au chef de la police de sécurité à Paris. Dans le cas où Himmler avait déjà tout réglé au préalable avec le ministre des Affaires étrangères au cours d'une réunion quelconque, on disposait déjà de l'accord des Affaires étrangères. Mais s'il avait agi sur un coup de tête, ce qui lui arrivait, le chef de la police de sécurité devait alors solliciter l'accord des Affaires étrangères. C'est alors que le casse-tête de la machinerie administrative se mettait en marche. Il fallait plusieurs semaines avant de réussir à lever toutes les réserves. Il restait encore à régler le tout avec le gouvernement français de Vichy. Je juge utile de raconter tout ça pour bien montrer qu'il n'était pas si simple de procéder aux évacuations. Il ne suffisait pas de mobiliser une forte unité militaire allemande car, à elle seule, elle ne pouvait pas, comme ça, rassembler les gens, les faire monter dans des wagons et les expédier, en avant, marche ! Toute cette affaire d'évacuation des divers pays d'Europe était une longue suite d'âpres et interminables négociations. Nous devions commander les trains nécessaires auprès du ministère des Transports, puis auprès du Conseiller de la Reichsbahn Stange ; il fallait ensuite prendre contact avec le Bureau central d'administration économique de la SS. Ce sont eux qui décidaient des gares de destination car nous, nous ignorions les destinations. Il n'était pas de notre ressort de décider où les convois devaient arriver.

— *Vous avez, bien entendu, informé les responsables aux*

questions juives à l'étranger — dans les territoires occupés — du but de ces évacuations ?

— Oui, je le leur ai dit, je le leur ai dit lorsqu'ils m'ont demandé à quoi rimait tout ceci. En ce temps-là non plus, je n'avais pas l'habitude de mentir. Je vais anticiper quelque peu : à l'occasion d'une des nombreuses visites qu'il me rendit durant mon séjour à Budapest, le Dr Kastner, le porte-parole des Juifs hongrois, me dit un jour : « Obersturmbannführer, stoppez la machine de mort d'Auschwitz ! » Je lui ai alors fait cette réponse : « Monsieur le Docteur Kastner, il n'est pas en mon pouvoir de la stopper car ce n'est pas moi qui l'ai mise en route. Seul le Reichsführer a ce pouvoir. » Il reprit alors : « Stoppez la machine de mort ! » Moi : « Monsieur Kastner, ça m'est impossible, impossible, impossible, je le sais. Je connais ces gens-là, je ne peux vraiment pas, je, je, ce n'est pas de mon ressort, ce n'est pas dans mes attributions. Ce serait comme si, vous, vous essayiez de l'arrêter. Arrêtez-la donc ! Moi, je n'y peux rien, je suis trop peu de chose pour cela, ça m'est, ça m'est impossible. Cela ne dépend pas du tout de moi. La machine à exterminer, lui ai-je dit, dépend du Bureau central d'administration économique de la SS, du Gruppenführer Pohl. » Voilà ce que j'ai dit au Dr Kastner à Budapest.

— *Je vois.*

— Je le lui ai dit. Il l'a certainement rapporté à d'autres personnes : certainement ! Car jamais, jusqu'alors, quelqu'un n'avait dû lui dire de qui dépendait la machine à administrer..., à exterminer et je pense qu'il a très certainement rapporté mes propos. Moi, à sa place, j'aurais sans tarder transmis l'information parce qu'il s'agissait véritablement d'une révélation. Parce que, maintenant, ils savaient de qui les choses dépendaient. Et c'était ainsi : cela dépendait des camps de concentration. Le Reichsführer, je veux dire Himmler — voilà qu'une fois encore m'échappe ce vieux terme de Reichsführer bien qu'il me répugne depuis belle lurette et cela faisait pourtant de longues années que je n'avais pour ainsi dire plus employé ce mot —, Himmler, donc, avait donné l'ordre de tuer au chef du Bureau central d'administration économique qui avait compétence pour les camps de concentration ; cet homme, c'était Pohl. Les camps étaient de son ressort. Ils n'étaient pas du ressort d'Heydrich. Heydrich, lui non plus, n'aurait pas pu stopper la machine. Même Heydrich n'aurait pas pu la stopper, mon Capitaine, même pas lui. A plus forte raison Müller. L'ordre s'adressait à Pohl et c'est ce que j'ai révélé au Dr Kastner. Je suis persuadé que c'était en 1944, aux environs de l'été, et je suis aussi persuadé que le Dr Kastner en a fait part à ses supérieurs. Et je n'ai vraiment eu aucun scrupule à le lui dire, car à quoi bon dissimuler ? Les gens étaient de toute façon au courant. Ils ne connaissaient bien sûr pas les noms, c'est évident, mais il m'avait tellement supplié que je n'ai pu m'empêcher de le lui dire ; et je le lui ai dit. Ma responsabilité est grande, je le sais, mon Capitaine. Mais je n'ai rien eu à voir avec l'extermination des Juifs. Je n'ai jamais tué un seul Juif, je n'ai pas non plus tué de non-Juif — je n'ai jamais tué personne. Jamais, non plus, je n'ai donné l'ordre de tuer un Juif, ni l'ordre de tuer un non-Juif ; ça, jamais je ne l'ai fait.

— *L'édition anglaise du livre de Rudolf Höss,* Le commandant Auschwitz parle, *comporte quelques lignes qui vous sont consacrées et qui sont absentes de l'édition allemande. Je les ai traduites à votre intention et je vais vous les lire :*

> « J'ai fait la connaissance d'Eichmann le jour où il vint me voir à Auschwitz pour discuter avec moi des détails du processus d'extermination ; je venais de recevoir du Reichsführer de la SS l'ordre d'exterminer les Juifs. Eichmann était un homme d'une trentaine d'années, alerte et actif, toujours débordant d'énergie. Il n'arrêtait pas de concocter de nouveaux projets, il était toujours en quête d'innovations et d'améliorations. Il ne connaissait pas de repos. Il était obsédé par la question juive et par l'ordre qu'on lui avait donné d'y apporter une solution définitive. Sans cesse, il lui fallait rendre compte au Reichsführer de la SS, par écrit ou de vive voix, de l'état des préparatifs et du déroulement des diverses opérations en cours. Eichmann avait la profonde conviction que, s'il parvenait à exterminer totalement les Juifs d'Europe de l'Est, il aurait porté à la juiverie dans son ensemble un coup dont jamais plus elle ne se relèverait. »

Avez-vous quelque chose à déclarer à ce sujet ?

— A dire vrai, je récuse l'ensemble de ces affirmations comme étant inexactes, comme étant totalement inexactes. Je porte une grande responsabilité, mon Capitaine, je le sais. Mais je n'ai rien eu à voir avec l'élimination des Juifs. Je n'ai jamais tué un seul Juif. Jamais, non plus, je n'ai donné l'ordre de tuer un Juif. Et je sais que personne ne peut produire un document qui prouve..., que j'ai fait une chose semblable. Je ne l'ai pas fait. Peut-être cela me donne-t-il d'ailleurs une certaine paix intérieure. Je suis coupable parce que j'ai participé aux opérations d'évacuation. Je suis prêt à subir ma peine pour cela. Si j'osais, je dirais que j'avais, pour ma conscience, une pilule tranquillisante ; je me disais : « Bien sûr, mais il y a tout de même une forte proportion des gens qu'on évacue, qu'on affecte ensuite à des travaux, et puis on a aussi fixé une limite d'âge. » Si, par la suite, ce fut la pagaille, si on fourra tout simplement tous les Juifs dans le même sac, ce ne fut pas de ma faute. Je n'étais pas chargé de mettre en œuvre, dans tous ses détails, l'évacuation concrète, j'étais chargé d'appliquer des ordres venus d'en haut et qui me faisaient obligation de déporter. J'ai dû aussi faire exécuter des directives du Reichsführer. Il avait par exemple décrété : « Aucun d'eux ne devra emporter plus que ne purent, jadis, le faire les Allemands chassés par les Français. » Il voulait parler des Allemands chassés d'Alsace-Lorraine au lendemain de la Première Guerre mondiale ou, plus près de nous, des Allemands chassés de la Rhénanie et de la Ruhr. Il me fallut au préalable me renseigner ; on avait, à l'époque, autorisé cinquante kilos de bagages personnels.

Commentaire : Himmler se prévaut de mesures prises par les Alliés, essentiellement les Français, lors de l'occupation de la Rhénanie et de la Ruhr dans les années qui suivirent la Première Guerre mondiale, mais il oublie sciemment que les situations initiales n'ont rien de comparable. Les Allemands expulsés opposaient, même si c'était sur l'ordre de leur gouvernement, une résistance passive aux règlements édictés par la puissance occupante ; on ne les déportait pas dans un pays étranger ; ils n'étaient ni détenus ni même soumis à un travail obligatoire et ils avaient l'assurance de trouver aide et assistance dans l'Allemagne non occupée.

— *On peut lire quelque part dans le procès-verbal d'une réunion qui se tint au RSHA : « les convois ne contiennent que sept cents personnes et il faudra pourtant y faire tenir mille Juifs ». N'est-il pas absolument évident que c'est vous qui avez personnellement ordonné d'entasser mille Juifs au lieu de sept cents dans chaque convoi à destination des camps d'extermination, de les envoyer à la mort dans ces conditions épouvantables ?*

— Mon Capitaine, il est évident que j'en porte la responsabilité mais ce n'est pas moi qui ai dit ce que vous rapportez, c'est mon officier des transports, l'Hauptsturmführer Nowak.

— *Vous essayez constamment de me convaincre que, sur le territoire du Reich, c'étaient les Gauleiter qui insistaient pour qu'on déporte rapidement les Juifs de leurs provinces. Laissez-moi vous citer ce passage extrait du procès-verbal d'une réunion :*

« Il faudra, à l'avenir, informer les Gauleiter et les Kreisleiter des évacuations qui les concernent car plusieurs Gauleiter se sont plaints de n'avoir pas été avertis de mesures aussi radicales. »

— Il est bien compréhensible que, compte tenu du très grand nombre d'opérations, les autorités chargées de l'évacuation sur le plan local n'aient pas toujours respecté les directives. Mais jamais ma section n'a dit de sa propre initiative : « Halte-là ! Il y a ici, disons en Rhénanie-Westphalie, encore... deux mille à cinq mille Juifs, nous voulons les embarquer, et sur-le-champ encore ! » Ce n'était pas là le travail de la section IVB4. Elle ne s'est d'ailleurs jamais livrée à une chose semblable, car, de toute façon, il lui arrivait déjà bien trop de demandes par l'intermédiaire du Reichsführer et du chef de la police de sécurité ; on était déjà tout heureux, à la section, de pouvoir obtenir des moyens de transport suffisants pour répondre à ces demandes et de réussir, en collaboration avec le ministère des Transports, à établir les itinéraires et les horaires permettant d'acheminer tous ces convois. Vraiment, nous n'avions pas besoin, à la section, de rechercher du travail supplémentaire. De la besogne, nous en avions déjà jusque par-dessus la tête.

— *Vous n'arrêtez pas de dire que vous n'aviez pas compétence pour ceci, pour cela, pour je ne sais quoi encore. Il y a des centaines et des milliers de détails auxquels vous vous intéressiez mais qui, à vous entendre, n'étaient pas de votre compétence. S'ils n'étaient effectivement pas de votre compétence, pourquoi ressort-il de chacun de ces documents que vous n'avez jamais cessé d'être mêlé à tout ceci ?*

— Oui mais, mon Capitaine, toutes ces choses-là ont justement une relation de cause à effet avec l'évacuation.

— *Absolument. Exactement le même rapport de cause à effet que... sans évacuation, pas de gazage possible.*

— Oui... oui, si on veut ; on pourrait effectivement voir les choses de cette façon, bien que je n'aie rien eu à voir du tout avec ce secteur.

— *Vous dites que vous n'avez rien eu à voir avec les tueries ?*

— C'est ça !

— *Mais il a bien fallu que quelqu'un amène ces hommes pour qu'on les tue.*

— En effet, c'est exact, mon Capitaine, dans la mesure où j'ai reçu l'ordre de les évacuer. Mais on n'a pas tué tous ceux que j'ai évacués. Je restais dans l'ignorance absolue de qui était tué et de qui ne l'était pas. Sinon, on n'aurait pas recensé, après la guerre, deux millions quatre cent mille Juifs vivants.

— *S'il y a encore des Juifs en vie, ce n'est pas à vous qu'ils le doivent. Si la guerre s'était prolongée, ces deux millions-là auraient certainement péri aussi. Car votre projet visait à exterminer tous les Juifs sans exception.*

— Ce n'était pas mon projet. Je n'ai rien eu à voir avec ce projet, mon Capitaine.

— *Mais si, il est certain que vous avez eu ce projet car...*

— Je me suis rendu coupable de complicité, c'est entendu ; c'est absolument évident, je l'ai déjà dit. Je ne peux, dans ces conditions, échapper à mes responsabilités, mon Capitaine, et il serait absurde de ma part d'essayer d'y échapper. Car, d'un point de vue juridique, je suis coupable de complicité.

— *Il n'est pas question ici de point de vue juridique. Ce dont il est question, c'est de faits, nous nous bornons strictement aux faits.*

— Oui, mais je pense que, sur la base stricte des faits, je suis, d'après cette... je suis coupable de complicité, d'après la jurisprudence, c'est normal. Je l'admets, je n'essaie pas non plus de le... je ne peux absolument pas essayer... d'y... d'y couper... de m'en tirer.

— *Bien, mais, dans toutes vos déclarations, vous n'arrêtez pas de vous retrancher derrière des « ce n'était pas de mon ressort », « ce n'était pas de mon domaine », « c'étaient les ordres »...*

— Oui, mais je suis bien obligé de le faire, mon Capitaine, car, en tant que responsable de la section IVB4, je n'avais pas compétence pour tout mais uniquement dans mon domaine propre de responsabilité et ce dernier avait des limites relativement étroites. Et l'on peut, en toutes circonstances, déterminer quelles étaient ces limites car mon domaine relevait d'une instance centrale. Je ne pouvais donc faire ce que je voulais.

— *J'aurai l'occasion de vous produire d'autres documents qui éclairciront bien des points ! Voici la photocopie d'une note adressée à votre collaborateur dans les Pays-Bas occupés, le Sturmbannführer Zöpf. Voulez-vous en prendre connaissance ?*

— Oui.

— *Je débranche un instant l'appareil.*

— D'accord.

— *Avez-vous lu ce document ? Avez-vous quelque chose à dire à son sujet ?*

— Oui, c'est une note de moi. Elle se réfère à un rapport du commandant en chef de la police de sécurité et du SD pour les Pays-Bas, rapport qui indiquait que certains Juifs s'étaient procuré la nationalité d'un pays neutre. J'ai donc écrit, en rapport avec ce point : « Bien qu'il soit fâcheux que des Juifs, que les décrets en vigueur permettent de considérer comme déportables, aient acquis la nationalité d'un pays neutre dont nous ne pouvons déporter les ressortissants, il faut néanmoins, pour des raisons de politique extérieure, renoncer à les déporter lorsque la nouvelle nationalité a été acquise dans des formes légales... Dès qu'on aura connaissance que les Juifs s'apprêtent à changer de nationalité, il ne sera alors nullement nécessaire de prendre des ménagements. Il conviendra, bien plutôt, de déporter en toute priorité vers l'Est les personnes en question. »

— *Que vouliez-vous dire exactement dans cette dernière phrase ?*

— Que les Juifs n'aient plus la possibilité d'entrer en possession d'une autre nationalité...

— *... qu'on les déporte avant même qu'ils aient atteint leur objectif ?*

— C'est ça, c'est ça !

— *Voici encore une note en provenance de votre section. Son objet : la déportation de Juifs norvégiens. Cette note porte votre signature.*

— Elle porte ma signature, c'est exact !

Il est question des tentatives de la Suède, de sa volonté et — et — et — de ses efforts pour donner la nationalité suédoise à des Juifs résidant en Norvège ; la note précise que ce n'est pas admissible parce que ces tentatives contrarient la politique du Reich envers les Juifs. On peut lire dans cette note : «... Je vous informe donc de ces faits par la présente et j'attire votre attention sur la volonté qui est la nôtre de faire tomber sans réserves sous le coup des mesures antijuives en cours d'exécution tous les Juifs de nationalité norvégienne que le gouvernement suédois s'apprête à naturaliser, en toute hâte et avec un total parti pris, en usant des étranges procédés décrits. »

— *Vous indiquez donc, dans cette note, qu'il faut s'opposer à tout prix aux efforts du gouvernement suédois qui essaie de sauver des Juifs en leur procurant des passeports suédois.*

— C'est ça... Mais ce n'est pas moi personnellement qui exprime cela, c'est la personne compétente de ma section qui a rédigé cette note. Je l'ai, bien entendu, signée.

— *Quelles étaient exactement vos activités dans le secteur des « Eglises politisées » que vous avez pris en charge en 1943 ?*

— Oui, les Eglises politisées ; je n'ai pas eu, en ce domaine, de grande activité, mon Capitaine. C'était un département sans vie réelle. Quant aux différents problèmes qui ont pu y être traités, je ne suis au courant de rien, mon Capitaine, parce que c'est le Sturmbannführer Jahr qui s'en est occupé.

— *Mais votre section était bien à l'origine des arrestations ?*

— Non, c'était Jahr qui s'en occupait.

— *Bon d'accord, mais c'était bien tout de même dans votre section que ça se passait ?*

— Dans la section, oui ; mais je n'avais pas à être consulté car il existait déjà toutes les dispositions légales voulues et Jahr n'avait qu'à s'y conformer. Il est arrivé une seule fois que je convoque moi-même un pasteur évangélique — comment s'appelait-il donc déjà ? — plus tard, il est devenu surintendant à Berlin, après 45, je ne retrouve pas son nom — j'ai convoqué ce pasteur à trois reprises car il avait...

Il existait un décret du Reichsführer interdisant au clergé d'intercéder en faveur des Juifs auprès des autorités. Cet ecclésiastique évangélique — il portait une petite barbiche — se fit repérer par un service de police — je ne sais plus lequel, mais il devait être suffisamment proche, proche de Berlin donc, si ce n'était à Berlin même, pour que j'aie pu le convoquer sans difficulté à mon bureau. Je lui ai alors dit : « Plainte a été déposée contre vous », lui précisant qu'il allait être arrêté et que j'étais tenu d'appliquer la mesure d'internement réclamée par l'autorité compétente. J'ajoutai que cela me contrariait d'arrêter un ecclésiastique parce que mon père avait été un représentant de la paroisse au Conseil presbytéral de Linz. Je lui infligeai alors un avertissement politique officiel en le prévenant : « S'il y a une nouvelle plainte contre vous, je devrai vous faire interner cette fois, car il s'agit d'un ordre du Reichsführer. » Il fit l'objet d'une nouvelle plainte et alors, je ne sais plus très bien si ce fut la deuxième ou la troisième fois, mes supérieurs me mettant le couteau sous la gorge, je dus le faire interner. Je me rappelle encore que sa femme m'a appelé au téléphone et est venue me voir pour solliciter la libération de son mari ; mais il me fut impossible de rien faire, j'aurais volontiers fait quelque chose si cela n'avait tenu qu'à moi, mais j'avais reçu des ordres. Je n'y pouvais rien. Ce n'était d'ailleurs pas moi qui avais porté plainte contre lui.

— *De quoi était-il donc accusé ?*

— Je crois qu'il était intervenu en faveur des Juifs.

Commentaire : Dans le cas présent, la victime d'Eichmann fut le théologien Heinrich Grüber, alors pasteur à Dahlem, un quartier de Berlin. Il portait secours aux Juifs pourchassés ; une organisation fondée par lui a même pu cacher, chez des sympathisants, des persécutés et les préserver ainsi de la déportation vers l'Est et, donc, de la mort. Il sortit vivant des camps de concentration. Après la guerre, il devint le représentant le plus éminent de l'Eglise évangélique en RDA.

— *Quelle était la mission de votre groupe IVB4 par rapport à Auschwitz ?*

— A vrai dire, nous n'avions absolument aucune mission à cet égard, mon Capitaine, si ce n'est que nous demandions à la personne compétente du Bureau central d'administration économique SS — il s'agissait la plupart du temps d'un certain Liebehenschel —, où nous devions diriger les convois de déportés que, sur ordre du Reichsführer, nous avions formés ici ou là en vue d'une évacuation. Notre question était purement technique ; nous avions besoin d'une réponse pour établir nos plans de route.

— *Que signifie l'expression « traitement spécial » et qui lui était soumis ?*

— Le « traitement spécial », c'est... Au fait, de qui est cette expression ? Oui, de qui ?

— *Et que signifie-t-elle ?*

— Traitement spécial veut dire tuer. Je ne sais pas de qui est l'expression. D'Himmler certainement, de qui d'autre cela pourraît-il être ? Mais, vous savez, je n'ai pas de preuve, il se pourrait tout aussi bien que c'en soit Heydrich l'auteur, qu'il l'ait inventée après avoir reçu de Göring les pleins pouvoirs. Mais je n'en sais rien. C'est l'explication que je m'en donne.

— *Mais vous saviez que traitement spécial voulait dire tuer ?*

— Tout le monde le savait, bien sûr, mon Capitaine. Lorsqu'il y avait la mention « destiné au traitement spécial », c'était le camp de concentration qui, à l'arrivée des convois, décidait qui était apte au travail, qui ne l'était pas.

— *En d'autres termes, on soumettait au traitement spécial les Juifs qu'on déclarait inaptes au travail ?*

— C'était le médecin qui prenait la décision, oui. A l'exception de certains contingents qu'Himmler classait sous la rubrique « régime de faveur ».

— *Qui établissait les listes des Juifs qu'on déportait à Auschwitz et qu'on destinait au « traitement spécial » ?*

— A mon avis, ce devaient être les autorités qui procédaient à l'évacuation, car notre section IVB4, elle, n'évacuait pas, elle transportait seulement.

— *Receviez-vous copie de ces listes ?*

— Non, jamais de listes.

— *Vous ne vous occupiez que de constituer les convois ?*

— Pas de constituer les convois, mon Capitaine, mais d'établir le plan de route des convois, ça oui ! C'était l'autorité qui procédait à l'évacuation qui constituait aussi les convois.

— *Existait-il, en dehors d'Auschwitz, d'autres endroits où s'effectuait ce traitement spécial ? Quels étaient-ils ?*

— Oui. Dans le Gouvernement général, il s'agissait de Chelmno et de Treblinka. Nous n'avons jamais acheminé de convois à Kiev et à Lemberg ; dans ces deux endroits les exécutions se faisaient par fusillade.

— *Qui établissait les listes des Juifs qu'on destinait au traitement spécial ?*

— C'étaient toujours les autorités chargées de l'évacuation, mon Capitaine.

— *Höss, le commandant du camp d'Auschwitz, était-il tenu de noter le nombre de Juifs expédiés à Auschwitz ?*

— Mon Capitaine, je n'en sais rien. J'ignore quelles étaient ses obligations de service et, si je l'avais questionné à ce propos, il ne m'aurait certainement pas donné de réponse valable. Les gens d'Auschwitz m'ont toujours tenu soigneusement à distance, Höss aussi au début, parce qu'ils cachaient leur jeu et parce que j'appartenais à un autre service qu'eux. Ils portaient une tête de mort au revers de leur col et moi, je n'avais rien à cet endroit de mon uniforme.

— *Combien a-t-on gazé et tué de Juifs à Auschwitz ?*

— Mon Capitaine, j'ai lu quelque part qu'Höss aurait déclaré avoir tué quatre millions de Juifs. Jusqu'à présent, j'avais toujours trouvé ce chiffre exagérément élevé. Mais, s'il nous faut maintenant absolument parler chiffres, je dirai : qu'il y en ait eu un million, quatre millions ou cent, cela ne change rien au fond de l'affaire. Bien sûr, moi aussi, j'y ai quelquefois réfléchi tout au long de ces quinze dernières années. Vers la fin de la guerre, j'ai parlé, devant mes officiers, de cinq millions — un chiffre qui me passa, comme ça, plus ou moins vaguement par la tête. Au cours de cette brève — ah ! comment pourrais-je dire ? — allocution de fin du monde, qu'on l'appelle comme on voudra, mon problème n'était absolument pas de citer des chiffres précis.

Je ne me souviens plus non plus si les annales juives de l'époque indiquaient bien un chiffre de dix millions de Juifs vivant en Europe, j'ignore aussi si ce chiffre comprenait les Juifs des territoires russes occupés par les troupes allemandes. J'ai en tout cas essayé de faire un petit calcul. J'ai lu que les Alliés, quelques mois après la guerre, ont trouvé qu'il restait encore deux millions quatre cent mille Juifs. C'est du moins ce que j'ai lu. Je me suis dit : l'émigration d'Autriche, d'Allemagne, de Tchécoslovaquie, bon ça doit bien représenter un million deux cent mille personnes qui ont émigré. Il faut ajouter à ce chiffre la diminution naturelle. Je ne suis pas statisticien, j'ai calculé ça comme ça. Si bien que j'en suis arrivé à cette conclusion : Oui, ça doit bien faire dans les six millions de Juifs tués. C'est l'idée que je me suis faite. Est-ce que j'avais raison ? Ça, mon Capitaine, je n'en sais rien.

— *Votre section a-t-elle enregistré le nom des Juifs tués ?*

— Des Juifs évacués ? Ou bien de... de tous... de tous ? Je n'ai rien eu de tout ça ; je n'ai rien eu !

— *Pourquoi alors, en cas de décès, s'adressait-on à vous pour obtenir des renseignements et des certificats de décès ?*

— On me demandait des précisions. Mais il n'y avait pas de listes. A quoi bon nier ce qui fut ? J'aurais dû avoir, me faire faire un... un... très gros dossier, ou du moins quelque chose qui saute aux yeux, disons un dossier de ce genre. Mais je n'en avais pas.

— *Lorsque les camps de concentration transmettaient des rapports au RSHA sur les décès et lorsqu'il s'agissait de Juifs, cela n'arrivait-il pas obligatoirement jusqu'à vous ?*

— On ne le faisait pas pour les Juifs. Dans la mesure où, tout au début, c'est à des exécutions isolées qu'on procéda, il y eut bien sûr des dossiers individuels mais, s'il avait fallu, par la suite, transmettre des listes, cela aurait représenté un travail monstre. On ne l'a pas fait.

— *Il ressort pourtant de ce document que des listes...*

— ...oui, que des listes ont été établies. Concernant les Juifs aussi. Des listes récapitulatives. Mais je n'ai pas eu de telles listes pour ma part. Si je les avais eues, je le dirais sans plus de problème car ce n'est pas moi qui les ai tués, n'est-ce pas, ce n'est pas moi qui les ai assassinés, ce n'est pas moi non plus qui les ai pendus ou fusillés.

— *Je lis ici que, en cas de décès, les services qui avaient pris les mesures d'internement devaient en informer la famille et, lorsqu'il s'agissait de Juifs, c'était donc bien votre service qui avait à le faire.*

— Non, c'était la police d'Etat et ses directions et non pas le RSHA, à de très rares exceptions près. Pour ce qui me concerne, ça ne s'est produit qu'une fois, lorsque ce pasteur évangélique...

— *Celui qui devint ultérieurement surintendant ? Celui dont nous avons déjà parlé ?*

— Exactement ! S'il y a eu des listes de Juifs internés, c'est qu'il s'agissait alors de Juifs ou de Juives en internement ou en détention préventifs et non de Juifs qui, disons, faisaient l'objet de mesures d'évacuation.

— *N'avez-vous pas dit, précédemment, que tous étaient en détention préventive, même les victimes des déportations massives ?*

— Eh bien, en réalité, les personnes qui faisaient partie des déportations massives n'étaient pas des gens en détention préventive...

— *...mais qu'étaient-ils alors ?*

— Il y a eu... il y a eu un ordre spécial. C'est... ils relevaient tous d'un ordre spécial.

— *D'un traitement spécial ?*

— D'un ordre spécial ! L'ordre spécial signifiait traitement spécial. Bien sûr ; car il convient de distinguer ici, sur ce point précis également, ce qui était cas d'espèce et ce qui était ordre général venant d'en haut, n'est-ce pas ?

— *Les commandants des camps d'extermination n'ont-ils pas transmis des rapports chiffrés sur leurs activités, rapports qui parvenaient ensuite jusqu'à votre section ?*

— Non, je ne recevais jamais de rapports de ce type. Il est certain qu'ils devaient faire des rapports au Bureau central d'administration économique. J'ai reçu un jour la visite d'un statisticien, un statisticien de métier. Peut-être cet homme s'appelait-il Zacharias, ou quelque chose d'approchant. J'ai l'impression que son nom commençait par un Z. On devrait pouvoir le vérifier. En m'annonçant cette visite, mon supérieur, Müller, m'indiqua qu'il faudrait faire un rapport à l'intention d'Hitler — à cette époque, il a d'ailleurs dit : à l'intention du Führer —, qu'il s'agissait d'un ordre d'Himmler et qu'il faudrait taper ce rapport sur la machine d'Hitler. C'était la première fois que j'entendais parler d'une telle chose. Il s'agissait en fait d'une machine à écrire avec de très gros caractères. Lorsque le statisticien aurait terminé son rapport, je devrais la faire prendre au siège central de la Gestapo, Prinz-Albert-Strasse, car on ne disposait que d'une machine de ce type à la police de sécurité. Bref, cet homme, ce statisticien, vint me voir à mon bureau. Le Reichsführer lui avait donné l'ordre d'établir une statistique précise sur l'état d'avancement de la solution finale en Europe ; cet homme avait accès à tous les secrets d'Etat, on ne devait rien lui dissimuler. Et il semblait être parfaitement informé, c'est l'impression qu'il me fit tout de suite. Il s'est alors adressé par écrit à tous les commandants en chef de la police de sécurité.

— *Et qu'a-t-il obtenu comme résultats ?*

— Il a recensé toutes les opérations d'extermination effectuées à l'Est et leurs résultats. A l'époque, cela représentait, en incluant à vrai dire dans ce chiffre ceux de l'émigration et de la diminution naturelle, pour reprendre son expression, cela représentait environ quatre millions et demi à cinq millions de personnes, je crois. Ce chiffre m'est resté en mémoire. Dans ces conditions —

c'est ce qu'on pouvait lire dans ce rapport — dans ces conditions, le problème juif se trouvait réglé pour l'essentiel en Europe.

— *Vous ne retrouvez pas le nom de ce statisticien?*

— Son nom commençait par un Z. Comment se fait-il que ce soit toujours le nom de Zacharias qui me vienne à l'esprit ?

— *N'était-ce pas le Dr Korherr ?*

— Korherr ? Mon dieu, me serais-je trompé à ce point ? Korherr ? Korherr ? Ce nom me dit quelque chose !

— *Quels documents avez-vous mis à la disposition de ce statisticien ?*

— Tous les secrets d'Etat dont j'étais dépositaire, conformément aux ordres. Tous les transports effectués, dans la mesure où ils nous avaient été communiqués.

— *Ces documents concernaient-ils aussi les chiffres relatifs à l'extermination des Juifs ?*

— Non, pas l'extermination ; je ne les avais d'ailleurs pas.

— *Les seuls chiffres concernant les évacuations et les convois alors ? On vous transmettait donc cette information après le départ des convois ?*

— Nous recevions effectivement ces informations-là. Seuls ces chiffres m'étaient communiqués et Günther, à partir de ces données, avait réalisé un graphique, une longue bande accrochée au mur, dans son bureau — le Dr Löwenherz l'a... l'a certainement vu des douzaines de fois — quiconque entrait dans la pièce pouvait le voir. Je regrette beaucoup de ne plus me souvenir de ce chiffre.

— *Aviez-vous déjà fait, avant cette date, un rapport sur le nombre de Juifs déportés ?*

— Avant la visite du statisticien ? Mon Capitaine, je n'en sais rien. Si j'en ai reçu l'ordre, je l'ai fait bien sûr, mais je n'arrive plus à m'en souvenir. Avec toutes les paperasses qu'il nous fallait remplir — car notre travail n'était en définitive que de la paperasserie — il m'est aujourd'hui vraiment très difficile de devoir prendre position à propos de tel ou tel point particulier qui, lui aussi, se terminait en paperasse.

— *La visite du statisticien a-t-elle eu lieu parce qu'Hitler trouvait qu'on exterminait trop peu de Juifs ?*

— Non, ce rapport statistique fut rédigé pour permettre à Himmler d'informer Hitler. Ce rapport me fut retourné avec ces indications d'Himmler : « 1) le Führer en a pris connaissance 2) opération extermination. Ou bien il n'y avait peut-être même pas le mot opération, mais tout simplement 2) extermination ».

Commentaire : Le Dr Korherr, un statisticien qui s'était fait un nom dans le monde de la science, n'était pas membre de la SS. Himmler eut recours à ses services dans l'espoir que la statistique lui permettrait de démasquer les tricheries et les irrégularités de sa troupe. Il espérait, par ailleurs, en imposer à Hitler avec son bilan et ses chiffres relatifs à l'extermination des Juifs. Mais, à son grand regret, il ne put trouver l'occasion de remettre ce rapport à Hitler en personne. Il dut se contenter de le donner à Martin Bormann. Ce dernier le lui retourna une première fois accompagné d'une remarque réprobatrice : il n'était pas possible de le soumettre sous cette forme à Hitler ; il fallut donc remplacer par d'autres les mots « liquidation », par exemple, ou bien « traitement spécial ». Le texte revu dans ce sens, Bormann continua pourtant à sans cesse repousser le moment de le soumettre à Hitler. Bormann, lui, savait que, s'il avait donné l'ordre d'exterminer les Juifs, le chef de l'Etat n'en désirait pas moins n'en rien savoir officiellement.

— *Voici maintenant une photocopie, une lettre du Reichsführer de la SS au chef de la police de sécurité et du SD. Secret d'Etat. Pouvez-vous me dire de qui sont les initiales au bas du document ?*

— C'est la signature d'Himmler, HH. C'est un document « secret d'Etat » en provenance du Quartier général du Reichsführer : « J'ai reçu le rapport statistique que l'Inspecteur statisticien a rédigé concernant la solution finale de la question juive. Je considère que ce rapport constitue un excellent document pour un éventuel usage ultérieur, à des fins de camouflage par exemple. Pour l'instant il ne devra faire l'objet d'aucune publication ; il ne devra être remis à personne. Aujourd'hui comme hier, l'essentiel reste à mes yeux que l'on transporte à l'Est autant de Juifs qu'il est humainement possible... »

— *Comment ? Que faut-il entendre par « à des fins de camouflage » ?*

— Oui, il y là quelque chose que moi non plus je ne comprends pas bien, car le statisticien a été assez — pourquoi est-ce que je dis assez ? — il a en effet bien appelé les choses par leur nom et fait le compte de tout, comme les statisticiens ont l'habitude de le faire.

— *Peut-être ce rapport ne contient-il pas de chiffres sur le nombre de Juifs tués. Ce qui expliquerait l'expression « à des fins de camouflage ».*

— Non, ça ne peut pas être ça. Sinon, le rapport n'aurait pas été truffé de tous les chiffres que le statisticien s'est fait envoyer de... de l'Est. Et puis, c'était un... c'était un rapport destiné au Führer et on ne se serait pas permis de — disons — de maquiller les choses ainsi. « A des fins de camouflage ! » — je n'arrive pas à comprendre.

— *Ensuite, dans la dernière phrase de ce document, on peut lire ceci : « Je désire simplement que la police de sécurité m'informe chaque mois, dans de brefs rapports, du nombre de Juifs que l'on a déportés dans le mois ainsi que du nombre de Juifs restant à déporter à cette date. » Vous donniez donc des informations mensuelles sur le nombre de Juifs déportés ?*

— Oui, bien sûr. Car, voyez-vous, faire des rapports, surtout lorsqu'il s'agit de rapports mensuels, ça fait partie intégrante du travail, c'est évident. Il a sans doute trouvé que nos rapports mensuels étaient trop longs. Je peux facilement me l'imaginer.

— *Alors, auparavant, vos rapports contenaient davantage d'informations ?*

— Oui, ils faisaient le tour de la situation, ils évoquaient toutes les difficultés rencontrées dans les divers pays. C'étaient des rapports d'activité complets, comment pourrais-je dire, exhaustifs ; ils étaient, bien entendu, rédigés dans le... dans le style télégraphique voulu. Mais je n'ai jamais reçu de chiffres concernant les morts. Durant les huit ou quinze jours que ce statisticien passa chez moi, dans mes services, il ne s'écoula pas une journée où il n'ait, pour ses recherches, expédié télex sur télex et tout ce qu'on peut s'imaginer, dans tous les endroits possibles et imaginables... Je pense d'ailleurs... une chose, peut-être, serait possible... Oui, j'y suis, maintenant, j'en suis sûr ; cette lettre d'Himmler, je sais maintenant pourquoi il était écrit : « à des fins de camouflage ». Le statisticien n'avait reçu de moi que le total des transportés et non celui des morts.

— *Depuis quand connaissez-vous le Dr Wilhelm Höttl ?*

— Höttl, j'ai fait sa connaissance un jour, à Vienne, en 1938. Il était lui aussi au SD à cette époque, je crois.

— *Est-il resté tout le temps au SD ? Est-il aussi allé en Hongrie ?*

— Je n'ai pas, présentement, le souvenir qu'Höttl soit venu en Hongrie. Mais, s'il y est tout de même venu, j'ai très certainement parlé aussi avec lui.

— *Avez-vous déclaré à Höttl que c'était vous qui, en Hongrie, supervisiez et organisiez la déportation des Juifs dans le camp d'extermination d'Auschwitz ?*

— Superviser et organiser — voilà une chose que jamais je n'aurais dite à Höttl.

— *Quoi donc alors ?*

— J'aurais dit à Höttl — j'aurais dit les choses telles qu'elles étaient ; Höttl était en effet, à cette époque — je crois bien — depuis longtemps déjà chef de département au 6e Bureau du RSHA ; il connaissait donc les choses aussi bien que moi. Le 6e Bureau s'occupait en effet des questions de renseignements. Comment auraient-ils pu, eux, ne pas être informés des faits et gestes de leur propre — je dirais — administration ?

— *Avez-vous dit à Höttl combien l'on avait déjà exterminé de Juifs ?*

— Combien j'estimais qu'il y en avait ? S'il me l'a demandé, il est bien possible, en effet, que je lui aie dit à combien j'estimais ce chiffre — oui.

— *Je vais maintenant vous lire un passage tiré du 31e volume du Procès des grands criminels de guerre devant le Tribunal militaire international de Nuremberg ; il s'agit de la déposition faite sous serment par le Dr Wilhelm Höttl. Je cite :*

> « Je suis le Dr Wilhelm Höttl, Sturmbannführer SS, commandant dans la SS. Jusqu'à l'effondrement de l'Allemagne, j'ai travaillé comme responsable de section et Gruppenleiter adjoint dans le 6e Bureau du RSHA. Le 6e Bureau était ce qu'on appelait le Bureau du SD pour l'étranger et dirigeait en fait nos services de renseignement dans tous les pays du globe. Il correspondait à peu près à l'Intelligence Service anglais. » Il ajoute plus loin : « Fin août 1944, je me suis entretenu, dans mon appartement de Budapest, avec l'Obersturmbannführer SS Adolf Eichmann que je connaissais depuis 1938. Eichmann était à cette époque, pour autant que je sache, chef d'un département au 4e Bureau, celui de la Gestapo, au sein du RSHA et Himmler l'avait de surcroît chargé de

recenser les Juifs dans tous les pays d'Europe et de les transporter en Allemagne. Au moment où cet entretien eut lieu, Eichmann était fortement sous le coup des événements des derniers jours : la Roumanie venait en effet de se retirer de la guerre. Il se déclara persuadé que la guerre était désormais perdue pour l'Allemagne et qu'il n'avait donc, à titre personnel, plus aucune chance de s'en sortir. Il savait que les Nations Unies le considéraient comme l'un des principaux criminels de guerre parce qu'il avait des millions de Juifs assassinés sur la conscience. Je lui demandai combien il y en avait, sur quoi il me répondit que ce chiffre constituait certes un grand secret d'Etat mais qu'il me le révélerait tout de même parce que, en tant qu'historien, je devais m'y intéresser. Il ajouta que, peu de temps auparavant, il avait fait à Hitler un rapport à ce sujet car ce dernier avait voulu savoir le nombre exact des Juifs tués. Sur la base des informations en sa possession, il serait arrivé au résultat suivant : on aurait tué environ quatre millions de Juifs dans les divers camps d'extermination, tandis que deux millions supplémentaires auraient trouvé la mort dans d'autres conditions, la plupart de ces derniers ayant été passés par les armes pendant la campagne de Russie, victimes des détachements d'intervention de la police de sécurité.

Himmler se serait montré fort satisfait de ce résultat car, à son avis, il prouvait que le nombre des Juifs tués devait en fait dépasser les six millions. Himmler aurait déclaré qu'il enverrait à Eichmann quelqu'un de ses services statistiques qui, sur la base des documents d'Eichmann, rédigerait un nouveau rapport. J'estime que l'information que m'a fournie Eichmann doit être exacte car, de toutes les personnes concernées, c'était lui qui disposait de la meilleure vue d'ensemble sur le nombre de Juifs tués. Premièrement, c'était lui qui, grâce à ses détachements spéciaux, livrait les Juifs aux institutions chargées de l'extermination et, deuxièmement, c'était lui qui, à coup sûr, était le mieux au fait de ces chiffres, de par les fonctions qu'il occupait ; il était en effet chef de département au sein du 4ᵉ Bureau et était également chargé des questions juives. Il faut ajouter à cela que, par suite de la tournure des événements, Eichmann se trouvait dans des dispositions d'esprit telles qu'il pouvait difficilement avoir l'intention de me mentir. »

Voilà donc les déclarations d'Höttl. Avez-vous des commentaires à faire à leur sujet ?

— Certainement ! Les allégations d'Höttl ne sont rien d'autre qu'un salmigondis de salades que ce type s'est fourrées dans la tête. Bien sûr une partie de ce qu'il dit est tout à fait exacte. Lorsque je dis... à ce qu'il dit... il dit que je livrais les convois — enfin, bon — livré, ce n'est — mais on ne va pas, je ne vais pas m'étendre plus longtemps sur un mot. Parce qu'en définitive ce sont bien mes services, les responsables aux Juifs dans les différents pays — Gouvernement général et territoires russes occupés exceptés —, qui ont effectivement assuré l'acheminement des convois et en ont informé la IVB4. De ce point de vue, on peut donc dire que j'ai bien eu une vue d'ensemble.

— *Saviez-vous combien de Juifs vous aviez transportés dans les camps tout au long de ces années ?*

— Dans les camps, oui, je ne peux pas le nier.

— *Vous saviez aussi qu'amener les gens dans ces camps signifiait les livrer à la solution finale. En d'autres termes, à l'extermination ! Vous pouviez par conséquent considérer que les Juifs transportés par vos soins avaient été exterminés. Même lorsque vous parlez maintenant d'affectation au travail, vous saviez très bien à l'époque — oui, vraisemblablement — qu'aucun ne pourrait résister longtemps au traitement qu'on lui infligeait. Qu'il trouvât la mort au travail, qu'il fût abattu, qu'il mourût de faim parce qu'il n'avait rien à manger, qu'on le gazât — dans tous les cas, c'était la mort.*

— Mon Capitaine, après la guerre, les Alliés ont tout de même recensé — je crois — deux millions quatre cent mille Juifs, comme je l'ai déjà dit. Et des centaines et des centaines de milliers sont ressortis des camps de concentration. Ceux-là aussi avaient été affectés à des travaux. Mais bon, tout ce qui concernait les camps de concentration n'était de toute façon pas de mon ressort. La compétence de notre section, en effet, ne dépassait pratiquement pas l'envoi à l'étranger des directives concernant les transports. Si je voulais maintenant élargir au maximum le cadre de mes compétences — encore qu'il serait possible d'en discuter —, je dirais que ma compétence s'arrêtait — soit, mais c'est vraiment la limite la plus extrême — au moment où la police de l'ordre public [1] prenait en charge le convoi à la gare d'évacuation.

— *Acceptez-vous globalement les propos d'Höttl ?*

— Pas tout, mon Capitaine, je ne peux pas... c'est...

1. Sous le Troisième Reich, la police allemande se composait d'une part de la police de l'ordre public (Ordnungspolizei) et d'autre part de la police de sécurité (Sicherheitspolizei) dirigée par Heydrich. Cette dernière se subdivisait à son tour en police d'Etat ou police politique (Gestapo) et en police criminelle (Kriminalpolizei). Toute la police était subordonnée au Reichsführer SS et chef de la police allemande, Himmler (N d T).

— *Le chiffre que vous lui avez cité, le fait qu'on aurait tué environ quatre millions de Juifs, tandis que...*

— Non !

— *... deux autres millions, d'une autre manière...*

— Je lui ai certainement fait part, à l'époque, du contenu du rapport du statisticien. Cela, je dois le lui avoir dit. Je crois que le rapport arrivait, au bout du compte, à un total de cinq millions. Je m'en souviens encore.

— *Je vais maintenant vous donner lecture d'un passage d'une déposition sous serment faite par Walter Huppenkothen, lors du Procès des grands criminels de guerre à Nuremberg. Voici :*

> « La section juive et son chef, l'Obersturmbannführer Eichmann, occupaient une situation particulière dans le 4e Bureau. Le Gruppenführer Müller a plusieurs fois souligné en ma présence qu'Eichmann lui était directement subordonné et qu'il ne dépendait d'aucun chef de groupe. J'ai souvent vu Eichmann dans l'antichambre de Müller lorsqu'il venait consulter ce dernier. Même après ma nomination au poste de chef de groupe adjoint du groupe IVA, il continua d'en aller ainsi. Eichmann et ses collaborateurs ne parlaient jamais de ce qu'ils faisaient. Mais j'appris, par des conversations avec des camarades, qu'Eichmann se rendait fréquemment chez Himmler et qu'il avait reçu directement de ce dernier ses ordres de mission. »

Avez-vous quelque chose à dire à ce propos ?

— Voilà encore une... un mélange de vérité et de fiction, à vrai dire avec plus de vérité que de fiction. Il a raison lorsqu'il parle de place à part, dans la mesure où il dit que les chefs de groupe... — et, bien sûr, comme il était lui-même chef de groupe, il cherche à se disculper — que les chefs de groupe, donc, paraphaient, certes, mais que je ne leur demandais rien et qu'au contraire je soumettais directement mes problèmes au Gruppenführer Müller et que c'était avec lui que j'en discutais. Pour le genre d'affaires que j'avais en effet à traiter, les renseignements qu'aurait pu me fournir mon supérieur direct, à savoir mon chef de groupe, se seraient révélés insuffisants. Il est certain, aussi, que j'étais souvent en voyage et donc souvent absent. Mais dire que je me rendais fréquemment chez Himmler, voilà qui, de nouveau, n'est pas exact. En tout et pour tout, je n'ai été convoqué que trois fois chez Himmler. Huppenkothen, et c'est bien naturel, vise également, dans l'ensemble de sa déposition, à prendre ses distances vis-à-vis de ses activités de responsable parce qu'il était, disons, de facto, mon chef de groupe. Voilà le fond de l'affaire.

— *Je vais maintenant vous donner lecture de la déposition de Wilhelm Bruno Waneck au Procès de Nuremberg ; vous l'avez connu au 4ᵉ Bureau du RSHA. On lui demanda :*

> « Est-il exact qu'après la mort d'Heydrich Himmler a chargé le seul Eichmann de résoudre la question juive et que ce dernier, dans le plus grand secret, a exécuté cet ordre en court-circuitant tous les autres services ? » Il répondit sous serment : « Oui, c'est totalement exact. Du temps d'Heydrich déjà, Eichmann avait occupé une position à part, une position dominante si ce n'est absolue, une position qui ne cessa de s'étendre et de s'agrandir ; il jouissait, au sein du RSHA, d'une totale liberté d'action pour ce qui concernait l'ensemble du secteur juif. Ensuite, après la mort d'Heydrich, et jusqu'à la fin, il n'a eu de compte à rendre qu'à Himmler, directement. C'était là un fait connu de tous à l'intérieur du RSHA. »

— Je n'ai jamais été directement subordonné à Himmler. Il m'a convoqué trois fois. Mon supérieur, mon supérieur direct, c'était le Gruppenführer Müller. Je ne me suis jamais adressé aux chefs de groupe, car ils n'auraient jamais été en mesure de me donner des instructions ; leur rang et leur position dans le service n'étaient pas assez supérieurs aux miens pour le leur permettre. La déposition de Wanek est tirée par les cheveux.

— *Au cours du Procès des grands criminels de guerre, on a demandé à Höss :*

> « Est-il exact que vous n'avez en votre possession aucune note concernant le nombre de vos victimes parce qu'il vous avait été interdit de noter quoi que ce soit à ce sujet ? » Höss : « C'est exact. C'est parfaitement exact ! » Question : « Est-il exact que seul un homme du nom d'Eichmann avait des notes à ce sujet ? L'homme chargé d'organiser les transports et de rassembler les gens ? » Höss : « C'est exact ! » Question : « Est-il également exact qu'Eichmann vous ait déclaré qu'on avait exterminé à Auschwitz, au total, plus de deux millions de Juifs ? » Höss : « C'est exact ! »
>
> *Avez-vous une remarque à faire sur ces premiers points ?*

— Oui, mon Capitaine. A propos de ce chiffre de deux millions, Höss devait beaucoup mieux le connaître que moi puisque c'est lui qui recevait les convois et non pas moi.

— *Höss poursuivit sa déposition en ces termes :*

« J'ai fait la connaissance d'Eichmann quatre semaines environ après avoir reçu du Reichsführer l'ordre d'extermination. Eichmann vint à Auschwitz pour discuter avec moi de la mise en œuvre de cet ordre. Il tenait sa mission du Reichsführer, comme d'ailleurs ce dernier me l'avait déjà dit lors de notre entretien. Toutes les instructions que je reçus ultérieurement me furent communiquées par lui. Par Eichmann. »

— A propos de cette dernière déclaration, je tiens à affirmer, mon Capitaine, que c'est faux de A à Z. Cela impliquerait que j'aie reçu d'Himmler je ne sais quel ordre. C'est inexact. A cette époque, je n'avais encore rien eu à voir avec Himmler mais, comme je l'ai déjà expliqué, c'est Heydrich qui m'avait convoqué le jour où il me dit qu'Hitler avait décidé l'extermination des Juifs.

— *On a aussi demandé à Höss :*

« La police d'Etat était-elle d'une quelconque façon associée à l'extermination des Juifs ? » Höss : « Oui, dans la mesure où tous les ordres que je recevais concernant la mise en œuvre de cette opération m'étaient transmis par l'Obersturmführer Eichmann. »

— Premièrement, je n'étais pas Obersturmführer mais Obersturmbannführer, mon Capitaine ; puisqu'il me faut de toute façon tout rectifier, je peux bien me permettre de rectifier ce point-là aussi. Deuxièmement, je n'ai donné aucune directive concernant la mise en œuvre de cet ordre. L'aspect technique de la question, mon Capitaine, était l'affaire du Bureau « Inspection des camps de concentration » qui faisait partie du Bureau central d'administration économique de la SS ; cela n'a jamais été l'affaire du Bureau de la Gestapo, jamais, jamais, à aucun moment, à aucun moment !

— *Je vous donne maintenant lecture d'un passage des Mémoires de Höss :*

« Eichmann vint me voir à Auschwitz. Il m'informa de ce qui se préparait dans les différents pays en prévision de l'opération prévue. A Auschwitz, on devait commencer par la Haute-Silésie et par les régions du Gouvernement général limitrophes de cette dernière. Ensuite, selon les circonstances, nous recevrions les Juifs d'Allemagne et de Tchécoslovaquie, suivis de ceux de l'Ouest : France, Belgique, Hollande. Nous discutâmes ensuite du procédé à utiliser pour l'extermination. Il m'expliqua qu'il ne pouvait être question d'employer autre chose que le gaz. Il serait tout simplement impossible d'éliminer la masse de gens qu'il fallait s'attendre à recevoir en les fusillant, dit-il ; ce serait de surcroît, compte tenu des femmes et des enfants, une méthode trop pénible pour les SS qui l'appliqueraient. »

— Je me refuse à endosser la responsabilité de choses que je n'ai pas commises, mon Capitaine. Tout ça n'est qu'un pur produit de l'imagination de Höss et cela ne me concerne en aucune façon.

— *Höss n'est pas le seul à tenir de tels propos, d'autres disent la même chose ; il n'est pourtant pas possible de prétendre que toutes ces personnes se sont mises d'accord car elles n'ont pas eu la possibilité matérielle de se concerter et de s'entendre : Chargeons tous Eichmann, c'est de cette façon que nous nous en tirerons. Aucun de ceux qui apportèrent ces témoignages ne pouvait ignorer, d'ailleurs, ce qui les attendait.*

— Mon Capitaine, j'ai moi-même lu beaucoup de choses à ce sujet et je me suis toujours posé cette question : pourquoi moi, pourquoi est-il toujours question de moi ? Je n'ai pas d'autre explication que celle-ci : s'agissant des problèmes juifs, j'ai été très tôt au cœur, au centre de l'affaire. C'est d'ailleurs ce que Höss s'est dit aussi et alors, lorsqu'il a déposé, il n'a pas fait de détail, il n'a fait qu'un seul lot de toute l'affaire ; il a préféré dire avoir reçu ses instructions d'Eichmann que du Bureau central d'administration économique. C'est donc ainsi qu'il a procédé dans sa déposition à Nuremberg, dans l'espoir qu'on goberait ensuite du même coup tout ce qu'il décrirait avec plus de détails dans son livre.

— *Höss a déclaré ceci à une époque où il n'avait aucune raison de dissimuler ou d'enjoliver quoi que ce soit. Car il était dans une situation sans issue.*

— Ma situation est sensiblement la même. Tellement de charges s'accumulent contre moi que ça ne changera pas grand-chose à la peine qui m'attend de contester les monstruosités qu'Höss invente contre moi.

— *Je voudrais encore vous citer brièvement un passage et savoir ce que vous avez à répondre. Höss écrit dans son livre :*

> « Je me suis laissé dire par Eichmann que les valeurs et les devises étaient négociées en Suisse et exerçaient une influence décisive sur tout le marché des valeurs suisses. Les montres ordinaires étaient expédiées par milliers à Sachsenhausen. »

— J'ai eu aussi peu à voir avec la gestion des biens des

victimes qu'avec toutes les autres choses dont il m'accuse, mon Capitaine. C'est un service du Bureau central d'administration économique qui s'occupait de, de, comment pourrais-je dire, de les réaliser, qu'on appelle ça comme on voudra. Après la guerre, quelqu'un qui avait fait partie du régiment personnel du Führer, la Leibstandarte SS « Adolf Hitler », un certain Obersturmbannführer Kuhlmann qui vivait au Brésil sous le nom de Geller, m'a dit que ces montres venaient au Bureau central d'administration économique, qu'elles avaient été récupérées lors de ces opérations et qu'il était écœurant, pour la troupe, de recevoir de telles montres en guise de récompense pour des actions particulièrement méritoires.

— *Vous voulez toujours tout décrire comme si vous n'aviez été qu'un simple officier des transports et rien de plus.*

— Ce qui, en règle générale, a d'ailleurs bien été le cas, mon Capitaine.

— *Comme le montrent tous les documents que je vous ai produits, votre mission était en fait bien plus large que cela. Que vous ayez agi sur ordre ou non est, à mon avis, sans aucune importance. La réalité c'est qu'en dehors des problèmes de transport, des problèmes techniques de transport, comme vous disiez, vous vous êtes aussi occupé de domaines qui n'avaient certainement rien à voir avec des problèmes techniques de transport.*

— Puis-je me permettre là de...

— *Je vous en prie ! Etes-vous d'accord ?*

— Mon Capitaine, la section IVB4 n'a jamais eu l'ordre de tuer. Jamais ! Elle n'avait à s'occuper que des transports, exclusivement des transports, ce qui impliquait, bien sûr, des conditions préalables. On ne pouvait pas, par exemple, se contenter d'ordonner à Paris, La Haye ou Bruxelles de mettre mille personnes dans un train. Il fallait tout d'abord donner des directives ; il fallait bien, en effet, que les gens chargés de l'évacuation sachent qui choisir, parmi quelles catégories. C'est, bien entendu, la section IVB4 — je dois bien le reconnaître — qui leur transmettait ces précisions qui, elles, étaient conformes aux ordres venus de plus haut.

— *Voilà bien un problème de transport purement technique, n'est-ce pas ?*

— Bien sûr qu'il ne s'agissait pas d'un problème de transport purement technique. Mais ces directives n'étaient là que pour permettre à l'opération de s'effectuer.

— *C'est bien là ce qu'on appelle une mission spéciale ! Ne pensez-vous pas ? Vous deviez mener à bien une mission spéciale — exterminer les Juifs — mission qu'on vous avait confiée en haut lieu, comme vous dites.*

— Ce qui est certain, mon Capitaine, c'est que la section IVB4 ne décidait rien de sa propre autorité ni de son propre chef ! Il ne me serait jamais venu à l'idée de me mettre dans le pétrin en prenant de moi-même une décision. De la même façon, aucune des décisions que mes subordonnés ont été amenés à envisager, n'a été prise, comme j'ai déjà eu l'occasion de le dire, sur la base de jugements ou en fonction de connaissances personnels. Mes subordonnés disposaient pour ce faire d'une base législative, si j'ose dire — législative, entre guillemets, bien entendu ; ils disposaient :
a) des lois et dispositions officielles ainsi que des arrêtés d'application régissant ce domaine ;
b) des règlements de police, des décrets, des ordres et des instructions d'Himmler et du chef de la police de sécurité. Le serment que nous avions prêté à notre entrée dans le service nous faisait d'ailleurs obligation d'obéissance. Nous devions donc procéder conformément à ces règles.

— *La solution finale de la question juive avait-elle fait, elle aussi, l'objet d'une loi ?*

— En elle-même, la solution finale, je veux dire cette mission spéciale qui avait été confiée à Heydrich — pour dire tout à fait crûment les choses, l'extermination — non, cela n'avait pas fait l'objet d'une loi. C'était un ordre du Führer, ce qu'on appelait un ordre du Führer. Et ce sont Himmler, Heydrich et Pohl, le chef du Bureau central d'administration économique, qui se sont partagé les rôles dans l'exécution de cet ordre. Dans la conception juridique de l'époque, et elle s'appliquait partout, les ordres du Führer avaient force de loi. Pas seulement dans le cas présent, mais dans tous les cas. C'est là une chose connue. Les ordres du Führer avaient force de loi.

— *Vous aviez l'intention d'évoquer d'autres évacuations, leur déroulement, par exemple à l'époque où vous étiez en France ?*

— Oui, oui. C'est en France qu'il y a eu des difficultés parce que certains membres du gouvernement français faisaient des difficultés aux autorités allemandes, qu'ils l'aient fait par chauvinisme ou bien parce qu'ils s'opposaient à l'évacuation des Juifs. Ça démarrait bien, puis tout s'arrêtait brusquement. Les autorités allemandes devaient alors déployer à nouveau des efforts colossaux et les Affaires étrangères, pour leur part, exercer de nouvelles pressions. Alors, ça repartait un peu. Pardonnez-moi le ton vulgaire avec lequel je raconte cette histoire mais je voudrais vous faire toucher les choses du doigt, les décrire telles qu'elles se sont déroulées.

— Voici un document signé de votre adjoint en France, Theo Dannecker, une note rédigée le 10 mars 1942 :

> « Objet : déportation à l'Est de dix mille Juifs. Au cours de la réunion des responsables aux Juifs du 4 mars dernier, à Berlin, j'ai à nouveau souligné l'urgence qu'il y avait à déporter immédiatement les Juifs internés à Compiègne. Toujours en mars, l'Obersturmbannführer Eichmann a donné son accord au transfert de ces Juifs. J'ai arrêté les dispositions suivantes : envoyer d'ici, le plus rapidement possible, un télex à la section IVB4 du RSHA pour savoir qui prend en charge les frais de transport jusqu'au camp d'Auschwitz, conçu comme séjour transitoire, et si l'on peut charger la police militaire d'accompagner les convois jusqu'à leur lieu de destination. Les déportés juifs devront emporter avec eux un maximum de cinquante kilos de bagages et recevront des rations alimentaires pour trois semaines. Il faudra essentiellement veiller à ce que chaque Juif ait au moins une couverture avec lui et à ce qu'il soit bien chaussé. Il reste à discuter du problème de leurs biens avec les services du commandement militaire en chef. Conformément à une instruction particulière de l'Obersturmbannführer SS Eichmann, les Juifs ayant contracté des mariages mixtes resteront provisoirement épargnés par les mesures de déportation. »

Voulez-vous parcourir ce document et dire ce que vous en pensez ?

— Il s'agit d'une note administrative rédigée par l'Hauptsturmführer Dannecker qui était responsable aux questions juives auprès du commandant en chef de la police de sécurité et du SD à Paris. Pour ce qui est des Juifs ayant contracté un mariage mixte, il est vraisemblable que je n'avais pas... pas d'instructions à ce sujet et que, suite à cette affaire, je me suis renseigné d'une manière ou d'une autre, par la voie hiérarchique, oui, très vraisemblablement. Compiègne, c'est certainement un camp... une... un... ou bien un point où la police française, d'une manière quelconque, tenait les Juifs en détention.

— *Etes-vous toujours d'avis qu'on ne vous a informé qu'en dernière minute de la destination de ce transport, à savoir Auschwitz ?*

— Mon Capitaine, j'étais, bien entendu, obligé de me renseigner pour savoir où l'on devait acheminer ces transports. Qu'est-ce que Dannecker écrit sur ce papier : camp de concentration d'Auschwitz, combien de bagages, etc. ? Eh bien, ça, ce n'est pas la section IVB4 qui l'a décidé de sa propre autorité — elle n'en avait absolument pas le pouvoir — mais elle avait reçu, à ce sujet, des instructions de principe d'Himmler.

— *Que faut-il entendre par l'expression* « *Auschwitz conçu comme séjour transitoire* » ?

— Je suppose, mon Capitaine, qu'on a ensuite transféré ces Juifs ailleurs, à des travaux, etc. Il est aussi question ici de chaussures et il est précisé que « chaque Juif doit avoir au moins une couverture avec lui ». Je suppose donc que le Bureau d'administration économique a dû plus ou moins transférer ailleurs ce convoi... pour affecter ces gens à des travaux. C'est là une supposition..., mais je n'en sais rien, bien sûr.

— *Combien de wagons avait-on prévus pour transporter ces mille Juifs ?*

— Mon Capitaine, je ne peux vraiment pas le dire. Je n'ai pas eu un seul coup de téléphone à ce sujet avec le ministère des Transports. C'est la plupart du temps mon collaborateur Nowack qui se chargeait de ça. Il devait y avoir des normes.

— *Quelles étaient ces normes ?*

— Si seulement je le savais ! Je crois me souvenir qu'un convoi représentait mille Juifs... Quoique, nous avons eu aussi un jour un autre chiffre, c'était un convoi en provenance de là-bas, du sud-est, de Grèce je crois, un convoi de deux mille et quelques centaines de Juifs. Ce n'était pas le RSHA qui décidait du nombre de wagons mais le ministère des Transports. C'était à eux de savoir combien il fallait faire monter de gens dans un wagon. Même si, au moment d'embarquer, on ne prêtait certainement pas une attention scrupuleuse à ces normes, en particulier lorsque le service concerné par l'évacuation avait, d'une façon ou d'une autre, du mal, qu'il avait, disons, des difficultés avec la direction locale de la Reichsbahn, qu'il recevait moins de wagons que prévu ou que, comme ce fut le cas en Hongrie par exemple, la gendarmerie hongroise procédait au chargement selon ses propres méthodes.

— *A quoi ressemblaient ces listes de transport ?*

— Je n'ai jamais reçu de listes nominatives. Dans le cas présent, Dannecker, qui était quelqu'un d'assez minutieux, a dû établir lui-même ces listes parce que ça... je vois ici beaucoup de noms étrangers, n'est-ce pas ? — et, en homme prudent, il a dû se dire : je vais soigneusement me noter tout ça, je vais me faire un décompte précis. Il s'agit d'un relevé des nationalités, ce n'est pas une liste de transport.

— *N'établissait-on pas les listes de transport en fonction des nationalités ?*

— Le problème des nationalités, mon Capitaine, c'était une question très compliquée. On passait littéralement son temps en négociations avec les Affaires étrangères. Il fallait en tout cas toujours obtenir le feu vert des Affaires étrangères.

— *Je lis ici que copie devait vous en être adressée.*

— C'est écrit, effectivement.

— *Il faut donc bien que vous l'ayez reçue.*

— Je devrais effectivement l'avoir reçue, oui. Mais je me dis qu'une... qu'il est peu probable qu'une liste de transport nominative... Qu'est-ce qu'une instance centrale pouvait bien faire de tous ces noms ? Il nous aurait fallu des classeurs entiers et des armoires rien que — rien que pour ranger les listes nominatives, les listes de transport.

— *Comment faut-il entendre cette phrase* : « *Conformément à une instruction particulière de l'Obersturmbannführer SS Eichmann, les Juifs ayant contracté des mariages mixtes resteront provisoirement épargnés par les mesures de déportation* » ?

— Dannecker a certainement dû me demander : « Et que fait-on des Juifs ayant contracté des mariages mixtes ? » A quoi je lui ai certainement répondu : « Je ne sais pas, il faut d'abord que je me renseigne » ; j'ai alors dû, par la voie hiérarchique, j'ai vraisemblablement dû demander comment procéder en pareil cas. Si Heydrich était encore vivant à cette époque, il est possible qu'il ait tranché de sa propre autorité. Sinon, c'est allé jusqu'à Himmler. D'ailleurs, tout ce qui avait trait aux mariages mixtes devait..., dans ce cas-là, c'était du ressort de la chancellerie de l'adjoint du Führer.

— *Les instructions données dans cette note relèvent-elles de problèmes techniques de transport ? La question des mariages mixtes, etc. ?*

— Pas de problèmes techniques de transport ; nous avons affaire ici à des questions fondamentales... il s'agissait d'une décision fondamentale... il fallait bien que quelqu'un la prenne, à un niveau ou à un autre. Car, dans ce domaine, rien n'avait encore été décidé.

Commentaire : Un groupe de la Gestapo, du 4e Bureau de Müller, avait été envoyé en France pour surveiller les adversaires du régime. Mais, pour intervenir, il était dans l'obligation de recourir aux services de la police militaire secrète placée sous les ordres du commandement militaire en chef de Paris. D'après les clauses de l'armistice, la police française conservait ses pouvoirs exécutifs, même en territoire occupé, mais était tenue de respecter les instructions des Allemands. Le responsable aux questions juives en France, Dannecker, et son supérieur Eichmann durent attendre un progrès de l'implantation de la SS en France pour pouvoir lancer les policiers français dans la « chasse aux Juifs »; la Gestapo ayant enfin réussi à mettre sur pied des détachements de police composés d'antisémites et de fascistes français, le nombre des déportés s'éleva : si, en 1940, il n'était parti pour l'Est que trois trains chargés de Juifs, il y eut, dès 1941, dix-neuf convois, en 1942 cent quatre et en 1943 deux cent cinquante-sept.

— *Lorsque, dans la deuxième moitié de juin 1942, trois convois partirent coup sur coup de France pour Auschwitz, vous avez envoyé à Paris ce télégramme, le 26 juin 1942 :*

« Objet : évacuation des Juifs. Tous les obstacles à un déroulement sans accroc et sans histoire de l'opération d'évacuation prévue ayant été aplanis, la rencontre envisagée ici, au RSHA, avec votre responsable local, est annulée. Cette rencontre sera remplacée, sur ordre du chef du 4e Bureau, le Gruppenführer Müller, par une visite de l'Obersturmbannführer Eichmann à Paris. »

— Je suis donc certainement allé à Paris. Mais, naturellement, je ne m'en souviens plus aujourd'hui.

— *De quels détails s'agissait-il donc ici ?*

— Il s'agissait certainement de toutes ces histoires d'étrangers... le problème de savoir comment traiter les Juifs de nationalité étrangère et je me suis dit : le mieux est d'aller voir moi-même sur place ce qui se passe là-bas. Car, lorsque nous avions affaire à des Juifs de nationalité étrangère, nous y mettions toujours des gants, en règle générale. C'était, en effet, essentiellement à ce propos que surgissaient les plus grandes difficultés avec les Affaires étrangères. Les hautes sphères du ministère soumettaient les choses aux hautes sphères de la police de sécurité et ensuite, de là-haut, on nous passait un savon. Par conséquent, avant d'entreprendre quoi que ce soit, je prenais soin de me couvrir par la voie administrative. En d'autres termes : je cherchais, par un moyen quelconque, à obtenir de mon chef un signe, une réponse ou une instruction. Je constate d'ailleurs sur ce document que je n'ai pas entrepris ce voyage de ma propre autorité mais que j'en ai fait attester la nécessité par le Gruppenführer Müller.

— *Je vais maintenant vous donner lecture de quelques notes rédigées à l'occasion de votre séjour à Paris.*

« Dispositions relatives à la grande opération d'expulsion des Juifs de France qui doit se dérouler sous peu. Pour ce qui concerne les Juifs à expulser des territoires occupés, information a été donnée aux responsables aux questions juives du détachement du SD qu'on devrait bientôt évacuer de France occupée trente mille Juifs.

Il faut sur-le-champ entreprendre les préparatifs indispensables. Les responsables ont une nouvelle fois reçu pour consigne d'accomplir avec une très grande rigueur les opérations voulues et de préciser dans leurs rapports combien de Juifs sont concernés par les déportations et combien d'enfants restent en France... Du fait de l'attentisme et de l'attitude fréquemment défavorable des représentants du gouvernement français et des autorités françaises pour tout ce qui touche à la solution de la question juive, il faudra obligatoirement agir sans esprit de compromis et faire preuve d'initiative. L'objectif à long terme est de nettoyer complètement la province de ses Juifs, de s'occuper ensuite exclusivement des Juifs de Paris et, pour finir, d'expédier depuis cette ville tout ce qui resterait des Juifs... On s'est mis d'accord, de manière très nette et très ferme, avec l'Haupsturmführer Dannecker, pour considérer désormais comme apatrides les Juifs déportés, dès le moment où ils auront franchi les frontières du Reich ; on est également convenu de régler sous tous ses aspects la question juridique que pose le sort réservé à leurs biens. Constatation fut faite, en conclusion, que le rythme actuellement prévu pour les déportations, c'est-à-dire trois convois hebdomadaires de mille Juifs chacun, devrait considérablement s'accroître dans les plus brefs délais afin que la

France soit le plus tôt possible complètement débarrassée de ses Juifs. »

Avez-vous quelque chose à dire ?

— Bien sûr ! Je comprends maintenant assez bien pourquoi je suis allé à Paris : je m'y suis rendu en raison d'un ordre du Reichsführer, également chef de la police allemande, en vertu duquel il fallait expulser le plus rapidement possible de France les Juifs y résidant. Sans doute Himmler a-t-il précisé dans cet ordre que les choses n'avançaient pas assez vite en France et sans doute a-t-il demandé qu'on lui indique sans délai à partir de quelle date on pouvait espérer que la France serait — pour reprendre son expression — « désenjuivée ».

— *Si j'ai bien compris, c'est aussi vous qui vous occupiez des problèmes relatifs aux biens des Juifs ?*

— Non, ce n'était pas moi qui m'en occupais. On s'était aussi mis fermement d'accord avec Dannecker pour considérer les personnes déportées comme apatrides sitôt qu'elles franchiraient les frontières du Reich. Ce problème avait, en effet, fait l'objet d'un règlement entre les Affaires étrangères du Reich et le gouvernement de Vichy. Si le problème juridique des biens juifs n'avait pas été réglé sous tous ses aspects, il y aurait nécessairement eu en France, mon Capitaine, auprès du commandement en chef de la police de sécurité et du SD, un service quelconque chargé du recensement des biens juifs. Or, vraiment, je n'ai jamais entendu parler d'un tel service et je suis donc absolument certain que seules les autorités françaises se sont occupées de cette affaire.

— *Il en résulte donc que, de votre fait, ces Juifs perdaient automatiquement leur nationalité lorsqu'ils entraient sur le territoire du Reich et qu'ils étaient déclarés apatrides, ce qui vous permettait de dire qu'on ne déportait que des sujets apatrides. N'est-ce pas ainsi qu'il faut comprendre les choses ?*

— Non, mon Capitaine. Jamais la police de sécurité n'a disposé de cette possibilité. Ce n'aurait pas été admissible du tout d'un point de vue juridique. Le gouvernement de Vichy, qui, de toute façon, nous mettait toujours des bâtons dans les roues, nous aurait dans ce cas créé les plus grandes difficultés.

— *Pouvez-vous encore prétendre qu'il ne s'agissait là que de « problèmes techniques de transport » ?*

— Oui, mon Capitaine. Il... il est bien sûr évident que tout ça n'était... n'était qu'un problème de transport, que ça n'avait rien à voir avec les tueries. Evacuation et transport... tout tourne autour du problème du transport, mon Capitaine. Mais ça n'a rien à voir avec les tueries, mon Capitaine. C'est la grande différence que, que nous faisions à l'époque et que je dois faire aujourd'hui encore.

— *La solution finale de la question juive dont ces documents font mention signifie bien l'extermination des Juifs dans les camps d'extermination?*

— Mon Capitaine, j'ai déjà eu l'occasion de le dire... la solution finale est un mot qui a recouvert beaucoup de choses. Pour finir, on a aussi appelé « solution finale » l'extermination mais, auparavant, la « solution finale » avait aussi désigné ce qui n'était pas l'extermination, ce qui n'était que l'expulsion des Juifs des régions vitales pour le peuple allemand ; cela, déjà, se déroulait sous l'appellation de « solution finale ».

— *A l'époque de cette conférence du 1er juillet 1942...*

— ... On tuait déjà. .

— *... Heydrich était déjà mort. Mais il vous avait déjà informé de ces assassinats. Par conséquent, chaque fois qu'il est ici question de solution finale, cela signifie, tout naturellement, extermination physique.*

— Mais, mon Capitaine, pourquoi donc aurait-il fallu, dans ce cas, que ces gens-là aient de bonnes chaussures, qu'ils emportent cinquante kilos de bagages, etc. ? Tout de même ! On a par conséquent affecté ces gens à des travaux. D'ailleurs on parle encore dans ces notes de l'âge, on dit de ne déporter qu'à partir d'un certain âge, puis on parle des enfants, etc.

— *Mais peut-être me faut-il supposer qu'on faisait preuve, dans la mise en route de la machine de mort, de la minutie propre aux Allemands et que l'on se croyait obligé de régler au préalable, le plus scrupuleusement et le plus proprement du monde, toutes les questions encore en suspens. Par exemple, la question des chaussures ; on ne pouvait tout de même pas faire arriver ces gens en haillons. Le sort qui leur était ultérieurement réservé n'ayant, à cet égard, aucune espèce d'importance.*

— Non, non, mon Capitaine, je ne le crois pas. Il est quand même resté tant, tant de Juifs vivants après 1945. Et des centaines de milliers d'entre eux étaient pourtant bien passés par les camps de concentration !

— *Je préfère ne pas vous demander ce qui se serait passé si la guerre avait duré un an de plus. Voici maintenant une note administrative rédigée le 15 juillet 1942 par la section juive de Paris. Je vais vous en donner lecture :*

« Objet : transport de Juifs à Auschwitz. Le 14 juillet, l'Obersturmbannführer Eichmann a appelé de Berlin ; il voulait savoir les raisons de l'annulation du convoi prévu pour le 15 juillet 1942. J'ai répondu qu'il avait été prévu à l'origine d'arrêter les porteurs d'étoiles, même en province, mais qu'en raison d'un nouvel accord passé avec le gouvernement français on ne pourrait, dans un premier temps, arrêter d'autres Juifs que les apatrides. On avait été obligé d'annuler le convoi parce que, à en croire un rapport du détachement du SD à Bordeaux, il n'y avait là-bas que cent cinquante Juifs apatrides. Il n'avait pas été possible, compte tenu de la brièveté des délais, de trouver une solution de remplacement. L'Obersturmbannführer fit alors remarquer qu'il s'agissait d'une question de prestige, qu'il avait fallu mener de longues négociations avec le ministère des Transports pour obtenir ces trains et que c'était justement le moment choisi par Paris pour annuler un convoi ; il ajouta que c'était la première fois que lui arrivait une chose pareille et qu'il trouvait cette affaire très fâcheuse. Il dit encore qu'il n'en référerait pas immédiatement au Gruppenführer Müller parce que lui-même se ridiculiserait et qu'il se demandait s'il n'allait pas tout simplement renoncer, à l'avenir, à expulser les Juifs de France. Je l'ai prié de n'en rien faire en précisant que nos services, ici, n'y étaient pour rien et que les autres trains partiraient bien, conformément aux prévisions. »

— Dannecker m'a ensuite téléphoné et est parvenu, d'une manière ou d'une autre, à trouver réponse à tous les reproches que je lui adressais. Cette note montre bien combien nous avions de peine à obtenir des convois, trois convois, du ministère des Transports. Et voilà que nous annulions un de ces trois convois ! Une telle chose ne pouvait qu'entraîner des lamentations terribles de la part du ministère des Transports parce que cela jetait la perturbation dans tous ses horaires.

— *Voici maintenant un télex expédié de Paris, le 10 juillet 1942 ; il est signé de Dannecker :*

« Au RSHA, section IVB4, Berlin. Objet : expulsion des Juifs de France. Note consécutive à un entretien entre l'Obersturmbannführer Eichmann et l'Hauptsturmführer Dannecker. La police française procédera à l'arrestation de Juifs apatrides, à Paris, entre le 10 et le 18 juillet 1942. Il faut s'attendre à ce que, au terme de cette opération, quarante-deux mille enfants juifs environ se retrouvent seuls. C'est l'Assistance publique française qui prendra ces enfants en charge, dans un premier temps. Comme il n'est pas souhaitable que ces enfants juifs restent trop longtemps en contact avec des enfants non juifs et que l' " Union des Juifs de France ", pour sa part, peut tout au plus héberger quatre cents enfants dans ses foyers, je demande que l'on me fasse connaître d'urgence, par télex, la décision prise à cet égard et que l'on me précise si l'on peut aussi expulser, peut-être à partir du dixième convoi, les enfants des Juifs apatrides soumis aux mesures de déportation. Pour ordre : Dannecker. »

Voici maintenant une autre note, de Dannecker toujours, datée du 21 juillet 1942.

« Objet : expulsion des Juifs. Le 20 juillet 1942, nous avons reçu un coup de téléphone de l'Obersturmbannführer Eichmann et de l'Obersturmführer Nowack, de la section IVB4 du RSHA. Nous avons abordé la question de l'expulsion des enfants avec l'Obersturmbannführer Eichmann. Il a décidé qu'on pourrait faire partir des convois d'enfants dès qu'il serait possible de reprendre les déportations à destination du Gouvernement général. L'Obersturmführer Nowack, pour sa part, a donné l'assurance que, fin août, début septembre, il expédierait en direction du Gouvernement général six convois environ, susceptibles de transporter des Juifs de toutes natures, y compris des Juifs inaptes au travail et des Juifs âgés. De notre côté, nous avons informé l'Obersturmbannführer Eichmann que nous ne pouvions provisoirement envisager de faire partir que dix nouveaux convois et que les négociations avec le gouvernement français pour obtenir l'arrestation d'autres Juifs étaient toujours en cours. »

Avez-vous quelque chose à dire ?

— Je me souviens maintenant de cette affaire des enfants ; je me souviens en avoir entendu parler. C'est Himmler en personne qui a pris à l'époque cette décision d'ordre général concernant ces enfants. Le RSHA, par l'intermédiaire du Gruppenführer Müller, avait sollicité de lui des instructions sur la manière de procéder en pareil cas. Ce ne sont ni Müller, ni le chef de la police de sécurité et du SD qui ont pris la décision dans cette affaire ; le problème fut tout au contraire soumis à Himmler et c'est lui qui décida alors : « Qu'on les déporte ! » Maintenant ça me revient, mon Capitaine.

— *Cette décision a-t-elle quelque chose à voir avec des problèmes techniques de transport ? La décision d'envoyer quatre mille enfants dans les camps d'extermination !*

— Oui, mon Capitaine. Il s'agit bien, dans le cas présent, des directives à suivre pour effectuer ces transports. Il fallait bien fournir des directives à mes services et, ces directives, il me fallait bien les obtenir de quelqu'un.

— *Voici encore un document à ce sujet. Tenez. Je débranche un instant.*

— Il s'agit d'un télex adressé à la section IVB4, ma section donc, à Berlin. L'Hauptsturmführer Dannecker y fait part du résultat auquel ont abouti, entre-temps, les négociations menées avec le gouvernement de Vichy : « Rassembler, en vue de leur expulsion, tous les Juifs apatrides de la zone occupée. Le Premier ministre Laval a proposé qu'à l'occasion de l'expulsion des familles juives de la zone non occupée on déporte aussi les enfants de moins de seize ans. En revanche, il ne s'intéresse pas à la question des enfants restés seuls en zone occupée. C'est pourquoi je demande qu'on décide très rapidement si l'on peut envisager d'expulser aussi les enfants de moins de seize ans, par exemple à partir du quinzième transport de Juifs. »

— *Estimez-vous que des enfants de quatorze ans constituent une main-d'œuvre véritable et qu'ils peuvent survivre dans un camp d'extermination tel qu'Auschwitz ?*

— Mon Capitaine, c'est le Reichsführer qui a imposé ces directives, ce n'est pas moi.

— *Je vous demande si vous estimez que des enfants de quatorze ans constituent une main-d'œuvre véritable.*

— Je ne le pense pas, bien entendu, sauf dans des cas tout à fait exceptionnels, mais, en règle générale, non.

— *N'est-ce pas la preuve qu'on avait l'intention de gazer ces enfants dès leur arrivée au camp ?*

— Mon Capitaine, ce n'est pas moi qui ai donné ces ordres.

— *Je vais maintenant vous lire le passage d'un document dans lequel un membre de vos services parisiens rend compte d'une réunion qui s'est déroulée au RSHA, le 28 août 1942, et qui fut consacrée aux questions juives :*

« Le RSHA expliqua que, dans un premier temps, on ne pouvait expulser que les Juifs apatrides et que des négociations étaient toujours en cours avec le ministère des Affaires étrangères pour prendre une décision quant aux autres Juifs étrangers ; mais elles n'ont toujours pas abouti. En aucun cas, il n'était souhaitable de rapatrier dans leurs pays d'origine les Juifs étrangers. On ne pouvait ainsi faire droit à une demande du Consulat de Suisse visant à l'expulsion vers la Suisse de familles juives de nationalité suisse. Il n'était pas possible pour l'instant de récupérer les biens des Juifs étrangers car divers représentants de ces pays s'intéressaient aux biens de leurs compatriotes juifs. »

Peut-être pouvez-vous m'expliquer quelque chose qui reste pour moi incompréhensible : le fait de ne pas trouver souhaitable le rapatriement des Juifs étrangers — et celui de s'efforcer de récupérer les biens juifs — qu'est-ce que cela peut bien avoir à faire avec des problèmes techniques de transport ? Tous ces documents prouvent pourtant à l'évidence que votre section s'occupait aussi de ça. Au-delà des problèmes de transport.

— Oui, mon Capitaine. C'est exact, mais seulement dans la mesure où l'on tient compte du fait que ces choses dont vous parlez représentent les conditions à remplir absolument si l'on veut procéder à la moindre évacuation. On ne peut imaginer que les premiers employés venus de je ne sais quel service chargé de l'évacuation descendent tout simplement dans la rue et se mettent à arrêter et à évacuer indistinctement tous les Juifs qu'ils rencontrent — sous le seul prétexte qu'ils ont reçu l'ordre de déporter les Juifs. Cela ne serait... cela n'est pas pensable, mais il fallait au contraire, comme j'ai déjà eu maintes fois l'occasion de le dire, il fallait au préalable avoir tiré au clair ces points délicats en consultant, par l'intermédiaire de notre section IVB4, les services compétents...

— *Voici une autre photocopie ; c'est un document qui a trait à un transport d'enfants.*

— Oui, ici, c'est... Il est vraiment dommage qu'on ne dispose pas du dossier complet. Le RSHA a dû recevoir en 1943, d'un quelconque service officiel, une information selon laquelle mille enfants juifs et cent accompagnateurs, juifs aussi, originaires de Roumanie, désiraient émigrer en Palestine, par voie de terre, via la Bulgarie, en collaboration avec la *Société internationale des wagons-lits*. Là-dessus, la section IVB4 s'est vu enjoindre de donner une réponse négative aux Affaires étrangères. On peut en effet lire en fin de document : prière d'empêcher dans toute la mesure du possible l'émigration prévue. Cette dernière phrase montre que cette affaire ne soulevait pas de grosses passions.

— *Voici maintenant trois autres photocopies qui se rapportent au même groupe de problèmes.*

— Oui, il s'agit ici encore de cette vieille prise de position du ministère des Affaires étrangères, dont la préoccupation constante, et, si vous me permettez de dire les choses objectivement, je dirai dont la préoccupation légitime était de ne pas se laisser créer en Palestine un nouvel Etat avec lequel ce ministère aurait éventuellement des difficultés ultérieurement. C'est cette prise de position qui a servi de fil conducteur aux Affaires étrangères dans toute la — disons, dans toute l'activité qu'elles ont déployée dans la question juive, en rapport avec les problèmes d'émigration. C'est aussi cette prise de position qui m'avait occasionné de très grosses difficultés à Vienne, compte tenu du forcing qu'exerçaient alors les organisations sionistes.

— Lisez ce document photocopié. C'est là un télégramme, daté du 12 septembre 1941, expédié de Belgrade au ministère des Affaires étrangères et concernant les Juifs de Serbie.

— Dans ce télégramme, le signataire informe les Affaires étrangères que, compte tenu de la situation intérieure présente, il n'est pas envisageable de regrouper des Juifs dans des camps de travail car l'ordre ne règne pas dans le pays. La présence de camps de Juifs ne ferait que compromettre la sécurité de la troupe. D'où la nécessité de débarrasser immédiatement le camp de Sabac de mille deux cents de ses Juifs car on a constaté la présence, aux alentours du camp, de bandes de rebelles fortes de plusieurs milliers d'hommes. Une condition essentielle, pour retrouver une situation normale serait, dans un premier temps, la déportation des Juifs de sexe masculin. L'expéditeur de ce télégramme est vraisemblablement quelqu'un des Affaires étrangères. Il y a, à la fin du télégramme, des notes au crayon : « Section IVB4 — Après consultation de l'Obersturmbannführer Eichmann... », «... accueil en... » Qu'est-ce qu'il y a d'écrit ici ?

— Russie...

— «... en Russie et dans le Gouvernement général impossible. Même, même les Juifs d'Allemagne... »

— «... ne peuvent... »

— «... ne peuvent y être accueillis. Eichmann propose de les passer par les armes... de les passer par les armes. En parler au RSHA... » C'est très clair, en tout cas ; il y a bien écrit ici : « Eichmann propose de les passer par les armes. »

Eh bien, c'est qu'à coup sûr je n'ai fait que transmettre la chose. D'après le contenu de ces lignes, je vois très bien comment cela s'est passé ; on a dû me dire : il n'y a plus rien d'autre à faire, passez-les par les armes ! Pour que tout soit bien clair, je voudrais à nouveau préciser un point, alors que je devrais pouvoir m'en dispenser : je n'ai pas, de mon propre chef, donné l'ordre de les exécuter, mais je suis passé par la voie hiérarchique pour régler ce problème et il s'est trouvé que mes supérieurs m'ont répondu qu'il fallait les exécuter.

— *Votre collaborateur en Hollande a envoyé de La Haye la lettre suivante au camp de Juifs de Westerbork: « Objet : le chargement des trains en partance pour l'Est. » Avez-vous lu le document intégralement et avez-vous quelque chose à dire ?*

— Il doit y avoir un rapport entre cette note, qui est consacrée au problème du chargement, en mai 1943, de six convois destinés à transporter huit mille Juifs au total, et une réunion tenue par nos supérieurs pour régler les problèmes du transport ; peut-être même cette réunion s'est-elle accompagnée d'un rapport faisant le point, en avril 1943, des opérations entreprises pour « désenjuiver » la Hollande. C'est certainement à la suite de ça que le RSHA a réussi à mettre à la disposition du commandement en chef de la police de sécurité à La Haye des trains en nombre suffisant pour transporter huit mille Juifs au total. C'est maintenant le bénéficiaire de cette mesure, le commandant en chef de la police, qui se demande où il va bien pouvoir trouver ces huit mille Juifs.

— *Cela revient-il à dire que le RSHA exige que l'on déporte durant le mois de mai, en tout état de cause, huit mille Juifs — et donc que c'était vous qui prescriviez aux pays occupés les contingents mensuels de Juifs qu'ils auraient à déporter ?*

— Lorsque, par exemple, je... Enfin, je n'arrive pas aujourd'hui à m'en souvenir, mais ce qui était important pour le RSHA c'était le nombre de trains qu'il arrivait à se procurer. Le ministère des Transports se voyait enjoindre par les... par les hautes sphères de faire en ce domaine tout son possible ; une fois que ce dernier avait mis à notre disposition, disons, un contingent global de trains, il fallait alors les répartir. On effectuait cette répartition en fonction des rapports en notre possession, bien entendu. Si, pour une raison quelconque, à la suite de dispositions prises par la Reichsbahn elle-même, il se trouvait des trains vides et disponibles quelque part, en Hollande par exemple, le RSHA était alors dans l'obligation d'en profiter.

— *Faut-il comprendre qu'une fois la question des moyens de transport réglée, disposant ainsi d'une vue d'ensemble des trains et des convois à votre disposition, vous fixiez alors en conséquence les contingents de Juifs que chacun des pays occupés aurait à déporter ?*

— Oui enfin, pas moi... Il ne fait pas de doute que je recevais alors un nouvel ordre du Reichsführer ; c'était en effet lui qui avait incité le ministère des Transports à mettre le maximum de moyens à notre disposition et qui nous poussait à évacuer sans retard. Si j'obtenais huit trains pour la Hollande, eh bien, La Haye y chargeait huit mille Juifs parce que mes gens savaient qu'un convoi transportait mille personnes... Il est vrai que je lis ici qu'on a déporté un jour mille deux cents personnes en un seul convoi et que, le 1er mai, on en chargea même mille quatre cent cinquante, des Juifs malades et âgés. Ça, je n'arrive toujours pas à me l'expliquer, à moins que...

— *Doit-on comprendre que, compte tenu du chiffre de huit mille que vous aviez prescrit, il ait fallu procéder coûte que coûte à l'évacuation de ces huit mille personnes et qu'en conséquence, il eût fallu peut-être les répartir sur six trains seulement ?*

— Qu'est-ce qu'ils ont fabriqué sur place ? Ça, je n'en ai aucune idée. Mais ce que je lis ici : des Juifs âgés et malades... ce n'était pas... pour l'Est, ce n'était pas réglement... c'était contraire aux directives.

— *Mais on les a tout de même déportés.*

— A l'Est ? Ont-ils effectivement été déportés ? Oui, j'aimerais bien savoir ; où les a-t-on... où se sont-ils retrouvés ? Des malades et des personnes âgées, cela n'était pas conforme aux directives.

— *Votre section avait exigé que l'on déporte coûte que coûte huit mille Juifs durant le mois de mai. N'était-ce pas là faire le forcing ?*

— Mon Capitaine, en ce qui concerne l'évacuation, il revenait à la IVB4 de fixer la cadence et ce pour deux raisons : d'une part, nous devions exécuter les ordres du Reichsführer, ordres sans ambiguïté et sans souplesse ; d'autre part, la section était tributaire des moyens de transport à sa disposition. Durant les périodes où il était relativement aisé d'obtenir ces moyens, la section IVB4, compte tenu d'un ordre de principe donné à ce sujet par le Reichsführer et chef de la police allemande, se voyait contrainte d'intervenir avec la plus grande énergie afin que ces moyens de transport soient pleinement et effectivement utilisés.

— *Voici un télex adressé par votre section de Berlin à votre collaborateur Zöpf, de La Haye ; il est daté du 21 janvier 1944. Son objet : les Juifs grossistes en ferraille.*

— Ce télex transmet l'ordre de déportation de quelques Juifs nommément cités ; ce sont manifestement des gens qui se sont occupés jusqu'ici du commerce en gros des métaux et qui travaillent pour le compte du ministère de l'Armement et des Munitions. Je ne peux, à ce sujet, dire qu'une chose et qui reste fort générale : l'ordre d'en finir avec les Juifs était particulièrement impératif en Hollande. Il est indéniable que, de ce point de vue, la section IVB4 a reçu l'ordre d'en finir au plus vite en Hollande.

— *On peut lire ceci dans ce document :*

« Compte tenu de la nécessité de désenjuiver totalement et sans délai les Pays-Bas, il n'est pas possible, pour les raisons déjà dites, d'accéder à la demande du chargé de mission du ministère de l'Armement et des Munitions qui souhaitait voir libérer ces Juifs — c'est là que leurs noms sont cités — afin qu'ils poursuivent leurs achats de métaux. »

Cela signifie donc que cette administration souhaitait voir libérer ces Juifs et que votre section s'y est alors opposée.

— Les instances dirigeantes du Reich, indépendamment des ordres qu'elles avaient de toute façon déjà donnés sur un plan plus général, avaient encore durci leur attitude concernant la Hollande ; nous avions pour consigne d'être particulièrement vigilants et sévères dans ce pays. Il est certain qu'à l'époque j'ai dû en être très précisément informé. L'administration nous avait certainement transmis les circulaires, mais je me rappelle encore que — pendant toute une période au moins — on a particulièrement été vigilant à l'égard de la Hollande, en raison très précisément du fléau que représentaient je ne sais quels groupes qui circulaient encore librement dans le pays.

— *Ce document prouve-t-il qu'il existait des autorités allemandes qui s'efforçaient, en Hollande, de faire libérer des Juifs ?*

— Oui, il s'agissait du représentant dans le pays du ministre de l'Armement et des Munitions.

— *Et peut-on déduire de ce document que votre section s'opposait par principe à toute libération de Juifs ?*

— Dans la mesure où cela répondait à un ordre du Reichsführer, bien sûr. Elle était bien obligée.

— *Avez-vous eu à vous occuper du sort de particuliers juifs et à prendre des décisions les concernant ?*

— A l'exception des dirigeants juifs avec lesquels j'ai collaboré tout au long de ces années-là, je n'ai jamais eu à décider du sort du moindre individu : en ce qui concerne les dirigeants en question, je n'ai pas eu non plus à décider de leur sort, qu'il se soit agi de déportation, d'exécution... ou quoi que ce soit d'autre.

— *Voici maintenant une lettre de votre section, destinée aux Affaires étrangères et datée du 2 décembre 1942.*

> « Objet : le Juif Roger Massé, ancien prisonnier de guerre français, né en 1884. Le Juif susmentionné a été déporté à l'Est — à Auschwitz — le 5 juin 1942. Pour des raisons de principe, je ne peux donner mon accord à son rapatriement. Pour ordre : Eichmann. »

— Il s'agit là d'un courrier de routine rédigé par un collaborateur spécialisé.

— *Mais il ressort de ce document que c'est vous-même qui...*

— Mon Capitaine, il s'agit d'un formulaire passe-partout. C'est une lettre de routine. Ce n'est pas une décision prise par moi.

— *Mais cette lettre est pourtant rédigée à la première personne* : « *pour des raisons de principe, je ne peux donner mon accord* ».

— Bien sûr, bien sûr ! Bien sûr ! Mais ce sont là de purs procédés administratifs... les sempiternelles habitudes... pour ordre... bien entendu. C'était moi le responsable du service. Il me fallait écrire cette lettre pour ordre. Elle n'a rien changé au sort de la personne en question.

— *Effectivement ! Puisqu'on ne l'a pas rapatriée. Vous avez tout à fait raison. Le document suivant, que voici, concerne les propriétaires du cinéma* Le Capitole *à Heidelberg. Il s'agit d'une lettre que vous avez adressée, le 2 février 1943, au ministère des Affaires étrangères à Berlin. Est-ce bien votre signature ?*

— Ma signature ? C'est bien elle !

— *Il s'agit, d'après ce que vous écrivez vous-même, de la famille juive du dénommé Jakob Hirsch, alias Eugen Romani, citoyen hongrois. Vous écrivez ceci, je cite :*

> « Ainsi qu'il ressort des faits ci-dessus évoqués, presque toutes les entreprises cinématographiques sont enjuivées. En ce qui concerne Eugen Romani, il s'agit manifestement, à notre avis, d'un Juif qui est parvenu, grâce à ses relations avec des milieux hongrois influents et au versement de pots-de-vin, à acquérir une identité aryenne. Il serait donc parfaitement inutile de réclamer de

lui ou de ses enfants la preuve de leur prétendue origine aryenne. J'ai donc l'intention de prendre un ordre d'expulsion, de ne pas renouveler à Eugen Romani, sa femme et son fils Rudolf leur autorisation de séjour qui arrive à expiration le 12 février 1943 et d'expulser du territoire du Reich, dans les plus brefs délais, les susnommés. Rudi Romani, en revanche, en raison de son comportement inqualifiable, sera transféré dans un camp de concentration. Néanmoins, avant que cette mesure n'entre en vigueur, je vous serais reconnaissant de me faire savoir rapidement si, pour des raisons de politique extérieure, vous avez des objections et des réserves. Pour ordre : Eichmann. »

Vous prenez donc, dans ce cas, une décision de principe concernant le sort de cette famille. Est-ce exact ?

— C'est exact ! En effet ! Même si le texte n'est pas à proprement parler de moi mais d'un subordonné. Il porte toutefois ma signature, pour ordre du chef de la police de sécurité et du SD.

— *Voici une autre lettre de vous aux Affaires étrangères, écrite le 23 mars 43. Est-ce bien votre signature ?*

— C'est ma signature, effectivement !

— *Je vous donne lecture de ce document.*

« Affaire concernant le Juif Israel Hirschberg, domicilié 34, Sodenerstrasse à Berlin-Wilmersdorf. — D'après ses propres déclarations, le Juif Hirschberg, de nationalité allemande, est employé comme professeur de langues auprès du secrétaire de la légation thaïlandaise à Berlin et il donne des cours à ce dernier ainsi qu'aux autres membres de sa famille. Abstraction faite de ce qu'on dispose pour ce travail d'autres personnes qualifiées, de sang allemand elles, je suis d'avis que le plénipotentiaire de Thaïlande ne poursuit d'autre but, en s'attachant les services du Juif Hirschberg, que de lui épargner des désagréments. Je vous serais en conséquence reconnaissant de tenter d'obtenir du secrétaire de la légation thaïlandaise qu'il renonce à employer à l'avenir le Juif Hirschberg ; je vous prie également de me faire savoir le résultat de votre démarche. Pour ordre : Eichmann. »

En vous opposant ainsi à ce qu'Hirschberg puisse poursuivre son travail, aviez-vous l'intention de l'expédier dans un camp d'extermination ?

— Mon Capitaine, cette lettre a été écrite en 43...

— *A l'époque où la solution finale de la question juive vous était...*

— Il s'agit encore une fois d'une lettre que j'ai signée, qui m'a été soumise conformément aux instructions et aux consignes qui étaient les miennes dans ce poste de responsabilité que j'assurais à la tête de la section.

— *Si le secrétaire de la légation thaïlandaise acceptait de se séparer de cet homme, le sort de ce dernier serait scellé : il serait du prochain convoi, ou de l'un des tout prochains.*

Voici une lettre du 27 septembre 1943 et qui concerne, elle, une juive d'origine néerlandaise, Caroline Simons. C'est un mot très bref. On peut lire : « Suite aux changements politiques intervenus entre-temps, il n'y a, à mon avis, plus aucun motif de se préoccuper du départ pour l'Italie de la Juive susmentionnée. J'ai, en conséquence, ordonné à mes services de La Haye d'expédier immédiatement au travail à l'Est cette Simons. » Pour ordre : il s'agit bien de votre signature ?

— Oui. Cette lettre a été rédigée par l'un de mes collaborateurs compétents. Elle est écrite en réponse à une lettre des Affaires étrangères en date du 27 août 1943 et c'est moi qui l'ai signée, pour ordre.

« Suite aux changements politiques intervenus entre-temps » — je suis aujourd'hui incapable de dire quels bouleversements politiques il a bien pu se produire aux environs du 27 septembre 43. En tout cas, celui qui a rédigé cette lettre disposait d'informations en fonction desquelles, en fonction de quoi il a...

Commentaire : Le 25 juillet 1943, le roi d'Italie renvoya le dictateur Benito Mussolini qui fut aussitôt arrêté. Le parti fasciste italien se retrouva dissous, interdit et privé de tout pouvoir. Le nouveau gouvernement, dirigé par le maréchal Badoglio, rompit avec ses alliés allemands et capitula, le 8 septembre, devant les forces armées des puissances occidentales. Si, dans la période précédente, les Allemands avaient bien dû accepter de voir même l'Italie fasciste ne s'associer qu'à son corps défendant, avec mollesse et manifestement à contrecœur, à l'antisémitisme national-socialiste, ils n'avaient plus désormais à se soucier des souhaits des Italiens ; certes Mussolini, que des SS et des parachutistes étaient allés libérer de sa captivité, avait retrouvé ses fonctions de chef de l'Etat pour une partie du territoire italien, mais cette partie du territoire était maintenant occupée par l'armée allemande. La quadragénaire Caroline Simons devait avoir en Italie des amis influents qui s'étaient efforcés de la faire venir et de la mettre ainsi à l'abri, mais il leur était désormais impossible de la protéger des coups de la Gestapo.

— Et vous, vous avez alors donné l'ordre de déporter cette femme à l'Est. L'expédier au travail à l'Est, cela signifie l'envoyer dans un camp de concentration. Et à Auschwitz encore ! Vous rappelez-vous que durant tous les interrogatoires jusqu'ici, vous n'avez cessé de souligner que votre section n'était responponsable que du transport ?

— Cétait... notre... notre... C'était ce qu'on nous avait dit de faire.

— Vous avez nié être personnellement intervenu dans le destin de tel ou tel Juif. Mais ces documents parlent d'eux-mêmes ; ils montrent en effet que vous disposiez des pleins pouvoirs.

— C'est exact, mon Capitaine. Seulement, il ne s'agissait tout de même pas là de décisions personnelles. Si je n'avais pas occupé ce poste, il aurait bien fallu que quelqu'un d'autre prenne les mêmes décisions que moi, en exécution des instructions, des consignes et des décrets édictés par les gens placés au-dessus de la section. Je n'ai eu absolument aucune décision à prendre. J'ai tout au plus écrit pour ordre — plus précisément pour ordre du chef de la police de sécurité et du SD. Pas pour ordre de la section, car la IVB4 c'était moi, n'est-ce pas ?

— Le document suivant a trait à l'évacuation des Juifs roumains. Il s'agit d'un télégramme que le secrétaire de la légation allemande à Bucarest, Rintelen, adresse au ministère des Affaires étrangères.

— Il signale, dans ce télégramme, que le chef de la police de sécurité et du SD — il écrit, lui, « chef de la police de sécurité et du service de sécurité », ce qui n'est pas exact, c'est « chef de la police de sécurité et du SD » qu'il faut dire — ce dernier donc, dans un rapport, indique que le chargé de mission du RSHA en a terminé avec ses préparatifs politiques et techniques concernant la solution de la question juive en Roumanie, si bien qu'il sera très bientôt possible de faire partir les premiers convois de déportés. Il est prévu de transférer les Juifs de Roumanie dans le district de Lublin, à partir du 10 septembre 1942, en une succession ininterrompue de convois ; une fois parvenus à destination, les Juifs aptes au travail seront affectés à des travaux, les autres devront être soumis au traitement spécial. Toutes dispositions ont été prises pour que ces Juifs perdent leur nationalité sitôt la frontière de Roumanie franchie. Sur instruction du RSHA, le conseiller aux questions juives à Bucarest, l'Hauptsturmführer Richter, s'est fait remettre par le vice-président du Conseil, Mihail Antonescu, un document de sa main. « Je sollicite l'autorisation d'effectuer, de pouvoir effectuer les opérations de déportation. Rintelen. »

— *Les autres devront être soumis au traitement spécial, qu'est-ce que cela veut dire ?*

— La mort ! C'est le terme consacré.

— *Faut-il comprendre que, dans ce cas comme dans les autres, les Juifs que l'on déclarait inaptes au travail tombaient automatiquement sous le coup du traitement spécial ?*

— C'est bien comme ça que ça se passait, conformément à l'ordre reçu du Reichsführer et chef de la police allemande.

— *C'est vous qui avez écrit de votre propre main l'arrêté que voici ?*

— Oui, oui ! La signature... la signature est vraisemblablement celle d'un supérieur. Kaltenbrunner ou Müller.

— *Le chargé de mission du RSHA à Bucarest, c'était bien un de vos hommes, Richter vraisemblablement ?*

— C'était Richter, parfaitement ! Mais il nous faut maintenant bien voir que toutes les conditions préalables avaient été réunies. Il n'était pas pensable qu'Himmler puisse se contenter d'ordonner l'évacuation immédiate de tous les Juifs de Roumanie ; il ne lui suffisait pas de dire : ceux qui sont aptes au travail, qu'on les mette au travail, quant à ceux... les autres qu'on les soumette au traitement spécial ! On avait affaire à un pays où il ne suffisait pas que le Reichsführer et chef de la police allemande donne un ordre pour que tout se fasse aussitôt. Il fallait d'abord créer l'ensemble des conditions préalables.

— *C'est par exemple de cela qu'il s'agit dans la phrase suivante : « On a pris toutes les dispositions pour que ces Juifs perdent leur nationalité sitôt la frontière de Roumanie franchie » ?*

— C'est ce qu'un service quelconque avait dû exiger.

— *Ce service, n'était-ce pas le vôtre ? Car les gens devenaient du même coup apatrides, on pouvait par conséquent les appréhender et les déporter dans des camps. Et personne ne pouvait alors venir vous dire : vous avez expédié des citoyens roumains dans les camps d'extermination, puisque, justement, il s'agissait désormais de Juifs apatrides.*

— Ce sont les Affaires étrangères qui ont dû poser cette condition. Dans ce domaine, c'étaient les Affaires étrangères qui avaient toutes prérogatives. Même Müller et le chef de la police de sécurité et du SD faisaient preuve de la plus grande prudence en ce domaine et voulaient d'abord régler le problème au niveau des plus hautes instances du Reich.

— *Parce que, sinon, Ribbentrop aurait pu considérer qu'on lui portait préjudice ?*

— Non, non. Mais, une fois que les Affaires étrangères avaient dit non, la police de sécurité ne pouvait plus rien entreprendre à l'étranger. Chacune des instances centrales défendait son domaine de très près et avec un grand acharnement. Si les choses s'étaient passées différemment, on n'aurait pas eu besoin de toute cette paperasserie. La — comment pourrais-je l'appeler — la machine administrative s'en est tenue aux prescriptions avec une minutie et une précision des plus bornées. De là, aujourd'hui, ces dossiers de cinquante kilos !

— *Les Allemands ont toujours été célèbres pour leur exactitude pointilleuse. Cette qualité ne leur a pas non plus fait défaut dans le domaine de l'extermination. Voici encore une lettre que votre service, le même jour, donc le 26 juillet, adresse aux Affaires étrangères. Objet : la solution de la question juive.*

— C'est une note de ma section ; elle informe les Affaires étrangères qu'à l'avenir, c'est-à-dire à compter du 10 septembre 1942, on prévoit de déporter également des Juifs roumains vers l'Est, dans des convois spéciaux.

— *A propos des transports, quelles sortes de directives votre section envoyait-elle à ses représentants à l'étranger ?*

— Ils s'occupaient de l'organisation du voyage, de choses comme ça. Avec toujours, et invariablement la même recommandation : « Dans la mesure du possible, éviter les brutalités inutiles. »

QUATRIEME PARTIE

— *Lorsque les autorités des régions occupées s'adressaient à vos représentants locaux pour obtenir des renseignements sur le lieu de destination ou de séjour des Juifs déportés, autorisiez-vous ou bien interdisiez-vous la divulgation de ces renseignements ?*

— Lorsqu'on nous posait ce genre de questions, nous répondions : on les a envoyés au travail à l'Est. C'était d'ailleurs l'explication officielle. La section IVB4 n'avait aucune idée non plus de qui était tué, qui était envoyé au travail. Et... je peux facilement m'imaginer aujourd'hui que, compte tenu de la réponse obtenue : « on les a envoyés au travail à l'Est », on ne devait pas souvent poser ce genre de questions.

— *Voici quatre pages de documents photocopiés qui se rapportent à cet aspect du problème.*

— Il y a d'abord une demande de renseignements qu'adresse Paris à la section IVB4 du RSHA ; on voudrait savoir s'il est possible de répondre favorablement à l'*Union générale des... Israélites de France* [1] et donc l'informer de l'endroit où se trouvent les Juifs à qui elle désire verser des pensions, des montants d'assurance et d'autres paiements du même genre. En guise de réponse, le RSHA envoie un télex signé indiquant qu'il n'est pas question de transmettre cette information à l'organisation juive mais qu'il faut la transmettre à la... euh... aux... à la police française. Toutefois, pour éviter une utilisation malveillante de ces renseignements et ne pas alimenter des campagnes de propagande mensongère, il conviendra de ne pas parler d'évacuation ou de déportation des Juifs lorsqu'on sera amené à délivrer d'éventuelles attestations. Il faudra bien plutôt se contenter d'évo-

1. En français dans le texte.

quer le fait que le Juif en question est pour l'heure disparu et qu'on ignore où il se trouve présentement. Suite à ce télex, Paris a transmis l'information à la Préfecture de police.

— *Que signifie ici l'expression « campagnes de propagande mensongère » ?*

— Oui, le fait qu'on mettait les gens dans des camps de concentration...

— *On en parlait à l'étranger ?*

— Oui, oui, on en parlait dans les journaux ; et on ne parlait pas que... pas que de ça, mais les journaux s'élevaient sans cesse contre toutes les mesures que prenait le gouvernement allemand — et c'est toutes ces prises de position — dans la mesure où elles étaient négatives — qu'on qualifiait, dans le Reich, de « campagnes de propagande mensongère ».

— *En d'autres termes : peu importait par ailleurs la réalité des faits rapportés...*

— Oui, oui — oui, oui ! Tout cela, vrai ou pas, on le qualifiait de campagnes de propagande mensongère. Même s'il s'agissait d'autre chose que du problème des Juifs. On qualifiait le tout de campagnes de propagande mensongère.

— *Mais, est-ce que... est-ce qu'au moment de la livraison des Juifs dans les camps toute l'opération ne passait pas par votre section ? N'était-ce pas elle qui...*

— Ce n'est pas nous qui mettions à mort, ce n'est pas nous ! Déjà, j'ai...

— *... remettait les déportés aux camps ?*

— Si, après que le Bureau central d'administration économique nous avait fait savoir à quelle gare nous avions à les acheminer.

— *Voici le sens de ma question : on rassemblait les Juifs, on les déportait, on les amenait dans les camps d'extermination, on les éliminait ?*

— Oui.

— *C'était bien vous l'autorité responsable de la livraison ?*

— Oui, bien sûr, nous étions l'autorité responsable de la livraison, mon Capitaine, bien entendu.

— *Et, par exemple, dans le cas où une puissance étrangère réclamait ensuite un certificat de décès, c'était bien à vous qu'on s'adressait pour l'obtenir ?*

— Effectivement, les Affaires étrangères s'adressaient à nous.

— *Non, c'était à vous qu'on s'adressait directement car, en tant qu'autorité responsable, en tant qu'organe responsable de la livraison, c'était également vous qui aviez la responsabilité d'établir et de délivrer un certificat de décès.*

— Non, c'était aux Affaires étrangères qu'on s'adressait — et elles se tournaient ensuite vers nous. Et nous, à notre tour, nous devions nous tourner vers l'administration économique SS, car nous ne disposions d'aucune donnée nous permettant de savoir qui avait été envoyé au travail, qui avait été éliminé.

— *Voici maintenant une lettre adressée par vos services aux Affaires étrangères le 21 décembre 1943. Elle concerne un Juif de nationalité italienne, Bernardo Taubert.*

— Oui. Nous signalons ici aux Affaires étrangères qu'après plus de quatre ans de guerre il y a d'autres problèmes plus importants à régler que de se mettre à rechercher où se trouve un Juif évacué et qu'il est regrettable de voir jusqu'à l'ambassade de l'Italie républicaine et fasciste continuer à intervenir, comme dans le passé, en faveur de Juifs. L'ambassade, manifestement — oui, ça ressort clairement de ce document —, l'ambassade a demandé que l'on recherche où se trouvait l'individu en question et nous n'avons pas accédé à sa demande. Cela se passe le 21 décembre 1943 ; on l'avait certainement déjà évacué, on l'avait expédié soit à Auschwitz soit ailleurs. Il est possible aussi qu'il ait déjà trouvé la mort, mais il peut aussi se faire qu'il ait été encore en vie. Toujours est-il que cette phrase, celle où l'on indique qu'il est malvenu de poser de telles questions après quatre années de guerre, toujours est-il que cette phrase me laisse supposer qu'on ne s'est pas livré à la moindre recherche.

— *Que valait d'ailleurs la vie d'un simple Juif ?*

— Je voudrais, à cette occasion, me livrer à un plaidoyer *pro domo* : je ne suis ni un ennemi des Juifs ni un antisémite. C'est ce que j'ai déclaré au Dr Löwenberg et au conseiller commercial Storfer, du Service central d'émigration de Vienne ; c'est ce que j'ai également déclaré au Dr Kastner à Budapest ; je crois l'avoir déclaré à tout le monde. Chacun d'eux me l'a entendu dire une fois au moins. Mes hommes aussi le savaient. Je n'ai jamais eu aucune difficulté avec les dirigeants politiques juifs. Je ne pense pas non plus qu'un seul d'entre eux se plaindrait aujourd'hui de moi. Lorsqu'en mon absence — j'étais alors en Hongrie — les services de police de Vienne, sous la responsabilité du Dr Ebner, ont arrêté le conseiller commercial Storfer, de Vienne, et l'ont envoyé dans le camp de concentration d'Auschwitz, j'ai fait en sorte que nous nous rencontrions, Ebner et moi, pour discuter de ce problème ; il savait bien, en effet, que Storfer, tout comme Löwenberg, avait exercé pendant des années des fonctions au sein de la communauté juive et qu'en aucun cas on n'aurait dû le jeter dans un camp.

— A quelle date vous êtes-vous rendu à Auschwitz à cause du Dr Storfer ?

— A cause du conseiller commercial Storfer ? Ça a peut-être été... Oui, j'avais aussi reçu, à Berlin, un télex de Höss, le commandant d'Auschwitz, m'informant que Storfer demandait instamment à pouvoir me parler. Je me suis dit alors : Bon, cet homme a toujours été correct, toutes ces années — tout bien pesé — nous avons tout de même été attelés à la même tâche.. Ça en vaut la peine ; j'y vais. Ebner me dit à Vienne : « Si au moins il ne s'y était pas pris de manière aussi maladroite ; il s'est caché et a cherché à s'enfuir. C'est alors que les policiers sont intervenus et l'ont envoyé en camp de concentration. » Il y avait un ordre du Reichsführer qui stipulait que, lorsque quelqu'un était enfermé dans un camp, il ne pouvait plus en ressortir ; il n'y avait donc plus rien à faire. Ni le Dr Ebner, ni moi-même, personne n'y pouvait rien.

— Vous n'avez rien pu pour le Dr Storfer ?

— Je me suis rendu à Auschwitz et j'ai rendu visite à Höss qui m'a dit : « On l'a affecté à un bloc de déportés aptes au travail. » Là-dessus, on m'a amené Storfer qui m'a conté ses malheurs. Je lui ai dit : « Hé oui, mon bon, mon cher Storfer, quelle malchance vous avez, tout de même ! » Je lui ai également dit : « Voyez-vous, je ne peux vraiment pas vous venir en aide ; car, par suite d'un ordre du Reichsführer, personne ne peut vous tirer de là. » Le Dr Storfer m'a demandé alors s'il pourrait être dispensé de travail, qu'il avait à accomplir un travail trop pénible; je dis alors à Höss : « Il faut dispenser Storfer de travail ! » Höss : « Ici, tout le monde travaille ! » Ce à quoi je rétorquai : « Bien, je vais préciser dans un acte administratif que Storfer est chargé d'entretenir avec un balai les petites allées de gravier des jardins devant le poste de commandement » — il y avait justement de ces petites allées de gravier là où nous nous trouvions — « et qu'il est autorisé à s'asseoir sur l'un des bancs lorsqu'il le désirera ». Puis je lui demandai : « Est-ce que ça vous va, monsieur Storfer ? Cela vous convient-il ? » Il était très heureux et nous nous sommes serré la main ; on lui a ensuite donné un balai et il s'est assis sur le banc. J'en ai ressenti une grande joie intérieure.

— *Savez-vous ce qu'il est advenu de lui ?*

— A mon retour de Hongrie, j'appris que Storfer avait été fusillé. C'est aussi, à peu de chose près, ce qui est arrivé au Dr Eppstein que je connaissais depuis 1935 et avec qui j'avais collaboré à Berlin. J'ai eu à l'époque l'impression qu'on profitait de mon absence pour faire disparaître tous ceux que j'avais fréquentés des années durant, pensant sans doute que je ne l'aurais jamais fait moi-même.

— *Dans vos services centraux pour l'émigration juive de Berlin, Vienne et Prague, les dirigeants juifs côtoyaient-ils vos hommes durant leur travail ou bien étaient-ils à part ?*

— En ce qui concerne Prague, je ne me souviens plus, mais je pense que ça devait se passer comme à Berlin et à Vienne. Dans notre Service central de Vienne, il y avait peut-être dix, douze voire quinze employés, c'est-à-dire des dirigeants juifs de la communauté viennoise. Mon supérieur, Stahlecker, est venu plusieurs fois inspecter le service ; il examina même un jour le tapis roulant. Il salua chacun des Juifs d'une poignée de main, tout comme il le fit pour les employés du ministère des Finances, etc. Pour Vienne, mes souvenirs sont très nets et je pense qu'à Prague, qui était la copie conforme de Vienne, les choses se passaient de la même manière.

— *Et à Berlin ?*

— A Berlin, je ne peux pas le dire très précisément mais je pense que, là aussi, l'*Union des Juifs du Reich* a expédié, nous a envoyé des employés et qu'il s'agissait donc de Juifs.

— *Avez-vous tenu en 1940, dans les locaux de vos services à Berlin, une réunion à laquelle vous avez convoqué les dirigeants juifs de Berlin, de Vienne et de Prague ?*

— Oui. Je les ai fait venir à plusieurs reprises à Berlin, par exemple lorsque entraient en vigueur de nouvelles dispositions. Une fois, on a convoqué ensemble les dirigeants juifs de ces trois villes ; c'est Müller qui m'avait donné l'ordre de le faire. Oui, c'est bien ça. Je peux même encore en préciser la date : l'exposition *Le paradis rouge* venait de se tenir, je crois qu'elle s'appelait... Oui, c'est ça, *Le paradis rouge*. Oui, il y avait eu je ne sais plus quel acte de sabotage, quoi exactement, je ne saurais le dire... toujours est-il que je reçus l'ordre... qu'est-ce qu'on m'a dit exactement ? Ah oui, on m'a demandé de convoquer le Dr Löwenherz, je m'en souviens bien, le Dr Murmelstein de Prague, Eppstein de Berlin. J'ai dû convoquer au total à Berlin six ou huit dirigeants, peut-être. Müller les a informés que, sur ordre du Reichsführer de la SS et chef de la police allemande, on allait fusiller, en guise de représailles après le sabotage de l'exposition — je ne me rappelle plus très bien qui, aujourd'hui — mais je crois qu'il a dit quelques Juifs de la communauté berlinoise — je peux pourtant tout aussi bien me tromper, je n'arrive pas à me rappeler, je n'y arrive pas — peut-être a-t-il tout simplement dit quelques Juifs.

— *L'exécution a-t-elle eu lieu ?*

— L'exécution a eu lieu — effectivement — et les dirigeants n'avaient été convoqués que pour se l'entendre dire.

— *Concernant la question de vos services centraux pour l'émigration juive, je vous présente encore quelques documents officiels. Celui-ci est un texte rédigé par votre section IVB4, le 24 novembre 1942. « Secret d'Etat ! Au Reichsführer SS et chef de la police allemande. Présentement dans son quartier général de campagne. Objet : se procurer des devises afin de recruter des volontaires pour la Waffen-SS en Hongrie et assurer des allocations aux membres de leurs familles. »*

— Pour résumer, il s'agissait de ceci : il était proposé de laisser émigrer des Juifs moyennant paiement et, avec cet argent, de couvrir les dépenses ainsi consenties par la Waffen-SS pour son recrutement. C'est certainement le Gruppenführer Berger, le chef du Bureau central chargé du recrutement pour toute la Waffen-SS, qui avait soumis ce projet au chef de la police de sécurité et du SD. Ce projet prenait appui sur le fait qu'en haut lieu, pour un certain nombre d'affaires, on autorisait des Juifs à émigrer, par exemple pour obtenir en échange des biens économiques ou d'autres choses de ce genre.

— *Faut-il interpréter cette lettre de votre section comme un accord donné à l'opération consistant, en échange de devises, à permettre à quelques Juifs âgés d'émigrer, au lieu de les expédier dans les camps d'extermination, à condition que soit effectué un versement de cent mille francs suisses par tête ?*

— Oui. Un accord de principe, oui! La Reichsbank et le ministère de l'Economie s'étant adressés au RSHA, il n'était pas de la responsabilité de la section IVB4 de trancher de son propre chef en cette affaire ; elle a dû, en revanche, recevoir un accord par la voie hiérarchique car il y avait, sinon, une interdiction de principe de laisser émigrer qui que ce soit.

— *Ces Juifs âgés furent-ils ensuite libérés contre le paiement d'une rançon ?*

— Le ministère de l'Economie et la Reichsbank ayant reçu cette autorisation, le Bureau central de la SS sous l'autorité du Gruppenführer Berger s'est alors dit : pourquoi ne pas reprendre le procédé pour le compte de la Waffen-SS ? Ils ont donc fait une demande en ce sens dans le courrier en question.

— *Voici maintenant les photocopies de deux documents. L'un est un courrier de la légation d'Allemagne en Afghanistan, en date du 14 décembre 1940 ; il se réfère aux démarches entreprises par le Pr Fleischmann de Vienne et par le chef d'orchestre Otto Kollmann, de Vienne également, Juifs tous les deux, afin d'obtenir des postes d'enseignant en Afghanistan et de pouvoir y émigrer. Le deuxième document est un courrier que votre section adresse le 28 février 41 au ministère des Affaires étrangères à propos de ces deux Juifs. On peut y lire :*

> « Suite à ce courrier du 18 février 1941, je suis en mesure de vous informer qu'entre-temps j'ai donné comme instruction au Service central pour l'émigration juive de Vienne d'avoir à déporter par l'un des tout prochains convois en partance les Juifs Fleischmann et Kollmann dont il était question dans la note du 14 décembre 1940 en provenance de la légation d'Allemagne en Afghanistan ; cette mesure entre dans le cadre de la déportation des Juifs de Vienne vers le Gouvernement général. Dans ces conditions, on devrait pouvoir considérer cette affaire comme définitivement close. Pour ordre : Eichmann. »

C'est votre signature.

— La seule chose que je puisse dire à ce propos, c'est qu'il y a eu refus. Comme il s'agit d'un professeur, on a vraisemblablement sollicité l'avis du... ministre de l'Education et on a dû se conformer à cet avis.

— *Est-ce bien vous qui avez rajouté à la main, dans ce courrier du 28 février 1941, ces quelques mots « vers le Gouvernement général » ?*

— Oui, c'est moi. Il fallait bien que j'indique précisément la destination.

— *Comment peut-on accorder cette lettre avec vos affirmations répétées selon lesquelles vos efforts ne tendaient qu'à un seul but : venir en aide aux Juifs, même durant la guerre, dans leurs tentatives pour émigrer ?*

— Oui, mais, je l'ai déjà dit, je ne pouvais faire que ce qui était en mon pouvoir. Dans le cas présent, cela ne m'a certainement pas été possible. Il m'a certainement fallu, dans ce cas,... compte tenu de... de... du contexte général, il m'a certainement fallu faire mien l'avis du ministère de l'Education... je suppose qu'il s'agit du ministère de l'Education. Une fois prise dans l'engrenage de la paperasserie, une affaire de ce genre devait suivre son chemin jusqu'au bout.

— *Le service compétent, c'était vous. Car, de toute évidence, il ne ressort que deux choses de cette lettre : que vous aviez déjà donné entre-temps pour instruction au Service central pour l'émigration juive de déporter ces deux Juifs vers le Gouvernement général — et que, « dans ces conditions, on devrait pouvoir considérer cette affaire comme définitivement close ».*

— Oui, mais un... je ne sais quel événement a dû se passer avant ça, obligatoirement. Voyez-vous, le 28 février 41, l'émigration était encore largement autorisée — l'émigration, oui. Sauf dans le cas où un service de la police d'Etat, un service local, opposait son veto.

— *Mais, dans cette lettre, il n'est à aucun moment question de raisons de sécurité.*

— Quoi qu'il en soit, lorsqu'on avait commencé à régler une affaire par la voie paperassière, on était ensuite tenu de procéder selon les règles. Et une pièce administrative en provenance de nos services se voyait réserver le traitement justement réservé aux pièces administratives. On ne peut d'ailleurs pas imaginer qu'il puisse en aller autrement. Mais je lis à cet endroit du document qu'il est question du « ministre des Cultes et de l'Instruction publique [1] » : « leurs candidatures adressées en leur temps au ministre des Cultes et de l'Instruction publique »... Peut-être veut-on parler... peut-être parle-t-on ici du ministre de l'Education ?

— *C'est de l'afghan...*

— La légation — la légation d'Allemagne en Afghanistan

1. On emploie souvent en allemand le terme de « Kultusministerium », l'ancien ministère des Cultes et de l'Instruction publique pour désigner le ministère de l'Education et de la Culture (N d T).

écrit aux Affaires étrangères : « Un hasard me met aujourd'hui entre les mains une lettre adressée à M. le ministre des Cultes et de l'Instruction publique... deux messieurs de Vienne écrivent au ministre afghan et s'inquiètent du sort réservé à leurs candidatures adressées en leur temps au ministre des Cultes et de l'Instruction publique... » Ah, il s'agit de, il s'agit du ministre des Cultes afghan.

— Une lettre, écrite par des Juifs allemands, est tombée entre les mains du secrétaire de la légation d'Allemagne. On vous en a informé par la voie administrative. La décision est alors tombée : direction le Gouvernement général.

— Oui, il a dû... c'est... je ne peux pas... je ne peux rien dire d'autre à ce sujet, mon Capitaine, que... que je ne cesse de me creuser la tête pour deviner comment il a bien pu se faire...

— Je vous donne maintenant lecture d'un autre document.

« Le chef de la police de sécurité et du SD, Berlin SW11, le 9 octobre 1941 — Au Reichsführer SS, Bureau central du personnel SS, Berlin — Objet : le Sturmbannführer Adolf Eichmann, numéro matricule dans la SS : 45.326 — Je souhaiterais que le Sturmbannführer SS Adolf Eichmann soit promu Obersturmbannführer à compter du 9 novembre 1941. Cette proposition se fonde sur le travail et les résultats particulièrement excellents obtenus par Eichmann. En tant que responsable du Service central pour l'émigration juive, il s'est déjà acquis des mérites particuliers dans l'opération entreprise pour désenjuiver notre Marche orientale. Grâce à son activité, des biens gigantesques sont revenus au Reich allemand. Il a de même fourni, avec beaucoup d'esprit d'initiative et la dureté nécessaire, un travail exceptionnel dans le Protectorat... Pour l'heure, Eichmann s'occupe de tous les problèmes posés par l'évacuation des Juifs des territoires que nous occupons. Vu l'importance de cette mission et dans l'intérêt du service, j'estimerais tout à fait opportune une promotion d'Eichmann. Par délégation : signé Streckenbach, Brigadeführer SS. »

Voulez-vous dire quelque chose à ce sujet ?

— C'est la procédure normale d'une demande de promotion. Je n'ai, à vrai dire, rien à déclarer : tout est normal.

— Quels étaient ces mérites particuliers que vous vous étiez acquis dans l'opération entreprise pour désenjuiver la Marche orientale ?

— Mon Capitaine, c'est.... toutes les propositions de promotion sont ainsi, ce sont là des choses qui, bien sûr, paraissent aujourd'hui quelque peu... il faut bien d'une manière ou d'une autre se montrer particulièrement élogieux à l'égard de l'individu concerné car, sinon, il n'obtiendra pas d'avancement. C'est vrai chez les petits fonctionnaires, c'est vrai chez les fonctionnaires moyens et c'est vrai aussi chez les hauts fonctionnaires. Sans ces... si on ne se montre pas particulièrement élogieux, il n'y a pas non plus de promotion. C'est toujours comme ça.

— *Mais l'éloge doit reposer sur quelque chose de réel.*

— C'est exact, mon Capitaine. A Vienne, et à Prague aussi, je me suis acquitté de mes fonctions avec un zèle extraordinaire. Je ne l'ai jamais contesté ; pour moi, toute cette affaire d'émigration représentait une mission qui m'engageait pleinement et j'ai pour une bonne part contribué à ce qu'un grand nombre de Juifs réussissent à émigrer de Marche orientale et de... de... d'Autriche et de cette partie de la Tchécoslovaquie alors sous le contrôle du Reich, la Bohême-Moravie. Je n'en ai jamais fait mystère, même en présence des dirigeants juifs de l'époque, tels le Dr Löwenherz et d'autres de ses collègues. Je n'ai donc pas de raisons de le cacher aujourd'hui.

— *Ce document évoque des « biens gigantesques ». Vous prétendez qu'il s'agit du fonds d'émigration. Ce fonds était-il constitué par les fortunes des émigrés juifs — et par ce qu'ils ne réussissaient pas à emporter avec eux ?*

— Oui... ce qu'ils n'avaient pas le droit d'emporter... c'est exact. C'est bien de cette manière qu'il était alimenté.

— *Que faut-il entendre par la « dureté nécessaire » par laquelle, dit-on, vous vous êtes signalé ?*

— Mon Capitaine, c'était comme une espèce de mot de passe dans... dans la SS en général. C'était... il fallait toujours à la SS se... cette directive du... d'Himmler selon qui l'homme SS devait toujours faire preuve de dureté envers soi-même et envers les autres, faire plus que son devoir. Et ces... ces mots d'ordre comme nous les appelions — c'était la plupart du temps à l'occasion du Nouvel An qu'il les lançait. C'était toujours le moment où l'on voyait apparaître de nouveaux mots d'ordre. Pendant très longtemps on n'entendit que : « Se montrer dur ! Se montrer dur ! »... Plus tard, ce fut : « Tenir bon ! » Et puis tous les slogans imaginables.

— *Etes-vous d'accord pour considérer que tout homme sensé qui lit ce document ne peut en avoir qu'une interprétation : on vous a promu Obersturmbannführer parce que vous aviez fait merveille dans votre tâche qui consistait à envoyer les Juifs à la mort avec toute la dureté nécessaire et parce que vous aviez dépouillé vos victimes de leurs biens ?*

— Aujourd'hui, quinze ans après les faits, c'est bien l'impression que cela peut donner, mon Capitaine ; mais ce n'est pas comme ça que ça s'est passé.

— *Pour vous, résoudre le problème de l'existence ou non du peuple allemand ne consistait-il pas à exterminer le peuple juif dans son entier, à exterminer l'ensemble des Juifs d'Europe ?*

— Mon Capitaine, si, à l'époque, on m'avait dit : « ton père est un traître », donc si l'on m'avait dit que mon propre père était un traître et que je devais le tuer, je l'aurais fait. J'ai, à l'époque, suivi les ordres aveuglément et c'est dans cette obéissance que j'ai trouvé — comment dire ? — mon accomplissement personnel. Peu importait ce qu'on aurait pu me demander, mon Capitaine.

— *Si l'on vous avait dit que votre père était un traître, n'auriez-vous pas exigé au préalable un peu plus de preuves avant d'exécuter un tel ordre ?*

— Mon Capitaine, on ne se serait pas permis, à cette époque, des considérations de ce genre — je ne le pense pas, non, je ne le crois pas. On voyait partout des morts et nous avions à l'égard de ces événements une — disons — une attitude personnelle qui n'est aujourd'hui, justement, plus la nôtre.

— *Vous en êtes donc nécessairement venu à considérer que le salut du peuple allemand passait par l'extermination des Juifs ?*

— Mon Capitaine, on ne se livrait absolument pas à ce genre de considérations, on ne se livrait à aucune espèce de considérations. Il y avait des ordres et on agissait en conséquence. Lorsque je reçois un ordre, je n'ai pas à porter un jugement sur lui et, lorsque je donne un ordre, il ne m'est pas non plus permis de le motiver. Je reçois un ordre et je n'ai qu'à obéir.

— *Mais pas lorsqu'il saute aux yeux qu'il s'agit d'un acte illégal.*

— Vous avez dit illégal, mon Capitaine. J'ai aujourd'hui une tout autre manière de voir — pas seulement moi, mais... euh... euh... vraisemblablement tout le monde ou presque, à l'exception de quelques esprits tordus tels qu'il peut toujours en exister. Mais à l'époque ? Je n'aurais pas considéré ce que je faisais comme quelque chose d'illégal. Je vous parle à cœur ouvert et je vous dis quelle était ma manière de voir à cette époque, mon Capitaine. Si, avant le 8 mai 1945, avant la fin de la guerre, on m'avait interrogé à ce propos, j'aurais dit : C'est un gouvernement qui... euh... euh... que la majorité du peuple allemand a choisi, tous les... euh... euh... pays cultivés du monde y ont leurs missions diplomatiques, etc. Pourquoi le petit homme que je suis devrait-il se mettre martel en tête ? Mon supérieur me donne un ordre et je ne regarde ni à droite ni à gauche car je ne suis pas là pour ça. Je suis là pour exécuter les ordres qu'on me donne et pour obéir.

— *Si, par exemple, un supérieur donne l'ordre de fusiller des civils — je ne parle pas d'une exécution d'otages préalablement annoncée — mais je suppose que ledit supérieur prend, comme ça, tout à fait au hasard, des civils dans la rue et dit : « Fusillez-les ! », le subordonné doit-il exécuter cet ordre ?*

— De la même façon, mon Capitaine, que les aviateurs alliés lâchaient leurs bombes sur les villes allemandes et tuaient femmes, enfants et vieillards. C'est la même chose ! Il ne lui reste qu'une seule chose à faire : il peut, chacun est libre de le faire, il peut se tirer une balle dans la tête.

— *On peut établir ici une distinction entre ce qui est une action de guerre et quelque chose qui ne l'est pas.*

— Oui, oui, mais tout cela s'est déroulé en temps de guerre, mon Capitaine. Enfin, pour ce qui me concerne, je n'ai jamais été placé devant l'alternative de fusiller et de donner l'ordre de fusiller.

— *Mais, si un subordonné exécute un ordre illégal flagrant, n'a-t-il pas à en répondre ?*

— En temps de guerre, il n'existe plus qu'une seule chose : obéir aux ordres. Si l'intéressé n'obéit pas, il est traduit devant le conseil de guerre. S'il obéit et qu'il obtempère ainsi à un ordre erroné, c'est à celui qui a donné l'ordre qu'il faudra demander des comptes. C'est ainsi que les choses se sont toujours passées. Tout cela nous a d'une certaine manière été inculqué, peu à peu, très progressivement. On s'est lentement accoutumé à toutes ces choses, on n'a plus rien connu d'autre que l'obéissance aux ordres reçus, nous étions liés par notre serment.

— *Quelles fonctions votre collaborateur Dieter Wisliceny exerçait-il au sein de la section IVB4 ?*

— Wisliceny était attaché à la légation d'Allemagne auprès du gouvernement slovaque à Presbourg. Il avait là une position double en quelque sorte car il devait en priorité suivre les instructions du secrétaire de la légation d'Allemagne, Ludin. En tant que membre de la police de sécurité, son rôle là-bas se limitait à nous adresser des rapports.

Commentaire : On trouvait des attachés de ce type dans les capitales des pays qu'Hitler n'avait certes pas conquis militairement mais qu'il avait mis au pas sous la contrainte. Ils exerçaient parallèlement une double activité : en tant qu'agents secrets, mais essentiellement en tant que conseillers aux affaires juives ayant pour mission de faire prévaloir une politique antisémite dans le pays d'accueil. Presque tous étaient des gradés de la SS. Normalement, ils faisaient partie de l'équipe des Affaires étrangères, du ministère de Ribbentrop par conséquent ; ce dernier était d'ailleurs sans cesse en conflit avec Himmler et la SS, ne serait-ce qu'à propos de leurs attributions et du fait de savoir à quelle administration appartenaient ces attachés qui se sentaient la plupart du temps plus étroitement liés aux « légions d'Himmler [1] » qu'au corps diplomatique.

— *En mai 1942, étiez-vous à Bratislava — Presbourg, si vous préférez ?*

— C'est fort possible mais je ne m'en souviens plus.

— *Aviez-vous eu des entretiens avec le ministre Mach ?*

— Je crois qu'il s'agit de l'ancien ministre de l'Intérieur. Je crois — mais je n'en suis plus très sûr. Mais le nom, Mach, me dit quelque chose. Je me rappelle maintenant : — j'ai parlé avec lui, oui, c'est ça... — s'il était ministre de l'Intérieur, j'ai forcément parlé avec lui. J'avais été l'hôte du ministre de l'Intérieur — il m'a invité — un soir.

— *Avez-vous été amené à promettre à Mach et au Premier ministre Tuka qu'on réserverait un traitement humain et correct aux Juifs tchécoslovaques — il s'agit des dix-sept mille Juifs qu'on avait expédiés au printemps 1942 de Slovaquie en Pologne et dont les familles, à leur tour, devaient partir ?*

1. « Himmlersche Heerscharen » en allemand, par analogie avec les « himmlische Heerscharen », les légions célestes (N d T).

— Je ne sais pas... je ne sais pas... J'aurais dit une chose de ce genre ?... J'aurais eu à discuter de ça ?

— *Est-ce que, suite à cette promesse, on a déporté environ trente-cinq mille Juifs en Pologne ?*

— Des Juifs de Slovaquie ? Trente-cinq... ? Mon Capitaine, puisque vous le dites, ça doit être vrai, mais, vraiment, je ne saurais donner de chiffre.

— *Je ne dis rien, je vous interroge !*

— Ah ! très bien ! Alors, il est possible... si... si ce chiffre est cité quelque part, si on a cité ce chiffre à l'époque, il doit sûrement être exact. Mais je... je ne me hasarderai pas, absolument pas, à avancer un chiffre parce que je ne suis pas le moins du monde en mesure d'en avancer un.

— *Wisliceny vous a-t-il fait savoir que le gouvernement slovaque désirait envoyer une délégation en Pologne pour s'assurer que les Juifs slovaques y étaient bien traités ?*

— Je ne voudrais pas... je ne le conteste pas, mon Capitaine, mais il m'est impossible, pour l'instant, de rien affirmer à ce sujet.

— *Le gouvernement slovaque vous a-t-il officiellement notifié qu'il allait envoyer une délégation en Pologne ?*

— M'a-t-il informé de ça ?... Mon Capitaine... maintenant, il me semble... j'y vois clair maintenant. Ce n'est pas à moi qu'on l'a notifié, mais c'est aux Affaires étrangères et ce sont elles qui en ont informé la police de sécurité.

— *Lors de la venue de Wisliceny à Berlin, fin juillet, début août 1942, avez-vous parlé avec lui du sort des Juifs slovaques en Pologne ?*

— Des Juifs slovaques en Pologne ? Je ne me souviens plus... je ne le pense pas.

— *Avez-vous dit à Wisliceny ce jour-là que ces Juifs slovaques n'étaient, pour la plupart, déjà plus en vie ?*

— Un instant, mon Capitaine, je cherche à reconstituer toute cette histoire. Si, effectivement, le gouvernement slovaque avait adressé cette requête à la police de sécurité, j'aurais aussitôt et automatiquement pris mes renseignements : qu'est-il advenu de ces contingents ? J'aurais automatiquement réagi et j'aurais pu m'adresser au Bureau central d'administration économique. Je leur aurais, dans ce cas, envoyé Günther et ce dernier en aurait discuté avec Liebehenschel ou bien avec Glücks et leur aurait demandé ce qu'il en était. Ni Liebehenschel, ni Glücks n'auraient certainement pu répondre sur-le-champ, mais il leur aurait fallu, de leur côté aussi, partir aux renseignements. C'est vraisemblablement ainsi que les choses se seraient passées.

— Il est donc possible qu'au terme de ces recherches vous ayez dit à Wisliceny, à une occasion quelconque, que la plus grande partie des Juifs slovaques étaient déjà morts.

— Si — je voudrais maintenant poursuivre, si vous le permettez, mon Capitaine, mes suppositions —, si j'avais alors appris ce qu'il était advenu de ces contingents de Juifs, j'aurais bien entendu rapporté les choses à Wisliceny telles qu'elles étaient.

— Lors de son procès, après la guerre, Wisliceny a fait la déclaration suivante :

« En 1943, Eichmann me fit venir à Berlin et me dit de me rendre à Salonique pour y régler la question juive en collaboration avec l'administration militaire allemande. Eichmann m'informa qu'il avait désigné l'Hauptsturmführer Brunner comme responsable technique pour le bon déroulement de toutes les opérations prévues en Grèce. On a commencé, à Salonique, par regrouper les Juifs dans certains quartiers de la ville. Ce regroupement effectué, il nous arriva, début mars, un télex d'Eichmann, adressé à Brunner, qui nous enjoignait d'expédier sur-le-champ à Auschwitz tous les Juifs de Salonique et de Macédoine. Ce sont plus de cinquante mille Juifs, près de cinquante-quatre mille, je crois, que nous avons déportés dans ces conditions. »

Avez-vous un quelconque commentaire à faire ?

— Brunner opérait donc de manière autonome ? Il est pourtant bien évident que c'était Wisliceny, le plus élevé en grade des deux, qui dirigeait la manœuvre à Salonique. Cela va de soi. Il pouvait difficilement en aller autrement, il n'est pas pensable que deux hommes ayant tous deux rang d'officiers opèrent chacun de son côté, comme bon lui semble, alors qu'ils appartiennent à la même administration et qu'on les a affectés dans la même ville, dans la même région. C'est absolument inimaginable. C'est Wisliceny, bien entendu, qui avait le... le... comment dire... qui avait la responsabilité.

— On a encore posé la question suivante à Wisliceny : « Y avait-il aussi des malades parmi les Juifs désignés pour être déportés ? » Voici sa réponse :

« Dans le camp proprement dit... dans le camp de concentration, on ne signalait pas de cas exceptionnels de maladies. En revanche, une épidémie de typhus ainsi que d'autres maladies contagieuses, en particulier la tuberculose pulmonaire, sévissaient dans les quartiers de la ville où habitaient les Juifs. Au cours d'une conversation téléphonique avec Eichmann, j'ai attiré son attention sur ces cas de typhus. Il ne tint pourtant pas compte de cette objection et ordonna d'entreprendre sans attendre les opérations de déportation. »

— C'est faux, sans aucun doute possible, car je me serais fait épouvantablement... épouvantablement savonner la tête, comme on disait, si j'avais autorisé l'évacuation de malades atteints de typhus ou d'autres maladies contagieuses. J'aurais vraiment été un démon — excusez l'expression, mon Capitaine — il m'aurait fallu être un démon pour accepter une chose pareille. Ça, je ne peux... Une telle attitude aurait éventuellement entraîné pour moi les plus graves conséquences sur le plan du... sur le plan du service.

— *A une question portant sur le nombre de convois qu'il avait fallu organiser pour déporter les Juifs de Salonique, Wisliceny fit cette réponse :*

« Il y eut entre vingt, environ vingt et vingt-cinq convois. Chacun d'eux emportait au moins deux mille personnes, bien souvent aussi deux mille cinq cents. On disposait de wagons de marchandises fermés. On remit aux évacués de la nourriture pour dix jours environ, essentiellement du pain, des olives et d'autres aliments secs, de l'eau aussi et divers appareils sanitaires. »

C'est sans doute à peu près ce qui se faisait pour les autres transports ?

— Oui, le chiffre donné pour chaque convoi me paraît un peu élevé mais j'ignore les raisons qui les ont amenés, là-bas, à remplir ainsi les trains. J'ignore aussi de quels wagons il s'agissait.

— *On a aussi demandé à Wisliceny : « Quelle était la destination de ces convois de Juifs grecs ? » Il répondit :*

« Auschwitz, dans tous les cas ! Les Juifs étaient tous destinés, sans exception, à ce qu'on appelait la solution finale. J'entends par là ce que recouvrait le terme, d'après ce que m'en a dit Eichmann : à savoir une élimination biologique. De ce que j'ai pu retenir de mes conversations avec Eichmann, on procédait à cette extermination dans des chambres à gaz. On brûlait ensuite les corps dans des fours crématoires. »

Avez-vous, à l'occasion, communiqué des informations sur la manière dont on procédait pour exterminer ?

— C'est bien possible. Il était au courant de ma visite à Auschwitz, du rapport que j'en avais fait à Müller... et je n'ai jamais caché que je racontais à mes hommes comment les choses se passaient, exactement comme elles étaient.

— On a encore demandé à Wisliceny : « De tous les Juifs dont vous avez personnellement eu à connaître le destin, quel est le nombre de ceux qui eurent à subir la solution finale, de ceux par conséquent qu'on envoya à la mort ? » Voici ce qu'il répondit :

« Il m'est extraordinairement difficile de citer un chiffre précis. Je ne dispose que d'un point de repère, il s'agit d'une conversation qui s'est tenue à Vienne entre Eichmann et Höss, au cours de laquelle ce dernier déclara que, parmi les Juifs de Grèce parvenus jusqu'à Auschwitz, bien peu étaient aptes au travail. Parmi les Juifs originaires de Slovaquie et de Hongrie, seuls 25 à 30 % environ l'étaient. Il m'est très difficile de donner un chiffre total précis. Eichmann parlait personnellement toujours d'un minimum de quatre millions de Juifs, parfois même il citait le chiffre de cinq millions. D'après mes estimations personnelles, il devrait s'agir d'au moins quatre millions. »

Avez-vous un commentaire à faire ?

— J'ai — je pense — je l'ai dit — je pense que — pour l'essentiel je pense que j'ai dû le dire, mon Capitaine.

— Ça correspond d'ailleurs à ce que vous avez déjà déclaré en d'autres circonstances.

— A peu près. C'est le chiffre que j'ai dû avancer, en février 1945, à plusieurs de mes officiers. Il devrait, pour l'essentiel, être exact. Il n'y a que cette conversation avec Höss, en Hongrie, ou à Vienne, dont je n'arrive pas à me souvenir, absolument pas. Je n'ai pas non plus gardé en mémoire les pourcentages.

— On a encore demandé à Wisliceny si, à l'époque, à propos de ce nombre de victimes, vous aviez ajouté autre chose. Il a répondu ceci :

« Eichmann exprima tout ceci d'une manière particulièrement cynique ; il dit que c'est en riant qu'il sauterait dans la tombe car le sentiment d'avoir cinq millions de morts sur la conscience était pour lui une satisfaction extraordinaire. »

— C'est... c'est du cinéma, c'est du cinéma ! Il n'y a... il n'y a rien d'autre à dire à ce sujet sinon que c'est du cinéma, du cinéma ! Tout ça, c'est... c'est... il s'agit de... de cette affaire, là, vous savez bien, mon Capitaine... cette, cette... le dernier passage cité... avant cette histoire de suicide et puis... et puis... Il s'agit de la... de la, de la dernière fois où je me suis adressé à mes hommes, comme je l'ai déjà raconté. Les propos que je rapporte ne sont pas forcément exacts au mot à mot, mais, pour ce qui est du sens, ils sont parfaitement exacts. Car ce fut ma... ma..., ce fut, à l'époque ma manière de résumer les choses dans cette... dans cette... comment dire ?... dans cette atmosphère de fin du monde dans laquelle je vivais — qui, ensuite, durant quelques jours, a provoqué en moi un choc — euh —pas un, pas un choc nerveux, mais un... un choc moral : le Reich est foutu, tout ça n'a servi à rien, tout a été... tout a été vain, toute cette guerre. J'ai donc déclaré à ce moment ce que j'ai déjà rapporté. Mais ça, là, ça, c'est du cinéma ! Jamais je n'ai dit ça, mon Capitaine, je n'ai jamais dit ça ; la seule chose qui soit vraie, c'est cette histoire de tombe. La tombe, ça c'est vrai, ça je l'ai dit...

— *Pas au sens où c'est rapporté ?*

— ...mais pas dans le sens qu'en donne Wisliceny. Non, cela n'avait rien de cynique, au contraire. J'ai... j'ai... j'étais dans un état d'esprit qui ne laissait pas la moindre place au cynisme, qui ne... qui ne laissait place à rien d'autre qu'à une profonde douleur pour ces millions de victimes de notre côté... pour les millions de victimes du côté adverse aussi... Et c'est alors que j'ai évoqué aussi ces cinq millions-là — c'est vrai. J'ai cité ce chiffre approximatif de cinq millions et, au moment où je l'évoquais... tout ça pour rien... je n'ai fait que me... la seule chose que je reconnais avoir dite, c'est : et il leur a fallu cinq ans pour venir à bout du Reich. Il n'y a rien eu de plus. De là à parler de cynisme !

— *Pourtant, Wisliceny dit bien : c'est en riant qu'il sauterait dans la tombe car le sentiment d'avoir cinq millions de morts sur la conscience...*

— Non, non, non, mon Capitaine, je me vois obligé de le nier, je suis vraiment obligé de le nier. Ce... ces... cette phrase, ce n'est vraiment pas mon genre. En plus, ç'aurait été un mensonge. Mes hommes m'auraient traité de mégalomane car ils savaient parfaitement que ce n'était pas moi qui avais tué cinq millions de Juifs. Wisliceny savait tout aussi bien que moi que tuer n'était pas dans nos attributions.

— *Dans toutes vos déclarations, vous vous retranchez sans cesse derrière des « ce n'était pas de mon ressort, ce n'était pas mon domaine, c'étaient les instructions que j'avais reçues, c'était l'affaire de l'administration des chemins de fer »*, *etc.*

— Oui, mais je suis bien obligé de le faire, mon Capitaine, car, en ma qualité de responsable de la section IVB4, je n'avais pas compétence pour tout mais, bien au contraire, je n'étais responsable que de mon domaine propre, d'ailleurs relativement restreint et limité. Et il est à tout moment possible de vérifier combien mon domaine de compétence était restreint et limité. Je ne pouvais vraiment pas faire ce qui me passait par la tête.

— Voici un des volumes du Procès des grands criminels de guerre de Nuremberg ; c'est le trente-huitième tome. Il contient le document que voici. Il est question, dans ce document, de l'organisation et du plan de répartition du travail au sein du RSHA de la SS à la date du 1er octobre 1943. On peut lire en haut du document : « Secret ».

On peut encore lire, notamment :

Section IVB1 : Catholicisme politique. Sturmbannführer Roth.
Section IVB2 : Protestantisme politique et sectes (Hahnenbruch).
Section IVB3 : Autres Eglises, franc-maçonnerie (Wandersleben).
Et, pour la section IVB4, on peut lire : Affaires juives, déportations, confiscation des biens des ennemis du peuple et de l'Etat, privation de la nationalité allemande. Est-ce bien votre nom qui est écrit là ?

— Parfaitement. Et tout ça est correct.

— Considérait-on la solution finale comme un facteur déterminant pour l'issue de la guerre ?

— En haut lieu, certainement ; oui, certainement en haut lieu — car il était toujours question de... Je voudrais apporter à ce propos une précision, mon Capitaine. On donna l'ordre, à partir d'une certaine époque, d'arrêter tous les travaux qui n'auraient pas d'intérêt stratégique. La guerre s'amplifiant, on ne renonça certes pas à parler de « l'intérêt stratégique » de telle ou telle chose mais on utilisa de plus une deuxième expression, on se mit à parler, par exemple, d'une entreprise « déterminante pour l'issue de la guerre » et, lorsqu'il fallait choisir entre plusieurs projets, la priorité allait à celui qualifié de « déterminant pour l'issue de la guerre ».

— Et la solution finale relevait de ce dernier qualificatif ?

— C'est ça, elle relevait de cette catégorie. Ne serait-ce que pour la raison, mon Capitaine, que ce terme — hum, comment dire ? — c'est d'ailleurs pour cela que je m'en souviens, la solution finale relevait de cette catégorie parce que nous ne pouvions espérer voir prendre en considération nos... euh... demandes de transports, je veux dire nos demandes de wagons auprès du ministère des Transports, que si nous les déclarions « d'intérêt straté... (Eichmann prend une cigarette)... merci bien... que si nous les déclarions « d'intérêt stratégique » dans les premiers temps et « déterminantes pour l'issue de la guerre » dans la période ultérieure.

— *Vos hommes, les hommes de votre section, se sont-ils portés volontaires pour le front ?*

— Oh oui ! Sans arrêt, sans arrêt. Tout comme moi. Car nous voulions tous partir de là.

— *Ces demandes, les appuyiez-vous ou bien les repoussiez-vous par principe ?*

— Mon Capitaine, en général, on s'arrangeait pour ne pas faire passer ces demandes par la voie hiérarchique. Car, par la voie hiérarchique — ça, chacun le savait —, on n'arrivait à rien. Elles finissaient au panier. Et elles n'étaient, en outre, pas recevables car c'était sur ordre que nous occupions nos postes et il n'était pas question pour nous de les quitter. Nombreux, pourtant, sont ceux qui ont essayé de faire avancer leur cause en faisant jouer leurs relations personnelles, en en parlant par exemple à un de leurs supérieurs avec qui ils pensaient avoir établi au fil des ans, pour diverses raisons, de bons rapports personnels ; ils espéraient ainsi que leurs administrations ne viendraient pas leur mettre de bâtons dans les roues. C'est d'ailleurs exactement ce que j'ai fait aussi. Si je m'étais par exemple permis de déposer une demande de mutation au front par la voie hiérarchique, je me serais attiré, pour insubordination, une punition terrible, ne serait-ce qu'à titre d'exemple, afin de décourager toute autre tentative du même genre. Et nos supérieurs auraient agi de même à l'égard de n'importe qui d'autre.

— *Mais on laissait pourtant bien, généralement, partir pour le front tous ceux qui le désiraient ?*

— Oui, mais pas les personnels des bureaux de la Gestapo, mon Capitaine. Là, on ne laissait partir personne. A plusieurs reprises, je me suis adressé à Müller pour lui demander de...

— *Avez-vous, durant les années 41-45, bu de plus grandes quantités d'alcool qu'auparavant ?*

— Non, non, non. Au contraire, je pourrais justement dire que c'était tout l'inverse. Car pendant la guerre — j'habitais alors Berlin — il s'est passé plus d'un dimanche, je m'en souviens très bien, où j'aurais aimé avoir une bouteille et où je n'en avais pas.

— *Vous êtes-vous prononcé, dans des conversations avec d'autres SS n'appartenant pas à votre service mais avec qui vous aviez pourtant des relations de travail, vous êtes-vous prononcé pour l'extermination systématique de tous les Juifs à votre portée ?*

— Non ! Je n'ai dit une chose pareille à personne. Personne, j'en suis certain, personne ne pourra prétendre le contraire. Personne ne pourra prétendre le contraire.

— *Aviez-vous des relations de travail avec le Bureau « Patrimoine ancestral, fondation pour la recherche scientifique spécialisée », à Berlin ?*

— Non, non, non.

— *Connaissiez-vous le Standartenführer Dr Sievers, le responsable de ce « Patrimoine ancestral »* ?

Commentaire : Ce Bureau du « Patrimoine ancestral » était une institution himmlérienne typique et correspondait tout à fait au caractère du personnage : organisation chaotique au service d'objectifs romantiques. Une totale absence de scrupules dissimulée derrière le postulat de base selon lequel la fin justifie les moyens. Cette dénomination anodine recouvrait des missions aussi hétérogènes que des expérimentations sur la personne de détenus ou des recherches historiques sur la Germanie primitive. Le Pr Wolfram Sievers était le secrétaire de cette société douteuse.

— *Aviez-vous des relations de travail avec le Dr Sievers ?*

— Non, non. Je ne m'en souviens pas. Je n'en garde aucun souvenir.

— *Connaissiez-vous l'Hauptsturmführer Dr Hirt, professeur à l'université de Strasbourg ?*

— Hirt ? Non. Je ne le connais pas non plus.

— *Vous occupiez-vous, vous ou votre section, de transférer des détenus d'un camp de concentration à un autre ?*

— Non, non, non. D'un camp de concentration à un autre ?

— *Disons, par exemple, d'Auschwitz à Mauthausen ? Ou bien d'Auschwitz à Natzweiler ?*

— Non. Non. Non. Cela aurait été totalement en dehors de mes attributions. Cela aurait... ce serait... c'est la section des détentions qui aurait eu compétence pour ça.

— *Aviez-vous des relations de travail avec l'Obersturmbannführer Dr Rudolf Brandt de l'état-major personnel du Reichsführer ?*

— Brandt, le médecin personnel ? Oui, c'est ça, Brandt, c'était le médecin personnel d'Hitler ou bien de...

— *D'Himmler ?*

— Oui, d'Himmler ! Non, je n'ai eu aucune espèce de relation avec lui.

Commentaire : Le Dr Rudolf Brandt n'était pas médecin. Il était l'aide de camp d'Himmler mais s'en tenir à ce seul titre ne permettrait pas de rendre compte de l'influence qui fut la sienne ni du rôle qu'il a joué. Le Dr Karl Brandt, qui n'a aucun lien de parenté avec le premier, était, lui, médecin, il était l'un des médecins personnels d'Hitler. Le fait qu'Eichmann soit incapable d'opérer une distinction entre ces deux hommes et leurs fonctions prouve qu'il ne se situait pas très haut dans la hiérarchie de l'Etat nazi. Il aurait, sinon, nécessairement connu au moins le Dr Rudolf Brandt qui était un peu l'homme à tout faire d'Himmler. On ne peut suspecter Eichmann de chercher à dissimuler l'avoir connu car les charges et les accusations qui auraient pu découler d'un tel aveu n'auraient guère aggravé une situation en tout état de cause déjà fort difficile. Rudolf Brandt fut condamné à mort en 1946, lors du procès des médecins, et exécuté. Le médecin personnel d'Hitler, Karl Brandt, connut le même sort.

— *Voici les photocopies de documents produits lors du premier procès des médecins à Nuremberg. La présente lettre a été expédiée par le secrétaire du « Patrimoine ancestral ».*

Je vous en donne lecture :

« Berlin, le 2 décembre 1942. — Secret —

A l'Obersturmbannführer Dr Brandt. —

Cher camarade Brandt, comme vous le savez, le Reichsführer a donné, en son temps, l'ordre de fournir à l'Hauptsturmführer Dr Hirt, professeur, tout ce dont il a besoin pour ses recherches. Aujourd'hui, cent cinquante squelettes de détenus, de Juifs plus exactement, lui sont nécessaires pour la poursuite de certaines études anthropologiques dont j'ai déjà eu l'occasion d'entretenir le Reichsführer lui-même ; c'est le camp d'Auschwitz qui est chargé de lui fournir ces squelettes » etc., etc. Cette lettre est signée : « Avec mes salutations fraternelles, Heil Hitler, votre Sievers ».

Le deuxième document est un rapport de ce Pr Hirt : « Objet : conservation de crânes de commissaires judéo-bolcheviques pour des travaux scientifiques et des recherches à l'Université de Strasbourg. » On peut lire dans ce rapport :

« On dispose d'importantes collections de crânes de toutes les races et de tous les peuples. Mais, dans le seul cas des Juifs, la science dispose de tellement peu de crânes que leur étude ne permet pas d'obtenir des résultats scientifiques certains. La guerre à l'Est nous offre aujourd'hui l'occasion de combler cette lacune. Les commissaires judéo-bolcheviques, qui incarnent certes un type repoussant mais très caractéristique de sous-hommes, nous donnent la possibilité de constituer une documentation scientifique accessible, à condition que nous conservions leurs crânes. Pour se procurer et conserver sans problèmes cette collection de crânes, le plus judicieux sera, sur le plan pratique, de donner à l'avenir pour consigne à la Wehrmacht de remettre aussitôt à la police militaire tous les commissaires judéo-bolcheviques qui lui tomberont vivants entre les mains. Le responsable de la bonne conservation du matériel documentaire (un jeune médecin ou un étudiant en médecine de la Wehrmacht ou de la police militaire) devra se livrer à une série de prises de vue photographiques et de mesures anthropologiques, préalablement définies. Ceci fait, on mettra le Juif à mort sans lui endommager la tête ; le responsable devra alors détacher la tête du tronc et l'expédier au service destinataire dans des récipients spécialement conçus pour cet usage, parfaitement étanches et renfermant un liquide de conservation. »

Voici d'autres documents encore. Tout d'abord une lettre du 21 juin 1943 écrite par le « Patrimoine ancestral » ; il s'agit d'un « secret d'Etat ». Elle est adressée à la section IVB4 du RSHA, à l'attention de l'Obersturmführer Eichmann.

« Objet : constitution d'une collection de squelettes. Suite à votre lettre du 25 septembre 1942 et aux entretiens personnels que nous avons eus entre-temps concernant l'affaire ci-dessus mentionnée, nous vous informons que notre collaborateur chargé de la mission ci-dessus évoquée, le Dr Bruno Beger, a mis un terme à ses travaux dans le camp d'Auschwitz, le 15 juin 1943, par suite des risques d'épidémie que présente une plus longue présence dans le camp. Ses travaux ont permis de sélectionner au total cent quinze personnes, dont soixante-dix-neuf Juifs, deux Polonais, quatre individus originaires de l'Asie centrale et trente Juives. Pour l'heure, ces détenus sont logés dans deux blocs de l'infirmerie du camp d'Auschwitz, hommes et femmes séparés, et soumis à une quarantaine. La poursuite des travaux sur ces personnes sélectionnées nécessite leur transfert immédiat au camp de concentration de Natzweiler, transfert qui, compte tenu des risques d'épidémie à Auschwitz, devrait être opéré avec célérité. Vous trouverez ci-jointe une liste nominative des personnes sélectionnées. Nous vous prions de bien vouloir donner à cet effet les instructions voulues. »

Voici le dernier document maintenant :

« Le Reichsführer de la SS, état-major personnel, quartier général de campagne, le 6 décembre 1942. Secret. A la section IVB4 du RSHA, à l'attention de l'Obersturmbannführer Eichmann. Le Reichsführer a donné l'ordre de mettre à la disposition du directeur de l'Institut d'anatomie de Strasbourg, le professeur Dr Hirt, tout ce qui sera nécessaire à ses recherches. Je vous prie donc, par ordre du Reichsführer, de prendre toutes dispositions afin de rendre possible la mise sur pied de cette collection de squelettes. Pour ordre : Obersturmbannführer SS Brandt. »

— Les noms ne me disent toujours rien. Il s'agit en tout cas d'un ordre du Reichsführer de la SS et chef de la police allemande, c'est ce qui ressort de toute cette correspondance. J'ai vraisemblablement transmis toute cette affaire, pour des raisons de compétence, au Bureau central d'administration économique SS. Où aurais-je bien pu me procurer ces crânes ?

— *Il est ici question de squelettes ou, plutôt, d'hommes encore vivants.*

— Effectivement. Vous avez raison !

— *Plus précisément d'hommes vivants destinés à devenir des squelettes.*

— Oui, oui. Ce sont des médecins qui étaient chargés de se rendre dans les camps de concentration et d'y sélectionner les gens. Je n'arrive pas à m'expliquer pourquoi ils se sont adressés à moi. Il n'y a d'ailleurs dans toute cette affaire aucune lettre de moi, ne serait-ce qu'une réponse ou je ne sais quoi. Il est donc possible que j'aie transmis ce dossier... pas de mon propre chef, bien entendu... mais que je l'aie au préalable soumis à Müller puisque, n'est-ce pas, il s'agissait d'un ordre du Reichsführer, et que je l'aie ensuite transmis, pour des raisons de compétence, à l'Administration économique. Toute autre hypothèse est inimaginable car je ne pouvais tout de même pas... je ne pouvais tout de même pas fournir des squelettes... fournir des hommes vivants. Je n'avais... je n'avais pas de camp à ma disposition pour les y sélectionner. Il fallait un camp de concentration pour ça.

— *Oui, mais, ensuite, vous avez certainement donné au camp les instructions...*

— Ce n'était pas à moi de donner des instructions, c'était au Reichsführer de les donner.

— *Oui, mais vous avez néanmoins donné pour instruction de transférer ces gens à Natzweiler.*

— Non, cela n'était pas non plus de ma compétence ; c'était à la section des détentions de le faire.

— *Il ressort pourtant de cette lettre que vous avez reçue de Sievers... que... qu'il vous écrit à la suite d'un entretien que vous avez eu ensemble.*

— Oui, c'est vrai...

— *Quelle sorte d'entretien était-ce ?*

— ...c'est vrai car je me souviens effectivement qu'on a abordé ces problèmes au cours de cet entretien. Mais je n'avais entendu parler de rien — pour ce qui est des squelettes. Pour les crânes, n'est-ce pas, j'étais au courant. Et, comme on m'avait informé qu'il s'agissait d'un ordre du Reichsführer et chef de la police allemande en personne, j'étais dans l'obligation de transmettre l'affaire à l'instance compétente. Cette affaire n'était en effet pas de ma compétence.

— *Et ensuite, est-ce vous qui l'avez réglée ?*

— Il ne m'était pas possible de la régler, mon Capitaine, c'est... c'est l'Administration économique qui a dû la régler, mais pas moi.

— *Mais alors ? vous avez fait quoi ?*

— J'ai certainement transmis l'affaire, pour raison de compétence, à l'Administration économique. Pas de ma propre initiative, car il s'agissait d'un ordre du Reichsführer. Je n'arrive par exemple pas un seul instant à m'imaginer que j'aie pu écrire à Höss — Höss — le commandant du camp, à Auschwitz. Pas plus dans cette affaire que dans d'autres d'ailleurs, il ne m'était possible d'écrire directement à Höss. Il est tout simplement faux que le 4e Bureau, le Bureau de la Gestapo, ait fourni les squelettes.

— *Les hommes...*

— Ait fourni les hommes. Car c'est à Auschwitz... c'est à Auschwitz... que par conséquent... car c'est bien à Auschwitz que ça s'est passé, n'est-ce pas ?... oui, c'est là que s'est rendu ce médecin et c'est bien là qu'il a sélectionné ces hommes. A Auschwitz, il y avait... il y avait des dizaines de milliers de personnes. Je n'avais pas besoin de donner des instructions puisque le Reichsführer de la SS et chef de la police allemande avait déjà donné ses ordres à ce sujet.

— *Oui, permettez : Sievers vous informe dans ce document que son collaborateur est parti pour Auschwitz et qu'il a procédé à la sélection prévue et il vous demande de maintenant faire en sorte de...*

— ...qu'on les transfère à Natzweiler.

— *...de donner vos instructions, vos instructions.*

— Mais quelles instructions devrais-je donc donner là, mon Capitaine ?

— *C'est moi qui vous le demande ! C'est justement ce que je voudrais savoir !*

— Oui, justement — voilà — je voudrais maintenant — je — oui — je ne sais pas — je — je — je — je dis... quelle... sorte d'instructions aurais-je pu donner ? Par exemple, qu'on les tue ? Je n'avais pas besoin de donner des instructions pour ça, mon Capitaine, car il tuait sous sa propre responsabilité, Höss. Il n'avait vraiment pas besoin, pour cent soixante personnes — je suis obligé de devenir très macabre si je veux — hum — tout simplement parler de cette affaire, mais, dans ce contexte, je ne peux pas faire autrement — si Höss donc... euh... s'il reçoit chaque semaine un nombre X de convois et qu'il a reçu l'ordre du Führer de tuer, quelle... pourquoi devrais-je, moi, donner à Höss, qui a tué dans la semaine des milliers de personnes sur ordre du Führer, pourquoi devrais-je lui donner moi-même un ordre que je ne suis pas en mesure de lui donner car c'est un autre Bureau central, il appartient à un autre Bureau central que moi, pourquoi devrais-je lui donner l'ordre de tuer cent soixante personnes ?

— *Mais on ne les a pas tuées à Auschwitz, on les a expédiées à Natzweiler.*

— Ou à Natzweiler. Lorsqu'il fallait... tuer, on tuait dans

n'importe quel camp de concentration. Les commandants des camps recevaient... en recevaient l'ordre du Bureau central d'administration économique qui avait compétence pour cela. Mais je n'arrive pas à m'imaginer que nous, au Bureau IVB4, je veux dire à la section IVB4, ayons pu donner des instructions au camp de concentration d'Auschwitz. Il est vraisemblable que, pour des raisons de compétence, nous avons transmis toute l'opération à l'Administration économique. Tout cela n'a — voyez-vous — tout cela n'a d'ailleurs aucune espèce d'importance car l'ordre venait du Reichsführer et chef de la police allemande. Peu importe ce que j'aurais pu faire, ma responsabilité n'aurait de toute façon pas été engagée car le serment qu'on m'avait fait prêter me faisait obligation de fidélité et d'obéissance. Le plus élevé de mes supérieurs m'avait donné un ordre. Dans cette hypothèse donc, je me serais retrouvé en situation d'obligation et j'aurais dû exécuter cet ordre. C'est tout à fait évident.

— *Mais ce serment de fidélité — qu'on vous a fait prêter et que vous avez prêté — valait-il aussi pour de semblables opérations ?*

— Il n'était prévu aucune exception.

— *Qui s'est chargé de transporter ces gens-là ?*

— C'est moi qui effectuais les transports — vous parlez bien des évacuations, n'est-ce pas ?

— *Non, je parle de ces cent vingt personnes ; elles étaient bien...*

— Ah ! Vous voulez dire ce transport-là, vous parlez de ce transport ! Eh bien, est-ce que ce sont mes hommes qui l'ont effectué ou pas, ça, je l'ignore, mon Capitaine mais je ne vais pas le contester ; je ne le contesterai pas, mon Capitaine. Mais je pense toutefois que ce sont les gens du camp qui ont effectué ce transport d'un camp de concentration à un autre.

— *Il y a quelque chose qui m'échappe : si c'était l'affaire de l'Administration économique, pourquoi cette correspondance préalable avec vous, pourquoi un entretien avec vous ?*

— Oui, je sais que nous n'avions pas compétence pour cela. Ecoutez, mon Capitaine, cent soixante personnes de plus ou de moins, ma peine n'en sera ni moins, ni plus lourde. Je pourrais avouer toute cette affaire sans plus de problème. Mais je ne voudrais poser qu'une question : Bon, on a conservé là toute une correspondance de 1942, de novembre 1942. Je devrais donc, normalement, avoir réagi d'une manière ou d'une autre ?

— Eh bien, certainement en effet. D'ailleurs, c'est bien ce qu'il écrit ici, il se réfère à votre lettre. Sievers se réfère bien à votre lettre...

— Oui, et on n'a pas cette lettre ?

— Malheureusement non !

— Etrange ! Pour tirer définitivement au clair cette affaire, ce serait très bien si l'on avait au moins ce texte. C'est étrange, on a là tout le reste et c'est justement cette lettre qui fait défaut. Etrange.

— En ce qui concerne le traitement spécial, n'était-ce... n'était-ce pas la Gestapo qui décidait qui devait subir ce traitement spécial ?

— Non, c'était le Führer... euh... Hitler.

— Mais c'était bien la Gestapo qui donnait l'ordre aux camps ?

— Qui donnait par exemple aux camps de concentration l'ordre de gazer ?

— L'ordre que tel ou tel...

— Ah, les cas individuels... les cas individuels... oui, oui, parfaitement.

— Donc, dans le cas présent, il est très vraisemblable que c'est aussi la Gestapo qui l'a fait. Ces gens-là ont bien été soumis à un traitement spécial puisqu'on avait besoin de leurs squelettes.

— C'est-à-dire... c'est-à-dire, mon Capitaine, il n'y avait plus besoin, dans ce cas, de donner d'instruction générale puisqu'il y avait déjà un ordre émanant du supérieur le plus élevé. Toute l'affaire désormais, tournait uniquement autour des problèmes d'organisation posés par l'exécution de cet ordre, c'est-à-dire, en fait, autour de problèmes purement administratifs, les problèmes de la transmission de l'ordre. Si j'arrivais à retrouver le souvenir de toute cette affaire, je dirais donc, sans plus de façons : D'accord, à l'époque, suite à un ordre du Reichsführer, j'ai transmis l'affaire à Auschwitz en leur disant : Voilà, transportez à Natzweiler ces cent soixante Juifs sélectionnés par Hirt ou je ne sais qui, etc. J'étais en effet couvert. Il y avait un ordre du Reichsführer.

— Aviez-vous, vous-même ou bien votre section, la responsabilité de la direction du camp dans le ghetto de Theresienstadt ?

— La section IVB4, non, n'était pas... la IVB4... n'avait pas cette responsabilité. L'autorité de tutelle, c'était le chef de la police de sécurité et du SD de Prague. Nous n'étions obligés de nous y rendre que lorsque des visites avaient lieu. La Croix-Rouge, je crois, a visité Theresienstadt deux fois et nous avons dû y aller ces deux fois-là. En règle générale, d'ailleurs, on s'y rendait même à l'avance car il n'était pas au pouvoir du commandant en chef de la police de sécurité et du SD du Protectorat d'autoriser ces visites de sa propre autorité ; c'était au contraire le domaine réservé du Reichsführer en personne. Lors de la première visite de la Croix-Rouge, même Müller a dû s'y rendre et il m'a emmené avec lui.

— *Mais, sinon, il n'était pas dans vos attributions de diriger le camp ?*

— Lorsque le baron von Neurath qui avait jusque-là présidé aux destinées du Protectorat de Bohême-Moravie dut céder la place, il fut remplacé par l'Obergruppenführer Heydrich, jusqu'ici chef de la police de sécurité et du SD, qui devint alors Protecteur adjoint, tout en conservant les fonctions qu'il assumait jusqu'à cette date. A peine nommé, il tint une conférence de presse. Ensuite, il me convoqua en compagnie du Dr Stahlecker qui commandait la police de sécurité à Prague. Il avait à ses côtés le secrétaire d'Etat K.H. Frank. J'ai gardé en mémoire deux phrases qu'Heydrich prononça ce jour-là. Dans l'une, il exprimait sa joie de pouvoir passer d'un travail négatif, comme l'était toute tâche de police, à une activité positive. Dans l'autre, il dit avoir commis une erreur en déclarant aux journalistes qu'il ne faudrait pas plus de huit semaines pour débarrasser le Protectorat de tous ses Juifs ; nous voilà, dit-il, dans de beaux draps : nettoyer en huit semaines un territoire de l'importance du Protectorat de Bohême-Moravie, un territoire peuplé d'environ cent vingt ou cent cinquante mille âmes !

— *Lorsque vous dites « âmes », vous voulez dire « Juifs » ?*

— Bien sûr, bien sûr ! C'est ce qui m'a amené à dire au Protecteur adjoint : il n'existe qu'un seul moyen, mettez à notre disposition un territoire assez vaste pour qu'on puisse y accueillir tous les Juifs dispersés sur le territoire du Protectorat. Là-dessus, Heydrich et Frank proposèrent divers noms de territoires jusqu'au moment où Frank lança finalement le nom de Theresienstadt. Heydrich tomba aussitôt d'accord et donna les instructions voulues. Pour ma part, je me rendis à Theresienstadt afin d'examiner les lieux. Je me rendis compte que tout ça était trop petit. Je déclarai que ce serait un échec. Mais rien n'y fit. Karl Hermann Frank ne haïssait pas que les Tchèques, il était aussi antisémite ; un antisémite à la Streicher, disons un antisémite digne du *Stürmer*. On n'arrêta pas, par la suite, de recevoir des ordres sans cesse contradictoires et on finit par devoir transformer Theresienstadt en ghetto pour vieux.

— *Dans le cadre de l'évacuation de Theresienstadt vers Auschwitz ou vers d'autres camps, n'a-t-on déporté que des personnes jeunes ou bien a-t-on aussi déporté des vieux — des personnes âgées ?*

— Cela dépendait des instructions reçues. Theresienstadt était en effet placé sous la... je dirais, sous la juridiction directe d'Himmler. Il avait fait de Theresienstadt, disons, son domaine réservé et même le chef de la police de sécurité et du SD, à ce que je crois, n'a rien ordonné pour Theresienstadt sans s'être au préalable assuré de l'accord de son supérieur.

— *Est-ce votre section qui élaborait les directives concernant ...la déportation vers Theresienstadt ?*

— Notre section... ? Des directives, je crois qu'il y en a eu à plusieurs reprises. Durant la période où je suis resté là-bas, on n'a dirigé sur Theresienstadt que des Juifs originaires du Protectorat. Mais, tout de suite après, vinrent ceux des régions limitrophes ou du moins de celles d'entre elles où les Gauleiter et les Kreisleiter arrivaient à faire triompher leurs revendications auprès du Reichsführer. A cela s'ajoutaient encore les cas particuliers, c'est-à-dire tous les Juifs que telle ou telle administration du Reich expédiait à Theresienstadt après avoir fait avec succès le siège d'Himmler. Cela en arriva au point que je fis mettre sur pied là-bas une police juive de, je crois, cent cinquante hommes — ou de deux cents. Puis vint je ne sais quand un ordre d'Himmler qui souhaitait transformer Theresienstadt en un ghetto pour personnes âgées, objectif qu'aucun d'entre nous n'avait eu en tête au départ.

— *Est-ce votre section qui élaborait les directives pour les déportations en direction de Theresienstadt ?*

— C'était elle ! Bien entendu, après que... Je n'arrive plus aujourd'hui à me rappeler quelles étaient les directives... c'est le ghetto pour personnes âgées... les directives grâce auxquelles le Reichsführer et chef de la police allemande nous indiquait en gros le cercle de personnes que nous avions à y transférer.

Le choix se faisait certainement en fonction de l'âge, de la situation sociale, car il nous fallait par exemple transférer à Theresienstadt, en vertu d'un ordre du Reichsführer, les titulaires de décorations ainsi que les blessés de la Première Guerre mondiale; ça, je m'en souviens encore. On y transférait aussi les officiers supérieurs. Ce sont là des points dont je me souviens encore.

— *Pourquoi qualifiait-on la déportation de Juifs à Theresienstadt de déplacement de domicile ?*

— Oui, on disait déplacement de domicile... Je ne sais pas, d'ailleurs, de qui est l'expression... Les notables de Theresienstadt avaient bien en effet des appar..., oui, des appartements... ils vivaient dans des appartements. Mais, vraiment, je n'arrive pas à me souvenir pourquoi. Pour Theresienstadt, on disait toujours déplacement de domicile ; on disait déplacement de domicile pour le ghetto des personnes âgées et il se peut que... mais non, s'il a pu se faire que, dans un jour de hâte, on dicte évacuation pour déplacement de domicile, cela n'a pu être qu'exceptionnel, je crois. Car la règle générale était bien de dire déplacement de domicile.

— *Mais lorsqu'il était question d'évacuations à l'Est, vous ne parliez pas de déplacements de domicile ?*

— Peut-être qu'en haut lieu... Je n'arrive pas aujourd'hui à me rappeler pourquoi. Mais c'était vraisemblablement, voilà ce que je me dis, c'était vraisemblablement une tournure destinée à enjoliver le terme de ghetto pour vieux. Cela ne doit pas être très loin de la vérité.

— *Il s'agissait de rendre la pilule moins amère ?*

— En quelque sorte, oui. Pour être tout à fait franc, je dirai : oui !

— *Voici maintenant les directives que votre section a élaborées le 20 février 1943 en vue d'effectuer, sur le plan technique, le déplacement de domicile des Juifs en direction de Theresienstadt. Avez-vous quelque chose à déclarer ?*

— Certainement. Elles abordent successivement les attributions des divers services, puis la définition des personnes à déplacer, les transports proprement dits, l'accompagnement des convois, la transmission des informations concernant les départs et les arrivées, la réparation des frais et l'usage à faire des biens. En ce qui concerne la définition des critères de sélection, je vois que certains d'entre eux ont été déterminés par le Reichsführer et chef de la police allemande en personne qui en a eu lui-même l'idée : titulaires de l'insigne des grands blessés de guerre, titulaires de hautes décorations militaires, etc. Ensuite, là, toutes ces histoires relatives aux divers paragraphes de loi, toutes ces histoires relatives, donc, aux dispositions prévues par les lois raciales, elles proviennent du ministère de l'Intérieur. Mais, pour ce qui est de la réparation des frais, je n'ai aucune idée de quelle sorte de décret il peut bien s'agir là. (Eichmann se met à lire.) « Usage à faire des biens : des instructions particulières fixeront cas par cas l'usage à faire des biens des Juifs que l'on envisage de déplacer. » Je ne vois pas non plus ce que cela peut bien vouloir dire.

— *Vous venez de déclarer que c'était Himmler qui avait défini les critères de sélection. Faut-il comprendre qu'il fallait déporter à l'Est tous les autres Juifs âgés de quatorze ans à soixante-cinq ans ?*

— Si l'on interprète ainsi les choses, cela veut dire donc qu'ici... Ceux qui, donc, ne relèveraient pas des 5e et 1er paragraphes de l'ordonnance du tant, prise en application de la loi sur la citoyenneté allemande, on avait tout loisir de les évacuer vers l'Est ; oui, c'est dit très clairement. Pour les autres, ça restait très flou — si j'ose dire — et on les déplaçait à Theresienstadt.

— *Je ne comprends toujours pas la différence que vous faites entre déplacer et évacuer. Les Juifs destinés à Theresienstadt étaient pourtant bien obligés eux aussi d'abandonner leurs biens, ils n'avaient pas plus que les autres le droit de les emporter avec eux. Ils devaient tout abandonner derrière eux. Le peu qu'ils pouvaient emporter, on en a justement la liste ici : une valise ou un sac à dos de matériel (à l'exclusion de tout objet encombrant), de la vaisselle, une assiette ou une gamelle, une cuillère, même pas un couteau ou une fourchette, un drap et une couverture ; c'était bien là...*

— Oui, mais voilà, justement, voilà comment les choses se passaient, mon Capitaine. La vie à Theresienstadt — bien entendu, ce n'était pas une vie normale, mais, si je compare la vie dans un camp de concentration et la vie à Theresienstadt, c'était bien sûr le jour et la nuit. A Theresienstadt, par exemple, c'était effectivement le Conseil juif des anciens qui fixait dans une large mesure la tâche quotidienne de chacun. Des catégories entières de déportés étaient dispensées de toute espèce de travail. Lorsque, plus tard, certaines industries d'intérêt stratégique — je crois qu'il s'agissait d'usines de clivage de mica ou de quelque autre chose du même genre — ont apporté du travail à Theresienstadt, eh bien, on a payé les gens. Il y avait vraiment... il y avait vraiment des différences, si l'on compare à ce qui se passait pour quelqu'un qui allait à Auschwitz. Et c'est justement pourquoi on peut... Quelque chose d'autre me vient à l'instant, euh, me vient encore justement à l'esprit : j'ai par exemple emmené avec moi, durant tout l'été 1944, un groupe d'ingénieurs, d'architectes et d'ouvriers de Theresienstadt ; nous sommes partis pour la Marche de Brandebourg où devait se construire un service annexe destiné au 4ᵉ Bureau, à la Gestapo. Oui, ces gens-là auraient pu à tout instant s'enfuir durant le trajet mais ils n'en firent rien. A Theresienstadt aussi, ils sortaient de la ville en voiture pour aller faire les foins et d'autres travaux de ce genre.

— *Qu'étaient exactement les contrats dits « de foyer » ?*

— Les « contrats de foyer » ?

— *Oui, les contrats de foyer que les Juifs déportés à Theresienstadt se voyaient contraints de signer.*

— J'ignore tout de ça. Des contrats de foyer ? C'est la première fois que j'entends prononcer ce nom.

— *Si je ne m'abuse, les choses se déroulaient ainsi : les Juifs que l'on déportait à Theresienstadt se voyaient... on leur suggérait, on les forçait plus ou moins à céder, sous la forme de contrats, à* l'Union des Juifs d'Allemagne *que vous aviez sous votre coupe, les biens qu'ils laissaient derrière eux, dans l'impossibilité où ils se trouvaient de les emmener avec eux. Moyennant quoi, on leur donnait l'assurance qu'à Theresienstadt... on leur donnait l'assurance qu'on les y prendrait en charge jusqu'à la fin de leurs jours. On y prendrait en charge leur nourriture, on les habillerait et on leur fournirait tout ce qui...*

— En tout cas, s'il a effectivement existé de tels contrats de foyer, mon Capitaine, ce n'est pas de mon temps que l'on s'est — disons — lancé dans une opération semblable.

— *Avez-vous élaboré les directives pour Theresienstadt avant que les gens n'y arrivent ou après seulement ?*

— On en a élaboré plusieurs, à différentes reprises ; en fait, chaque fois que, à chaque fois qu'à nouveau l'affaire... Un jour, tout se retrouva sens dessus dessous, le jour où Himmler donna l'ordre de transformer Theresienstadt, d'en faire un ghetto pour vieux.

— *Les premières directives n'étaient-elles pas de 1942 ?*

— Je ne le sais pas. Mais, quoi qu'il en soit, peu importe la date — ces choses-là aussi furent... les Tchèques... on les a chassés de Theresienstadt en dix-neuf cent... A quel moment Heydrich est-il devenu Protecteur ? En 1939... 39, je crois ; c'est à ce moment qu'on chassa les Tchèques de Theresienstadt, ce n'est d'ailleurs pas nous qui l'avons fait mais le ministère tchèque de l'Intérieur.

— *Et, lorsqu'on dit dans ces directives ce que je lis ici : « La nourriture sera pour l'essentiel préparée dans des cuisines communes. On aura recours aux biens des organisations juives de Berlin, de Vienne et de Prague pour assurer l'entretien des Juifs transférés... »*

— Oui, oui, effectivement, je n'ai... à ce sujet... je n'ai rien à objecter. Cela doit être exact.

— *Etait-ce vous qui désigniez les dirigeants du Conseil juif de Theresienstadt ?*

— Oui, du moins pour ce qui est du début... pour ce qui est de sa création. Plus tard, non — plus tard, je n'ai plus joué aucun rôle à cet égard.

— *Combien de fois vous êtes-vous rendu à Theresienstadt ?*

— Oh, j'y suis allé très souvent. C'était en effet direct ; c'était sur mon trajet lorsque je me rendais en auto à... Je ne me préoccupais pas de savoir si c'était encore dans mes attributions ou non, j'y... je m'y arrêtais toujours.

— *Je voudrais maintenant vous montrer une brochure consacrée au statut juridique des Juifs dans le Protectorat de Bohême-Moravie, à la date du 31 juillet 1942 et publiée par le Dr Franz Friedemann. Elle est destinée à la communauté juive de Prague et réservée à un usage interne. Voici ce qu'elle dit page 26... et je vous lis ce passage uniquement parce que vous prétendez que Theresienstadt, le ghetto de Theresienstadt, a été fondé dès 1939. Voici donc ce que l'on peut lire :*

> « L'ordre fut finalement donné de regrouper les Juifs dans un ghetto ; à cet effet, par un décret du Protecteur de Bohême-Moravie en date du 16 février 1942, l'ordre fut donné de dissoudre la commune de Theresienstadt, le paragraphe 14 spécifiant que le responsable de la police de sécurité auprès du Protecteur était chargé de prendre, sur le plan administratif, toutes les mesures nécessaires à l'installation des Juifs sur ce territoire. »

— Ah ! ah ! Je me serais trompé à ce point dans les dates...?

Commentaire : Eichmann tenait beaucoup à passer pour l'un des fondateurs du ghetto de Theresienstadt, espérant ainsi fonder ses affirmations selon lesquelles jamais il n'avait haï les Juifs et selon lesquelles seuls son serment de SS et les ordres d'Himmler l'avaient contraint à participer à leur élimination. Il prétend s'être à plusieurs reprises efforcé d'aider les Juifs à trouver une patrie d'accueil et constate que tous ses projets, quels qu'ils soient — Palestine, Nisko-sur-San en Pologne, Madagascar —, se sont tous révélés irréalisables. Certes, reconnaît-il, Theresienstadt n'est pas non plus devenu ce qu'il avait souhaité parce que tout avait été été conçu de manière trop étroite, trop étriquée, trop rudimentaire, mais ce ghetto, à l'en croire, aurait néanmoins constitué un refuge contre les racistes enragés. Toutefois, pour étayer sa prétention à en avoir été l'un des fondateurs, il lui fallait faire dater la mise sur pied du ghetto de l'année où lui, Eichmann, dirigeait encore le Service central pour l'émigration juive à Prague, c'est-à-dire en 1939. C'est en fonction de cet objectif qu'il avance de 1941 à 1939 l'installation d'Heydrich au Château de Prague. Le ghetto de Theresienstadt fut effectivement le moins inhumain de tous les ghettos — ce qui ne signifie pas pour autant qu'il était possible d'y mener une existence digne de ce nom. D'après les normes SS, ce n'était pas un camp de concentration ; il n'y avait d'ailleurs pas à Theresienstadt de chambres à gaz mais ces hommes, regroupés sur un territoire infime, n'y étaient pas plus libres que des détenus, ils étaient livrés à l'arbitraire le plus total et la mort les menaçait sans arrêt. Même ceux d'entre eux qui, en grand nombre, avaient sacrifié leurs biens pour entrer dans ces prétendus foyers pour personnes âgées, n'avaient aucune espèce de droits. Ils étaient nourris et logés dans des conditions épouvantables. Pourtant ceux aux mains de qui ils étaient tombés n'hésitèrent pas, très souvent, à faire l'économie de ces maigres dépenses en transportant par milliers ces « pensionnaires » eux aussi dans les camps de la mort. Jamais, pourtant, le ghetto ne se vida. Il continua jusqu'à la fin à recevoir des déportés et, alors que le pouvoir nazi était déjà sur le point de s'effondrer, le ghetto servait encore d'argument publicitaire destiné à duper les visiteurs étrangers ainsi qu'à masquer la misère des Juifs et la réalité de leur élimination.

— *Voici une note du commandant en chef de la police de sécurité de La Haye, note datée du 6 décembre 1941. Elle a trait à l'émigration de Juifs, plus exactement d'un petit groupe de*

Juifs hollandais membres du NSB, le parti national-socialiste de Hollande. Voici encore une deuxième note de ce même responsable de la police, toujours sur ce sujet. Avez-vous quelque chose à déclarer ?

— Oui. La première des deux notes indique que cinq ou six Juifs qui faisaient encore récemment partie du NSB viennent d'en être exclus et se trouvent de ce fait avoir perdu toute appartenance à une organisation national-socialiste. Mais il n'a pas semblé opportun au commissaire du Reich et au commandant en chef de la SS et de la police de mettre ces Juifs dans le même sac que les autres, en ce qui concerne par exemple leur éventuelle expulsion. De là la démarche en faveur de ces Juifs du NSB comme on les appelle dans la note, démarche visant à les faire émigrer sans obstacle. On envisage même de faire émigrer ces cinq ou six Juifs en les faisant accompagner par un correspondant, en les associant au voyage à l'étranger d'un quelconque de ces correspondants. Ces correspondants sont des agents du 6ᵉ Bureau, l'organisation des services secrets du Bureau central pour la sécurité du Reich ; on les faisait passer à l'étranger sous le couvert de l'émigration. Une remarque portée ultérieurement sur cette même note indique que ces Juifs ont été déportés à Theresienstadt le 21 avril 1943. Cet additif indique encore que j'ai formulé un avis de principe selon lequel il n'était pas possible, dans le cas présent, d'autoriser une émigration exceptionnelle mais qu'on pouvait en revanche inscrire ces Juifs en queue de liste des expulsions de manière à ce qu'ils partent en dernier.

— *Est-ce vous qui avez pris cette décision ?*

— Certainement, car elle était simple à prendre. Le 20 décembre 1941, en effet, le Reichsführer avait donné l'ordre d'interdire par principe toute émigration.

— *Toujours sur ce même point, voici une note rédigée par le correspondant de la section IVB4 auprès du commandant en chef de la police de sécurité de La Haye, datée du 5 octobre 1942 et signée du responsable local aux Juifs, Zöpf.*

— C'est ça, c'est... Zöpf écrit ici que, selon un renseignement qu'il a obtenu auprès de moi, on pourrait, pour les Pays-Bas aussi, trouver une solution au problème de ces Juifs qui, d'un côté, du fait de leur âge ou de leurs mérites passés, ne rentrent pas tout à fait dans la catégorie des Juifs qu'on destine à Auschwitz mais qui, d'un autre côté, n'ont absolument pas besoin de rester en Hollande ; La Haye pourrait en effet faire partir du camp de Westerbork un convoi à destination du camp de propagande de Theresienstadt. La note attire enfin l'attention sur des directives prévoyant qu'à partir d'un certain âge on ne puisse plus être envoyé à Auschwitz, ce qui permettrait donc à ces Juifs de rallier Theresienstadt.

— *Faut-il comprendre par là qu'il convient de déporter les Juifs indépendamment de leur âge et de leurs mérites passés ?*

— Oui, tous pouvaient aller à Theresienstadt. Tous, ça ne veut pas dire tous, mais seulement ces cas exceptionnels.

— *Lorsque le gouvernement tchécoslovaque manifesta le désir d'aller voir sur place comment les Juifs déportés de son pays vivaient en Pologne, vous avez écrit sur le document que voici : « Attention ! Plutôt qu'un camp de Juifs, ils feraient mieux de visiter Theresienstadt. » Avez-vous écrit cela parce que Theresienstadt était pour ainsi dire...*

— Bien sûr, bien entendu ! Comme je vous l'ai déjà dit, mon Capitaine, si Himmler a conçu Theresienstadt, c'est justement pour servir de faire-valoir à l'extérieur. Il entendait avoir ainsi en main une petite preuve, c'est du moins comme cela que je m'imagine les choses, pour le cas où un quelconque service étranger aurait fait auprès de lui une démarche à propos des exterminations de Juifs ; il aurait alors pu leur dire : « C'est faux, allez à Theresienstadt ! » Ces gens-là se seraient alors dit : « Eh bien, somme toute, ça ne semble pas aussi grave que l'écrivent les journaux ou que le prétend la propagande. »

— *N'a-t-on pas déporté des Juifs de Theresienstadt dans des camps d'extermination ?*

— Si, chaque fois qu'Himmler donnait l'ordre de décongestionner Theresienstadt et faisait, pour cela, évacuer tant et tant de Juifs. C'était lui qui, en règle générale, fixait les destinations de ces transports.

— *Qui était chargé de l'organisation de ces transports ?*

— Moi ; en d'autres termes, ma section devait fixer avec le — c'est toujours la même chose — devait fixer avec le ministère des Transports une réunion où l'on décidait des horaires et des trajets ; le Bureau central d'administration économique nous informait alors des destinations retenues par Himmler.

— *Etait-ce vous et votre section qui étiez chargés de surveiller le transport des habitants du ghetto de Theresienstadt dans les camps d'extermination — vers Riga, Minsk et le Gouvernement général dans un premier temps, vers Auschwitz exclusivement, par la suite ?*

— La surveillance ? Non, pas du tout, c'était Prague qui se chargeait de tout ça.

— *Etiez-vous chargé de fournir les moyens de transport nécessaires ?*

— Oui, de ça, oui, parfaitement !

— *Avez-vous accompagné le Suisse Dunant de la Croix-Rouge internationale, à l'occasion de sa visite à Theresienstadt le 6 avril 1945 ?*

— Je ne me rappelle plus quel était son nom, mon Capitaine, mais il est exact que j'ai accompagné cet homme. Je n'étais toutefois pas seul. Le personnage marquant de notre groupe était le commandant en chef de la police de sécurité et du SD à Prague. Je faisais aussi partie du groupe parce qu'on m'avait ordonné de quitter Berlin pour assister à cette visite. Le secrétaire d'Etat, K.H. Frank, étant retenu par d'autres obligations, on invita, en son nom, le représentant suisse à un dîner qui était donné au Hradschin.

— *Et pourquoi étiez-vous de ce dîner ?*

— Parce qu'on m'en avait donné l'ordre.

— *Qui ?*

— Vraisemblablement Kaltenbrunner, le chef du RSHA et du SD. Peut-être même Himmler ou je ne sais qui encore. Mais c'est en tout cas Müller qui me transmit cet ordre.

— *Voici une brochure de la Croix-Rouge internationale, publiée à Genève en juin 1946. Le titre en est : « Documents sur l'activité du Comité de la C.R.I. en faveur des détenus civils des camps de concentration en Allemagne de 1939 à 1945 ». On peut lire à la page 99 :*

> « Le 5 avril 1945, je me suis rendu à Prague pour visiter le ghetto de Theresienstadt. C'est le 6 avril qu'eut lieu cette visite ; nous eûmes, à cette occasion, d'importants entretiens avec le Dr Weinmann, le chef du Service de sécurité du Protectorat de Bohême-Moravie et avec l'Oberführer Eichmann, le spécialiste pour l'ensemble des questions juives. Ce dernier s'était déplacé de Berlin à Prague pour passer en revue, avec les représentants de la C.R.I., diverses questions relatives aux Juifs. L'Oberführer avait joué un rôle de premier plan dans les camps de concentration de Lublin et d'Auschwitz. D'après ses propres dires, il était le fondé

de pouvoir direct du Reichsführer de la SS pour toutes les questions juives. Durant une réception donnée au Hradschin, j'eus l'occasion de m'entretenir jusque tard dans la nuit avec ces deux hommes. Ce qui intéressait particulièrement la C.R.I., ce n'étaient pas tant les conditions de logement ou les installations du ghetto que de savoir si ce ghetto ne servait que de camp de transit pour les Juifs et de savoir dans quelles proportions s'étaient effectuées les déportations à l'Est (Auschwitz). Mes propres constatations dans le ghetto de Theresienstadt m'avaient permis d'apprendre que même le Doyen des Juifs, le Dr Eppstein, l'homme de confiance du camp, avait fait l'objet, comme beaucoup d'autres, d'une mesure de déportation à Auschwitz. Compte tenu de ces faits, je voulus savoir quand avaient eu lieu ces déportations et dans quelles proportions elles s'étaient faites. Au cours de la soirée, Eichmann m'exposa ses théories sur le problème juif. Les Juifs de Theresienstadt étaient, à son avis, bien mieux lotis que beaucoup d'Allemands en ce qui concernait l'alimentation et les soins médicaux. Il me déclara que Theresienstadt était une création du Reichsführer Himmler et que ce dernier avait par là voulu donner aux Juifs la possibilité d'organiser une vie communautaire, dans une autonomie quasi totale, sous la responsabilité de dirigeants juifs. On voulait susciter le sentiment de la communauté raciale. Par la suite, on se proposait de transporter dans une autre contrée les Juifs de Theresienstadt ; ils y vivaient complètement à l'écart, coupés de l'entité que constituait la population allemande. En ce qui concerne le problème des Juifs en général, Eichmann pensait qu'Himmler était justement en train, en ce moment, d'envisager un recours à des méthodes plus humaines. Eichmann, sur un plan personnel, n'était pas totalement d'accord avec les méthodes d'Himmler mais, en bon soldat, il exécutait bien entendu aveuglément les ordres du Reichsführer. J'exprimai au cours de la soirée à Eichmann le souhait de pouvoir visiter le camp de Bergen-Belsen. Eichmann me dit qu'une épidémie de typhus s'était déclarée dans le camp mais il me promit que nous le visiterions ensemble dans les jours à venir. Cette visite n'eut pas lieu car il ne me fut plus possible de joindre ensuite Eichmann à Berlin. »

— En gros, ce rapport me paraît correct. Il contient quelques petites inexactitudes. Il est totalement faux, toutefois, que je lui aie déclaré que j'étais le fondé de pouvoir direct du Reichsführer pour toutes les questions juives ; je ne le lui ai certainement jamais dit, parce que je ne l'ai jamais été non plus. Peut-être lui ai-je dit : je suis ici, maintenant, à l'occasion de votre visite, le fondé de pouvoir du Reichsführer de la SS. C'est possible. Il est également inexact, pour s'en tenir aux faits, que j'aie joué un rôle de premier plan dans les camps de concentration de Lublin et d'Auschwitz. Quant aux objectifs que nous poursuivions, il est vrai que ceux qu'il évoque ici existaient vraiment à l'époque de la création du ghetto de Theresienstadt. Ils ne se réalisèrent pas, du fait des pressions qui s'exercèrent de toutes parts, en provenance de tous les services possibles et imaginables. Il y eut aussi le fait qu'on a par la suite transféré n'importe qui à Theresienstadt.

— *Que savez-vous du sort qui fut réservé aux habitants de Lidice ?*

— Absolument rien. Je n'ai rien eu à voir avec ça.

Commentaire : Le 27 mai 1942, le Protecteur adjoint de la Tchécoslovaquie, l'Obergruppenführer Reinhard Heydrich, le chef du RSHA, fut grièvement blessé lors d'un attentat à la bombe à Prague et mourut huit jours plus tard. Les auteurs de l'attentat étaient des émigrés tchèques que les services secrets britanniques avaient entraînés en vue de cette mission et qu'ils avaient ensuite parachutés dans leur patrie. Les interrogatoires menés par la Gestapo firent apparaître que le groupe responsable de l'attentat avait reçu en Angleterre des informations en provenance d'un village de mineurs, Lidice, situé à l'ouest de Prague. A titre de représailles et d'intimidation, Hitler donna l'ordre de fusiller tous les hommes de Lidice, d'expédier toutes les femmes en camp de concentration, de rassembler tous les enfants et, dans la mesure où ils apparaîtraient « germanisables », de les confier à des familles SS du Reich ; les autres seraient soumis à un autre type d'éducation. La localité fut incendiée et complètement rasée. Les pelotons d'exécution des occupants passèrent par les armes cent quatre-vingt-dix-neuf hommes du village ; cent quatre-vingt-onze femmes se retrouvèrent derrière les barbelés des camps de concentration. Seize enfants furent déclarés « germanisables », quatre-vingt-treize autres furent expédiés dans un camp du Warthegau où régnait, à Poznan, le plus brutal, le plus dur et le plus despotique de tous les Gauleiter. Seuls seize enfants et cent quarante-trois femmes survécurent à la guerre.

— *Savez-vous ce qu'il est advenu d'une partie des enfants ?*

— Je ne le sais pas. Mais je n'ai absolument rien eu à voir avec Lidice, mais alors rien du tout, rien de rien... Je n'ai même pas, disons, eu à savoir quoi que ce soit.

— *Avez-vous entendu parler de transports d'enfants que le chef de la police de sécurité de Prague organisa entre Lidice et Litzmannstadt — qui était auparavant et qui est maintenant redevenue la ville polonaise de Lodz ?*

— Non, non, je n'ai entendu parler de rien.

— *Voici maintenant les photocopies de documents concernant le sort réservé à quatre-vingt-huit enfants tchèques de Lidice arrivés à Litzmannstadt le 13 juin 1942. La première est une lettre portant la signature de Krumey qui fut un temps votre collaborateur et qui, à cette époque, dirigeait le service central de déportation à Litzmannstadt.*

— C'est bien la signature de Krumey, effectivement.

« Litzmannstadt, le 17 juin 1942.

Au chef de la police de sécurité et du SD à Prague. Objet : le transfert à Litzmannstadt d'enfants tchèques. » Le deuxième document est un télex que Krumey expédie de Litzmannstadt, le 20 juin 1942, au RSHA, section IVB4, à l'attention de l'Obersturmbannführer Eichmann, à Berlin. « Objet : transfert de quatre-vingt-huit enfants tchèques originaires de la commune de Lidice à Litzmannstadt. Références : entretien avec l'Obersturmbannführer Eichmann. »

— *Voulez-vous dire quelque chose à ce sujet ?*

— Oui, je suis d'abord obligé de dire que je ne me souviens absolument pas de ça. Deuxièmement, si — et cela ressort clairement de cette lettre —, si ma section a eu à s'en occuper d'une manière ou d'une autre... Il se réfère à un entretien qu'il aurait eu avec moi, j'imagine qu'il a uniquement été question, entre nous, d'un problème de transfert ou de quelque chose de ce genre et que... Je lis ici qu'entre-temps le Bureau central « Race et colonisation » a trouvé que sept enfants étaient... étaient germanisables.

— *Qu'advint-il des enfants jugés non germanisables ?*

— Je ne le sais pas non plus. Si on les a transportés à Litzmannstadt... Ce n'était pas moi, je veux dire que ce n'étaient pas mes services qui, en définitive, s'occupaient de tout cela mais que cette affaire de Lidice se réglait en fait en haut lieu. J'ignore quels ordres ont été donnés à ce propos.

— *A-t-on amené les enfants au camp de Kulmhof pour les soumettre au traitement spécial ?*

— Je n'en sais rien, mon Capitaine. Je n'en sais rien. Je veux dire, il est possible que les choses se soient passées ainsi, mais il est tout aussi possible que non, je n'en sais rien.

— *Liquidait-on à Kulmhof tout aussi bien les Juifs que les non-Juifs ?*

— Je ne... En dehors des deux fois dont je... A Kulmhof, en dehors de ces deux fois, je n'y ai plus remis les pieds... je ne sais rien. Mais c'est un service central quelconque qui a dû s'occuper de toute cette histoire de Lidice. Mais j'ignore lequel.

— *Mais pourquoi Krumey s'adresse-t-il précisément à vous à propos de ces quatre-vingt-huit enfants ?*

— Il est vraisemblable qu'il s'est posé un problème de transport à leur sujet et qu'ainsi ils se sont retrouvés mêlés à toutes nos histoires. Peut-être ont-ils été rajoutés à un convoi, à un convoi de Juifs. Il pourrait se faire que j'aie reçu l'ordre de les adjoindre à je ne sais quel convoi. C'est fort possible.

— *Aviez-vous, concernant le sort de ces enfants, à...*

— Non, non, je n'ai pas eu à en décider.

— *...à prendre des décisions ou des dispositions?*

— Non, non, non, en aucune façon.

— *Krumey écrit ceci au RSHA, dans ce télex du 22 juin 1942 :*

« Le 13 juin 1942, suite à l'opération dont il est ici question, nous avons reçu à Litzmannstadt quatre-vingt-huit enfants de la commune de Lidice, désormais orphelins. N'ayant reçu aucune autre indication concernant le sort de ces enfants, je demande qu'on me fasse part des instructions voulues. Supposant qu'on destine ces enfants au traitement spécial, j'ai informé la section IVB4 de leur transfert. Entre-temps, le Bureau central « Race et colonisation » a sélectionné sept enfants germanisables. »

— Hum, oui, voilà encore une... une de ces histoires. C'est vraisemblablement en haut lieu que toutes les décisions ont été prises, puisqu'il s'agissait d'une... d'une mesure de représailles après l'attentat contre Heydrich ; j'imagine que c'est peut-être même le Reichsführer en personne qui a donné à ce sujet les ordres voulus.

— *Krumey, dans cette lettre se réfère à un entretien qu'il a eu avec vous. Il ressort de cette deuxième lettre qu'il a supposé qu'on destinait ces enfants au traitement spécial, c'est-à-dire à la mort. Ne peut-on alors imaginer que, dans votre entretien, cette question est aussi venue sur le tapis et qu'il vous a ensuite écrit cette lettre sur la base de la conversation que vous aviez eue ?*

— Il est fort possible que Krumey se soit dit et qu'il m'ait demandé : Que dois-je en faire ? Sont-ils destinés au traitement spécial ou non ? A quoi je lui aurai sans doute répondu : eh bien, ceci n'est pas de mon ressort ; j'ai compétence pour les Juifs mais pas pour les enfants tchèques. Ce que furent ensuite les ordres donnés, ça je n'en sais rien.

— *Voici encore d'autres photocopies en rapport avec ce même problème toujours. Parmi elles, un texte du 9 juillet 1942 adressé au RSHA, section IVB4, à l'attention de l'Obersturmführer Eichmann.*

« Objet : Enfants tchèques. Les services extérieurs du Bureau central " Race et colonisation " nous ont envoyé douze enfants non germanisables, âgés de un à quinze ans, originaires des régions de Lidice et de Lesaki. Nous attendons d'autres ordres. »

Voici maintenant un télex, daté du 14 juillet 1942, en provenance de Berlin.

« Au Service central des déportations (UWZ), Litzmannstadt, à l'attention de l'Obersturmbannführer Krumey. Objet : Enfants tchèques. Références : votre télex du 9 juillet 1942. Veuillez livrer sur-le-champ les douze enfants non germanisables à la police d'Etat de Litzmannstadt qui a reçu les instructions nécessaires. Signé : RSHA, IVB4, pour ordre, Günther. »

Avez-vous quelque chose à dire ?

— Oui, je disais tout à l'heure que je ne me souvenais de rien et il me faut de nouveau bien constater que rien de tout cela ne m'est connu. Comme je l'ai déjà dit, je ne me suis en rien occupé de cette affaire. C'est mon adjoint, d'ailleurs, qui a signé.

— *Le télex de Günther est signé IVB4 !*

— Oui, bon, un télex ! C'est... quoi qu'il en soit, le télex est signé. On n'y peut plus rien. Que ce ne soit pas moi qui l'aie signé ne change rien à l'affaire. Il provient bien sûr de la section... de ma section... C'est clair. Mais, en tout cas, c'est quelqu'un d'autre que moi qui l'a signé et rédigé. Mais — des enfants tchèques à livrer sur-le-champ à la police d'Etat de Litzmannstadt qui a reçu les instructions nécessaires... ?

— *Ne peut-on en tirer la conclusion que les instructions*

envoyées à la police d'Etat de Litzmannstadt l'ont été par votre section ?

— Je n'ai pas pu, je veux dire la section IVB4 n'a pas pu dispenser d'instructions dans une telle affaire. Tout au plus les transmettre. La section n'était pas habilitée à donner d'elle-même de tels ordres mais — au cas où il y aurait bien eu en effet un ordre définitif — c'est d'en haut qu'elle l'a... cet ordre est venu d'en haut. La section IVB4 n'a pas eu à s'occuper de Lidice ; l'affaire de Lidice a été traitée sur la base d'un ordre... ayant valeur générale et venu d'en haut.

— *Ressort-il des documents que j'ai produits devant vous que vous avez eu quelque chose à voir avec le sort réservé à ces enfants ?*

— Que quelque chose... ? Qu'on a participé à... ?

— *Oui...*

— ...Je voudrais dire : oui, cela ressort clairement. Je ne veux pas dire que moi, personnellement, je... Mais la section, elle, ça, je le vois très clairement maintenant...

— *Oui, mais le responsable de la section, en 1941, c'était vous !*

— C'était moi qui dirigeais la section, c'est évident. Lidice, c'était le genre d'affaire qu'aucune section, quelle qu'elle soit, n'était en mesure de régler, pas plus d'ailleurs qu'un chef de groupe ou qu'un chef de département ; c'est... d'en haut, en revanche... c'est sur un plan plus général que...

— *Est-ce aussi votre section IVB4 qui a effectué la déportation des Tziganes dans les camps d'extermination ?*

— Effectivement. Mais je ne sais pas si tous les Tziganes... ça, je ne le sais pas. Les Tziganes de l'Ouest, ceux de l'Ouest, non. Dans les camps ? Dans... dans un ghetto, pas dans les camps. Dans un ghetto à Litzmannstadt. C'était au début, avant que n'éclate la guerre avec la France, avant la guerre franco-allemande, je crois. Ou bien était-ce après ? je ne sais plus.

— *Est-ce qu'ensuite on n'a pas aussi envoyé et gazé les Tziganes à Auschwitz ?*

— Mon Capitaine, je n'arrive plus à m'en souvenir. Nous n'avions à nous occuper que de fournir les wagons et d'établir les horaires.

— *Vous n'avez pas fourni de directives au sujet des...*

— Aucune directive, aucune directive.

— *...au sujet des Tziganes ?*

— Les Tziganes, c'était l'affaire du Reichsführer lui-même. Oui, et les directives pour les Tziganes, elles étaient simples. Je les connais. Il n'y en avait, en effet, aucune ! C'était l'affaire du Reichsführer ! Car, pour les autres directives, il fallait toujours, le cas échéant, consulter d'autres instances centrales. Vous l'avez vu, mon Capitaine : les Affaires étrangères s'en mêlaient, il fallait tenir compte des diverses spécifications de nationalité, etc. Pour les Tziganes, pour autant que je m'en souvienne... on ne, je pense, on ne tenait pas le moindre compte des spécifications, d'aucune manière.

— *Pour quelles raisons, à vrai dire, a-t-on exterminé tous les Tziganes ?*

— Mon Capitaine, c'était une... je crois que c'était une affaire... — le Führer — le Reichsführer. Je ne me rappelle plus non plus maintenant... il y avait en effet... c'est arrivé subitement, très subitement. Et il y a eu des ordres... Je ne me rappelle pas. D'ailleurs, à ma connaissance, aucune des branches du RSHA n'a eu à s'en occuper, disons, à se livrer à leur étude. Je veux dire par là : leurs origines, d'où ils viennent, leurs usages, leurs coutumes. Disons qu'on ne peut pas parler dans leur cas d'associations organisées, mais qu'il s'agissait dans leur cas de, comment pourrais-je dire, il s'agissait de... grands rassemblements, etc. Ou bien : où se trouvent leurs centres et ainsi de suite ? Je ne sais pas qui a bien pu s'occuper de ça. Pas la IVB4 en tout cas. Rien de semblable n'avait été envisagé pour les Tziganes.

— *Et les fichiers sur les cas d'espèce, est-ce vous qui les avez ensuite tenus ?*

— L'ordre concernant les Tziganes, si j'ai bon souvenir... en fait, je n'arrive absolument pas à me souvenir de toute cette histoire. Ce n'est venu dans ma section, je crois, comme domaine propre, que beaucoup plus tard. Et lorsque j'ai eu à m'occuper d'eux, ils n'existaient plus. Ils n'avaient d'ailleurs jamais été nombreux. Il ne pouvait pas y en avoir beaucoup car aucun de ces pays occidentaux n'était un pays spécifiquement tzigane, comme par exemple l'étaient, disons, la Hongrie ou la Roumanie. Dans ces derniers, il y avait énormément plus de Tziganes qu'en... disons, que dans les territoires constituant à l'époque le Grand Reich allemand, comme on l'appelait. A ce que je crois, il n'y en avait pas plus que cinq ou six mille sur le territoire du Reich. Je ne pense pas qu'il y en ait jamais eu davantage.

— *N'y avait-il pas entre sept cent mille et un million de Tziganes en Pologne, en Russie, en Roumanie et en Hongrie ?*

— Je n'en sais rien, mon Capitaine, je n'en sais rien.

— *Vous vous rappelez avoir ici déjà dit à plusieurs reprises que, par l'intermédiaire de votre adjoint Günther... que Günther vous avait parlé de cet acide..., de cette histoire de gaz.*

— C'est exact ! Je l'ai d'ailleurs tout de suite... dès le début, ici, j'en ai...

— *N'avez-vous pas dit alors à Günther* : « *Mais comment as-tu pu ?... Comment as-tu pu faire une chose pareille ? Pourquoi te mêles-tu de choses semblables* ? »

— Certainement, certainement.

— « *Comment moi, Eichmann, puis-je répondre de ça devant Müller ?* »

— Ça, je ne l'ai certainement pas dit.

— *Vous n'avez pas dit cela* ?

— Non ; je pense... je pourrais m'imaginer qu'il m'ait dit : « Voici, regardez ! J'ai l'ordre d'agir de telle et telle manière. »

— *Voici maintenant quatre pages de documents. Avez-vous quelque chose à dire ?*

— Ce sont des lettres adressées le 25 octobre 1941 par le ministre des Territoires occupés au Commissaire du Reich pour les pays de l'Est [1]. L'une de ces lettres annonce que « le chef de service Brack, de la Chancellerie du Führer, s'est déclaré prêt à collaborer à la réalisation des locaux nécessaires ainsi qu'à la fabrication des appareils de gazage. Pour l'instant, on ne dispose pas en nombre suffisant des appareils envisagés. Il faut commencer par les fabriquer. Brack considérant qu'il est beaucoup plus difficile de fabriquer ces appareils dans le Reich que sur place, il juge plus rationnel d'envoyer sur-le-champ ses collaborateurs à Riga, en particulier son chimiste, le Dr Kallmayer, etc., etc. Dans ces conditions, je vous demanderai de bien vouloir vous adresser, par l'intermédiaire de votre officier de la SS et de la police le plus élevé en grade, au chef de service Brack, de la

1. Les pays Baltes (N d T).

Chancellerie du Führer, en lui demandant de bien vouloir vous envoyer son chimiste, le Dr Kallmayer ainsi que d'autres auxiliaires. Je me permets de vous signaler que le Sturmbannführer Eichmann, le responsable aux questions juives au sein du RSHA, est d'accord avec cette manière de procéder. Selon une information du Sturmbannführer Eichmann, il doit se créer à Riga et à Minsk des camps pour Juifs dans lesquels on accueillera aussi éventuellement des Juifs originaires du Reich dans ses anciennes frontières. » Puis j'ai encore là un « memorandum sur des entretiens que notre spécialiste, un juge de première instance — son nom n'est pas cité, mais il s'agit vraisemblablement du Dr Wetzel, du ministère des Territoires occupés — a eus avec le chef de service Brack et avec le Sturmbannführer Eichmann ». Il m'est toujours impossible de me prononcer à ce sujet.

— *Ce dont il est ici question, c'est bien de la mise en place des appareils à gaz... des appareils de gazage, n'est-ce pas ?*

— Oui, mais il faut préciser la chose suivante : c'est la Chancellerie du Führer qui s'est chargée de les procurer, c'est ce que je relève dans ce document. On ne s'est adressé au RSHA que pour solliciter son accord et c'est effectivement par mon intermédiaire que cet accord a été transmis. Cela est pour moi la confirmation que je n'ai dit, dans ces circonstances, que ce que j'avais à dire. Je me demande qui a bien pu amener le ministère des pays de l'Est, c'est-à-dire les milieux proches du juge de première instance, le Dr Wetzel, à entreprendre quelque chose à propos de ces machines à gaz. Il a dû y avoir là-derrière quelqu'un qui poussait à la roue. Peut-être les choses en étaient-elles arrivées au point que l'on s'est dit dans les milieux du ministère des pays de l'Est : il faut procéder avec plus d'élégance ; ils en avaient assez des fusillades ! Je me suis demandé — étant donné que l'ordre d'acheter cent kilos d'acide prussique ne venait pas de moi —, je me suis demandé si, par hasard, mon adjoint Günther n'était pas directement en rapport avec Globocnik, si bien que c'était lui qui procurait ce... ces produits chimiques à ces gens, alors qu'à l'origine c'étaient eux qui devaient se les procurer eux-mêmes.

— *La question qui se pose à propos de ces commandes de gaz est la suivante : Günther a-t-il pu agir à votre insu ? Vous dites : directement en rapport avec Globocnik. Mais c'est vous qui avez rendu visite à Globocnik.*

— Vous avez raison, c'est exact.

— *C'est vous qui êtes allé voir Globocnik, c'est vous qui vous êtes rendu à Lemberg, c'est vous qui avez visité Auschwitz, c'est vous qui vous êtes rendu sur tous ces lieux d'extermination. C'est vous qui avez vu quelles méthodes y étaient utilisées. Là, on asphyxiait à l'aide d'un moteur, là, on passait par les armes si bien que votre rapport à Müller, à Heydrich ou à Himmler — quel que soit l'endroit où il a atterri — montrait que ces méthodes étaient disons, grossières, d'un rendement médiocre. Il fallait en conséquence suivre une autre voie pour accélérer la mise à mort. Il fallait aussi prendre en considération le fait que les unités chargées de ces opérations d'extermination en étaient certainement profondément affectées. A force de fusiller des êtres humains par centaines et par milliers, même vos propres hommes, il fallait en tenir compte, pouvaient très bien ne pas sortir indemnes de cette affaire. Il n'est pas donné à chacun d'être un froid et brutal assassin. Peut-être ce qu'ils ont fait viendra-t-il ensuite tourmenter leur conscience ? Aussi serait-il préférable de procéder d'une manière moins voyante. Peut-être à l'aide d'un gaz ? Le cheminement intellectuel a dû être ce que je viens de décrire. On a alors chargé Günther, selon toute vraisemblance avec votre assentiment, de faire cette démarche et le gaz fut livré.*

— Je ne pense pas que les choses se soient passées ainsi que vous le dites, mon Capitaine. Car il faudrait que j'en aie gardé au moins une trace en mémoire. On n'a pas pu charger la police de sécurité de trouver ce gaz. Ce n'était pas notre travail, ce n'était pas notre travail.

— *Comment, alors, expliquez-vous le fait qu'on ait gazé et que les différentes personnes impliquées dans ce gazage aient toutes fait référence à Eichmann et à la section IVB4 ?*

— Oui, c'est bien un... c'est justement là ce qu'il y a d'étrange dans cette affaire, n'est-ce pas, c'est bien ça, c'est bien ça. Nous n'avons rien eu à voir avec tout ça, rien, absolument rien. Nous n'avons rien eu à voir du tout avec tout ça. Rien, rien, rien.

— *Et ces déclarations sont donc toutes...*

— Je n'ai... ce n'était absolument pas notre travail... du point de vue de notre travail, nous n'avons absolument rien eu à voir avec tout ça et, hors service, je ne m'en suis pas occupé. Je n'ai rien... Je n'ai rien à voir avec ces choses-là, je le dis tout net. Et personne n'est en mesure de prouver le contraire.

— *Mais vous avez bien su, de par vos fonctions, que l'on gazait !*

— Je l'ai su, bien entendu, j'étais au courant.

— *Quel était alors votre sentiment concernant la totale extermination physique des Juifs dans le cadre de la solution finale de la question juive ?*

— Je l'ai déjà dit, mon Capitaine : lorsque, à l'époque, j'ai, j'ai pour la première fois entendu parler de ça, j'étais là... ce fut alors... ce fut... je restai, je ne sais pas, comme assommé. Et lorsque j'ai vu les premières choses, ça aussi je vous l'ai raconté, je me suis senti mal. C'est... c'est la réalité et j'étais drôlement content, durant toutes ces années, de ne rien avoir à faire avec l'extermination. Je n'ai rien eu à voir avec l'extermination.

— *Mais déporter ne revenait-il pas à exterminer ?*

— Mon Capitaine, j'ai déjà dit qu'il n'entrait pas dans mes attributions de décider qui était affecté au travail, qui ne l'était pas. J'avais l'ordre de déporter. Et lorsque Wisliceny, mon collaborateur, écrit dans ses aveux qu'il y aurait eu des moyens de tourner l'ordre d'Hitler, j'aimerais bien connaître ces prétendus moyens. Je dis, moi, qu'il en existait effectivement un, de moyen : il suffisait de prendre un... un revolver et de se faire sauter la cervelle. Cela va de soi. Je ne l'ai pas fait.

— *En d'autres termes, cela revient à dire alors que vous n'y étiez pas hostile ?*

— J'ai obéi. On aurait pu m'ordonner n'importe quoi, j'aurais obéi. Certainement, j'aurais obéi. J'ai obéi, j'ai obéi. Je ne peux pas me refaire, mon Capitaine. Je... j'étais à l'époque dans cet état d'esprit-là et les choses étaient ainsi. Les ordres qu'on me donnait, je les exécutais. Un serment est un serment. J'ai, à l'époque, respecté aveuglément les engagements que j'avais contractés par serment. Je ne prêterais plus serment aujourd'hui. Il ne serait au pouvoir de personne de m'y contraindre ; par exemple, aucun juge ne réussirait à me faire témoigner sous serment. Je refuse de prêter serment, je refuse et ce pour des raisons morales. Parce que j'en ai fait l'expérience : lorsqu'on est fidèle à son serment, il faut en subir un jour les conséquences. Car, je m'en aperçois maintenant, lorsqu'on a obéi pour rester fidèle à son serment, quelqu'un vient un jour vous demander compte de vos actes. Mais si, à l'époque, je n'avais pas obéi, on m'aurait châtié. Par conséquent, de quelque... de quelque manière que ça se passe, prêter serment ne rapporte jamais rien de bon.

— *Votre ami et collaborateur Dieter Wisliceny écrit à ce propos :*

« Les collaborateurs d'Eichmann étaient habitués à exécuter aveuglément les ordres. A part moi, seul l'Obersturbannführer Krumey a tenté, en Hongrie, de s'opposer à lui. Il était impossible, je l'ai souvent essayé, d'amener ces gens-là, en faisant appel à leur raison, à se livrer à un sabotage non violent ou à temporiser. Eichmann exerçait une trop forte influence sur ces hommes, totalement demeurés pour la plupart. »

— Je n'ai jamais constaté la moindre opposition, ni de la part de Wisliceny, ni de la part de Krumey. Je n'ai constaté à aucun moment la moindre manifestation d'opposition. Pas la moindre.

Commentaire : Dieter Wisliceny était entré à la SS peu de temps avant Eichmann mais il avait bénéficié au SD d'un avancement plus rapide parce qu'il avait une meilleure instruction générale et surtout parce que ses connaissances en histoire étaient utiles. Durant une période, il fut le supérieur d'Eichmann dans la section juive, mais, de l'avis de ce dernier, Wisliceny n'était pas un bourreau de travail ; il passait son temps à lire des ouvrages historiques pendant que ses subordonnés effectuaient, eux, le travail de bureau fastidieux. A cette époque, une amitié si étroite unissait les deux chefs SS que Wisliceny accepta d'être le parrain du fils d'Eichmann, Dieter. Lorsque l'ancien supérieur se trouva devancé par son collaborateur dans la course aux étoiles et aux galons et lorsque Eichmann se vit finalement attribuer la direction de la section, Wisliceny se sentit supplanté. Il garda de la rancune à l'égard de son ancien subalterne, mais une rancune secrète. Eichmann prétend qu'Himmler s'est opposé à l'avancement de son ami parce qu'il n'était pas marié. Pour ne pas devoir travailler sous la surveillance directe du nouveau chef de section, Wisliceny partit pour les « services extérieurs », pour Presbourg, en tant que conseiller aux affaires juives auprès de l'allié slovaque. C'est lui qui organisa les déportations dans cet Etat-satellite. Relevé de ce poste, il organisa ensuite la déportation des Juifs grecs à Auschwitz. Après la guerre, Wisliceny tomba aux mains des Alliés occidentaux et témoigna devant le Tribunal militaire international de Nuremberg. Les Tchécoslovaques exigèrent ensuite qu'il leur fût livré et ils le jugèrent alors à Presbourg, l'actuel Bratislava. Il fut condamné à mort et exécuté.

— Lorsque je lis cette phrase de Wisliceny dans ses aveux : « Compte tenu de mon expérience personnelle, j'affirme une nouvelle fois qu'Eichmann a pris, en personne, une part déterminante dans la décimation du judaïsme européen et qu'on doit l'en tenir pour pleinement responsable bien qu'il ait été couvert par les ordres d'Himmler et d'Hitler car il existait des moyens de tourner cet ordre d'Hitler », lorsque je lis de tels propos, je me sens obligé de dire qu'on n'a pas à tourner un ordre.

— *Vous voulez dire que, lorsqu'il y a eu ordre, la responsabilité...*

— Je suis bien entendu responsable de mes... des actes que j'ai été obligé de commettre du fait des ordres que l'on m'a donnés. J'ai déclaré dès le début, mon Capitaine, que je n'entendais en aucune façon fuir aujourd'hui mes responsabilités. Parce que cela m'est absolument impossible. Mais, d'un autre côté, je me refuse à endosser la responsabilité de choses que je n'avais pas reçu l'ordre de faire et qui n'étaient pas dans mes attributions. Je ne suis pas comme ceux qui dirent en 1945 ou qui disent aujourd'hui encore : « J'ai toujours été contre ! » dans l'espoir, en quelque sorte, de se tirer d'affaire au prix d'une déclaration qui — disons-le — ne leur coûte pas très cher. Je me refuse à de telles déclarations. Elles seraient contraires à la vérité.

CINQUIEME PARTIE

— *Pouvez-vous me dire précisément de quand à quand vous êtes resté en Hongrie ?*

— Oui, j'y suis arrivé le 19 mars 1944. Je m'en souviens de manière aussi précise parce que c'était mon anniversaire. C'est le 19 mars que j'ai franchi la frontière. Et c'est là veille de Noël 1944, à trois heures et demie, que j'ai quitté Budapest en direction de l'ouest.

— *Est-ce qu'avant l'arrivée de votre détachement spécial le gouvernement hongrois avait déporté des Juifs de Hongrie ?*

— Je ne le pense pas ; certainement pas.

— *Vous avez précédemment déclaré qu'au début de l'année 1944 vous étiez occupé à construire un camp à proximité de Berlin. Ne serait-ce pas près de Wuhlheide ?*

— Ce nom ne me dit absolument rien. Nous étions à l'est de Berlin, à environ soixante-dix ou quatre-vingts kilomètres. Il n'y avait rien d'autre qu'une station de chemin de fer et peut-être bien quelques maisons éparpillées autour. Il ne s'y passait strictement rien. On a construit, je crois bien, une dizaine de baraques de grande taille, non, disons, une douzaine peut-être. Les bombardements de la capitale ne permettaient pratiquement plus d'y travailler. C'est ce dont mon chef lui-même a fini par s'apercevoir ; il s'est alors très certainement dit : « Pourquoi ces gaillards devraient-ils rester assis là à ne rien faire ? Autant qu'ils s'occupent à quelque chose ! » C'est ainsi que, fin 43, je reçus l'ordre de construire un village de baraques qui servirait de base de repli aux bureaux de la Gestapo. Je fis venir de Theresienstadt un contingent de techniciens, d'architectes et d'ouvriers. Alors que nous avions presque terminé, c'était en mars 44, le Gruppenführer Müller vint nous inspecter ; il examina tous nos travaux et me dit alors que, sur ordre du Reichsführer, donc d'Himmler, je devais partir d'ici et me rendre en Hongrie ; il me précisa que j'agirais là-bas en qualité de responsable auprès du commandant en chef de la police de sécurité et qu'il me faudrait organiser de là-bas les transports de Juifs de manière à ce que tout se passe sans incidents. Je me rendis donc à Mauthausen, au camp de concentration, car c'était là que se rassemblait le détachement en partance pour la Hongrie ; ce rassemblement devait rester secret parce que l'ensemble de l'opération était considéré comme un « secret d'Etat », comme tout ce qui se faisait d'ailleurs au RSHA. On nous logea à Mauthausen dans une partie du camp de concentration à l'écart. Jour après jour, il n'arrêtait pas d'arriver du monde, des agents de la police d'ordre, des agents de la police de sécurité ; il arriva aussi des camions, cent soixante ou cent quatre-vingts à peu près. Et, au bout d'une semaine à peu près, tout était prêt. Comme j'étais, avec Krumey, l'officier le plus élevé en grade, à savoir Obersturmbannführer, ce qui correspondait au grade de lieutenant-colonel, nous reçûmes l'ordre suivant : Krumey et un détachement partiraient en éclaireurs avec environ trente véhicules ; je devrais à mon tour me mettre en route vingt-cinq heures plus tard, avec cent quarante véhicules environ. Ma colonne était précédée de la 1re division blindée. A Budapest, le groupe fut dissous. On me logea dans un hôtel où je restai ensuite quelques jours.

Commentaire : Cet épisode qu'Eichmann raconte comme incidemment s'est déroulé dans le cadre de l'opération menée par les Allemands pour s'emparer du pouvoir en Hongrie. Au printemps 1944, à l'exception des régions contrôlées par les partisans, tout le Sud-Est de l'Europe était encore plus ou moins aux mains d'Hitler. La Hongrie, qui s'était alliée à l'Allemagne et combattait l'Union soviétique, avait jusqu'alors réussi à préserver une certaine indépendance à l'égard des doctrines national-socialistes. Un vieillard de soixante-quinze ans, Nicolas von Horthy, ancien amiral de l'Empire des Habsbourg, présidait aux destinées de l'Etat hongrois depuis plus de quatre décennies ; il avait le titre de régent. Même Hitler se voyait contraint de le respecter en dépit de son refus, depuis des années, de s'associer à l'antisémitisme radical des nationaux-socialistes. Environ huit cent mille Juifs vivaient en Hongrie au début de l'année 1944 ; on ne les laissait certes pas en paix mais ils n'étaient menacés ni dans leurs biens ni dans leur vie. A ce jour, Eichmann et son équipe de la section IVB4 avaient déjà réussi à transporter dans les camps et les chambres à gaz la totalité des Juifs vivant dans les autres territoires sous contrôle allemand. Leur tâche semblant arriver à son terme, Eichmann s'était vu entre-temps confier un autre travail, construire un siège de repli pour la Gestapo dans les pinèdes du Brandebourg. Mais c'est alors que, à la suite des revers militaires qu'il subissait, Hitler se mit à craindre une possible défection de son allié hongrois, à l'image de ce qui s'était passé l'année précédente, en Italie, avec le gouvernement Badoglio ; ce qui l'amena à lancer, le 12 mars 1944, l'opération « Marguerite », c'est-à-dire à occuper le pays. On eut dès lors besoin de nouveau du spécialiste des questions juives, Eichmann. Et, comme on redoutait que les Juifs de Hongrie ne créent des troubles à l'arrière du front alors que s'annonçait l'offensive de l'Armée Rouge, on décida de procéder à une extermination rapide. Eichmann, jusqu'à cette date, avait toujours dirigé ses entreprises depuis le siège de son administration berlinoise ; cette fois-ci, en revanche, il se rendit en personne sur le territoire des opérations. Si l'on décompte les interruptions provoquées par ordres supérieurs, il n'y sévit que quelques mois mais cela lui suffit pour envoyer plus de quatre cent mille Juifs hongrois à la mort, quatre cent cinquante mille si l'on se fie à ses propres évaluations.

— L'entrée des troupes allemandes avait provoqué la chute du gouvernement hongrois. Wisliceny s'était déjà souvent rendu auparavant de Slovaquie en Hongrie. Il connaissait en tout cas Laszlo Endre et Laszlo Baky qui entrèrent tous les deux au ministère de l'Intérieur en qualité de secrétaires d'Etat à ce moment-là. Au cours d'une conversation informelle autour d'un verre de vin hongrois j'informai ces deux hommes qu'Himmler avait donné des ordres à la police allemande et qu'il souhaiterait vivement qu'on évacue les Juifs hongrois d'est en ouest et qu'on les transporte ensuite à Auschwitz. Je leur précisai aussi ce que le Reichsführer voulait : limite d'âge à soixante ans ; pas de gens inaptes au travail ; pas d'enfants ; pas de femmes inaptes au travail, deux jours de nourriture, éviter les brutalités inutiles. Ce fut ensuite la police hongroise qui se chargea de mettre en œuvre les mesures antijuives à Budapest. Ils faisaient preuve de quelque souplesse, à l'époque, lorsqu'ils constituaient leurs ghettos. Je veux dire par là que les Hongrois n'avaient pas repris à leur compte les méthodes en vigueur dans le Gouvernement général ; on ne rencontrait pas dans leurs ghettos cette exiguïté et cet entassement caractéristiques des ghettos de Tchécoslovaquie mais on voyait en revanche réapparaître les clôtures de planches et les façades aux ouvertures clouées et murées. Entre-temps, le Dr Endre avait réglé ses problèmes avec la gendarmerie hongroise ; celle-ci, en effet, et c'était un motif de conflits, ne voulait tenir aucun compte des limites d'âge, elle voulait évacuer tout le monde, de manière radicale. Aussi l'un de mes hommes leur était-il en permanence adjoint en qualité d'observateur de la police de sécurité allemande ; il avait pour seule tâche de veiller à ce que les détachements de la gendarmerie hongroise respectent bien les directives.

— *Quelle était la destination de tous ces transports ?*

— Sur ordre d'Himmler, ils partaient tous sans exception pour Auschwitz, tous sans exception. Toute autre destination était interdite. Il est arrivé, en quelques occasions, que la gendarmerie hongroise procède au chargement d'un convoi sans nous en informer au préalable et donc sans nous laisser le temps de dépêcher sur les lieux un observateur. Ils frappaient alors les gens à tour de bras pour les faire monter dans les wagons. Pourtant, les directives prévoyaient bien un maximum par wagon. A la suite de ces incidents, Auschwitz se plaignit auprès du Bureau central d'administration économique. Ce dernier transmit alors cette plainte à la section IVB4, lui reprochant de n'avoir pas respecté les directives : on avait expédié tous ces gens sans provisions de route, ils étaient arrivés à demi morts de faim, on les avait frappés.

— *Aviez-vous également des directives concernant la récupération des biens des Juifs déportés ?*

— Non, cette question ne regardait absolument pas les services allemands. C'étaient les services hongrois qui s'occupaient de cela. Nous n'aurions jamais osé nous en mêler. J'ai cherché à me rappeler comment les choses se passaient pour escorter les convois. Je crois pouvoir dire avec certitude que c'était la gendarmerie hongroise qui assurait l'accompagnement pour la partie hongroise du trajet, jusqu'à la frontière autrichienne par conséquent ; c'était ensuite la police allemande qui prenait le relais. Je n'ai personnellement joué qu'un rôle passif en Hongrie, en fait, de même que mes collaborateurs. On se contentait d'envoyer sur place des observateurs. Je ne suis, pour ma part, jamais sorti de mes bureaux. Je n'ai pas assisté au départ d'un seul convoi. Je n'en avais pas reçu l'ordre et, selon mon habitude en pareille circonstance, je m'abstenais d'y assister lorsque je n'en avais pas reçu l'ordre formel.

— *Je vais vous donner lecture d'un autre passage des Mémoires de Höss, édition anglaise, à propos de votre activité à l'étranger :*

« Lorsqu'un gouvernement étranger acceptait de voir expulser ses Juifs du pays, il chargeait un de ses services d'organiser l'arrestation des Juifs et de les remettre ensuite aux Allemands. Eichmann, alors, réglait directement les problèmes de transport avec ledit service et mettait à la disposition de ce dernier toute l'expérience qu'il avait accumulée touchant les diverses questions que soulevait l'arrestation d'un tel nombre de Juifs. En Hongrie, par exemple, ce sont le ministère de l'Intérieur et la police du pays qui menèrent les opérations. Eichmann et ses collègues en surveillaient l'organisation et n'intervenaient que lorsque les choses s'accomplissaient avec trop de lenteur ou trop de négligence. C'était également à l'état-major d'Eichmann de fournir les moyens de transport et d'établir les plans de route avec le ministère des Transports. Sur l'ordre de Pohl, le chef du Bureau central d'administration économique et donc aussi le responsable des camps de concentration, je me rendis à trois reprises à Budapest pour me faire une idée approximative du nombre de Juifs aptes au travail que j'allais recevoir à Auschwitz. Ce qui me fournit l'occasion de découvrir les méthodes auxquelles Eichmann avait recours dans ses négociations avec les services gouvernementaux hongrois et avec l'armée. Toute son attitude exprimait une extrême résolution ainsi qu'une grande sobriété, mais il savait néanmoins se montrer amical et courtois. Où qu'il aille, il s'attirait la sympathie. Le prouvent d'ailleurs les innombrables invitations qu'il reçut, à titre privé, de la part de ses chefs de service. Eichmann avait l'absolue conviction que le judaïsme, dans son ensemble, ne se relèverait jamais du coup qu'il lui aurait porté s'il parvenait à exterminer, à l'Est, la base biologique des Juifs. Il était totalement obsédé par sa mission et il était persuadé que les opérations d'extermination étaient nécessaires si l'on voulait préserver à l'avenir le peuple allemand des visées destructrices des Juifs. Il était également farouchement opposé à ce qu'on sélectionne les Juifs aptes au travail dans ses convois. Cette manière de faire compromettait, à ses yeux, la solution finale ; il pensait en effet qu'il convenait de mener à bien cette dernière le plus rapidement possible car on ne pouvait prévoir quelle serait l'issue de la guerre. Dès 1943, il s'était mis à douter des chances de l'Allemagne de remporter une victoire totale. »

Désirez-vous lire ce texte et exprimer votre point de vue à son sujet ?

— Si j'avais un crayon rouge, mon Capitaine, je soulignerais de rouge tout ce qui est tiré par les cheveux dans ce texte, tout ce qui n'est qu'invention. C'est un récit qui manque à ce point de sérieux que je... Et tout y est tellement cousu de fil blanc que je suis persuadé qu'il n'a pas écrit cela de lui-même. Cela dit, peu m'importe qu'il se figure pouvoir me nuire en accumulant autant de mensonges. Depuis le temps, je suis de toute façon maintenant blindé contre des récits de ce genre. Si vous le souhaitez, mon Capitaine, je peux prendre position point par point.

— *Non, ce n'est pas la peine.*

— Sur un plan global, alors, je rejette tout ceci comme étant absolument faux. C'est... je ne trouve pas de mots pour le qualifier mais ce texte rentre bien dans le cadre général des attaques contre moi.

— *Avez-vous convoqué les dirigeants juifs de Budapest à une réunion peu après votre arrivée dans la ville pour leur expliquer qu'on n'envisageait nullement de déporter des Juifs ?*

— Si l'on m'a envoyé en Hongrie pour déporter, mon Capitaine, je ne suis certainement pas allé dire aux dirigeants juifs qu'il n'y aurait pas de déportations. Je n'ai jamais menti aux dirigeants juifs. Il ne se trouvera aucun de ces hommes avec qui j'ai eu affaire tout au long de ces années pour venir me reprocher de lui avoir menti.

— *Durant quelle période, au cours de quels mois plus exactement eut lieu la déportation, à Auschwitz ou ailleurs, des quatre cent cinquante mille Juifs environ que vous avez vous-même évoqués ?*

— Il est possible, il est possible que les déportations aient commencé... à ce que je crois aujourd'hui... au plus tôt fin avril 1944. Peut-être est-ce même début mai. Tout, parfois, se déroulait selon les prévisions ; soudain des difficultés surgissaient à nouveau ; puis tout s'arrangeait ; cela fonctionnait toujours par à-coups. Mais je suis aujourd'hui incapable de préciser quand ce fut fini. Peut-être en... en octobre.

— *Et que savez-vous du voyage d'un dénommé Joël Brand suite à votre proposition d'échanger un million de Juifs contre dix mille camions ?*

— Mon Capitaine, autant que je m'en souvienne, mon Capitaine, c'est chez ...Himmler que cette histoire a vu le jour. Je n'arrive pas à me représenter ce... ce dénommé Joël Brand.

Peut-être ne l'ai-je vu que trop brièvement, que durant de trop brefs instants. Il est d'ailleurs reparti aussitôt. C'est Krumey qui, à l'époque, s'occupait des affaires courantes. Je me rappelle seulement qu'à cette occasion il a été question d'amener un million de Juifs à je ne sais plus quel endroit et de les libérer contre dix mille camions équipés pour l'hiver avec la promesse de ne les utiliser en aucun cas sur le front occidental. C'était là l'essentiel de cet entretien et je pense... je crois que c'est à cette époque qu'Himmler a dit qu'il aimerait négocier avec le Dr Chaïm Weizmann.

— *Quelle fut la réaction du gouvernement hongrois à cette proposition d'échanger un million de Juifs contre dix mille camions ?*

— Eh bien, je crois qu'il n'en a rien su. S'est-il néanmoins aperçu de quelque chose ? Je ne saurais le dire, mais les autorités hongroises surveillaient chacun de nos faits et gestes.

— *Lorsque Joël Brand repartit pour l'étranger avec votre accord pour y faire connaître votre proposition, lui avez-vous promis de ne déporter aucun Juif pendant son absence ?*

— Il y a eu une espèce d'arrangement, mon Capitaine, une espèce d'arrangement. Mais je ne me rappelle même plus aujourd'hui ce qu'il écrit à ce sujet dans son livre. Parce qu'à l'époque le Dr Kastner n'arrêtait pas de venir me trouver, à tout bout de champ, tous les jours pour ainsi dire. Je dois avoir eu, à ce moment-là, à prendre je ne sais quelle décision à la place des autorités hongroises afin qu'on... afin de régler d'une manière ou d'une autre les choses en cours. Mais je ne me souviens plus des détails.

— *Je voudrais maintenant vous lire quelques passages du rapport écrit par le Dr Kastner pour le compte du* « Comité de sauvetage des Juifs ». *Voici :*

« Après le départ de Brand et de Grosz pour Istanbul, je me présentait chez Eichmann avec Hansi Brand (la femme de Joël). Nous savions que l'homme qui nous faisait face était le grand metteur en scène de l'extermination des Juifs. Mais nous savions aussi que c'était entre ses mains que résidait le seul espoir de salut. C'était lui et lui seul qui décidait de la vie et de la mort. Nous parlâmes franchement avec lui des horreurs qui se déroulaient dans les ghettos et dans les trains emmenant les déportés. Nous lui demandâmes pourquoi les personnes de province dont on avait sollicité l'émigration n'avaient pas encore, conformément à la promesse faite par Krumey, été amenées à Budapest. Nous lui dîmes que, dans de telles conditions, il n'était vraiment pas possible de mener à l'étranger des négociations avec quelque chance de succès. Il nous parla de la sympathie qu'à l'en croire il éprouvait pour les sionistes. Aux questions concrètes, il répondit par exemple qu'il était sans doute exact qu'on eût entassé quatre-vingt-dix personnes dans un wagon quelque part en Ruthénie mais que cela s'expliquait par le grand nombre d'enfants qu'il y avait dans cette région et par le fait que les enfants prenaient moins de place. D'ailleurs les Juifs de cette région se montraient moins difficiles. Il nous dit encore qu'il ne pouvait aucunement être question d'arrêter les déportations et qu'il ne fallait pas le prendre pour un idiot. Car, s'il arrêtait les déportations, plus personne n'engagerait de négociations avec lui à l'étranger. C'était bien plutôt à nous de mener des négociations plus énergiques à Istanbul parce qu'il ne se laisserait pas mener en bateau et que sa patience avait des limites. »

— Je n'arrive pas à me souvenir des détails de cette conversation. Il doit certainement y avoir une grande part de vérité là-dedans mais il est tout aussi certain qu'il y a mis beaucoup de subjectivité, qu'il a décrit la scène — comment pourrais-je dire — sous un jour qui l'arrangeait. L'idée qu'il me prête selon laquelle j'aurais pu arrêter les déportations, cette affirmation concrète de sa part, donc, n'est pas exacte. En revanche, je dois lui avoir dit : je ne peux pas les arrêter puisque aussi bien ce n'est pas moi qui les ai ordonnées. Je n'étais qu'un... je n'étais qu'un exécutant.

— Mais il s'agit ici du voyage de Joël Brand. Si les déportations se poursuivaient pendant ce temps, cela compromettait la réussite de sa mission. Et, comme le dit Kastner, vous avez alors répondu que vous ne les arrêteriez pas.

— Si cela s'est véritablement passé ainsi — en admettant que j'aie dit cela — c'est alors que le service qui avait accepté cet échange avait donné des instructions dans ce sens, très certainement.

— Voici ce qu'écrit le Dr Kastner à un autre endroit du livre ; je vous donne lecture de ce passage :

« Eichmann revint dans ses services à onze heures. Je me fis aussitôt annoncer. Il me fit entrer au bout d'une demi-heure. Il a derrière lui son état-major restreint : Krumey, Wisliceny, Hunsche et Nowack. Eichmann se met aussitôt à hurler. Je garde le silence.

Il faut d'abord laisser passer l'orage. Ce qui est maintenant en jeu est d'une telle évidence pour moi ! Le problème n'est pas de sauver quelques centaines de Juifs de province. Si je n'arrive pas maintenant, ici même, à contraindre Eichmann à faire machine arrière, la Waadah, notre organisation sioniste secrète, sera alors un perdant aussi naïf que l'ont été avant nous, en Europe occupée, tous ceux qui, dans cette loterie où se joue la vie ou la mort d'êtres humains, ont misé sur le numéro allemand. Les millions versés n'auront alors été que pure et vaine chimère. A ce jeu-là, le perdant n'est plus qu'un traître. Eichmann engage enfin la conversation : " Que voulez-vous donc exactement ? "

Kastner (je cite) : " Je suis obligé d'insister pour que nos accords soient respectés. Avez-vous l'intention d'amener à Budapest les personnes de province que nous avons proposées pour l'émigration ? "

Eichmann (je cite) : " Lorsque j'ai dit non, c'est non. "

Kastner (je cite) : " Alors, nous n'avons plus aucune raison de continuer à négocier. " Je fais mine de me lever.

Eichmann (je cite) : " Vous êtes à bout de nerfs, Kastner. Je vais vous envoyer à Theresienstadt prendre un peu de repos. A moins que vous ne préfériez Auschwitz. Comprenez-moi une bonne fois pour toutes ; il faut que je nettoie la province de cette vermine juive ; argumenter et pleurer n'y feront rien ! "

Kastner (je cite) : " Alors, nos arguments ne serviront pas non plus à Joël Brand dans ses négociations à Istanbul. "

Eichmann (je cite) : " Mais pourquoi vous souciez-vous de ces quelques Juifs ? "

Kastner (je cite) : " Ils ne sont pas seuls en cause. Les choses sont en mauvaise voie à Istanbul parce que vous intensifiez le rythme des déportations. Vous devez fournir la preuve que vos offres sont sérieuses. "

Eichmann (je cite) : " Mais essayez donc de comprendre, je ne peux pas prendre cette responsabilité à l'égard du gouvernement hongrois. J'ai promis à Laszlo Endre qu'aucun Juif ne reviendrait vivant. "

— C'est un récit très théâtral, très théâtral. Je... je vais encore me répéter. Il y a là un noyau de vérité habillé de beaucoup... de beaucoup d'enjolivures. De beaucoup d'enjolivures. Je n'ai certainement pas tenu de propos aussi crus. Quant au contenu concret, je ne me souviens bien sûr de rien. Lui ai-je fait une offre à propos de Theresienstadt ou non ? Je n'en sais rien.

— Je vais encore citer le Dr Kastner. Les événements dont il parle doivent se situer en juin 44 environ.

« Je fis remarquer à Eichmann que l'extermination des Juifs déportés à Auschwitz nous avait placés, nous, c'est-à-dire la Waadah, dans une position impossible et intenable vis-à-vis des organisations juives à l'étranger et vis-à-vis des Alliés : c'est la fin de notre crédit moral. Plus personne ne croit à l'étranger que la partie allemande ait jamais pris au sérieux le projet de sauvetage.

Eichmann se mit à hurler (je cite) : " Mais qu'est-ce que vous vous imaginez ? Vous croyez peut-être que le Reich dispose d'assez de vivres pour faire bouffer pendant des mois des centaines de milliers de Juifs hongrois ou qu'il a assez de personnel et de médecins pour soigner leurs malades ? " Je demandai alors (je cite Kastner) : " Mais que se passera-t-il si, du jour au lendemain, un accord intervient à Istanbul ? Si vous faites gazer les Juifs hongrois, où prendrez-vous la monnaie d'échange qui vous est nécessaire pour obtenir la livraison des camions ? " Eichmann (je cite) : " Ne vous faites pas de soucis. Pour cela, il y a les enfants de douze à quatorze ans. Ceux-là, nous les laissons en vie. Dans un an, dans deux ans, ils seront mûrs pour le travail. Mais je peux aussi livrer des Juifs polonais ou des Juifs de Theresienstadt. Vous pouvez me faire toute confiance. "

Kastner (je cite) : " Je suis certain que vous ne parviendrez pas de la sorte à contraindre l'étranger à des concessions. Etes-vous d'ailleurs le moins du monde intéressé à cette transaction ? Vous devez fournir des preuves de votre bonne volonté. Je vais vous faire une proposition dans ce sens. Nous voulons la vie sauve pour cent mille Juifs hongrois, y compris les petits enfants, les malades et les vieillards. Comme preuve de notre détermination, nous vous offrons en échange environ cinq millions de francs suisses sous forme de bijoux, de devises et de pengoes [1]. Nous vous livrerons ces valeurs au fur et à mesure des contreparties que vous nous donnerez en échange. "

Vous souvenez-vous de cet entretien ?

— Non ! Il est possible qu'il m'ait fait cette proposition. Je ne veux pas le nier pour la bonne raison que je n'en garde aucun souvenir. Mais, en définitive, on ne m'avait donné qu'un seul ordre et il concernait l'échange des dix mille camions contre un million de Juifs. Et cette dernière affaire, celle des camions, c'était pour moi, comment dire ?... c'était un ordre ! Je ne peux rien en dire de plus.

— *Et les autres affaires ?*

— Becher était convenu avec le Dr Kastner de certaines

1. Le pengoe était la monnaie hongroise avant 1946 (N d T).

livraisons économiques, moyennant quoi Becher l'avait assuré que des contingents de Juifs pourraient émigrer en Palestine. Kastner n'avait en vue pour cet échange que de jeunes Juifs originaires de l'Est de la Hongrie. Le projet prévoyait de faire franchir clandestinement la frontière roumaine à ces groupes, à l'insu du gouvernement hongrois. Un beau jour, le Dr Kastner, je crois que c'était lui, arriva avec une valise pleine d'argent étranger. Mais la police secrète hongroise avait eu vent de l'affaire, en particulier de la valise pleine d'argent. A partir de cette date, la collaboration avec la police hongroise se révéla extrêmement difficile.

— *Qu'est-il advenu de cet argent ?*

— Je l'ignore, mon Capitaine. Il fut remis aux services du chef de la police de sécurité et du SD à Budapest.

Commentaire : Eichmann instaura à Budapest aussi le système qu'il avait déjà expérimenté à Vienne, à Prague et à Berlin et qui consistait à associer à ses objectifs les dirigeants juifs du Conseil juif local en leur expliquant que leur collaboration pourrait prévenir de plus grands malheurs encore.

Il y eut en particulier un avocat, le Dr Rezsoe Kastner, l'un des hommes les plus en vue du judaïsme hongrois, pour s'efforcer de gagner la confiance d'Eichmann ; il comptait, à l'abri de cette couverture, organiser son opération de sauvetage. Lui et le commerçant en bonneterie Joël Brand tentèrent de mettre à profit la situation pour amener le plus grand nombre possible de Juifs à émigrer en Palestine. Leur offre de rançon était-elle sérieuse ou bien ne voulaient-ils que retarder l'holocauste dans l'espoir que la guerre finirait bientôt ? Peu importe. L'essentiel, c'est qu'Himmler fut informé de cette offre et qu'il chargea Eichmann de négocier avec le Dr Kastner et Joël Brand. Comme les deux hommes laissèrent de plus entendre qu'ils étaient en contact étroit avec le « Centre mondial du judaïsme », qui n'existait d'ailleurs que dans l'imagination des nazis, ainsi qu'avec le dirigeant de l'organisation sioniste mondiale, le Dr Chaïm Weizmann de New York, Himmler voulut utiliser les deux hommes pour jouer l'un de ses habituels doubles jeux. Il proposa d'arrêter les liquidations raciales en cours, en échange d'une livraison de camions à ses Waffen-SS. Cette clause avait l'avantage pour lui de le couvrir par rapport à Hitler. Il semble qu'il ait espéré, grâce à l'entremise de ses deux partenaires dans cette affaire, pouvoir entrer en contact avec Weizmann ainsi qu'avec les Alliés occidentaux et obtenir leur appui à ses projets :

il ambitionnait en effet de prendre le pouvoir en Allemagne lorsque le règne d'Hitler serait achevé. Mais l'échange ne se réalisa pas et le voyage de Joël Brand fut un fiasco.

— *Avez-vous menacé les dirigeants juifs de Budapest de remettre en route le « moulin d'Auschwitz » au cas où Joël Brand reviendrait bredouille ?*

— Jamais je n'ai menacé un dirigeant juif. Ni en Hongrie, ni dans quelque pays que ce soit. Et cette expression de « moulin d'Auschwitz », la première fois que je l'ai entendue prononcée, c'est en 19..., je crois en 1947... lorsqu'on tourna dans un village de les Landes de Lunebourg, un film intitulé *Le moulin d'Auschwitz*. Lorsque quelqu'un vient maintenant prétendre que je l'aurais menacé du « moulin d'Auschwitz », cela... je n'ai pas besoin d'en entendre davantage pour savoir qu'il s'agit d'un mensonge.

— *A votre arrivée en Hongrie, le 19 mars 1944, à la tête de votre détachement spécial, c'était le gouvernement Döme Sztojay qui dirigeait le pays. Il fut ensuite remplacé, de juin à la mi-octobre 44, par le gouvernement du général Geza Lakatos. Vous en souvenez-vous ?*

— Je ne m'en souviens plus mais, voyez-vous, je ne m'occupais pas du tout de savoir qui siégeait tout là-haut car la seule personne à qui j'avais à faire, c'était le secrétaire d'Etat Endre.

— *Est-il exact qu'il n'y a pas eu de déportations de Juifs entre juillet et octobre 1944 en raison de l'opposition du gouvernement de Lakatos ?*

— Cela voudrait dire qu'aucun convoi ne serait parti durant tout un trimestre ?... Cela me semble un peu long, mon Capitaine. Qu'il y ait eu sans cesse des difficultés, ça je le sais bien, mais je sais surtout qu'elles provenaient moins du gouvernement hongrois que des bombardements incessants qui rendaient le réseau ferré inutilisable.

— *Vous vous souvenez qu'ensuite le gouvernement fut renversé et qu'Horthy fut destitué ?*

— Oui, effectivement, effectivement, c'est exact !

— *Et qu'ensuite c'est Szálasi qui prit les rênes ?*

— Oui, c'est exact. C'est ça,,, je m'en souviens à présent.

— *A-t-on alors repris les déportations ?*

— Vraisemblablement, vraisemblablement.

Commentaire : Ce sont les Allemands qui organisèrent le putsch du 15 octobre 1944. Le régent Horthy voulait mettre un terme à une guerre qui, manifestement, était perdue et qui, pour son peuple, n'avait plus aucun sens. Il avait donc engagé, par l'intermédiaire de son fils Nicolas, des négociations en vue d'un armistice. Hitler les fit arrêter tous les deux. Le fils se retrouva au camp de concentration de Mauthausen, le père en prison dans le château de Hirschberg en Bavière. Ce fut le mouvement fasciste des Croix fléchées qui prit le pouvoir en Hongrie et son chef, Ferenc Szálasi devint Premier ministre. Certes, Horthy n'avait rien entrepris pour s'opposer à l'incorporation forcée des Juifs hongrois dans des commandos de travail mais il avait interdit la poursuite des déportations d'Eichmann lorsqu'il avait acquis la certitude qu'on assassinait les déportés. Maintenant, sous Szálasi, les assassinats pouvaient reprendre.

— *Ce qui caractérisait la situation en Hongrie, en ce qui concernait les déportations, n'était-ce pas au total l'espèce de diktat des Allemands auquel les autorités hongroises devaient bien se soumettre ?*

— Mon Capitaine, alors là... ha, ha, ha ! alors, ça, vraiment, je n'ai jamais trouvé que c'était — disons — un diktat. Au moins pour ce qui est des gens que je rencontrais, c'est-à-dire jusqu'au niveau des secrétaires d'Etat, je n'ai jamais eu cette impression, bien au contraire.

— *Voici maintenant un extrait de l'audition des preuves pendant le procès de Sztojay et consorts devant le Tribunal du peuple de Budapest, en avril 1946 ; on y trouve notamment cette phrase que je vous cite :*

« Sztojay a déclaré durant l'instruction qu'Eichmann porta à la connaissance du gouvernement hongrois le détail des mesures concernant la solution de la question juive en Hongrie. »

Voulez-vous dire quelque chose à ce sujet ?

— Oui. Je conclus de ce document que le Premier ministre de l'époque, Sztojay, a réglé toute l'affaire, d'en haut, avec Kaltenbrunner et le délégué spécial pour la Hongrie, le Gruppenführer Veesenmayer. Sztojay dit qu'Eichmann porta à la connaissance du gouvernement hongrois le détail des mesures concernant la solution de la question juive en Hongrie mais, plus loin, il rapporte que Kaltenbrunner désirait régler la question juive en Hongrie conformément au modèle allemand. C'est bien ce que je disais, mon Capitaine. J'ai reçu à l'époque l'ordre de veiller à ce que la Hongrie soit ratissée d'est en ouest. Je n'étais pas chargé de régler les autres points car la gendarmerie hongroise se conformait aux instructions d'Endre. Comme j'ai déjà eu l'occasion de le dire, j'ai plutôt fait fonction de frein en Hongrie parce que le Bureau central d'administration économique était mécontent — disons — de la fréquence des transports et de la manière dont ils s'effectuaient, et il protestait.

— *Lorsque vous avez fait part du détail de ces mesures au gouvernement hongrois, lui avez-vous également précisé que l'on transférait les Juifs dans des camps d'extermination ? A Auschwitz ?*

— A Auschwitz ? Bien entendu ; quand on parle du gouvernement hongrois que j'ai mis au courant, il faut bien sûr entendre Laszlo Endre et Laszlo Baky, les secrétaires d'Etat.

— *A l'arrivée des convois à Auschwitz, avant l'entrée des déportés dans le camp, ne procédait-on pas toujours à une sélection, la grande majorité terminant dans les chambres à gaz ?*

— Si, mon Capitaine, mais on ne voulait, à Auschwitz, que des gens aptes au travail. Au début, je croyais qu'il n'y avait que des gens aptes au travail qui partaient de Hongrie mais il m'a bien fallu constater sur place que des convois partaient chargés de gens que l'on aurait dû déclarer inaptes. C'est cette situation qui a provoqué la venue de Höss...

— *Mais, si tous ces gens avaient été aptes au travail, il n'y aurait pas eu besoin de les soumettre ensuite à une sélection ?*

— Bien sûr que non. Mais ce n'était pas à moi de décider qui était apte au travail et qui ne l'était pas. Ce qui était de ma compétence, c'était la limite d'âge. Ce n'est pas moi qui ai élaboré ces directives, je les ai reçues de la police allemande en personne, par l'intermédiaire du chef du Reich... du chef de la police de sécurité et du SD, comme j'ai déjà eu à plusieurs reprises l'occasion de le dire.

— *N'a-t-on pas évacué beaucoup de familles nombreuses en direction des camps d'extermination ?*

— Je, je n'en sais rien, mon Capitaine. Je n'en sais rien. Je ne cherche pas à me faire passer pour plus idiot que je ne suis. D'après les documents que j'ai pu voir ici, compte tenu aussi des récriminations de Höss, j'en suis venu pour ma part à cette idée, idée que j'avais déjà certainement eue à l'époque : ces types-là ont bien entendu fourré tout le monde sans distinction dans les wagons.

— *Toutes les expressions tournant autour de l'affectation au travail n'étaient-elles pas une sorte de camouflage ? Ne s'agissait-il pas de camoufler les véritables objectifs ?*

— Non, non, non. Plus au moment de la Hongrie... de cette affaire en Hongrie, mon Capitaine, plus à ce moment-là, non, non !

— *Avant seulement ?*

— Lorsqu'il était question d'aptitude ou non, alors là, oui... Mais il n'a pas toujours été question de ça, seulement à l'étranger. On ne faisait par exemple pas cette distinction, ça j'en suis certain, dans le Gouvernement général et dans les territoires occupés de l'Est.

— *Voici un document produit par l'accusation au onzième procès des criminels de guerre de Nuremberg. C'est un télégramme expédié de Budapest le 17 juin 1944. On peut lire, au-dessous du mot* Juifs, *cette indication : « Transportés dans le Reich, nombre total : 326 009. »*

— Si le délégué spécial du Reich en Hongrie, Veesenmayer communique ce chiffre, c'est qu'il doit être exact. C'est donc moi ou l'un de mes hommes qui avons dû le lui donner.

— *Existait-il en Hongrie un texte légalisant les déportations de Juifs en Allemagne ou dans les territoires de l'Est occupés par les Allemands ?*

— Une loi hongroise qui... Mon Capitaine, il ne m'est pas possible de répondre aujourd'hui à cette question. Car ce... ce qui légitimait mon activité, ou plus exactement ce qui légitimait l'action des autorités allemandes en Hongrie était ceci : premièrement les ordres que l'on m'avait donnés et deuxièmement le fait que le... tout le travail qui résultait de ces ordres était effectué par le secrétariat d'Etat du ministère de l'Intérieur hongrois.

— *Existait-il en Allemagne, en Autriche, en Bohême-Moravie une loi sur la déportation autorisant à déporter en masse dans les camps de concentration les Juifs, les Tziganes ou les non-Juifs ?*

— Oui, c'était l'ordre donné par le Führer et chancelier du Reich. Personnellement, je ne l'ai pas ren... je ne l'ai pas reçu de lui mais du chef de la poli... du Reichsführer et chef de la police allemande qui, à son tour, au moins pour ce qui concernait le secteur de la police de sécurité, l'a transmis au chef de la police de sécurité et du SD, par l'intermédiaire de qui je fus à mon tour informé, par la voie hiérarchique, dans la mesure où il s'agissait de mes...

— *Lorsque je vous parle de loi, je pense Journal officiel, Bulletin officiel ou à toute autre espèce de disposition prise dans le cadre officiel.*

— Mais ce n'était... ce n'était pas nécessaire. Une loi n'était pas nécessaire, mon Capitaine. Car il y avait aussi des décrets. Il y avait des ordres. Et il était admis... non seulement il était admis, mais c'était même une réalité bien établie que — ouvrez les guillemets — « Les ordres du Führer ont force de loi ». Les ordres que donne un général en chef ne figurent pas non plus au Journal officiel.

— *Donc, tout était... tout se déroulait sous le sceau du « secret d'Etat » ?*

— « Secret d'Etat », c'est cela !

— *Existait-il en Allemagne un texte légalisant l'extermination massive par les gaz ou la fusillade de Juifs, de Tziganes et de non-Juifs ?*

— Il existait l'ordre donné par Hitler et que, par exemple, le chef de la police de sécurité et du SD, l'Obergruppenführer Heydrich, m'a communiqué en personne, comme je l'ai déjà déclaré. Il ne pouvait donc subsister le moindre doute pour moi : le Führer et chancelier du Reich allemand avait réellement donné cet ordre car même quelqu'un d'aussi haut placé qu'un Obergruppenführer comme Heydrich n'aurait osé prendre une telle chose sous son bonnet.

Commentaire : Les gendarmes hongrois étaient loin d'avoir la brutalité que leur attribue Eichmann mais il est non moins indéniable qu'ils n'étaient pas favorablement disposés à l'égard des Juifs. Le chef de l'Etat, l'amiral Horthy, ne s'était pas non plus embarrassé de beaucoup de scrupules lorsqu'il commença à soumettre de fait les citoyens juifs de son pays à un régime juridique d'exception en prenant à leur encontre des mesures économiques draconiennes.
Mais il fallut un chantage d'Hitler pour qu'il acceptât à contrecœur de les livrer aux Allemands et au travail forcé. Lorsqu'il s'aperçut que, sitôt arrivés dans les camps, les déportés étaient pour la plupart assassinés, il ordonna, le 26 juin 1944, d'arrêter les déportations et destitua les secrétaires d'Etat Endre et Baky, les pour-

voyeurs d'Eichmann au ministère de l'Intérieur hongrois. Horthy demanda également au gouvernement du Reich de rappeler ses hommes de la Gestapo, en particulier le détachement spécial d'Eichmann. Abandonnés par les gendarmes hongrois, les chasseurs de Juifs se retrouvèrent privés d'exécutif et donc pratiquement impuissants. Himmler fit mine de céder. Le 25 août, il ordonna de ne plus déporter de Juifs hongrois vers le Reich, c'est-à-dire en direction d'Auschwitz ; le 28 septembre 1944, il donna l'ordre de dissoudre le détachement Eichmann. Ce dernier put prendre tout son temps ; il savait qu'on les rappellerait dans peu de temps, lui et ses hommes. Entre-temps, Himmler chercha à utiliser d'une autre manière les Juifs hongrois ; il ne fallait pas que l'homme chargé de cette nouvelle mission répandît partout autour de lui une odeur de cadavres et Himmler choisit à cet effet le responsable des questions économiques dans l'état-major du commandant en chef de la SS et de la police en Hongrie ; cet homme, le Standartenführer Kurt Becher, avait réalisé dès mai 1944 un coup de maître en aryanisant les usines Manfred-Weiss.

— *Le Standartenführer Kurt Becher avait-il pleins pouvoirs pour empêcher la déportation des Juifs de Hongrie ?*

— Mon Capitaine, Becher... Becher, au début, je ne le connaissais même pas. Becher — mais si cela vous intéresse, je peux brièvement vous raconter ce qu'a été cette histoire avec ce Becher !

— *Mais bien sûr, volontiers.*

— Becher me rendit visite — je ne le connaissais pas encore — dès les premiers jours de mon arrivée à Budapest. Je ne me rappelle pas s'il m'a tout de suite dit qu'Himmler l'avait chargé d'une misison spéciale. Son travail consistait ici à réaliser des opérations économiques et financières pour le compte de la Waffen-SS et nous avions continuellement des réunions à trois : le Dr Kastner, Becher et moi-même. L'objet de ces négociations ne changeait jamais, il s'agissait toujours de réserver un certain contingent de Juifs pour une éventuelle émigration en Palestine, en échange de quoi Becher, conformément à sa mission, encaissait quelque gratification. A plusieurs reprises, le Dr Kastner est parvenu, d'une manière ou d'une autre, à obtenir une réduction des convois en partance ; je crois aussi qu'il lui est arrivé de m'avouer qu'il cachait des Juifs dans tel ou tel endroit ; il espérait sans doute que nous, les Allemands, nous veillerions à ce que la gendarmerie ou la police secrète hongroise n'aillent pas toucher à ces endroits précis. Lors d'un de mes passages à Berlin, je fus amené à parler de Becher à Müller parce que ce Becher s'était à diverses reprises attribué des — euh — disons — euh — des pouvoirs qui étaient incompatibles avec son appartenance à la Waffen-SS. Car il n'était pas acceptable qu'un membre de la Waffen-SS s'arroge des pouvoirs de police. Müller ne me fit aucune réponse concrète, il me dit simplement qu'il lui parlerait lui-même. Je l'ai d'ailleurs dit à Becher ensuite mais il est vraisemblable que Becher n'est pas allé le voir. Il m'a fallu attendre que le Reichsführer nous convoque ensemble, Becher et moi-même, pour apprendre enfin, avec preuve écrite à l'appui que Becher agissait effectivement sur ordre d'Himmler en Hongrie. Ensuite, peu à peu, les services de Becher, en plein centre de Budapest, n'ont cessé de prendre de l'importance.

— *Mais il ne disposait pas des pleins pouvoirs pour s'opposer aux déportations ?*

— Il ne les avait pas, non, ceci...

— *Vous a-t-il affirmé un jour les avoir ?*

— Il déclara une fois — un jour que je m'étais mis fort en colère contre lui —, il s'écria à l'adresse du Dr Kastner : « Oui, si je n'obtiens pas ceci et cela, je mettrai en demeure l'Obersturmbannführer Eichmann d'évacuer... immédiatement... [je ne sais plus] dix mille Juifs ou quelque chose d'approchant. » Sur quoi je trouvai qu'il y allait quand même un peu fort. Premièrement, en sa qualité de membre de la Waffen-SS, il lui était impossible de mettre la police en demeure d'évacuer dix mille Juifs ; il n'aurait même pas pu obtenir l'évacuation de deux d'entre eux. Deuxièmement, le ton sur lequel il avait dit cela m'avait très désagréablement surpris, ce qui me poussa à rapporter l'incident au Gruppenführer Müller. Je ne peux aujourd'hui qualifier Becher d'autre chose que de pur opportuniste. Il ne cessait de mettre en avant l'ordre qu'il avait reçu du Reichsführer, disant qu'il ne serait en mesure de l'exécuter que si nous mettions l'évacuation en œuvre avec la plus grande énergie ; tout cela dans une atmosphère d'extrême surexcitation. Il voulait que l'évacuation s'effectue tambour battant, ajoutant que tel était d'ailleurs le souhait du Reichsführer de la SS.

— *Quels étaient vos rapports personnels avec Becher ?*

— Avec Becher ? Ils étaient bons — à l'exception de cette histoire car, là, il m'avait fort irrité. Il était chargé en Hongrie de la — je ne sais pas si je choisis l'expression qui convient — il était chargé de la liquidation des biens de Manfred Weiss. Manfred Weiss était le principal industriel de Hongrie, le Krupp hongrois en quelque sorte, et Becher venait d'y occuper le poste de directeur, je crois, ou quelque chose de ce genre. C'est du moins ce qu'il m'avait dit un jour lui-même. Quant à la famille du propriétaire, de ce Manfred Weiss, il l'a... je crois qu'ils sont partis en avion pour la Suisse. Himmler était personnellement intervenu dans les négociations à propos de toute cette affaire Manfred Weiss. Je le tiens de Becher.

Commentaire : Eichmann commet ici un certain nombre d'erreurs. La première mission de ce Becher, fils de commerçants hambourgeois, avait d'abord été d'acheter des chevaux pour la Waffen-SS. L'un de ses partenaires commerciaux hongrois lui demanda de venir en aide aux membres de la famille du fondateur du groupe industriel Manfred Weiss qui venait de décéder ; juifs eux aussi, ils craignaient d'être victimes des déportations d'Eichmann. Himmler avait justement l'intention, de son côté, de fonder un groupe industriel SS dont les bénéfices permettraient à sa formation d'accéder à l'autonomie financière. Dans un contrat conclu à la mi-mai, les héritiers de Weiss cédèrent plus de la moitié du capital-actions aux entreprises économiques de la SS. En échange, deux avions allemands transportèrent quarante-huit membres de la famille Weiss au Portugal. Ce ne fut pas la seule opération réalisée par Becher. C'est manifestement de propos délibéré qu'on n'informa que partiellement Eichmann de ces tractations. Eichmann voyait en Becher un adversaire qui abusait des pleins pouvoirs que lui avait confiés le Reichsführer et en profitait pour sauver de l'extermination les Juifs les plus en vue, les plus riches, et donc, selon l'idéologie nazie, les plus dangereux. La brouille intervenue entre les deux hommes incita finalement Himmler à les convoquer ensemble à son quartier général.

— *Voici un document produit par l'accusation au onzième procès des criminels de guerre de Nuremberg. Il émane des Affaires étrangères et concerne le transport de trois cent dix-huit Juifs hongrois en Suisse.*

— Oui, il s'agit d'un transport illégal et une chose me semble inexacte dans ce document : il est écrit, en effet, que cette affaire a fait l'objet d'un accord direct et purement verbal entre le Reichsführer de la SS et l'Obersturmbannführer Eichmann. Il aurait été plus exact d'écrire : et le Standartenführer Becher. C'est lui, en fait, qui avait arrangé ces histoires avec le Dr Kastner. Car c'était bien d'une de leurs histoires qu'il s'agissait. Je ne saurais dire, par contre, quel était l'aspect commercial de l'affaire. Le mieux, à ce sujet, serait d'entendre Becher.

— *Pourquoi Becher ? Il s'agit pourtant bien ici d'une information transmise par votre section à Thadden, des Affaires étrangères. Elle fait état de l'entretien qui a eu lieu entre Himmler et vous mais ne fait nulle part mention de Becher.*

— Oui, c'était... oui, Becher et moi, nous avons été convoqués chez Himmler, chez le Reichsführer. Nous nous sommes retrouvés ensemble dans le bureau d'Himmler ; puis, à nouveau, on le convoqua chez Himmler, seul cette fois, et moi, on ne me convoqua pas. J'ignore ce qu'ils ont convenu tous les deux. Mais, de ce fait, ce n'est pas moi qui ai mené cette transaction à propos de ce passage en Suisse. J'avais pour seule tâche d'avertir le poste-frontière et de veiller à ce que les Hongrois ne découvrent pas le pot aux roses.

— *N'aviez-vous pas mené les négociations à ce sujet avec des dirigeants juifs ?*

— Si, par exemple, je menais des tractations perpétuelles avec le Dr Kastner.

— *Et quelles étaient les contreparties ?*

— C'est bien ce que j'ignore, mon Capitaine. Les contreparties, l'aspect économique ne m'a pas... ce n'était pas l'affaire de mon détachement ; c'était Becher qui s'occupait de l'économique. Moi, seul l'aspect policier me concernait. Nous n'avons pas passé le moindre marché, pas le moindre, avec quelque dirigeant juif que ce soit ; la négociation, c'était le travail du détachement Becher.

— *Et alors votre section s'est trompée au point d'annoncer aux Affaires étrangères que ce transport de Juifs a été décidé lors d'un entretien entre Himmler et vous ?*

— Oui, c'est... l'information est à moitié exacte, mon Capitaine, car j'avais accompagné Becher chez le Reichsführer. On nous avait convoqués l'un et l'autre. Et il y a eu ensuite une répartition des tâches : l'un avait à s'occuper de ceci, l'autre de cela. Becher, par exemple, était dans l'incapacité totale de veiller à ce que les Juifs passent la frontière sans encombre. Mais c'était en revanche dans les cordes de mon détachement.

— *Quand cet entretien avec Himmler a-t-il eu lieu ?*

— Je crois que ce fut fin mai ou début juin 1944. A cette époque, le quartier général d'Himmler était installé quelque part dans l'Ouest de l'Allemagne. Son train stationnait à l'entrée d'un tunnel et, en cas d'alarme aérienne, le train pénétrait dans le tunnel. Pour nous rendre à ce quartier général, nous avons chacun pris notre voiture mais, de temps en temps, nous nous asseyions ensemble afin de pouvoir discuter. Becher avait emporté un collier en or — il me le montra — qu'il se proposait de remettre à Himmler ; c'était un cadeau destiné à la personne avec laquelle Himmler avait une liaison et dont il avait un enfant. C'était la première fois que j'entendais parler de pareille chose.

Commentaire : Eichmann commet là plusieurs erreurs. D'abord des erreurs de dates, car il n'a pas pu se rendre au quartier général de campagne d'Himmler avant décembre 1944. Non seulement c'est ce qu'affirme le compagnon de route d'Eichmann, l'Obersturmbannführer de l'époque, Kurt Becher, mais Eichmann en apporte lui-même la preuve par la description qu'il fait de la situation. Ce n'est en effet que vers la fin de cette année 1944 qu'Himmler prit le commandement des positions défensives dans le Sud-Ouest de l'Allemagne, positions qui allaient de la frontière suisse au Palatinat en passant par l'Alsace. Le Reichsführer et son état-major restreint logeaient — comme ils l'avaient déjà fait sur le front Est — dans un train spécial, garé cette fois sur les voies ferrées de Forêt Noire, quelque part entre la vallée du Rhin et Donaueschingen, près de Triberg. Sitôt que l'on signalait des incursions aériennes ennemies, le train disparaissait dans l'un des nombreux tunnels de cette région montagneuse. La maîtresse d'Himmler s'appelait Hedwig Potthast. Elle avait été durant des années sa secrétaire, avait eu deux enfants de lui et vivait aux environs de Berchtesgaden dans une maison qu'il avait fait spécialement construire pour elle — dans une large mesure, d'ailleurs, avec des fonds du Parti que Bormann lui avait prêtés.

— A la demande d'Himmler, je dus lui faire mon rapport. Ensuite, en présence de Becher, il dit aussi qu'il était optimiste quant à l'issue de la guerre. A un autre moment, il dit encore que, si c'était à refaire, il ne rebâtirait pas l'ensemble du système concentrationnaire dans sa forme actuelle mais sur le modèle anglais. Je ne m'en souviens plus très précisément mais je crois qu'il a dit, au cours de l'entretien, qu'il venait de donner l'ordre de ne plus gazer ou bien qu'il allait le donner.

— *Vous a-t-on attribué la Croix du mérite militaire, deuxième et première classe ? Vous souvenez-vous aussi de la date à laquelle vous avez obtenu ces décorations ?*

— Je les ai obtenues... oui, pour le... Il faut que je reprenne les choses dans l'ordre, mon Capitaine. J'ai obtenu la Croix de fer de deuxième classe pour cette histoire de l'hôpital de la Wehrmacht. Et, peu auparavant, j'avais effectivement obtenu la... Oui, la Croix du mérite militaire de deuxième classe avec des épées... je l'ai obtenue lorsque avec Becher... lorsque le Reichsführer nous a reçus, Becher et moi.

— *Cette distinction était--elle en rapport avec votre activité en Hongrie ?*

— Mon Capitaine, ces croix du mérite militaire, c'était... ce n'était en fait pas vraiment une distinction, on en distribuait tellement...

La Croix de fer de deuxième classe était, elle, une distinction réelle dans la police de sécurité mais les Croix du mérite militaire, dans la police de sécurité, on les attribuait tout simplement en bloc, tant d'exemplaires de temps à autre, et ensuite on les répartissait en commençant par le haut.

— *Voici quelques déclarations faites par Becher, le 10 juillet 1947, lors de son interrogatoire. Je vous donne lecture des passages où il est question de vous* :

« Je voudrais maintenant dire encore quelque chose sur l'entretien que nous avons eu ensemble, Eichmann et moi, avec Himmler dans son quartier général de Triberg. » On demande alors à Becher : « A quelle date ? » Il répond : « Cela a dû se passer durant la première moitié de décembre 1944. M. Himmler a reçu pendant dix minutes M. Eichmann en ma présence et l'a vertement apostrophé : " Vous avez jusqu'à présent assassiné les Juifs ; maintenant, je vous ordonne d'en prendre soin. J'attends alors de vous que vous me déclariez si oui ou non vous allez exécuter cet ordre que je vous donne. " M. Eichmann a alors répondu : « Oui, mon Reichsführer ! » — et il s'est figé. Himmler l'a ensuite congédié après qu'on eut au préalable abordé quelques autres sujets encore ; je suis alors resté seul avec lui. J'ai ensuite supplié Himmler, c'est tout juste si je ne me suis pas jeté à genoux à ses pieds : " Pour l'amour de Dieu, arrangez cette histoire avec Eichmann avant qu'il ne quitte votre quartier général ! Sinon cet homme va prendre le contrepied absolu de vos ordres et faire tout autre chose. Je connais un moyen. Attribuez-lui la Croix du mérite militaire de première classe avec épées. " On a alors attribué à M. Eichmann la distinction que j'avais proposée et il se rasséréna. »

Telle était donc la déclaration de Becher.

— Il tire ici profit du fait que le Reichsführer de la SS et chef de la police allemande m'a conféré la Croix du mérite militaire de première classe avec épées pour faire un récit qui... qui conviendrait tout à fait à un scénario de film mais pas à un interrogatoire où il devrait dire la vérité. Il ment de A à Z. Le Reichsführer ne m'a absolument pas apostrophé devant Becher ; l'entretien, au contraire, a été tout à fait normal, objectif, correct. Il n'a pas le moins du monde élevé la voix, pas le moins du monde. Et puis, alors là, imaginez-vous un peu la scène : le Reichsführer constatant, en ma présence, que tout simplement je m'oppose à ses ordres. Mais je ne serais même pas ressorti du quartier général ; on m'aurait arrêté sur-le-champ, dans la minute même.

— *Sur quel sujet a porté l'entretien que vous avez eu avec Himmler ?*

— Je reçus l'ordre de rentrer à Budapest avec Becher et je crois que l'arrêt date de ce jour-là, l'arrêt des transports bien sûr.

Pour conclure, donc, sur cette affaire Becher, je voudrais encore ajouter quelque chose, mon Capitaine : j'ai lu je ne sais où quelque chose à propos de cette déclaration de Becher. Ou bien ai-je simplement lu qu'il avait recouvré la liberté ? Enfin, j'ai lu quelque chose à son propos depuis cette époque. Mais jamais je ne l'aurais cru capable de mentir à ce point, de faire des récits aussi mensongers, des déclarations aussi contraires à la vérité. Celle que vous venez de lire, il l'a manifestement faite pour dégager sa responsabilité et, on le voit bien, pour essayer à tout prix de se tirer d'affaire sans subir d'ennuis. Je ne sais pas ce que Becher avait fait auparavant. Je ne voudrais en aucune façon me livrer maintenant à des attaques contre ce monsieur mais, à en croire le dicton qui affirme que c'est toujours le voleur qui crie au secours, je dois bien supposer qu'il avait de bonnes raisons de faire une telle déclaration car elle est fausse. Mais je n'arrive vraiment pas à comprendre ce qui a pu l'amener à m'accuser de m'être opposé aux ordres du Reichsführer. C'est... ça m'étonne beaucoup ! Et ce qui m'étonne aussi, c'est que j'aie pu me sortir à si bon compte de cette affaire avec Himmler, que j'aie pu rester en liberté malgré tout alors que, pour des manquements beaucoup moins graves, on subissait les... comment dire ?... les châtiments les plus sévères, oui, les plus sévères.

— Wilhelm Höttl, un ancien Sturmbannführer employé comme vous au RSHA, a déclaré, lors d'une audition, que vous saviez à l'époque que les Nations Unies vous considéreraient comme l'un des principaux criminels de guerre.

— Oui, ça aussi, c'est faux. C'est totalement faux. Il y a eu un jour dans un... dans un journal polonais, il y a eu un entrefilet : ils avaient établi une liste de criminels de guerre et j'y figurais, je crois, en septième position à moins que ce ne soit en dix-septième. Quelqu'un qui connaissait bien la presse a dit alors : « C'est du travail de journaliste ; c'est une compilation. » Mais je n'ai, en revanche, jamais entendu parler de l'existence de crimes de guerre internationaux. Au contraire, lorsque ensuite commencèrent, en 45, ces histoires de Nuremberg, j'ai vraiment été très surpris qu'on puisse ainsi juger avec effet rétroactif.

Commentaire : L'acharnement d'Eichmann à continuellement prétendre n'avoir fait que suivre les ordres et les consignes et à n'avoir jamais fait de tort à qui que ce soit de sa propre initiative s'explique par la volonté qui l'habite de réussir à invoquer à son profit une prétendue obligation d'obéissance. Sous le Troisième Reich, en effet, toute insubordination était punie de mort. Eichmann proclame certes à tout propos son intention d'assumer ses actes passés avec courage et sans faiblesse et il ne cesse de répéter qu'il ne s'attend à rien d'autre qu'à une condamnation à mort. Pourtant, tous les moyens lui sont bons pour tenter de se tirer d'affaire. C'est le même objectif qui le pousse à avancer l'argument selon lequel le génocide n'était pas considéré comme un crime avant le Procès de Nuremberg et qu'il ne saurait être question, par conséquent, de punir quelqu'un de manière rétroactive pour des actes qu'il aurait commis sous Hitler.

— Vous n'avez cessé d'affirmer que toujours vous aviez agi sur ordre. Voici pourtant quelques documents produits par l'accusation au onzième procès des criminels de guerre à Nuremberg. Voulez-vous dire quelque chose à leur sujet ?

— Il s'agit d'abord d'un télégramme adressé au ministère des Affaires étrangères le 13 mars 1943 et ayant trait à diverses mesures antijuives envisagées par le ministère italien des Affaires étrangères. Le deuxième document est une directive émanant du ministère des Affaires étrangères du Reich ; il demande, en accord avec la direction nationale de la SS, de vérifier si les mesures antijuives dont faisait état le télégramme précédent et qui concernaient la... la partie de la Grèce sous occupation italienne, de vérifier donc si ces mesures étaient suffisantes et, dans le cas d'une réponse affirmative, de vérifier si elles étaient effectivement appliquées. Dans le cas contraire, il faudrait, du côté allemand, entreprendre de nouvelles démarches. Là-dessus, le conseiller de légation Rademacher, des Affaires étrangères, eut avec moi un entretien d'où il ressortit que, de l'avis de la Reichsführung SS — ça, c'est erroné, bien sûr, car jamais on n'aurait dû écrire « Reichsführung » mais bien « Reichssicherheitshauptamt » —, il ressortit donc de cet entretien que, de l'avis de l'Obersturmbannführer Eichmann, ces mesures étaient insuffisantes ; d'une part, ces mesures n'étaient que les copies conformes des mesures antijuives que l'on prenait en Italie, mesures notoirement insuffisantes elles-mêmes ; d'autre part, l'expérience prouvait qu'il était permis d'avoir des doutes quant à la réalité de leur mise en œuvre. Le ministre écrit que les Affaires étrangères, sur la base de premières vérifications, partagent cette expérience et cet avis. Oui, bien entendu, il ne m'est pas possible de me souvenir de cette affaire en particulier mais il est vraisemblable que, comme dans tous les cas analogues, j'ai rangé ce télégramme dans le dossier des affaires réclamant consultation ; j'ai dû ensuite soumettre le cas au Gruppenführer. Quoi qu'il en soit, il y a eu ensuite cette déclaration de moi.

— Ressort-il de ce document que le ministre des Affaires étrangères a exigé que l'on commence par consulter votre bureau et que les conclusions à tirer tiennent compte de vos avis et suggestions ? Faut-il comprendre que, pour des questions fondamentales comme celle-ci, les Affaires étrangères ne pouvaient rien décider avant d'avoir consulté votre section ?

— Oui, enfin... ma section. Là aussi il m'a bien fallu prendre mes directives auprès de mon supérieur. Tout comme... de même que Rademacher avait pris les siennes auprès de son supérieur, il m'a fallu les prendre aussi auprès du mien.

— Voici maintenant un document produit par l'accusation au onzième procès des criminels de guerre à Nuremberg. C'est un télégramme, classé « Secret d'Etat », expédié de Budapest le 6 juillet 1946. Voulez-vous vous exprimer au sujet de ce document ?

— Il s'agit d'un rapport faisant le point de la situation que Veesenmayer, le secrétaire de la légation d'Allemagne, adresse directement au ministre des Affaires étrangères, suite à un... un entretien qu'il a eu avec le Premier ministre hongrois Sztojay. Il y a manifestement au cœur de cette affaire un décret télégraphique pris par le ministère allemand des Affaires étrangères. Sztojay a certainement été informé de ce décret ; il s'en montre en tout cas très préoccupé ; il a donc pour cette raison demandé à rencontrer Veesenmayer et lui a alors fait part des difficultés que le règlement de la question juive soulevait en Hongrie. Je n'ai rien d'autre à dire à part ce que je viens d'exposer.

— *Ressort-il de ce rapport que c'étaient les autorités hongroises qui faisaient pression en faveur des déportations ou bien est-ce le contraire ?*

— Ce rapport fait apparaître le contraire, mon Capitaine, mais moi... au moins en ce qui concerne ma pratique, je veux dire mon expérience pratique — bien sûr, il s'agit dans mon cas des niveaux subalternes —, c'est le contraire que j'ai constaté et, en définitive, l'histoire de tous ces événements le... le prouve. Car sans la... sans le concours de la gendarmerie hongroise, cela n'aurait pas été possible. Mais il ressort en outre de ce rapport que ce n'est pas moi qui ai travaillé au corps le gouvernement hongrois — comme beaucoup, je crois, voudraient le dire — il apparaît au contraire clairement que les choses venaient de la direction suprême du Reich.

— *Mais il apparaît clairement aussi que la population civile hongroise n'était pas précisément enthousiasmée par la politique menée à l'encontre des Juifs.*

— Oui, mais je n'étais pas chargé de tenir compte en premier lieu, dans ce domaine, de ce que pensait la population civile hongroise. J'étais chargé d'exécuter les ordres... mon Capitaine, j'étais obligé d'exécuter les ordres. Et tout ça ne me regardait pas, par exemple le fait que... D'ailleurs, comme on le constate ici, c'étaient là des affaires qui concernaient les très hautes sphères.

— *Que faisiez-vous lorsque des Juifs s'enfuyaient de Hongrie pour échapper à la déportation ?*

— Pour ce qui était de cette question de... des fuites, qui ont dû être très nombreuses, ça dépend... cela était en rapport avec aussi la nature de cette affaire et la nature du terrain aux frontières hongroises. Ce n'étaient d'ailleurs pas les Allemands... aucun service allemand n'avait d'ailleurs compétence pour cela en raison de l'insuffisance de nos effectifs ; c'était à la gendarmerie hongroise que revenait cette tâche car ce corps assumait aussi les missions qui sont chez nous du ressort de la police des frontières.

— *N'aviez-vous pas intérêt à laisser s'enfuir le moins de gens possible puisque aussi bien votre objectif était d'en attraper le plus grand nombre possible ?*

— Compte tenu de mes ordres, certainement... compte tenu des ordres qui m'avaient été donnés, il était bien sûr de mon intérêt d'évacuer et non de voir s'enfuir tous les Juifs de Hongrie. J'ai donc pris contre ces agissements des dispositions... disons formelles, mais dans la pratique rien n'a été fait, ce que prouve d'ailleurs à lui seul le... le grand nombre de ceux qui ont effectivement réussi à s'enfuir.

— *Voici maintenant un document produit par l'accusation au onzième procès des criminels de guerre de Nuremberg. C'est un télégramme signé Veesenmayer, expédié de Budapest à la date du 14 juin 1944 ; il a trait à la fuite des Juifs hongrois vers la Slovaquie. Voulez-vous parcourir ce document ?*

— Oui, c'est effectivement un télégramme de Veesenmayer au ministre des Affaires étrangères du Reich. Il a trait à une information selon laquelle les Juifs, de plus en plus... selon laquelle les Juifs résidant en Hongrie passeraient clandestinement en Slovaquie... et il propose — à condition que le ministère des Affaires étrangères du Reich en soit d'accord — que lui-même Veesenmayer, secrétaire de la légation d'Allemagne à Budapest, rencontre à Presbourg son homologue de Slovaquie, Ludin, pour mettre ensemble au point des propositions concrètes ; cet afflux de fuyards se révélant en effet tout à fait inopportun tant pour des raisons politiques que pour des raisons économiques et d'intérêt militaire. Oui, c'est bien ce que je disais : les frontières étaient naturellement propices à des franchissements clandestins ; elles étaient accidentées et boisées. Ce n'est vraisemblablement pas le détachement Eichmann, basé à Budapest, qui fut à l'origine de cette affaire mais c'est bien plutôt le responsable des troupes allemandes concerné ou bien ses officiers du contre-espionnage qui ont dû donner l'alerte à ce propos. Et, effectivement, il y avait, paraît-il, en Slovaquie au même moment une espèce de soulèvement. Il semble qu'en haut lieu aussi, en Allemagne, on ait pris cet événement en considération car sinon on ne m'aurait pas donné l'ordre strict de commencer les évacuations par l'est de la Hongrie alors que les autorités hongroises voulaient, elles, évacuer d'abord Budapest.

— Vous dites que ce sont les forces allemandes... les forces armées allemandes qui ont mis les choses en branle dans cette affaire. Ne doit-on pas plutôt penser que c'est le détachement spécial qui a attiré l'attention sur les dangers de la situation parce que son intérêt, justement, était de procéder à une évacuation la plus complète possible ?

— Il est tout à fait évident, bien sûr, que je n'ai pas dit : Bon, ça va bien, laissez-les décamper tranquillement.

— Après avoir lu ce document en entier, pouvez-vous toujours prétendre que c'étaient les Hongrois qui jouaient le rôle de force motrice dans l'extermination des Juifs en Hongrie ?

— Mon Capitaine, lorsque, en temps de guerre, des gens s'enfuient illégalement, qu'ils soient Juifs, Hongrois ou Allemands, oui même des Allemands, il est tout à fait naturel de prendre alors des mesures contre ces forces-là lorsqu'on est en guerre. Tel était déjà à l'époque mon point de vue ; je ne peux pas aujourd'hui en disconvenir.

— Quelques dirigeants juifs s'étant enfuis en Roumanie, vous êtes-vous alors adressé au secrétaire de la légation d'Allemagne à Bucarest, un dénommé von Killinger, en lui demandant de renvoyer à tout prix ces dirigeants en Hongrie ?

— A tout prix ? A tout prix ? Voilà tout d'abord un mot qui m'est totalement... totalement... Un mot que je n'ai certainement pas employé, jamais.

Il est vraisemblable que mon collaborateur Krumey a rédigé dans le cas présent un... un — disons voir... de manière informelle... ah ! comment pourrais-je dire ça ? — un avis de recherche formel, qui, à peine écrit, s'est retrouvé dans un dossier. Mais, à tout prix !... Si ce mot figure... Il n'a certainement pas été utilisé, ni quoi que ce soit d'approchant.

— Suite à la fuite de ces dirigeants juifs, a-t-on, à votre instigation, arrêté d'autres dirigeants juifs à Budapest, en mesure de représailles ?

— Non, non ! Il est par ailleurs évident, mon Capitaine, que tous ces Juifs qui se sont retrouvés à l'étranger ensuite, soit qu'ils aient émigré, soit qu'ils aient ultérieurement emprunté d'autres voies, il est évident que tous ces gens-là n'ont pas porté par la suite l'Allemagne aux nues. C'est une évidence !

— Est-ce pour cette raison que vos directives pour les transports comportaient cette phrase : « Toute tentative de fuite entraînera l'usage des armes à feu ? »

— Non, je ne suis pas au courant. En Hongrie, rien de semblable ne s'est produit. En Hongrie, ça j'en suis certain, on n'a pas eu à tirer en cas de tentative de fuite. Je ne le pense pas ; je ne crois vraiment pas, non ! Il se peut qu'une fois ou l'autre, pour être tout à fait exact, il se peut bien qu'il se soit produit quelque chose qui explique le rajout de cet additif, mais j'ai peine à le croire. Je ne vois toujours pas, aujourd'hui encore, à quoi cela aurait bien pu servir.

— *Avez-vous informé le secrétaire d'Etat hongrois, Endre, que le million de Juifs que l'on déportait de Hongrie allait être gazé à Auschwitz ?*

— Oui, Endre le savait. Sur un plan personnel je crois, et je le crois encore aujourd'hui, que la plus grande partie des quatre cent cinquante mille Juifs hongrois que l'on a acheminés à Auschwitz sont restés en vie. Il y avait eu aussitôt... oui, il me faut ajouter ceci : il est arrivé d'Allemagne, à un moment donné, l'ordre d'arrêter les transports.

— *Un ordre d'Himmler ?*

— Oui. C'est le chef de la police de sécurité à Budapest qui a reçu d'Allemagne l'ordre en question. Il fallait arrêter les évacuations parce qu'Auschwitz était arrivé à saturation ; c'est ce qui explique cette décision d'Himmler : arrêter de tuer. Auschwitz était plein et n'était plus en mesure d'accueillir qui que ce soit. Je crois qu'il y a eu une interruption de huit jours.

— *Cela signifie-t-il que les déportations ont alors repris ?*

— Oui, elles ont repris ensuite.

— *Que veut dire cette expression qu'utilise ici le conseiller de légation von Thadden, votre correspondant aux Affaires étrangères : « Achever l'ensemble de l'opération, y compris les déportations » ?*

— Cela voulait bien entendu dire « Débarrasser totalement la Hongrie de ses Juifs ».

— *Y compris les bébés, les petits enfants et les vieillards ?*

— Dans le cas présent, oui ! Dans ce cas, oui. Mais on n'a pas touché à Budapest.

— *Et la grande opération prévue à Budapest, la date en avait même déjà été fixée, n'avait-elle pas été montée par les autorités allemandes plutôt que par les autorités hongroises ?*

— L'ensemble de l'opération avait été monté par les deux parties, en étroite collaboration.

— *Mais on a pu voir ici, sur la base de documents, qu'il y avait eu des résistances du côté hongrois, à l'exception peut-être du secrétaire d'Etat Endre. Vous et votre groupe, par conséquent, vous étiez là pour exercer les pressions indispensabbles.*

— Mon Capitaine, c'est Horthy, ou un groupe restreint autour de lui, qui opposait une résistance à notre action en Hongrie. Briser cette résistance, ce n'était pas l'affaire d'un petit détachement de la police de sécurité et du SD, mais c'était l'affaire des grands chefs ; le ministre des Affaires étrangères à Berlin ainsi que le Reichsführer de la SS et chef de la police allemande, voilà les poids lourds à qui revenait de se décarcasser dans cette affaire. Ce n'était pas au détachement Eichmann que cela incombait, mon Capitaine.

— *Les présents documents ne nous ont-ils pas montré qu'il était envisagé de rafler dans leur totalité un million de Juifs en moins de quatre mois et de les déporter ? En d'autres termes, vous meniez votre mission tambour battant afin d'en avoir terminé au plus vite ?*

— C'est exact !

— *Car que restait-il des Juifs d'Europe ? Il n'y avait effectivement plus que la Hongrie à nettoyer.*

— Mon Capitaine, mais l'ordre d'évacuer le plus rapidement possible a été donné dès le début. Si j'ai reçu cet ordre d'évacuer d'est en ouest le plus rapidement possible la population juive de Hongrie, c'est parce que les dirigeants allemands devaient bien se douter de la manière dont allait évoluer la situation militaire. Mais ce n'était pas moi, mon Capitaine, avec les quelques hommes que j'avais sous mes ordres, ce n'était pas moi qui pouvais déterminer l'allure. Je ne pouvais pas forcer l'allure, moi ; seul le ministère de l'Intérieur hongrois le pouvait. Si, par exemple, du côté de la gendarmerie hongroise, il y avait eu — employons le mot — du sabotage, rien n'aurait été possible, absolument rien !

— *Voici maintenant un télégramme envoyé de Berlin à Budapest ; il est de von Thadden, des Affaires étrangères, et il a trait aux opérations antijuives à Budapest. Veuillez, je vous prie, prendre connaissance de ce document.*

— Entendu. Ce texte fait part des préoccupations des Affaires étrangères qui craignent qu'une vaste et brutale opération contre les Juifs de Budapest ne soulève à l'étranger de violentes réactions. Le département de presse se propose d'obtenir du ministre des

Affaires étrangères qu'avant toute opération on s'attache à créer un environnement favorable, en découvrant par exemple des explosifs dans les locaux des associations juives ou dans les synagogues, en organisant des sabotages, des attentats contre des policiers et des trafics de devises de grand style. Je ne sais rien de tout cela ; je n'ai jamais été au courant. Cela n'a d'ailleurs pas été fait à ma connaissance.

— *Voici un télex de trois pages de Veesenmayer destiné aux Affaires étrangères. Voulez-vous en prendre connaissance, je vous prie ?*

— Il est ici question de l'envoi en Palestine d'un certain nombre de Juifs par l'entremise de la Suisse. Veesenmayer me cite aussi et il m'a donc manifestement interrogé à ce sujet à Budapest. Je l'ai informé à cette occasion de ce que, à ma connaissance, le Reichsführer n'était pas du tout d'accord pour laisser des Juifs hongrois émigrer en Palestine, et qu'on avait affaire, chez les Juifs en question, exclusivement à du matériau biologique précieux qu'il serait extrêmement inopportun de laisser émigrer en Palestine. Je dois ajouter que cela se passait à l'époque où les transports en direction de la Palestine se faisaient en échange de biens économiques. C'était donc Becher qui menait ici les choses pour le compte du Reichsführer. Moi, je ne suis plus tellement au courant mais, à ce que je sais, Becher vit en liberté en Allemagne occidentale ; on l'a en effet acquitté, je crois, après 45, lors de son procès ; il pourrait donc probablement fournir à ce sujet tous les renseignements voulus.

— *Mais Veesenmayer écrit ici que c'est avec vous qu'il aurait convenu d'accélérer les déportations.*

— Il écrit que nous nous sommes mis d'accord pour, sitôt que le feu vert serait donné à de nouvelles déportations de Juifs de Budapest, les effectuer le plus soudainement et le plus rapidement possible ; les Juifs retenus pour l'émigration en Palestine n'auraient ainsi pas le temps de remplir les formalités pour leur départ et on pourrait alors les déporter. On remarque ici une nouvelle fois que la police de sécurité n'était pas seule à pousser à un règlement le plus rapide possible de cette affaire mais que d'autres services s'y employaient aussi, alors que ces services n'avaient eu nul besoin de, disons, d'évoquer ce problème du rythme des déportations car Endre — et sa gendarmerie — menait les choses à un tel train qu'Auschwitz avait les plus grandes peines à venir à bout de tous les transports qui lui arrivaient.

— *Voici, en date du 26 mai 1944, un rapport de von Thadden sur sa visite à Budapest. Il écrit qu'il est envisagé de mener une grande opération d'une journée à Budapest; le projet consiste à regrouper tous les Juifs de la ville sur une île du Danube, à proximité de Budapest, afin d'en avoir terminé au plus tard début septembre avec leur déportation, à l'exception de quatre-vingt mille d'entre eux. S'agissait-il là d'un projet de votre détachement spécial ?*

— Mon Capitaine, il écrit qu'il y aurait trois cent cinquante mille Juifs dans Budapest, n'est-ce pas, et voilà qu'il écrit qu'il est envisagé d'opérer en une journée. Je n'ai accordé aucune espèce d'importance à ce projet, à l'époque, parce qu'il est pratiquement impossible de transporter d'une manière quelconque, d'un lieu à un autre, en une journée, trois cent cinquante mille personnes, pas même deux cent cinquante mille, ni même cent cinquante mille, ces deux endroits ne fussent-ils éloignés que de quelques kilomètres. Endre lui-même, avec sa gendarmerie pourtant si expéditive, n'en serait pas venu à bout.

— *Von Thadden écrit :*

« Il est envisagé, à cet effet, une grande opération, se déroulant sur une seule journée, faisant appel à d'importantes forces de gendarmerie hongroises venues de provinces, à toutes les unités spéciales et à toutes les écoles de la police et utilisant comme guides tous les ramoneurs et tous les facteurs de Budapest. On bloquera tout trafic automobile ce jour-là ; aucun bus ne roulera afin de disposer, pour le transport des Juifs, de tous les moyens nécessaires. »

S'agit-il bien là de l'opération envisagée ?

— Bon, premièrement elle n'a pas eu lieu. Deuxièmement, je ne sais pas qui a eu une telle idée car c'est une... une — c'est insensé un plan pareil. Il suffit de lire ça : on utilisera les ramoneurs et les facteurs ! Il n'existe pas un service compétent, pas un seul bureau de police capables d'inventer une chose pareille, où que ce soit.

— *Voici maintenant une note adressée de Berlin par le ministère des Affaires étrangères à la légation d'Allemagne à Budapest et signée von Thadden. On peut y lire ceci :*

« Au cours d'un entretien qui s'est déroulé le 23 mai 1944 entre le soussigné et l'Obersturmbannführer Eichmann, ce dernier fit savoir qu'il avait ordonné d'arrêter, au cas où ce ne serait déjà fait, Mme Glück, une Juive, la sœur du maire de New York, La Guardia. Vous voudrez bien veiller à ce que Mme Glück, compte tenu de la position qu'occupe son frère, ne fasse pas l'objet d'une mesure de déportation dans les territoires de l'Est mais qu'elle reste accessible dans l'un des camps spéciaux du Reich ou de Hongrie, en vue d'éventuelles opérations politiques. »

— C'est exact, il s'agissait d'une Juive très en vue. Il est probable qu'il y a eu un ordre à son sujet, un ordre d'Himmler en personne certainement, pas moins. On a dû ensuite la mettre en lieu sûr quelque part, comme Léon Blum ou... ou le frère de Léon Blum.

— *C'est vous qui avez ordonné cette arrestation et pas la police hongroise ?*

— Oui, c'est moi qui ai donné l'ordre. Bien sûr, il m'a fallu... je ne pouvais pas la faire arrêter comme ça, tout simplement ; il m'a fallu demander à la police hongroise de le faire.

— *Lorsque vous ordonniez des arrestations comme celle-ci, la police hongroise était-elle tenue de vous obéir ?*

— Dans le cas présent, certainement, car, dans un tel cas, il est probable que j'en avais reçu l'ordre d'Himmler, du Reichsführer et chef de la police allemande et il avait sans doute indiqué aussi où on devait l'interner. Je suis certainement allé voir Endre, muni de cet ordre.

— *Voici encore une lettre adressée par votre section au ministère des Affaires étrangères, au conseiller de légation von Thadden, à propos de la Juive Gemma Glück, La Guardia de son nom de jeune fille, née le 24 avril 1887 à New York.*

— En effet... oui... Les Affaires étrangères s'étaient enquises auprès du RSHA du lieu de détention de la personne dont il est ici question et, en réponse à cette demande, nous avions informé les Affaires étrangères que ladite Glük avait été enfermée comme otage politique dans le camp de Ravensbrück, sur instruction du Reichsführer de la SS. Mais je ne reconnais pas du tout cette signature...

— *Panzinger, ne dirait-on pas que c'est signé Panzinger ?*

— Ah ! c'est Panzinger. C'était en effet lui qui remplaçait le chef de notre Bureau, le Gruppenführer Müller, lorsque celui-ci s'absentait. Comme il s'agissait d'une affaire qui, qui sortait, disons, de l'ordinaire, qui ne tombait pas sous le coup de décrets, d'arrêtés, etc., la lettre était bien sûr rédigée par un employé mais il fallait qu'une instance supérieure la signe.

— *Aurait-ce normalement été à votre adjoint Günther de signer cette lettre ?*

— Voilà ce qu'il en est, mon Capitaine. C'était une... Son frère était... c'était la sœur du maire de New York et cette affaire était bien entendu une affaire épineuse ; les histoires de ce genre, on les transmettait en haut lieu par la voie hiérarchique.

Commentaire : Plus ses espoirs en une victoire allemande s'évanouissaient, plus Himmler dépensait d'énergie pour se constituer une collection d'otages : membres de dynasties ou de familles régnantes, hommes politiques, ecclésiastiques, personnalités dans divers domaines et, surtout, des Juifs réputés riches ou influents. Il y avait au nombre de ces otages l'ancien Président du Conseil Léon Blum, fondateur du Front populaire conclu en France entre les socialistes et les communistes, ce qui lui avait valu, dès les années 30, d'être la cible d'une violente campagne nazie. Le maire de New York, Fiorello La Guardia, n'avait pas seulement, aux yeux des nazis, la tare d'être juif ou tout au moins demi-juif, il était aussi un partisan très actif du Président Franklin D. Roosevelt qu'ils haïssaient ; La Guardia avait l'habitude de dire sans fard dans ses discours publics ce qu'il pensait d'Hitler et de ses camarades de parti. En 1933, *The American Hebrew*, le périodique juif le plus influent à l'époque aux Etats-Unis, lui avait attribué une médaille pour son action en faveur d'une meilleure compréhension entre Juifs et Chrétiens. C'est le ministre des Finances de l'époque, Henry Morgenthau, qui la lui avait remise, ce même Morgenthau qui, à la fin de la guerre, voudra, en guise de représailles, transformer l'Allemagne vaincue en pays purement agricole. De son côté, au nom de la communauté juive de New York, La Guardia avait décoré la mère du Président Roosevelt d'une médaille, en reconnaissance de l'aide qu'elle apportait aux œuvres sociales juives. En gardant Gemma Glück en otage, Himmler espérait certainement s'assurer le soutien de certains milieux américains.

— *A la suite du refus du gouvernement hongrois, en août 1944, d'effectuer d'autres transports de Juifs à Auschwitz, avez-vous quitté Budapest durant ce même été ?*

— Non, il n'y avait aucun rapport entre les deux choses. Ma surprise, d'ailleurs, fut aussi grande qu'elle l'avait été au moment de mon affectation en Hongrie. J'ai donc reçu un coup de téléphone du chef de la police de sécurité et du SD à Budapest, l'Oberführer Dr Geschke, m'enjoignant de me présenter à lui en tenue et casqué. Il me dit de tout laisser en plan et de me mettre en route, avec un détachement composé de tous mes hommes disponibles, pour la région de Gross-Nikolsburg et d'Arad, à la frontière roumano-hongroise. Une fois là-bas, je devrais évacuer de gré ou de force vers le Reich dix mille Allemands de souche qui y vivaient afin de les soustraire à l'avance de l'Armée Rouge. Le Reichsführer voulait que l'on ramène par tous les moyens ces Allemands sur le territoire du Reich.

— *Quand cela s'est-il passé — à peu près ?*

— Il me faut alors... Peut-être vais-je retrouver cette date. C'était peut-être bien en août. Une seconde, je vous prie...

— *Août 1944 ?*

— 1944, bien sûr. C'était la première fois que je me voyais confier une mission à proximité immédiate du front et, pour la première fois aussi, je n'ai pas cherché à m'en faire dégager. Au contraire, j'ai rassemblé tous les hommes que j'avais sous la main, tous les véhicules que j'ai pu dénicher. Je me suis rendu chez un général de division de mes amis et me suis fait donner une batterie de mortiers lourds ainsi qu'un plein camion de munitions. J'étais bien sûr décidé à évacuer les Allemands mais également, si l'occasion s'en présentait, à me laisser encercler quelque part par là-bas, enfin de n'être pas obligé de revenir à Budapest.

— *J'ai là un document datant d'août 1944. Voulez-vous en prendre connaissance ?*

— Oui. Le délégué spécial pour la Hongrie, Veesenmayer, informe ici les Affaires étrangères que le ministre de l'Intérieur hongrois vient de faire savoir à l'Obersturbannführer Eichmann que, contrairement à leurs accords antérieurs, il se voyait désormais contraint, sur ordre du régent, de commencer de regrouper dès le 28 août les Juifs de Budapest dans cinq camps de forte capacité à installer aux abords de la ville sans qu'il soit prévu de déporter les Juifs de ces camps en direction du Reich.

« Eichmann va en référer au RSHA et, se considérant désormais inutile, va demander son rapatriement ainsi que celui de son détachement. »

Oui, fin août, la province devait déjà avoir été — disons — sérieusement ratissée et c'est à ce moment-là que le ministère de l'Intérieur hongrois, c'est-à-dire Endre, le secrétaire d'Etat, a dû recevoir d'en haut — oui, je lis ici régent, oui, régent —, il a dû recevoir l'ordre de ne pas toucher aux Juifs de Budapest. Si Veesenmayer écrit que je vais en référer au RSHA en demandant que, désormais inutiles, moi et mon détachement soyons rappelés, cela doit être exact.

— *Voici encore une...*

(*Ils échangent les documents.*)

— Il s'agit encore d'une note de von Thadden : « Ai parlé avec le Sturmbannführer Günther. Il m'informe qu'en tout état de cause une partie du détachement restera sur place pour surveiller... »

— *Est-ce que cela n'a tout de même pas un rapport avec le... changement politique qui intervient alors en Hongrie ?*

— Mon Capitaine, je ne vais pas aujourd'hui mettre ce que vous dites en doute car j'ignore tout du jeu politique qui se jouait, qui se déroulait alors. Je suppose que vous n'affirmez pas cela sans disposer des données voulues, mon Capitaine. Cela doit donc être vrai. Mais je ne me souviens de rien.

— *Horthy n'a-t-il pas été arrêté par la suite ?*

— Oui, oui. Bien sûr mais, à cette époque, il y avait déjà longtemps que je n'étais plus... en octobre, je n'étais plus là-bas en... à la frontière de Roumanie. J'étais déjà revenu. S'est-il ou non déroulé là un jeu politique à un haut niveau, ça je n'en sais rien, mon Capitaine. Il me faut donc laisser toute cette affaire dans le vague parce que je ne sais qui, je ne sais quels services ont conçu cette affaire à l'époque et donné l'ordre de la mettre en œuvre. Car je n'étais qu'un simple pion sur un échiquier. Un dimanche, donc, nous fûmes prêts pour le départ. Nous arrivâmes bientôt à proximité du front. Les obus des mortiers russes explosaient un peu partout. Les pneus du lourd camion qui transportait nos mortiers éclatèrent à ce moment-là ; je restai à côté des chauffeurs qui ne purent se mettre à l'abri mais que j'obligeai au contraire à monter les roues de secours. Sur la route, il y avait les cadavres de soldats hongrois.

— *N'est-il pas un peu curieux que l'on vous ait expédié au front, à la frontière roumaine, de manière aussi subite et sans crier gare ?*

— Mon Capitaine, j'ai reçu l'ordre d'évacuer dix mille Allemands de souche et la contre-attaque, la contre-attaque hongroise était en préparation. Il n'y avait donc aucune raison pour que je me pose des questions : qu'est-ce que cela signifie ? pourquoi ? qu'est-ce qu'il se passe ?

— *On aurait pourtant très certainement pu faire appel à des soldats plus expérimentés ?*

— Pourquoi ça, des soldats plus expérimentés ? Pour évacuer dix mille Allemands on n'a pas besoin de soldats expérimentés.

— *Même pour participer à une contre-attaque avec les risques d'engagement que cela comporte ?*

— Comment ça ? J'ai tout de même reçu une formation militaire. Je suis allé jusqu'à Neu-Arad en territoire roumain. L'adversaire venait d'en être chassé quelques heures auparavant seulement ; soudain, des infirmières de la Croix-Rouge se précipitèrent sur ma voiture ; j'étais en tête de ma colonne. Elles avaient reconnu en nous des soldats allemands et croyaient que des troupes allemandes étaient en train de faire mouvement vers l'avant. Les Russes avaient emmené avec eux une partie des infirmières de la Croix-Rouge ainsi que les blessés légers, quelques heures auparavant. Ils avaient laissé les blessés graves et quelques médecins. Le médecin-major donna alors l'ordre de plier bagage. Je trouvai quelque part un train de marchandises, on y chargea l'hôpital qui fut, de la sorte, évacué en premier. Ensuite je divisai mon groupe en plusieurs détachements et on ratissa la région en essayant de faire partir les gens par la persuasion et sans avoir recours à la force. C'était extrêmement difficile car il était absolument impossible de leur dire : « Partez car les Russes seront de nouveau ici demain. » En effet, dans ce cas-là, les soldats hongrois nous auraient remis à notre place. Mais, malgré toutes nos précautions, le commandant en chef de cette armée hongroise, un général de division, ne tarda pas à m'envoyer sans arrêt des aides de camp pour m'inviter à me présenter à lui. Je me suis bien gardé de le rencontrer ; j'ai alors constitué des détachements autonomes et sans direction unifiée afin qu'ils aient la tâche plus facile face aux grandes unités hongroises. Puis, sans plus attendre, je suis rentré à Budapest pour rendre compte de cette situation problématique. Cette affaire avait réduit à néant mes espoirs secrets de me voir enfin associé aux affrontements militaires, aux combats. Je crois que c'est à ce moment-là que j'ai dû me rendre à Berlin.

— *Voici un document du 29 septembre 1944 qui a trait à la Croix de fer de deuxième classe qui vous a été attribuée.*

— C'est... Elle m'a été décernée par le Reichsführer parce que je n'avais pas hésité à faire un détour avec mes hommes pour libérer cet hôpital de la Wehrmacht avec son personnel et ses patients. Mon chef de service, le Gruppenführer Müller, m'a adressé, lui, un rappel officiel à l'ordre pour n'avoir pas exécuté les ordres à la lettre. De son point de vue, je n'aurais pas dû m'occuper de cette histoire d'hôpital mais, au contraire, j'aurais dû poursuivre mon chemin aveuglément, conformément aux ordres reçus, et prendre position à côté de là, dans la région de Gross-Nikolsburg. Il n'a pas été possible d'exécuter totalement l'ordre d'Himmler concernant ces Allemands de souche. Nous ne pouvions faire usage de la force car cette manière de faire aurait déclenché trop de cris et de récriminations et nous n'aurions pas tardé à avoir les autorités hongroises sur le dos. Il nous fallut au contraire procéder avec beaucoup de retenue — ce qui eut pour résultat qu'une partie de ces gens-là acceptèrent bien, de plus ou moins bon gré, de quitter leurs terres mais qu'une autre partie refusa de s'en aller.

— *Ici, dans ce document, votre service est officiellement dénommé le « détachement spécial Eichmann » ; ce document a été produit par l'accusation au onzième procès des criminels de guerre de Nuremberg. Il est daté du 29 septembre 1944, à Budapest.*

— Il s'agit d'une note destinée au délégué spécial du Reich en Hongrie, Veesenmayer ; elle a été rédigée sous la forme d'un aide-mémoire par le lieutenant-colonel de gendarmerie hongrois Ferenczy qui commandait la gendarmerie hongroise lors des opérations antijuives. Cette note indique que mon détachement a été dissous le 29 septembre 1944 et précise le nouveau lieu d'affectation de chacun des officiers du détachement. Je n'avais jamais entendu parler d'une chose pareille. Peut-être, le détachement ayant été envoyé en Roumanie, certains services ont-ils... ? Bien sûr, une petite partie du commando était restée à Budapest, sous les ordres de Krumey, pour régler les problèmes internes au service.

— *Il est écrit ici que votre détachement est dissous...*

— Mais, justement, ce n'est pas vrai ! C'est faux, justement !

— *...et qu'il faut en tout cas attendre parce que certains changements politiques sont en...*

— Ce n'est pas vrai ! Le détachement n'a jamais été dissous, mon Capitaine ! Jamais de la vie ! Ce que je voulais dire, c'est que certains ont dû croire que notre départ pour la frontière roumaine signifiait que le détachement cessait d'exister. Mais il a existé jusqu'en décembre et c'est moi qui ai quitté le dernier les lieux en décembre... en décembre, un après-midi de décembre.

— *Je lis qu'il a été officiellement dissous mais qu'il doit à vrai dire subsister provisoirement. Je lis : «... il a reçu l'ordre de séjourner encore une semaine environ à Budapest dans l'éventualité, comme en court le bruit, d'un changement imminent de politique intérieure. » Lequel changement a d'ailleurs eu lieu avec l'arrestation de Horthy par les Allemands le 15 octobre 1944.*

— Lequel changement a d'ailleurs eu lieu, oui ha ha ha ! Bon, enfin, mais quoi qu'il en soit jamais le détachement n'a été dissous, jamais ! La seule chose qui soit exacte c'est que le détachement a été considérablement réduit parce qu'il n'y avait pratiquement plus rien à faire. Si cela n'avait tenu qu'à moi, je serais reparti depuis longtemps parce que... il ne se passait pratiquement plus rien. J'ai passé bien des journées à m'ennuyer parce qu'il n'y avait plus rien à faire. Moi-même, je n'arrivais pas à concevoir pourquoi on nous laissait là-bas, en temps de guerre par-dessus le marché. Je n'avais pas l'habitude de rester sans rien faire à gaspiller mon temps.

Commentaire : On peut interpréter de diverses manières le fait qu'Eichmann nie à plusieurs reprises et avec autant d'énergie avoir jamais entendu parler d'une dissolution de son détachement spécial. Si, par exemple, Himmler l'avait effectivement relevé de ses fonctions dans les derniers mois de 1944 — hypothèse que beaucoup d'éléments portent à croire —, le fait qu'il ait néanmoins continué de persécuter les Juifs prouverait qu'il n'était en rien le simple exécutant sans responsabilité directe pour lequel il a toujours voulu se faire passer lors de ses interrogatoires. On peut aussi imaginer que le chef de la gendarmerie hongroise, Ferenczy, transmet en toute bonne foi dans sa note une information que les Allemands lui ont soufflée afin de prouver au chef de l'Etat, Horthy, par une source prétendument hongroise, qu'on a enfin congédié le redoutable exterminateur des Juifs et qu'on a ainsi, conformément aux désirs d'Horthy, mis un terme aux assassinats. Le fait que l'appareil d'Eichmann prolongea son séjour à Budapest dans l'attente de changements politiques et qu'Eichmann reprit son travail dans la capitale hongroise deux jours seulement après la destitution forcée d'Horthy joue en faveur de cette dernière hypothèse.

— Voici un télégramme signé de Veesenmayer, à Budapest, en date du 18 octobre 1944, et je lis justement ceci dès la deuxième phrase : « L'Obersturmbannführer Eichmann, qui est revenu aujourd'hui à Budapest à la demande du commandant en chef de la police et de la SS dans la ville, a engagé des négociations avec les services hongrois, etc. » Voulez-vous dire quelque chose à ce sujet ?

— Dans la note précédente, celle du lieutenant-colonel de gendarmerie hongrois Ferenczy, c'est la date du 29 septembre qui est indiquée. Ici, l'affaire est datée du 18 octobre et, par conséquent, il aurait fallu que je sois resté absent de Hongrie entre ces deux dates. A aucun moment je ne me suis absenté si longtemps de Hongrie, ni de Hongrie ni de Budapest. Même pas lorsqu'on m'a convoqué pour que je fasse mon rapport. Bien sûr que je suis allé à Berlin. Peut-être a-t-on... peut-être a-t-on décidé quelque chose en haut lieu, à mon insu..., peut-être que l'on m'a convoqué à Berlin pour que j'y fasse effectivement mon rapport mais qu'on en a en quelque sorte profité, du côté de Winkelmann, le chef de la SS et de la police à Budapest, ou bien du côté de Veesenmayer, le délégué spécial du Reich en Hongrie. Je n'arrive pas à m'expliquer autrement cette prétendue dissolution du détachement spécial, dissolution qui n'a d'ailleurs jamais existé puisqu'il n'y a eu aucun arrêté de dissolution. J'ai été convoqué deux ou trois fois, je crois, à Berlin, chez Müller, pour présenter des rapports sur mes activités. Le temps d'aller et de revenir, cela a bien dû me prendre à peu près huit à dix bons jours. Car j'en profitais pour garder deux ou trois jours à des fins personnelles, n'est-ce pas, et il se peut bien... Peut-être que de cette manière, on en a... ? Mais tout cela ne rime à rien, mon Capitaine, car il aurait bien fallu que le reste du détachement s'en aille aussi, pas seulement moi.

— Ouais, Wisliceny n'est-il pas parti lui aussi, à l'époque ? Les autres aussi sont bien partis ensuite...

— Le détachement n'a pas quitté la Hongrie, il n'a pas quitté la Hongrie.

— Oui, mais un document indique qu'il a été officiellement dissous, qu'il fallait en fait attendre encore une semaine car on...

— Effectivement, je l'ai lu aussi. Effectivement ! Effectivement ! Ecoutez, peut-être qu'il a été dissous comme ça, que, disons, il a été dissous sur le papier... Il me vient une autre idée : peut-être l'a-t-on dissous sur le papier... quelque part... un de mes supérieurs et qu'on a montré cet ordre de dissolution aux autorités hongroises. Mais, en réalité, cette dissolution n'a pas eu lieu. Ce serait une troisième hypothèse.

— *Le Dr Kastner, votre interlocuteur juif de Budapest, écrit ceci à propos de votre retour :*

« Deux jours après la chute d'Horthy, après sa destitution forcée, Eichmann arriva précipitamment à Budapest ; c'était le 17 octobre 1944 ; il arrivait de Berlin par avion. Il me convoqua dans le bureau de Becher et me tint ces propos : " Alors, vous voyez ! Me revoilà ! Vous avez certainement cru que l'histoire de la Roumanie et de la Bulgarie allait se répéter ? Vous semblez avoir oublié que la Hongrie est toujours sous la coupe du Reich. Nous avons le bras assez long pour venir nous emparer des Juifs de Budapest. Maintenant écoutez-moi bien : ce gouvernement du parti des Croix fléchées et du Premier ministre Szálasi est à nos ordres. Je vais sans tarder prendre contact avec le ministre Kovacs qui est chargé des questions juives. Nous allons déporter les Juifs de Budapest et, cette fois, ils partiront à pied. Nous avons maintenant besoin de nos moyens de transport pour d'autres objectifs. Toutefois, au cas où vous réussiriez à mettre à notre disposition le nombre voulu de camions, on pourrait encore effectuer ces transports au moyen de ces véhicules... Ou bien cela ne fait-il pas votre affaire ? Vous avez peur, hein ? Et ne venez plus me parler de vos histoires de dollars américains, de vos histoires à dormir debout. A partir de maintenant, le travail ici va se faire vite et bien, c'est bien compris, hein ? " Il paraissait à cet instant l'homme le plus heureux du monde. Il se sentait de nouveau dans son élément. D'ailleurs, il était ivre comme c'était le plus souvent le cas les derniers temps. »

— Ah ! Premièrement, je n'ai pas pris l'avion. Voilà déjà un premier mensonge. Je ne me suis jamais rendu en Hongrie par l'avion, j'ai toujours voyagé avec ma voiture. Deuxièmement, tout est à nouveau décrit de façon si théâtrale... elle est vraiment bien théâtrale toute cette description. D'ailleurs, je n'étais pas ivre. Je ne me suis jamais rendu à mon travail en état d'ivresse. Jamais !

— *Et le contenu de cette rencontre, tel qu'il est ici rapporté, qu'avez-vous à en dire ?*

— Sous cette forme, il est impossible que j'aie dit cela. J'ai presque l'impression... Ce « hein » qui est ajouté ça et là afin de... pour, disons, donner l'impression de la plus grande vraisemblance possible... Mais, sous cette forme, je n'ai vraiment... Tout, tout ça, ce serait d'un... si je m'étais comporté comme il le décrit, j'aurais vraiment été le plus grand... le plus parfait des cyniques, le plus grand... le plus grand, ah ! comment dire ?... Je ne trouve pas les mots pour décrire avec objectivité la manière dont j'ai négocié toutes ces affaires avec le Dr Kastner. Mais une chose est tout à fait évidente : chacun de ces récits — il me faut bien le constater, que ce soit ce dernier récit du Dr Kastner, que ce soient les récits du Dr Löwenherz de Vienne ou encore les déclarations de Becher —, tous ces gens-là, c'est bien évident, lorsqu'ils sont tenus de déposer, concentrent toute leur attention sur un seul objectif : présenter sous un jour qui leur soit favorable le contenu de nos discussions. Ils savent en effet pertinemment que les revues et les journaux, dans leur propagande, ont dirigé tous les feux sur ma personne. Depuis que tous mes supérieurs sont soit morts — pour ce qui est de Müller, je ne sais pas exactement —, soit disparus en tout cas, l'ensemble de ces gens qui sont maintenant amenés à parler cherchent naturellement à se démarquer de moi pour présenter tous ces événements sous un jour totalement différent de ce qu'il a réellement été. C'est en soi bien compréhensible.

— *En page...*

— Je suis persuadé — excusez-moi — je suis persuadé que, si le Reichsführer de la SS et chef de la police allemande vivait encore, si Kaltenbrunner vivait encore, si Müller, oui Müller, vivait encore et si l'on se retrouvait tous les quatre, disons, devant un tribunal, toutes ces affaires apparaîtraient très différentes. Beaucoup de choses ont été totalement arrangées après 45 et revues à la lumière justement de ce qui s'est passé depuis. Si l'on s'en tenait au point de vue objectif, c'est-à-dire celui de l'époque, beaucoup de choses apparaîtraient différemment.

— *Nous avons parlé de la marche forcée qu'effectuèrent dix mille Juifs depuis la Hongrie jusqu'en Autriche. En dehors de celle-ci, y a-t-il eu d'autres marches forcées ?*

— Je n'en sais rien. La voie ferrée desservant l'Ouest du pays était détruite sur toute sa longueur par les bombardements, de Budapest jusqu'à l'Autriche. Le nœud ferroviaire de Györ était lui aussi totalement détruit. Les bombardiers alliés attaquaient sans arrêt les rares trains qui essayaient malgré tout de circuler. Endre était un homme extraordinairement débrouillard qui ne se laissait arrêter par aucune difficulté. C'est lui qui m'a dit : Eh bien, on ira à Vienne à pied ; là-bas, on retrouvera des trains.

— *Cette marche mena-t-elle à l'époque ses participants à Strasshof ?*

— Strasshof ? A ma connaissance, ce sont les autorités autrichiennes du Burgenland qui réceptionnèrent ces Juifs afin de leur faire construire des fossés antichars. A ma connaissance. Je ne suis toutefois pas certain de ne pas me tromper. Mais Strasshof ? Je ne sais même pas où est Strasshof.

— *Aviez-vous donc quelque chose à voir avec le déroulement ou la préparation de ces marches forcées ?*

— Oui, dans la mesure bien sûr où j'ai déclaré à Endre que la gendarmerie devrait organiser les choses de telle façon que, à l'arrivée de ce transport en... à la frontière, en Autriche, que ces transports arrivent intacts. Si on avait laissé faire le Hongrois, ils auraient tout bonnement fait partir ces dix mille Juifs comme cela, sans même fixer d'étapes. Je me suis dit à l'époque : Bon, ils veulent faire ça à pied mais je dois prendre garde à ne pas me faire à nouveau taper sur les doigts pour non-respect des directives. Les premiers kilomètres semblèrent d'ailleurs se passer convenablement mais, plus on se rapprochait de la frontière autrichienne, plus le spectacle devenait navrant.

— *Quelle était l'importance de cette colonne ?*

— Elle se composait de dix groupes de mille personnes chacun.

— *Y avait-il des enfants, des femmes parmi ces personnes ?*

— Pas d'enfants, non. Il n'y avait que des femmes en état de marcher. Ecoutez, c'est ce qu'il me semble me rappeler. La seule chose dont je me souvienne, c'est la liste ; c'est Endre en personne qui l'avait établie.

— *Cela signifie-t-il que vous avez donné le feu vert pour ce transport et que vous avez délégué certains de vos hommes pour en assurer l'escorte ?*

— Non, je n'avais rien à voir avec ça, je n'avais rien à voir avec ce transport. Tant que les choses se passaient sur le territoire hongrois, elles ne me regardaient pas du tout.

— *Combien, sur ces dix mille personnes, parvinrent à la frontière ?*

— Je crois, mon Capitaine, qu'il n'en est pas mort beaucoup

en dehors de ceux qui sont certainement morts de mort naturelle.

— *Ne venez-vous pas de dire que cela avait été un spectacle navrant ?*

— Oui, navrant ; il était, n'est-ce pas, navrant de voir des civils parcourir en chancelant les derniers kilomètres. Je ne l'ai pas vu de mes propres yeux. Je me faisais un principe de n'assister à rien à moins d'en avoir reçu l'ordre exprès. De toute façon, il m'aurait été impossible de faire quoi que ce soit, je n'aurais rien pu faire. Tout au plus aurais-je pu dire : Ecoutez, gardez vos Juifs ; on n'en a pas besoin. Ils leur auraient alors probablement fait subir un autre traitement selon les bonnes vieilles méthodes de la gendarmerie hongroise.

— *Voulez-vous parcourir ce document et vous exprimer à son sujet ?*

— Il s'agit d'une lettre de Veesenmayer qualifiée de secrète et vraisemblablement adressée aux Affaires étrangères. Elle rend compte du résultat de mes négociations avec le nouveau ministre de l'Intérieur hongrois : « On doit en effet amener en Allemagne, à pied, cinquante mille Juifs, des hommes en état de travailler et destinés au programme des chasseurs — il s'agit probablement d'une histoire d'avions — afin de pouvoir relever des prisonniers de guerre russes dont on a besoin ailleurs. On envisage, lorsqu'ils franchiront la frontière, de les employer quelque temps aux travaux de construction des fortifications du Sud-Est.

Les autres Juifs en état de travailler sont regroupés dans quatre camps, à Budapest, à proximité de la ville ; ils travailleront pour le compte des Hongrois. Les hommes et les femmes incapables de travailler sont concentrés dans des ghettos à la périphérie de la ville. Le détachement Eichmann ne jouera qu'un rôle consultatif dans toute cette opération Budapest, hormis le fait qu'il assurera partiellement la surveillance de la marche en question ; c'est la gendarmerie hongroise qui se chargera de tout le reste de l'opération. Eichmann se propose, sitôt cette évacuation à pied réussie, de réclamer la livraison de cinquante mille autres Juifs afin d'atteindre son objectif final, c'est-à-dire le nettoyage du territoire hongrois. » Je dois reconnaître que cette relation est partiellement exacte en ce qui concerne les faits, mon Capitaine. En revanche, ce chiffre de cinquante mille n'a, je crois, jamais existé ; le seul chiffre qui ait jamais existé fut celui de dix mille.

— *Quand — à quelle date cette lettre fut-elle écrite ?*

— Elle est datée du 18 octobre 1944. Donc déjà tard dans la saison. Jamais cinquante mille Juifs ne sont partis à pied. Jamais ! Mais il est exact que c'est la gendarmerie hongroise qui a eu la charge de l'évacuation à pied. Je me rappelle qu'Endre a insisté pour qu'il en soit ainsi. J'ai donc probablement sollicité du Reich l'autorisation de faire évacuer les Juifs à pied. Mes supérieurs m'auront alors donné pour instruction de choisir ces dix mille exclusivement parmi les Juifs en état de travailler...

— *Ces cinquante mille !*

— Cinquante mille, soit ! Je disais que... Non, ce ne peut pas être exact, ce chiffre de cinquante mille. Car on n'en a jamais fait partir cinquante mille à pied. Dix mille, ça, j'en suis sûr et je crois qu'ensuite ce fut tout.

— *Des membres de votre détachement ont-ils alors accompagné la colonne ?*

— C'est bien possible. Ce devaient en effet être des hommes robustes qu'on avait choisis pour cette marche à pied car, pour notre part, nous avions intérêt — (Eichmann accepte une cigarette) merci, gracias — nous avions intérêt à ce que ces Juifs arrivent à la frontière austro-hongroise dans le meilleur état de santé et dans la meilleure condition physique possibles.

— *Si Veesenmayer parle ici de cinquante mille...*

— Mon Capitaine, dix mille, ça a déjà dû représenter pas mal de difficultés. Il faut un peu s'imaginer ce que cela représente dix mille hommes en marche, une colonne de dix groupes les uns derrière les autres. Je sais ce que représentent des groupes plus restreints, des troupes en uniforme plus précisément, et qui parcourent cinquante kilomètres seulement et pas... deux cents comme ici. J'ai moi-même dû accomplir des marches de ce type avec mon paquetage et je peux parfaitement m'imaginer le travail d'organisation insensé qu'entraînerait une marche de cinquante mille hommes ; ce travail, nous n'aurions de toute façon pas été en mesure de l'effectuer le 18 octobre 44. A cette date, en effet, les premiers obus antichars explosaient déjà dans les quartiers situés à l'extrême périphérie de Budapest.

— *Et cette deuxième marche forcée dont il est ici question ?*

— Lorsque quelque chose fait bon effet, on le monte alors en épingle. D'abord, ce fut une marche de cinquante mille hommes — il faudrait que je calcule combien de temps cela pourrait prendre. Et à nouveau cinquante mille personnes seraient parties ?

Ce sont là des nouvelles inventées de toutes pièces. On ne devrait tout de même pas pouvoir parler de cinquante mille personnes supplémentaires alors que les cinquante mille premières ne sont même pas encore parties, ne se sont pas mises en route.

— Toujours sur ce même sujet, voici un document produit par l'accusation au onzième procès des criminels de guerre de Nuremberg. C'est un télégramme expédié de Budapest le 21 novembre 1944 et signé Veesenmayer ; ce dernier rend compte de la marche forcée et de la poursuite de l'opération d'évacuation à Budapest.

— Oui, c'est un rapport de Veesenmayer, rapport également adressé aux Affaires étrangères ; Veesenmayer les informe qu'on ne pourra désormais plus utiliser dans la région du Danube inférieur que des gens pleinement aptes au travail et, si possible, âgés de moins de quarante ans. Il devait probablement s'agir de la construction du grand fossé antichars. Il parle ensuite de... d'affaires traitées entre les légations de Suisse et de Suède — des choses que j'ignore. On peut lire ici que, d'après les estimations les plus récentes, il ne doit pas rester plus de quatre-vingt mille Juifs dans le ghetto général de Budapest tandis que le ghetto spécialement réservé aux titulaires de passeports de protection doit en renfermer environ seize mille. « A l'heure actuelle, on ne compte pas plus de trente mille personnes qui sont effectivement parties pour le Reich afin d'y être affectées à des travaux. Il est difficile d'estimer combien d'autres personnes nous réussirons encore à expédier dans les mêmes conditions. Toutefois, compte tenu de la situation présente, il ne faut pas s'attendre à ce que le chiffre primitivement prévu... » Ça, je l'avais d'emblée mis en doute, cinquante mille !

— Mais c'est toujours sur ce chiffre de cinquante mille qu'on retombe, quels que soient les documents, dès qu'il est question de ces Juifs envoyés sur les routes en ce mois d'octobre et maintenant, dans cette lettre de Veesenmayer, nous apprenons qu'on a atteint le chiffre de trente mille.

— Ecoutez, je ne veux pas mettre ce chiffre en doute. Je garde toutefois en mémoire qu'il n'y a eu qu'une seule marche, une marche de dix mille personnes.

— Lisez ce qu'écrit Wisliceny à ce propos.

— Il écrit : « Même après le décret d'Himmler d'octobre 1944, Eichmann ne s'avoua pas vaincu. Le décret en question interdisait certes d'exterminer les Juifs mais rien d'autre ; aussi

Eichmann entreprit-il de recruter des Juifs de Budapest comme main-d'œuvre pour les KZS... » — je ne vois pas ce qu'il entend par là — «... pour les ZKS et pour la construction des défenses devant Vienne. » Voilà qu'une nouvelle fois on dirait que je me suis dépêché d'inventer de toutes pièces n'importe quoi pour arriver à accélérer la construction de lignes de défense et remplir les KZS. Mais, ka-zed-es, je ne vois vraiment pas ce que cela veut dire.

— *Cela veut vraisemblablement dire les KZ.*

— Les KZ, ah ! Les KZ[1]... je ne sais pas. Mais c'est possible ! Comme si j'étais allé pondre une chose pareille ! C'est faux !

— *Ecoutez encore ce qu'a déclaré à ce sujet le Standartenführer Kurt Becher lors de son interrogatoire du 10 juillet 1947 :*

« M. Eichmann fit une dernière tentative pour contourner l'ordre d'Himmler interdisant de désormais liquider les Juifs. En étroite collaboration avec les Croix fléchées, il essaya, par l'intermédiaire de M. Veesenmayer, le chargé d'affaires du Reich auprès du gouvernement hongrois, de poursuivre les déportations de Juifs en empruntant pour cela le chemin de Vienne. La raison invoquée : des travaux à effectuer sur des positions retranchées de la ville, cette raison n'était pas valable, c'est ce que prouve sa décision de faire partir des femmes, des enfants — et des enfants à partir de quinze, voire treize ans — ainsi que des vieillards. Trois jours plus tard, je me rendis chez Himmler ; j'emmenai avec moi M. Winkelmann, le commandant en chef de la SS et de la police à Budapest. En regardant passer l'un de ces misérables cortèges, je dis à Winkelmann : croyez-vous que ces enfants, cette mère de famille, ce vieillard arriveront à Vienne ? J'ai obtenu d'Himmler que ces marches cessent. »

— C'est Becher qui dit cela ? Il ose dire que j'ai procédé à des évacuations en contrevenant aux ordres du Reichsführer de la SS ?

— *...vous auriez poursuivi ces marches forcées.*

— C'est tout simplement, c'est tout simplement insensé !

— *Et il indique aussi qu'on obligeait même des enfants de treize ans à effectuer ces marches.*

---

1. Il existait deux abréviations pour désigner les camps de concentration, l'officielle « KL » et l'abréviation courante « KZ » qu'Eichmann affecte ici de ne pas comprendre sous la forme d'un pluriel « KZS » dans un acte administratif (N d T).

— Non, ça... Je n'étais pas présent, mon Capitaine. On a publié des directives et... A-t-il lui même vérifié s'ils avaient bien treize ans ? Le seul fait de prétendre que j'aurais, que j'aurais, que j'aurais pu contrevenir à un ordre du Reichsführer est déjà en soi un non-sens, c'est un mensonge et il suffit à caractériser le reste du récit de ce monsieur.

— *Becher poursuit* : « *Trois jours plus tard donc, j'étais chez Himmler, je crois qu'il se trouvait alors en Prusse-Orientale. Là-bas, en présence de Winkelmann, il donna l'ordre d'arrêter ces transports sous forme de marches forcées. Cet ordre fut bien reçu par Eichmann puisque c'est Winkelmann lui-même qui le lui remit.* »

— Ce n'est pas... ce n'est pas vrai ! Si, comme il l'écrit ici, j'ai reçu l'ordre du Reichsführer de tout arrêter, alors on a arrêté, on a arrêté. Si j'ai reçu cet ordre, il ne s'est alors plus rien passé. Alors... alors, j'ai probablement dit à la gendarmerie hongroise : J'ai reçu un ordre du Reichsführer ! Ça ne marche plus ! On arrête tout !

— *Becher ajouta ensuite : « M. Eichmann avait l'intention d'agir contrairement à cet ordre d'Himmler que je lui avais pourtant personnellement montré.* »

— Alors là, c'est une... c'est... c'est absolument incroyable. C'est, c'est le comble de l'invraisemblance, rarement il m'avait été donné de voir une chose pareille. On n'arrive pas à s'imaginer, on n'arrive absolument pas à s'imaginer que cet homme ait pu être Standartenführer.

— *Becher poursuit : « M. Eichmann voulait à cette époque faire sortir de Hongrie les cent cinquante mille Juifs qui y restaient encore. Je me rappelle aussi qu'il m'a dit : " J'ai l'autorisation d'en déporter cinquante mille ; la réalisation, j'en fais mon affaire ! "* »

— C'est... ce sont, ce ne sont là que des affabulations que je n'arrive pas à m'expliquer. Il m'est impossible de dire rien de plus à ce sujet.

— *Becher continue* : « *J'ai dit à Himmler qu'il me fallait sans arrêt constater qu'Eichmann sabotait l'ordre qu'il avait donné et que cette marche forcée dont il avait eu l'initiative était un pur assassinat.* »

— J'ai l'impression que, ayant trempé dans toute cette affaire, Becher s'est tout de suite employé, soit peu avant la fin de la guerre, soit en tout cas dès la fin de la guerre, qu'il s'est tout de suite employé, par tous les moyens, à se blanchir. Ici, il inverse complètement les choses. Il est exact qu'après notre visite chez le Reichsführer on a stoppé les déportations. Mais que Becher ait été à l'origine de cette décision... ça alors, pas le moins du monde !

— Dans un passage de son livre, sous le titre « Le commandant d'Auschwitz contre la marche forcée », Kastner écrit ceci :

« Le 16 novembre 1944, de hautes personnalités arrivèrent à Budapest. En réponse à une invitation de Becher, le commandant en chef de la Waffen-SS, le général Jüttner, vint à Budapest accompagné de Krumey et du commandant d'Auschwitz, l'Obersturmbannführer Höss. Ils avaient été témoins, entre Vienne et Budapest, de l'horrible marche forcée. Les nombreux cadavres sur la route, l'état de total épuisement des hommes avaient fait sur ces messieurs une impression très pénible. Arrivés à Budapest, ils exprimèrent en présence de Becher leur indignation devant ce spectacle. Höss, le commandant d'Auschwitz, se montra particulièrement scandalisé. Il arrivait d'ailleurs du quartier général d'Himmler où on l'avait mis au courant de la nouvelle orientation adoptée par le Reichsführer. Jüttner intima l'ordre au détachement antijuif de Budapest d'arrêter aussitôt cette marche. Ce qui intervint le 17 novembre. On réussit ce jour-là à ramener à Budapest environ sept mille cinq cents de ces Juifs. Eichmann était momentanément absent. Le 13 novembre il avait modifié ses ordres précédents en ce sens que, désormais, il faudrait aussi déporter tous les enfants âgés de plus de dix ans. Dès que nous en fûmes informés, nous alertâmes Becher. En ma présence il appela Eichmann par téléphone. Ce dernier commença par ne rien vouloir entendre, il nia avoir donné cet ordre et parla de propagande mensongère. Becher finit par le menacer de télégraphier à Himmler. Cette menace suffit. Eichmann retira son ordre. »

— Ecoutez, j'ignore tout de ça, de ces... de ces cadavres entassés sur les routes. Que Becher m'ait téléphoné, qu'il se soit plaint au Reichsführer, de tout ça je...

Tout cela est faux car je n'ai jamais rien fait d'autre que d'obéir aux ordres du Reichsführer — bien sûr, ces ordres ne me parvenaient pas directement, ils devaient passer par l'intermédiaire de Veesenmayer et de Winkelmann. Si les choses s'étaient passées comme le rapporte ici Kastner, si j'étais contrevenu aux ordres du Reichsführer, pourquoi alors Veesenmayer ne m'a-t-il pas aussitôt chassé du pays, pourquoi Winkelmann ne m'a-t-il pas aussitôt fait arrêter ?

— *Y a-t-il eu à ce moment-là une modification des directives concernant les limites d'âge ?*

— Je n'en ai pas entendu parler, mon Capitaine.

— *Kastner poursuit ainsi son récit :*

« Le 21 novembre, Eichmann revint à Budapest et donna aussitôt l'ordre de reprendre les marches. De sa manière si caractéristique, il s'efforça simultanément de prévenir mes protestations et de préparer sa défense. Il me fit convoquer et me déclara qu'il ne s'agissait pas pour lui de gêner les négociations de Becher mais qu'il avait néanmoins fait en sorte, dès son retour, de faire repartir de nouveaux contingents à pied car il estimait que l'ordre de stopper les marches avait été pris à la suite de fausses impressions dont avaient été victimes " quelques " messieurs. Il ajouta que ces messieurs n'étaient pas en mesure d'apprécier si des gens qui cheminaient depuis sept ou huit jours étaient aptes au travail ou non. Il allait se voir contraint, déclara-t-il, de demander des comptes à ceux de ses collaborateurs qui avaient suivi l'ordre d'arrêter la marche forcée. »

— D'après ce récit, je me suis absenté à plusieurs reprises de Budapest. Il est certain que je me suis rendu à Berlin pour, à diverses reprises, m'y faire... pour rendre compte de la manière dont les choses se déroulaient et me faire indiquer quel comportement adopter.

— *Je poursuis le récit de Kastner :*

« Eichmann continua ainsi : " J'ai absolument besoin de soixante-cinq à soixante-dix mille Juifs hongrois. On n'en a jusqu'à présent récupéré que trente-huit mille à la frontière allemande. J'ai besoin d'encore au moins vingt mille Juifs pour des travaux de terrassement sur la ligne de défense sud-orientale de l'Autriche. D'ailleurs, des enfants et des vieillards allemands sont eux aussi occupés à des travaux de terrassement dans le Reich. De toute façon, le Reich s'est engagé à ne plus descendre de Juifs. Je voudrais toutefois vous avertir que l'Allemagne est d'ores et déjà sortie du creux de la vague et qu'elle va l'emporter. Une arme nouvelle est en cours de fabrication face à laquelle les Alliés se retrouveront sans défense ". »

— Je voudrais déclarer ceci : ce terme « descendre » qu'on me met dans la bouche, jamais je ne l'ai employé.

— « Eichmann évoqua ensuite " l'abus " que constituaient à ses yeux les passeports de protection. Il comptait demander des comptes au consul de Suisse, Lutz, et à Raoul Wallenberg, le représentant de la Croix-Rouge suédoise pour ces saloperies de leur part. Mais il avait une proposition à me faire : il laisserait à l'avenir en paix les possesseurs de ces passeports si, de notre côté, nous acceptions de lui fournir vingt mille Juifs pour ses travaux de terrassement. En cas de refus, il se verrait toutefois contraint de faire mettre en route tous les Juifs, sans exception aucune. C'est moi qui abordai ensuite la question des pourparlers avec la Suisse. Je lui dis que les Américains étaient au courant, qu'ils étaient informés de ces marches forcées et qu'ils étaient fondés à considérer comme un bluff pur et simple les concessions que les Allemands se déclaraient prêts à faire à propos des Juifs. »

— Je n'ai gardé aucun souvenir de toutes ces questions de détail.

— *Kastner rapporte que Becher est rentré du quartier général d'Himmler le 26 novembre 1944 et l'a informé que ce dernier avait donné l'ordre télégraphique d'arrêter la marche des Juifs de Budapest. Lors d'une réunion qui eut lieu après le 27 novembre, vous vous êtes, à en croire le récit du Dr Kastner, exprimé de la manière suivante, je cite Kastner :*

« Eichmann retrouva son ton de jadis : " Oui, dit-il, j'ai vu venir tout ça. J'ai averti Becher un nombre incalculable de fois de ne pas se laisser mener par le bout du nez. Je n'ai maintenant plus qu'un conseil à vous donner : télégraphiez en Suisse afin de régler cette affaire au plus tôt. Si, dans quarante-huit heures, je n'ai pas une réponse positive de votre part, je ferai descendre tout ce ramassis de Juifs pouilleux de Budapest ". »

— Encore ce ton... encore ce ton vraiment très théâtral. Voilà qu'on me prête maintenant le terme de je ne sais plus quoi, quelque chose comme « tas de pouilleux ». Pas une seule fois au cours de toutes ces années je n'ai prononcé un mot semblable, pas une seule fois. C'est un... c'est un mensonge ! Un pur mensonge.

Commentaire : L'affaire qu'Eichmann entendait voir réglée en quarante-huit heures était un marché que Becher, avec l'accord d'Himmler, avait passé avec un intermédiaire suisse du « Joint », une organisation d'entraide fondée par des Juifs américains. Grâce à ce marché, quelques centaines de Juifs hongrois choisis par le Dr Kastner étaient déjà parvenus jusqu'en Suisse après un détour par le camp de concentration de Bergen-Belsen. De Suisse ils devaient ensuite partir pour la Palestine. Mais les Allemands n'avaient pas reçu les sommes prévues par le marché, sommes payables en devises. D'où la menace d'Eichmann de « descendre » les Juifs de Budapest. Ainsi, dans cette dernière phase de la guerre, après des années d'une neutralité qu'elle s'était employée à préserver en faisant preuve de scrupules véritablement pointilleux, la Suisse venait-elle de renoncer à mettre des bâtons dans les roues à propos de cet échange. Son revirement est donc la preuve que, contrairement à Eichmann, elle s'attendait à une rapide défaite d'Hitler. C'est sans doute pour cette raison aussi que son consul en Hongrie, Charles Lutz, ainsi que le banquier suédois Wallenberg distribuaient des passeports de protection parmi les colonnes faméliques qui se traînaient sur les routes entre Budapest et Vienne. Mais les gendarmes hongrois n'accordaient qu'une très relative considération à ces pièces d'identité ; les Allemands n'en tenaient, eux, aucun compte. Le possesseur d'un de ces passeports de protection pouvait néamoins avoir la chance de se voir séparer des autres déportés et de se retrouver dans un camp spécial. Raoul Wallenberg a sans doute payé de sa vie son action humanitaire et l'aide qu'il apporta ainsi aux Juifs. Lorsque les troupes allemandes se retirèrent de Budapest et que l'Armée Rouge y fit son entrée, il resta dans la ville pour continuer son activité en faveur des Juifs et les protéger. Il est depuis lors porté disparu. Plus tard, des témoins se manifestèrent qui prétendirent l'avoir aperçu détenu en Union soviétique.

SIXIEME PARTIE

— Les combats se rapprochant, Budapest se retrouva progressivement en première ligne. Il n'était absolument plus question d'arriver à travailler, de travailler du moins à l'évacuation. Nous nous apprêtions une nouvelle fois à ces activités militaires dont je rêvais depuis de si longues années. Plus la canonnade se faisait forte, plus la ligne de front se rapprochait et plus je devenais gai, calme et enjoué. J'avais depuis longtemps renvoyé mes hommes. J'étais resté seul avec mon chauffeur et je ne m'occupais de rien d'autre que d'étudier la situation sur le front ; je m'attendais à ce qu'on m'attribue un commandement en première ligne. Mais c'est un autre que moi qui fut nommé ; de nouveau la poisse me poursuivait. Avant que j'aie pu me remettre de cette déception, nous étions déjà le 24 décembre. L'après-midi même, je dus à mon tour quitter Budapest dans le dernier de nos véhicules. L'ordre, en effet, m'en avait été donné.

— *Que voulez-vous dire par là ?*

— Si j'avais trouvé la mort, cela n'aurait eu aucune espèce d'importance mais si j'étais resté vivant ou si je n'avais été que blessé, j'aurais eu à supporter les conséquences de mes actes ; dès cette époque, d'ailleurs, cela m'aurait été égal. Je dus emprunter des chemins détournés parce que la route était déjà sous le feu de l'artillerie russe ; je passai la nuit en route, je ne sais où, car nous étions obligés d'avancer très lentement à cause des encombrements, des véhicules incendiés, des cadavres de chevaux et de tout un bric-à-brac qui barraient le chemin. Je me présentai enfin le jour de Noël, peut-être était-ce même le lendemain, au nouveau quartier général du commandant en chef de la police de sécurité et du SD en Hongrie, c'était, je crois, à... Ödenburg ; on croyait déjà que j'avais disparu dans les combats. De là, ensuite, je rentrai à Berlin.

— *A votre ancien service de la Gestapo ?*

— Mon arrivée dans la capitale date des premiers jours de janvier. Il ne pouvait être question, là non plus, de véritablement travailler. Les bombardements ne cessaient pas, il y avait sans arrêt de nouvelles destructions. Tous les jours, à grand-peine, on réparait le réseau de transmissions ; dès la nuit suivante il était de nouveau coupé. Sans réseau de transmissions on ne pouvait envisager le moindre travail normal. J'ai complètement arrêté de m'occuper de travaux de police parce que personne ne se souciait plus de moi non plus. J'étais plus souvent dans les quartiers en ruine que derrière mon bureau car une seule chose retenait désormais mon intérêt : édifier une... ligne de défense qui occasionnerait le plus de pertes possible à l'ennemi. Je n'étais plus habité que par cette pensée. En utilisant des rails de tramway, en faisant creuser des pièges antichars et en installant des nids de mitrailleuses dans les décombres des maisons, j'ai transformé en un réduit défensif le champ de ruines qui entourait mon service dans la Kurfürstenstrasse.

— *Et quels en allaient être les défenseurs ?*

— Les bâtiments de la direction de la police d'Etat étant eux aussi détruits, je dus reloger dans mes bureaux une partie des employés. La Prinz-Albert-Strasse, le siège central de la Gestapo, où Müller avait ses services, avait également été touchée. Les chefs des différents Bureaux du RSHA et le chef de la police de sécurité, Kaltenbrunner, prenaient désormais tous leurs déjeuners dans notre bâtiment. Je n'y étais jamais invité. C'est alors que je reçus soudain la visite d'un général d'armée, le général Machin-chose, qui avait le commandement en chef d'une zone de défense de la ville, la zone du Landwehrkanal. Il intégra mon système de défense au sien ; pour m'exprimer plus clairement, il m'avait mis la main dessus. Je ne demandais d'ailleurs pas mieux. C'est à cette époque que se tint, dans une salle de la Kurfürstenstrasse, une réunion des responsables des sections du RSHA ; j'assistai, à cette occasion, à une scène que je n'aurais jamais crue possible. L'un de ces responsables n'avait d'autre occupation que d'établir des faux papiers et des certificats pour les membres de la police de sécurité qui avaient fait partie du 4ᵉ Bureau et qui désiraient prendre une fausse identité, par exemple avoir été pendant la guerre agents d'assurances ou toute autre activité de ce genre. Müller me demanda alors quels étaient mes désirs. Je lui dis que ça ne m'intéressait pas. Je n'avais en effet rien d'autre en tête que mon dispositif de défense et je n'avais pas besoin de faux papiers pour cela. On reçut ensuite l'ordre de brûler tous nos dossiers et tous nos fichiers, également tout ce qui était « secret d'Etat ». Cela nous demanda plusieurs jours. C'est à cette époque que je m'adressai aux responsables de mon service qui erraient comme des âmes en peine, abattus et moroses ; je leur déclarai qu'à mon avis la guerre était perdue sans retour et que j'étais heureux à l'idée de livrer combat pour Berlin. Je voulais, au cas où la mort ne viendrait pas d'elle-même à moi, la rechercher à tout prix. Cette ridicule opération des faux papiers m'avait dégoûté. J'étais prêt à me faire sauter la cervelle plutôt qu'à me faire établir publiquement de faux documents.

— *Qu'est-ce qui vous a empêché de participer à la bataille de Berlin ?*

— Je reçus soudain l'ordre de me rendre chez Himmler. Je crois qu'à ce moment-là il avait installé son quartier général de campagne dans un château, quelque part à l'est de Berlin. Himmler me dit qu'il avait l'intention de négocier avec Eisenhower; il voulait que j'aille sur-le-champ à Theresienstadt prendre cent, deux cents Juifs, rien que des personnalités en tout état de cause, et les emmener en lieu sûr, dans le Tyrol ; ils lui serviraient d'otages pour ses négociations. « Partez immédiatement pour Theresienstadt, faites se préparer ces personnalités en vue du voyage, puis partez sans plus attendre chez Hofer — c'était le Gauleiter du Tyrol — et voyez avec lui comment loger ces gens. » Il n'eut pas fini ces mots que, déjà, j'étais congédié. Je dus laisser en plan le dispositif de défense que je m'étais si joliment arrangé ; j'ignorais si j'aurais encore le loisir de m'en servir car le front se rapprochait de Berlin à pas de géant.

— *Cela vous a tout de même permis de vous tirer d'affaire ?*

— J'ai en tout cas fait mon possible pour me débarrasser au plus vite de cet ordre du Reichsführer et revenir à Berlin. Je pris la route pour Prague et je transmis l'ordre du Reichsführer au commandant en chef de la police de sécurité et du SD dans la ville ; comme je n'avais pas de document écrit — dans la précipitation de cette époque, on ne faisait plus rien par écrit — je lui demandai de donner les instructions voulues à Theresienstadt. Puis je continuai mon voyage en direction de l'Autriche, via Kufstein. Je me trouvais à Brixlegg, en plein centre de la localité, lorsque survint une escadrille d'avions ennemis qui commencèrent à lâcher leurs bombes. Je savais qu'il y avait à Brixlegg une importante usine hydraulique et, dès la première vague, je pus me douter que cela durerait un long moment. La violence des déflagrations était telle qu'on ne pouvait rien faire d'autre que d'enfoncer la tête dans le sol. Je mis à profit, avec mon chauffeur, un court répit entre deux vagues d'assaut. C'était un vrai miracle : ma voiture démarra du premier coup, pas un seul des pneus n'était endommagé et nous réussîmes à passer.

— *Lorsqu'on demanda au Standartenführer Becher, au cours de son interrogatoire en juillet 1947 : « Quand avez-vous vu Eichmann pour la dernière fois ? », il répondit : « Le 15 avril ! » Il voulait certainement parler d'avril 1945.*

— Je ne peux affirmer que ceci : le bombardement de Brixlegg s'est produit le 17 avril au matin. Ce jour-là j'étais donc dans le Tyrol. Lors de ce voyage, je suis allé de Berlin à Prague en passant par Dresde, puis je suis parti du Protectorat pour Vienne et ensuite je suis allé de Vienne à Linz, oui, c'est ça, à Linz. Plus tard, dans cette même ville, une mine a fait explosion juste en face des locaux de la police d'Etat et a littéralement décimé les employés ; elle a notamment tué mon ancien supérieur, le Dr Piffrader. Mais je ne me rappelle pas du tout si j'étais à Berlin le 15 avril.

— *Vous souvenez-vous que Becher s'est rendu à ce moment-là à Bergen-Belsen en compagnie du Dr Kastner pour faire partir du camp à destination de la Suisse un train de Juifs ?*

— Non, je ne le savais pas. Puis-je... Le Dr Kastner accompagnait-il Becher lorsque ce dernier est venu me voir dans mes bureaux de la Kurfürstenstrasse ?

— *Non, Becher vous a rendu visite seul.*

— Mais, mais, ce 15 avril, c'est... c'est absolument impossible.

— *Becher a encore dit lors de cet interrogatoire :*

> « Mes rapports avec Eichmann ont toujours été très difficiles. Je crois n'avoir jamais rencontré au cours de ma vie quelqu'un sachant mentir avec autant de force de conviction que cet Eichmann. Lorsqu'il vous racontait des histoires, elles semblaient si véridiques que vous n'arriviez pas à croire qu'elles étaient fausses. Il aimait boire aussi. Lorsqu'il me rendait visite, la première chose que je faisais était de mettre une bouteille de cognac sur la table. »

— Je voudrais dire ceci à ce propos : lorsque j'arrivais quelque part et qu'on m'offrait un verre, je l'acceptais, bien entendu. A l'inverse, lorsque quelqu'un venait me voir, je commençais moi aussi par lui faire servir à boire. Quant à nos relations difficiles, alors là, je n'arrive pas à m'expliquer pourquoi, dans ce cas, il passait son temps à converser avec moi de la manière la plus agréable qui soit. Je n'arrive pas à comprendre. C'est un récit mensonger, mensonger, le récit mensonger d'un homme qui veut à tout prix tirer son épingle du jeu. Je comprends bien sûr qu'il veuille se tirer d'affaire. C'est bien naturel et c'est d'ailleurs son droit. Mais on n'a pas le droit de le faire de cette manière. Et c'est vraisemblablement parce qu'il ment aussi effrontément qu'il en arrive à la fin de son récit à me cataloguer menteur de première classe ; il voudrait ainsi faire passer plus aisément ses propres mensonges pour vrais.

— *Vous étiez donc à Brixlegg et, de là, vous avez poursuivi votre route en direction d'Innsbruck ?*

— Je voulais y rencontrer le Gauleiter Hofer et lui transmettre l'ordre d'Himmler. Il n'accepta pas de me recevoir. Il me fit dire qu'il avait pour l'heure d'autres soucis en tête que de s'occuper de Juifs. J'en étais d'ailleurs moi-même bien convaincu. Il chargea de cette affaire je ne sais lequel de ses chefs de bureau et ce dernier mit à la disposition d'Himmler deux villages à proximité du Brenner. Il y avait là des hôtels, tous vides à cette époque. Je repartis alors pour Linz d'où je cherchai à joindre Prague par téléphone, mais sans succès ; je ne parvins pas à obtenir la communication. Je me suis alors rendu en personne à Prague ; je n'y trouvai personne, pas le moindre commandant en chef de la police de sécurité, personne, absolument personne. Je suis allé au Hradschin, pensant que j'y trouverais bien une autorité allemande quelconque. Il s'y trouvait encore le secrétaire d'Etat K.H. Frank, le Gruppenführer Frank. Il me dit que je n'arriverais pas à regagner Berlin. Je lui répondis qu'il me fallait faire mon rapport au Gruppenführer Müller. Il me déclara alors qu'il doutait que Müller soit encore à Berlin car Kaltenbrunner était à Alt-Aussee. Je n'avais plus le choix : il me fallait aller à Alt-Aussee pour rendre compte de ma mission.

Commentaire : La SS avait de longue main préparé son repli dans la région de la station autrichienne d'Aussee, entre les massifs montagneux du Totes Gebirge et du Dachstein. Le serment de fidélité à Hitler était trahi depuis longtemps. Tous, depuis le chef du RSHA, de la police de sécurité et du SD, Kaltenbrunner, jusqu'à l'Obergruppenführer Karl Wolff en sa qualité de commandant en chef de la SS et de la police en Italie, en passant par Walter

Schellenberg, le chef des services secrets allemands, tous cherchaient secrètement à entrer en relation avec les Alliés occidentaux, que ce soit pour mettre un terme à la guerre ou tout simplement pour sauver leur peau. C'est depuis l'Autriche, par l'intermédiaire de la Suisse et de l'Italie, qu'il était le plus facile de nouer ces liens. Seul Himmler était resté dans le Nord. Il voulait pouvoir être sur place au cas où Hitler aurait renoncé de lui-même au pouvoir ; il s'efforçait, de plus, de prendre contact aussi bien avec le comte suédois Bernadotte qu'avec un représentant du Congrès juif mondial, Norbert Masur ; il avait fait savoir qu'il était prêt à prendre en personne le pouvoir après l'éventuelle élimination ou la mort d'Hitler. Mais, en ce qui concerne Eichmann, plus personne ne voulait avoir affaire à lui.

— Il faut que, ma vie durant, un sort ait été jeté sur moi. Chaque fois que j'ai nourri un projet ou eu une envie quelconque, chaque fois que j'ai entrepris ou voulu entreprendre quelque chose, toujours le destin est venu se mettre en travers de ma route. A Berlin, toutes mes dispositions étaient prises mais il me fut impossible d'y combattre. Il en alla de mes affaires personnelles exactement comme, tout au long de ces années, il en était allé de mes efforts pour fournir aux Juifs une terre et un pays d'asile. A Alt-Aussee, je me suis présenté chez Kaltenbrunner mais il n'a pas manifesté le moindre intérêt pour toute cette histoire. Je reçus ensuite l'ordre d'établir une ligne de résistance dans le Totes Gebirge et de m'employer dorénavant à constituer des groupes de partisans. C'était enfin une mission qui en valait la peine et je me suis mis au travail avec ardeur.

— *Comment tous les autres ont-ils fait pour se joindre au groupe que vous aviez formé dans les montagnes ?*

— C'est que, à ce moment-là, à Alt-Aussee, beaucoup... oui, vraiment beaucoup de services du SD et de la police d'Etat s'étaient retrouvés là si bien que, pour finir, je me suis vu à la tête d'un groupe de, je ne me rappelle plus très exactement, de cent ou de deux cents hommes, peut-être même davantage. Cette... cette résistance dans les montagnes, je me serais retrouvé avec des semi-invalides pour la mener, ainsi qu'avec des gens qui, pour une partie d'entre eux, n'avaient même jamais fait de service militaire. Tout autre que moi s'y serait refusé mais moi je connaissais à merveille cette région montagneuse depuis ma jeunesse et je savais qu'on pouvait y subsister car elle était très giboyeuse, en été tout particulièrement. Je pensais que j'aurais le temps de donner une formation militaire à ce tas de gens rassemblés là par le hasard. On me chargea aussi, à Alt-Aussee, de m'occuper du sort du gouvernement roumain Horia-Sima. J'emmenai ces messieurs, qui vivaient ici en exil, dans les diverses bergeries de montagne que j'occupais et je pris position en personne, avec le reste de mes hommes, sur l'alpage de Rettenbach. C'est alors que Kaltenbrunner me fit savoir par courrier : « Ordre du Reichsführer ! Interdiction de tirer sur les Anglais et les Américains ! » Tout était donc terminé. A la suite de cet ordre, j'ai arrêté toute instruction militaire et je me suis dit : il ne me reste plus maintenant qu'à renvoyer tous ces gens dans leurs foyers s'ils le désirent.

— *Au cours de son interrogatoire, on a posé cette question à votre ancien collaborateur Wisliceny : « Quand avez-vous vu Eichmann pour la dernière fois ? » Il répondit : « La dernière fois que j'ai vu Eichmann, c'était fin février 1945 à Berlin. Il me déclara à ce moment-là qu'en cas de défaite il se donnerait la mort. »*

— Wisliceny a également écrit dans le rapport qu'il a fait à mon sujet : « Lui-même et la plupart de ses collaborateurs sont passés dans la clandestinité au moment de l'effondrement en mai 1945. » J'ai relevé cette phrase parce que j'ai essayé de m'expliquer pour quelle raison il pouvait bien... Je n'ai jamais eu de problème avec Wisliceny sinon sa... le fait qu'il n'ait pas été promu. Il n'y a eu que ça entre nous et s'il n'a pas pu être promu c'est, j'assure que c'est vrai, c'est parce qu'il n'était pas marié. Je me suis donc interrogé : qu'est-ce qui a bien pu pousser cet homme à écrire tant de choses inexactes à mon sujet alors que je ne lui avais jamais rien fait ? C'est alors que me vint une idée : peut-être cet homme-là s'est-il dit : « Bon, eh bien, je vais lui faire voir un peu ! Je suis là dans le pétrin et... et... et... j'y suis tout seul ; c'est moi qui dois payer les pots cassés tandis que lui, le responsable de la section, il est passé dans la clandestinité. » Mais je ne suis pas passé dans la clandestinité !

— *Pourtant, jusqu'il y a peu, vous aviez disparu.*

— Je suis bien sûr passé dans la clandestinité dans la mesure où je n'ai pas crié sur tous les toits qui j'étais. J'ai été capturé par les Américains et je suis resté entre leurs mains jusqu'en janvier 1946. Mais cela ne signifie pas — et c'est sans doute ce qu'il s'est figuré — cela ne signifie pas que, de longue main, avec la plupart de mes collaborateurs, je me serais préparé une jolie cachette tandis qu'il jouait, lui, de malchance et se retrouvait aussitôt entraîné dans ces... dans ces... dans ces désagréments.

C'est la seule façon dont je puisse m'expliquer son comportement. Je n'ai pris, me concernant, aucune disposition. J'aurais certes pu le faire mais je m'y suis refusé.

Commentaire : Eichmann n'a peut-être pas tort de supposer que son ancien ami intime qui fut un temps aussi son supérieur avant de se retrouver sous ses ordres, de supposer donc que ce Dieter Wisliceny n'hésite pas à faire ce déballage de linge sale parce qu'il a le sentiment d'avoir été lâché par ses compagnons. Ce Sturmbannführer plutôt corpulent et nonchalant fut obligé de témoigner au cours des procès des criminels de guerre puis il fut remis à la justice tchécoslovaque qui le jugea pour ses activités de responsable aux Juifs dans l'ancien Etat satellite slovaque d'Hitler. Tous ses supérieurs s'étant d'une manière ou d'une autre soustraits au châtiment qui les attendait pour leur participation active aux assassinats de Juifs, le sentiment d'horreur qu'éprouva l'opinion publique et la haine des survivants se concentrèrent sur lui ; il eut seul à en répondre devant la justice. On comprend que, dans ces conditions, il ait essayé au cours de ses interrogatoires de bénéficier de circonstances atténuantes en accablant le système nazi dans ses déclarations ou en chargeant généreusement ses anciens camarades. Ces tentatives restèrent vaines. Il fut condamné à mort et pendu sur le lieu de ses crimes, à Presbourg. Eichmann s'indigne de voir ce Wisliceny ou d'autres de ses anciens collaborateurs le charger ainsi ; il faut bien remarquer que lui non plus ne s'est pas privé de rejeter inlassablement toutes ses responsabilités sur ses supérieurs.

— *Je vous ai procuré la copie d'un récit de vingt-deux pages rédigé à Bratislava par votre ancien collaborateur Dieter Wisliceny et qui est daté du 18 novembre 1946. Voulez-vous vous exprimer à son sujet ?*

— Oui. Il s'agit d'un rapport qui aborde toute cette affaire des Juifs, de 1936 à 1945 ; je dois dire qu'il m'est très difficile de prendre position sur ce récit. Cela me mettrait, pour la première fois de ma vie, dans l'obligation de... disons d'apostropher comme il le mérite un officier SS qui fut sous mes ordres. Car, à la lecture de ce rapport écrit de... écrit dans une cellule, je me demande vraiment comment il se fait que je n'aie pas été commissaire du Reich, chargé des pleins pouvoirs et responsable du règlement de l'ensemble de la question juive pour toute l'Europe. Je me demande pourquoi j'ai dû écrire à tant d'autres instances centrales, etc., au lieu de tout simplement donner mes ordres. Et puis alors — je me sens tout de même obligé, bien qu'à contrecœur, de relever ce point — que lui, Wisliceny justement, ose dire qu'il a toujours été hostile à tout ça ! Il s'agit d'ailleurs là de la position que beaucoup ont adoptée en 1945, au moment de l'effondrement. C'est une position que j'ai refusé de prendre parce que — comment pourrais-je dire ? — parce que je ne m'embarrasse pas d'excuses aussi niaises. Car si j'ai trempé dans l'affaire et si j'ai obéi aux ordres, je me suis retiré du même coup tout droit à prétendre que j'aurais toujours été contre. Ce récit est au total un mélange de vérité et de fiction, de points de vue personnels et bien sûr aussi de tentatives de... disons peut-être... de prouver que son auteur a toujours été contre. En ce qui concerne les questions de détail, j'ai quelques remarques accessoires à faire.

— *Je vous en prie, je vous écoute.*

— Il prétend, entre autres choses, que l'idée de faire de Madagascar la patrie des Juifs n'est pas une invention d'Eichmann. Je n'ai pourtant jamais laissé planer de doutes sur l'origine de cette idée.

— *Excusez-moi, que voulez-vous dire exactement ? N'avez-vous pas dit que le projet Madagascar était de vous ?*

— Oui, je voulais dire... Voilà ce qu'il déclare : Ce n'était pourtant pas une invention d'Eichmann ; on avait très souvent discuté de cette idée de faire de Madagascar un pays d'émigration. Il évoque même le fondateur du sionisme, Theodor Herzl, etc., etc. En agissant ainsi, il laisse en quelque sorte sous-entendre que... comme si cette... comme si j'avais jamais... il laisse croire que j'ai présenté comme une grandiose découverte de ma part l'idée de proposer l'île de Madagascar pour nous débarrasser des Juifs. Il est évident que je savais bien que d'autres avant moi avaient caressé cette idée. Puis il écrit ici... De la manière dont il présente les choses, c'est de nouveau contraire aux... La solution finale ! Moi aussi évidemment je me souvenais fort bien qu'on employait ce terme de « solution finale » depuis très longtemps. Mais, lorsqu'il écrit que c'est moi qui, à dessein, ai repris l'expression déjà existante pour mieux abuser les autres administrations impliquées dans le projet... dans le projet de transfert des Juifs, dans les projets de transfert, il ne s'agit alors que d'une in... que d'un mensonge pur et simple. Car ce n'est pas moi qui ai donné ce nom de « solution finale » à l'extermination physique ; c'est en haut lieu qu'on l'a utilisé pour la première fois et qu'on l'a ensuite repris dans tous les documents administratifs comme terme de référence.

— *Voici une note consacrée à une réunion qui s'est tenue le 21 septembre 1939, c'est-à-dire peu avant l'arrêt des hostilités en Pologne, elle intéressait les chefs des Bureaux du RSHA ainsi que les commandants de ses groupes d'intervention. Voulez-vous dire quelque chose à ce sujet ?*

— Oui ! Il s'agit d'un exposé présenté par Heydrich. Tous les chefs des divers Bureaux et tous les commandants des groupes d'intervention participèrent à cette réunion. On trouve mon nom dans la liste des participants : Hauptsturmführer Eichmann, Service central pour l'émigration juive. Heydrich trace ici à grands traits un panorama politique et militaire du territoire que représente la Pologne, il aborde la question du traitement à réserver aux Juifs dans ce territoire ainsi que d'autres questions liées au renforcement du *Volkstum* allemand [1]. Il s'agissait donc d'une affaire strictement intérieure au SD. Et le SD était absolument dépourvu de pouvoirs exécutifs.

— *Mais, si l'on en croit un télex d'Heydrich, on a également abordé, au cours de cette réunion, ce qu'il appelle l'objectif final ?*

— C'est, écoutez... Je n'arrive à me souvenir ni de l'un ni de l'autre. Je ne me rappelle plus. Je déduis en tout cas de ce que vous me dites qu'il y a eu un... un... exposé du chef de la police de sécurité et du SD et qu'ensuite la personne compétente pour ces questions a reçu les instructions voulues. Et c'est cette même personne qui a alors donné la forme d'un arrêté aux conclusions de cette réunion.

— *En effet, la première phrase de ce télex dit bien expressément : « En rapport avec la réunion tenue ce jour à Berlin, j'attire à nouveau votre attention sur le fait que l'ensemble des mesures projetées, notre objectif final donc, doivent rester strictement secrètes. » En d'autres termes, on a aussi parlé, dans cette réunion à laquelle vous avez assisté, de l'ensemble des mesures projetées et donc aussi de l'objectif final.*

— Oui, oui, certainement. C'est bien possible. Je pense ne pas avoir contesté avoir été au courant mais je croyais seulement... j'ignorais que... que cela se soit produit si tôt. Car j'avais gardé

---

1. Le *Volkstum* représente pour les nazis la communauté allemande dans son ensemble, englobant aussi bien les Allemands du Reich que les minorités allemandes des divers pays européens. C'est cette notion qui a fondé la politique d'annexion puis de germanisation, notamment de la Pologne (N d T).

en... là, il me faut dire... j'avais gardé en mémoire... Donc, je croyais que c'était arrivé après le déclenchement de la guerre avec la Russie. Il faut dire une chose : il est très facile, aujourd'hui, de se représenter ce qu'il faut comprendre sous le terme d' « objectif final ». A l'époque, en particulier lorsqu'on n'avait jamais opéré sur le terrain... ce qu'il fallait comprendre sous le terme d'objectif final, eh bien ce n'était pas aussi facile à comprendre que par exemple cette phrase que je reçus en quelque sorte en pleine figure lorsqu'Heydrich m'eut convoqué dans son bureau : « Le Führer a donné l'ordre d'exterminer les Juifs ! » Cela n'avait rien à voir non plus avec les visites que je dus faire à l'Est pour lui rendre compte des résultats auxquels Globocnik était parvenu avec ses fossés antichars.

— *Mais revenons au récit que votre subordonné Wisliceny écrivit durant sa détention à Presbourg, après la guerre.*

— Je lis qu'il écrit encore qu'Himmler, de même qu'Heydrich et ses hommes liges Müller et Eichmann, était résolu « à assener à la juiverie un coup dont elle ne se relèverait pas, comme me l'avouera Eichmann en 1944, avec un franc cynisme » ; lorsque je lis une telle déclaration je suis obligé de dire que ni Himmler, ni Heydrich, ni Müller, ni moi-même n'avons prononcé cette phrase, mais que c'est Hitler qui a prononcé cette... cette phrase dans un de ses discours. Il est possible que j'aie cité ce discours, c'est bien possible. Mais j'ai entendu ça à la radio... dans un discours d'Hitler retransmis par la radio. Ce que raconte Wisliceny est encore totalement tiré par les cheveux lorsqu'il écrit, par exemple, que l'idée me vint d'exterminer aussi par la même occasion le reste des Juifs, le jour où je pris connaissance des décrets d'Hitler ordonnant de fusiller tous les commissaires politiques de l'Armée Rouge. L'idée de l'extermination n'était pas de moi, elle était d' ... non, elle n'était pas non plus d'Heydrich. Elle était d'... d'Hitler lui-même et il est assez évident que ce n'était pas le chef de la section IVB4, Eichmann — je ne sais plus quel grade j'avais alors, Sturmbannführer ou quelque chose comme ça — il est évident que ce n'était pas moi qui avais pu inspirer Hitler.

— *A propos de ce dernier point, prenez ce document tiré du onzième procès des criminels de guerre de Nuremberg. Il s'agit d'une déposition sous serment de l'ancien chef de groupe Wilhelm Waneck dans laquelle il évoque vos fonctions en Hongrie. Voulez-vous vous exprimer à ce sujet ?*

— Il s'agit de la déclaration d'un ancien chef de groupe du

service des renseignements, c'est-à-dire le 6ᵉ Bureau du RSHA. On peut lire ceci dans le point 4 de cette déposition : « Je déclare enfin que l'ancien SS... que l'ancien Obersturmbannführer Eichmann, à la tête de son service en Hongrie, n'était subordonné ni au commandant en chef de la police et de la SS en Hongrie ni au secrétaire de la légation d'Allemagne de Budapest, le Dr Veesenmayer, mais qu'il était formellement rattaché au RSHA. A ma connaissance, il recevait ses instructions du RSHA, sans aucun intermédiaire, ainsi que du Reichsführer Himmler directement. » Voilà pour Waneck. Je dois dire à ce propos qu'il y a du vrai là-dedans, bien sûr — ainsi lorsque Müller m'a informé que, sur ordre d'Himmler, je devais partir pour Budapest. Mais je n'ai jamais reçu en permanence d'ordres directs d'Himmler. C'est d'ailleurs ce que montre toute... toute la correspondance administrative. Mais il est vrai que, durant mon séjour en Hongrie, je... j'ai rencontré une fois le Reichsführer, à la suite de sa convocation. Mon supérieur administratif était le chef du 4ᵉ Bureau, Müller.

— *Et pourtant Wisliceny affirme que vous lui avez montré, en août 1942, un ordre écrit d'Himmler prescrivant de tuer les Juifs.*

— Je crois l'avoir déjà dit, je ne me souviens pas d'avoir eu un ordre écrit qui, signé d'Himmler, aurait, en quelque sorte, décrété l'extermination. Mais c'est toutefois possible car Wisliceny écrit ceci dans ce document : « Le sursis accordé aux Juifs en état de travailler constituant l'objet central de cet ordre d'Himmler... » Dans ces conditions, il est possible qu'au moment où Himmler a écrit cette note au chef de la police de sécurité et du SD, une idée lui soit soudain venue, comme ça, cela lui arrivait assez souvent, et qu'il ait alors écrit : en ce qui concerne la solution finale, etc., j'attire votre attention sur le fait que l'on doit — disons — provisoirement en exclure les Juifs en état de travailler — ou bien quelque chose d'approchant. Cela... cela pourrait bien s'être passé ainsi. Dans ces conditions, il serait donc possible que j'aie eu en ma possession le papier... le papier en question. Car je n'arrive pas à me souvenir d'avoir eu en ma possession un papier signé Himmler comportant cette phrase : J'ordonne la... l'extermination des Juifs, ou quelque chose de ce genre. Mais de la manière détournée dont je viens de parler, qui n'empêchait bien entendu pas de lire entre les lignes — c'est bien probable, je ne le conteste absolument pas.

— *Wisliceny dit ensuite qu'on abandonna le projet Madagascar dès l'hiver 1941-1942. Est-ce exact ?*

— Je croyais qu'on l'avait abandonné plus tôt que ça. Wisliceny poursuit de la sorte : « Il voulait aussi — c'est donc de moi qu'il s'agit — il voulait aussi faire réaliser par ces esclaves d'autres projets de grands travaux comme par exemple l'implantation d'une ceinture forestière en Europe orientale afin d'en améliorer le climat. » Ah, c'est ce que voulait Himmler. Je n'ai... je n'ai jamais eu à m'occuper d'idées... d'idées pareilles.

— *Himmler s'est-il donc exprimé dans ce sens, lui ?*

— Je n'en sais rien. Je ne sais pas si c'est exact. Implanter une ceinture forestière en Europe orientale — ça me paraît tellement invraisemblable car il est tout de même incontestable que l'Europe orientale a assez de forêts, qu'elle est même couverte de forêts. On y trouve même jusqu'à de la forêt vierge.

Commentaire : Hitler, Himmler et ses chercheurs du « Patrimoine héréditaire » se sont effectivement livrés à ce genre de spéculations dont ils escomptaient une amélioration du climat de l'Europe orientale.

— Wisliceny écrit encore : « C'est en mars-avril 1942 qu'Eichmann se retrouva chargé d'organiser la déportation et l'extermination de Juifs européens. On créa des camps d'extermination, Auschwitz plus quelques autres camps aux environs de Lublin. Eichmann ne fixa pas à l'avance et de manière ferme l'ordre dans lequel il évacuerait successivement les Juifs des divers pays européens. Il prenait son temps.... Il prenait son temps parce qu'il lui paraissait à l'évidence plus urgent d'exterminer les Juifs polonais et de déporter les Juifs du Reich. » C'est un... récit absurde des événements. Car je n'avais pas le pouvoir d'organiser cette affaire à ma fantaisie, j'avais à agir selon les ordres reçus. Et, de plus, il arrivait sans cesse de nouveaux ordres et l'abondance même des... documents que vous me produisez montre très bien combien toutes ces affaires étaient difficiles et complexes.

— *Voici maintenant un télégramme du secrétaire de la légation d'Allemagne à Budapest, Veesenmayer, daté du 4 avril 1944. Voulez-vous le lire, s'il vous plaît ?*

— Bien sûr. Veesenmayer signale que l'on en a terminé avec la constitution des ghettos dans les Carpates, zone I, ainsi qu'en Transylvanie, zone II, et que, à partir de la mi-mai, doit débuter la déportation de trois cent dix mille Juifs au rythme de quatre transports quotidiens de trois mille Juifs chacun ; il annonce enfin la tenue à Vienne, le 4 mai, d'une réunion destinée à mettre au point les plans de route. Comme on suppose que le regroupement a également touché les Juifs étrangers, il a été décidé que le représentant de la légation d'Allemagne auprès du détachement spécial d'intervention Eichmann se rendrait en Hongrie orientale, dans le courant de la semaine suivante, pour faire le tri des Juifs des pays neutres et ennemis et les regrouper dans des camps spéciaux.

— *Je vois qu'ici Veesenmayer écrit : « Détachement spécial d'intervention Eichmann. » Etait-ce le titre officiel ?*

— En réalité j'étais le chef de... le responsable d'un service auprès du commandant en chef de la police de sécurité et du SD en Hongrie. Mais le Standartenführer Becher a en quelque sorte réquisitionné pour son propre compte divers biens immobiliers à Budapest sous le couvert de la désignation administrative en question. Ensuite, tout simplement, il a fait marquer sur ces immeubles l'inscription « Détachement d'intervention Eichmann » et me l'a montré, pour me faire une surprise en quelque sorte.

— *Et c'est cette appellation qu'on a ensuite utilisée dans la correspondance officielle ?*

— On l'a ensuite reprise officiellement, oui.

— *Où a-t-on donc regroupé les Juifs après les avoir évacués de toutes ces régions ?*

— Ça alors, mon Capitaine, je n'en sais rien. A-t-on supprimé définitivement ces camps on non ? Il s'est... il s'est écoulé trop de temps depuis. Mais, dans ce domaine, mes informations n'ont pas une très grande importance car on doit certainement disposer de documents à ce sujet, qu'ils proviennent de la gendarmerie hongroise ou des archives des transports. J'avais une carte sur laquelle je portais en chiffres romains tout ce que la gendarmerie hongroise avait prévu — comment dire — opérationnellement. J'avais reçu un ordre et cet ordre prévoyait tout simplement de ratisser d'est en ouest le plus rapidement possible et d'évacuer les Juifs hongrois à Theres... à Auschwitz. L'ordre ne prévoyait rien d'autre.

— *Ce projet allait assez vite en besogne, ne trouvez-vous pas ?*

— Certainement ! Il faut toutefois préciser que, pour ce qui était du déroulement, du calendrier, disons pour ce qui concernait l'opération proprement dite, en quelque sorte, eh bien, nous n'avions absolument rien à dire ; il s'agissait du domaine exclusif du groupe opérationnel de la gendarmerie hongroise. On établissait les plans de route en fonction des dispositions prises par lui car nous ne pouvions fournir ni le personnel ni les wagons nécessaires. Il est évident, bien entendu, qu'il était aussi envisagé d'évacuer Budapest. Mes ordres en effet ne prévoyaient pas d'exception pour la Hongrie.

— *(Less corrige ce lapsus) Pour Budapest !*

— ...ne prévoyaient pas d'exception pour Budapest ! Pourquoi Budapest a-t-il fait pourtant exception ? La seule raison, à mon avis, réside dans l'impossibilité où nous nous sommes retrouvés d'assurer les transports par suite des bombardements qu'avait subis le réseau ferré occidental.

— *Connaissez-vous les lois militaires allemandes concernant l'exécution des ordres ?*

— L'exécution de quoi, s'il vous plaît, l'exécution de quoi ?

— *Des ordres ! Des ordres !*

— Vous voulez parler, mon Capitaine, vous voulez par exemple parler des conventions militaires internationales de La Haye et de ce genre de choses ?

— *Oui, de ce genre de choses. Il existait bien sans aucun doute un code pénal militaire par exemple ?*

— Nous n'en relevions pas. Nous relevions de la juridiction propre à la SS et à la police.

— *La juridiction propre à la SS ! Tiens ! Et un membre de la Waffen-SS alors ?*

— Lui aussi, de la juridiction propre à la SS et à la police. Notre... l'autorité judiciaire... l'autorité judiciaire suprême, c'était Himmler. Bien entendu, il avait au-dessus de lui le Führer et chancelier, le Führer et chancelier du Reich. Qui avait délégué ses pouvoirs judiciaires à Himmler pour ce qui était de la SS et de la police.

— *Et aviez-vous connaissance des lois concernant l'exécution des ordres ? Existait-il une clause relative aux ordres illégaux ?*

— Des ordres illégaux ? Non, non !

— *Une clause indiquant s'il fallait obéir ou non à un ordre illégal ?*

— Non, de telles... de telles, mon Capitaine, de telles... comment dire, de telles... enfin, comment pourrais-je bien dire ça ? de telles distinctions ; il n'était même pas question de les formuler. Car on posait à priori qu'un ordre d'un supérieur était un ordre ! Et qu'on obéissait à un ordre comme le voulait le serment qu'on avait prêté.

— *Peu importait la nature de l'ordre reçu ?*

— En temps de guerre, absolument ! La seule chose qu'on ait à faire est de rectifier la position et de dire « à vos ordres ! » Il n'existait pas d'alternative.

— *Existait-il dans vos lois militaires une clause concernant l'exécution d'un ordre qui se révélerait être un ordre illégal ?*

— Je ne le crois pas. En tout cas chez nous, à la SS, il n'existait absolument rien de semblable. Un subalterne n'a pas à discuter un ordre et ce, que je sache, pour des raisons de principe. Car... je n'ai absolument pas... c'est... Un subalterne n'a pas plus à discuter un ordre qu'un supérieur, comme je l'ai déjà dit, n'a à justifier les ordres qu'il donne. C'est à celui qui donne un ordre qu'il revient d'en assumer la responsabilité. C'est d'ailleurs pour cela qu'on l'a mis à la place qu'il occupe.

— *Mais si un subordonné obéit à un ordre dont l'illégalité est éclatante, n'en porte-t-il pas aussi, statutairement, la responsabilité ?*

— Mon Capitaine, il n'est pas possible qu'un subordonné exécute un ordre illégal, à fortiori en temps de guerre. Il ne lui est possible de faire qu'une seule chose : obéir à ses supérieurs. Si je n'obéis pas, si l'intéressé n'obéit pas, il est traduit devant un tribunal, donc en l'occurrence devant la juridiction de la SS et de la police ou devant un conseil de guerre s'il s'agit d'un militaire. Et s'il obéit et que l'ordre se révèle ensuite être un ordre erroné, c'est celui qui l'a donné qui doit rendre des comptes. Il en a toujours été ainsi.

— *Voici maintenant un télégramme envoyé le 14 juin 1944 de Berlin à Budapest et signé par von Thadden, des Affaires étrangères. Il a trait à des exactions commises par des Allemands à l'encontre de Juifs déportés de Hongrie au cours des... au cours de trois transports. Voulez-vous prendre connaissance de ce document ?*

— Certainement. Il signale que le contre-espionnage slovaque a transmis à des officiers du contre-espionnage allemand un rapport établi par le poste de gendarmerie de Kysak, dans le district de Presow ; d'après ce rapport, les accompagnateurs allemands de trois convois chargés de Juifs de Hongrie et se dirigeant manifestement vers Auschwitz sont montés dans les wagons et ont obligé des Juifs à leur remettre leurs bijoux et leurs autres objets de valeur en les menaçant de les abattre s'ils refusaient ; ils se sont ensuite soûlés au buffet de la gare en monnayant leur butin et se sont mis à chanter... c'est bien probable, effectivement, car les Juifs, pendant le trajet en territoire slovaque, jetaient des wagons divers objets de valeur que ramassaient des enfants et des travailleurs occupés sur les voies. Cet incident a ému l'opinion publique slovaque et nui au prestige de l'Allemagne. Il faut dès lors s'attendre à des réactions politiques de la part du gouvernement slovaque concernant la solution de la question juive. Je cite : « Enquête nécessaire. Eviter renouvellement pareils incidents. Eclaircir sur-le-champ affaire avec service Eichmann. » J'ignore tout de ces incidents mais, s'ils se sont effectivement produits, les choses ont dû sans aucun doute se passer comme le demande ce télégramme. Surtout si, comme c'est ici le cas, l'opinion publique s'est déjà emparée de l'affaire. Il devait s'agir des accompagnateurs allemands des convois, un détachement de la police d'ordre comprenant généralement quinze hommes.

— *Voici maintenant un document en bulgare. Je suppose que vous ne connaissez pas le bulgare. En voici donc la traduction. Il s'agit d'un accord passé le 22 février 1943 à Sofia pour déporter vingt mille Juifs.*

— C'est un accord qui a été conclu entre le commissaire bulgare aux affaires juives, Belev, et l'Hauptsturmführer Dannecker, de mon service, qui exerçait là-bas les fonctions de conseiller pour les questions juives. Il est stipulé dans cet accord que la Bulgarie, le Conseil des ministres bulgare donc, livre vingt mille Juifs en vue de leur déportation ; il est aussi précisé de quelle région ils proviennent, où on les chargera, dans combien de trains. Le reste du document est consacré aux directives concernant cette évacuation, c'est-à-dire qu'elles précisent qui sera évacué et, pour ce qui est des autres points, je n'ai... je ne veux rien dire.

— *Vos représentants à l'étranger ont-ils conclu de semblables accords avec d'autres pays encore pour déporter ainsi des Juifs ?*

— C'est bien ainsi que cela se passait en général. Dans le cas présent, l'autorité militaire ou civile allemande suprême a certainement dû aussi donner le feu vert. Sinon Dannecker n'aurait pas été en mesure de négocier en Bulgarie. Oui, le secrétaire de légation a dû s'en occuper... c'est évident... En effet, sans feu vert du secrétaire de la légation d'Allemagne qui a réglé l'affaire dans ses grandes lignes avec les... les... avec le Conseil des ministres, ça n'aurait pas pu marcher. C'est bien sûr comme ça aussi que ça s'est passé en France, de même à Presbourg, de même en Roumanie. C'est sous cette forme que... c'est comme cela que ça se passait.

— *Ces accords se réalisaient-ils sur la base de directives rédigées au préalable par vos soins ?*

— Non, ces accords-là sont... ils sont nouveaux bien sûr, c'est... c'est nouveau. Cela tient peut-être au fait qu'ici, en Bulgarie, le gouvernement bulgare avait tout spécialement mis en place un commissaire aux affaires juives. J'ignore qui a tenu à ce que les choses se passent sous cette forme contractuelle car, en général, tout se déroulait sous la forme d'un échange de correspondance.

— *Mais quel était le but de tels accords ? Etait-ce une sorte de contrat commercial dans lequel les Juifs jouaient le rôle d'objets négociables ?*

— Oui, je présume que Dannecker a dû prendre ses précautions. Il est en effet précisé dans ce document que le chargement ne peut comprendre que des Juifs. Il a donc dû veiller à ce qu'on ne lui charge pas n'importe quoi d'autre, disons des Tziganes par exemple ou d'autres indésirables dont les Bulgares auraient bien voulu se débarrasser par la même occasion — toutes choses qui arrivaient dans les affaires de ce genre. Il a également refusé les Juifs ayant contracté des mariages mixtes parce qu'on ne lui avait pas encore... parce que leur cas n'avait pas encore été arrêté.

— *Je lis ici, tout en haut : « Juifs, quels que soient leur âge... »*

— «... quels que soient leur âge et leur sexe », c'est-à-dire...

— *Bébés et vieillards, tous dans le même sac !*

— Oui, certainement, certainement. Qui a donné cet ordre ? Cela je l'ignore. Car, sur ce document... Mais le Reich n'avait bien entendu aucun intérêt à cela. L'intérêt du Reich, c'était d'avoir de la main-d'œuvre, mais pas une main-d'œuvre de n'importe quel âge. C'est ce qui ressort de tous... de tous les documents...

— *N'était-ce donc pas l'intérêt du Reich de nettoyer l'Europe de tous ses Juifs en les exterminant physiquement ?*

— Mon Capitaine, nettoyer l'Europe de tous ses Juifs en les exterminant physiquement, c'est une chose qui... euh... était bien sûr un mot d'ordre mais que... qu'on n'aurait jamais pu réaliser dans la pratique. Chez Himmler, ce qui primait, je crois, c'était certainement... Ce qu'il en... était chez Hitler, je n'en ai pas la moindre idée car je n'ai bien sûr jamais parlé avec lui. Mais chez Himmler, ce qui primait vraisemblablement, c'était d'obtenir le plus de main-d'œuvre possible.

— *Et de là, donc, ce passage : « quel que soit l'âge »* !

— Je ne sais pas. Peut-être ont-ils... peut-être que c'est le commissaire bulgare lui-même qui a posé cette condition. Peut-être cela apparaît-il dans les pièces du dossier. Je n'arrive pas... je n'arrive pas à me l'expliquer... Ecoutez, il y avait chez nous des chefs de section un peu, disons, un peu... je ne veux pas dire qu'ils aimaient trop les responsabilités — je cherche un autre mot — ils étaient un peu trop superficiels, pourrais-je dire. Le mot conviendrait peut-être mieux. Ces gens-là ont souvent donné des ordres à leur façon et après ils n'ont pas manqué d'avoir leurs difficultés et leurs ennuis. Pour ma part, il ne m'est que très rarement arrivé d'avoir des ennuis parce que je suis ainsi fait que, de tout temps, j'ai habitué mes collaborateurs à se montrer rigoureux. On ne devait rien entreprendre sans qu'on ait... sans avoir toujours une pièce à l'appui, écrite noir sur blanc. J'étais comme ça et c'est sans doute là le seul côté désagréable de ma personnalité dont mes anciens subordonnés pourraient avoir à se plaindre. De ce point de vue, en effet, je faisais preuve d'une extrême intolérance.

— *Voici maintenant sept pages d'un document produit au onzième procès des criminels de guerre de Nuremberg. Il s'agit de la déposition sous serment d'Adolf Hetzinger de la légation d'Allemagne à Budapest. Avez-vous quelque chose à dire à propos de cette déclaration ?*

— Oui. Je n'arrive pas, personnellement, à me rappeler qui était cet Hetzinger, bien que... même le nom ne me dit rien. Il raconte comment, en dépit d'énormes difficultés etc., etc., il est tout de même finalement parvenu à sauver un certain nombre de Juifs ; son récit est bien entendu manifestement destiné à particulièrement faire ressortir ses mérites. C'est son droit le plus strict. Ces gens-là utilisent tous les mêmes... les mêmes méthodes. Il essaie ici d'une part de sauver sa peau et il a d'autre part le souci — et c'est tout aussi légitime — de blanchir son administration dans toute cette affaire. Il écrit : « C'est ainsi par exemple que l'un des collaborateurs d'Eichmann me raconta une fois qu'il avait participé, en tant que conseiller, à l'élaboration de la législation antijuive hongroise. » Cela me semble fort sujet à caution.

— *Avez-vous personnellement joué ce rôle de conseiller ?*

— Pour la législation antijuive ? Absolument pas. A ma connaissance, le gouvernement hongrois s'est contenté de copier la législation allemande correspondante.

— *Avez-vous initialement refusé à Hetzinger l'autorisation de visiter les camps dans lesquels on avait regroupé les Juifs avant de les déporter ?*

— Je ne me le rappelle pas. J'ai probablement demandé à Berlin si j'y étais autorisé.

— *N'est-ce d'ailleurs pas ce qu'il dit ? Que vous avez certainement sollicité l'autorisation de Berlin ?*

— C'est possible. Mais cela ne signifie pas que moi ou bien mes services lui ayons occasionné des difficultés.

— *Avez-vous déclaré à Hetzinger qu'on transportait les Juifs à Auschwitz pour les soumettre au travail et que leurs familles les accompagnaient afin d'éviter que la séparation — selon ses propres termes — nuise à leur ardeur au travail ?*

— Je ne parviens pas à m'en souvenir. C'est vers la fin avril, mai, juin, à cette époque à peu près, qu'on a dû avoir cette explication orale... à cette époque on ne parlait pas encore de, de... On ne parlait certainement pas encore d'Auschwitz mais — c'est bien possible — peut-être a-t-il participé à... à l'une des premières réunions destinées à mettre au point les plans de route et c'est là qu'il aura entendu parler pour la première fois d'Auschwitz.

— *L'avez-vous informé du fait qu'on gazait à Auschwitz et qu'on y séparait les hommes et les femmes ?*

— Je ne sais pas, mon Capitaine, car la seule chose que je savais moi-même c'était qu'on y faisait travailler tous ceux qui en étaient capables tous ceux qui étaient capables d'un travail manuel ou... autre.

— *Vous ne saviez pas qu'on y gazait ?*

— Ah, j'en ai bien sûr entendu parler. Le commandant du camp, Höss, me l'avait dit, n'est-ce pas ?

— *Lorsque vous parlez de déporter des familles au complet, cela signifie-t-il que les enfants eux aussi étaient déportés ? Y compris donc les petits enfants de moins de quatorze ans ?*

— Mon Capitaine, je n'en sais rien. Je crois — il me semble l'avoir déjà dit —, je ne me rappelle plus quelles étaient les directives pour la Hongrie. C'est le Reichsführer en personne qui les a édictées ; elles différaient tellement d'un lieu et d'un moment à l'autre qu'on était soi-même sans cesse obligé de se livrer à des recherches.

— *Si vous ne déportiez à Auschwitz que les parents et les enfants de plus de quatorze ans, que faisiez-vous donc des petits enfants et des bébés ? Vous en occupiez-vous vous-même ?*

— Mon Capitaine, je n'en sais rien. J'ai déjà dit à plusieurs reprises que cela n'était pas de mon ressort. Mes compétences allaient du départ des trains à leur arrivée à destination, un point c'est tout.

— *Je vais vous lire maintenant quelques lignes des Mémoires du commandant du camp d'Auschwitz, Höss :*

« Lors d'une visite que le Reichsführer nous fit pendant l'été 1942, il assista attentivement à tout le processus de l'extermination, à commencer par le déchargement des convois à l'arrivée, jusqu'à l'évacuation du Bunker II.

Peu de temps après cette visite d'Himmler, le Standartenführer Blobel vint nous apporter des bureaux d'Eichmann un ordre du Reichsführer. Il fallait rouvrir toutes les fosses communes et faire brûler les cadavres qu'elles contenaient. Il fallait aussi faire disparaître les cendres afin qu'on ne puisse jamais par la suite en tirer des conclusions concernant le nombre des incinérés. Blobel avait déjà expérimenté à Culmhof (Chelmno) diverses méthodes d'incinération, Eichmann l'avait chargé de me montrer son installation. »

— Je ne comprends pas ce que Höss peut bien avoir contre moi pour toujours avancer de telles choses à mon propos. C'est exactement comme s'il y avait eu de l'animosité entre nous alors qu'il n'en était rien. Blobel n'était pas un de mes subordonnés. Ni je n'étais son subordonné, ni il n'était le mien.

— *Et qu'affirme Wisliceny dans ses aveux dont voici la retranscription ?*

— Il ne dit pas la vérité lorsqu'il affirme : « De plus, pour faire disparaître toute trace des exécutions, on avait constitué un détachement qui nous appartenait en propre et qui dépendait expressément d'Eichmann, le " détachement 1005 " placé sous le commandement de Blobel. » Le Standartenführer Blobel avait précédemment dirigé un détachement d'intervention à l'Est. S'il vint à ma section, ce fut pour y bénéficier — selon l'expression de Müller — d'une « assistance économique ». Lui et ses hommes avaient reçu l'autorisation de passer la nuit dans les locaux appartenant à ma section lors de leurs passages à Berlin. Blobel avait pour mission de rechercher toutes les fosses communes à l'Est, de les faire ouvrir, d'incinérer les cadavres et de faire disparaître toute trace. A cet effet, il précédait les armées allemandes qui faisaient lentement retraite vers l'ouest et accomplissait son travail dans ces conditions. Lui et moi, nous eûmes longtemps des rapports très tendus. C'était un homme grossier à la voix rauque, qui buvait beaucoup et qui, alors, passait son temps à donner des ordres à mes subordonnés ; il se comportait, à ces moments-là, en véritable maître dans mes propres services alors qu'il n'avait aucun titre à cela. Je le sommai un jour de s'en expliquer. Cela provoqua bien sûr un esclandre car il était Standartenführer et moi Obersturmbannführer, c'est-à-dire le grade immédiatement inférieur. Je ne me rappelle plus la raison qui me fit le provoquer au pistolet. Müller dut intervenir avec énergie pour étouffer l'affaire et arranger les choses. J'entendis de nouveau parler de lui en Argentine, j'appris que les Américains l'avaient pendu à Landsberg pour son appartenance antérieure à un détachement d'exécution. Mais il n'en avait jamais soufflé mot à l'époque.

Commentaire : Une demi-douzaine d'officiers SS composaient à eux seuls ce « détachement 1005 » ; ils se contentaient de superviser les travaux. Les travaux répugnants, c'étaient des déportés qui les accomplissaient sous la surveillance d'auxiliaires de police que l'on avait sortis des camps de prisonniers à l'Est. A la fin de l'opération, les auxiliaires de police durent abattre les détenus ; ensuite, un détachement de SS les abattit à leur tour.

— *N'avez-vous pas pensé que cette mission de Blobel annonçait en fait la défaite militaire ?*

— J'ai tenu en 1941 des propos qui m'ont valu une réprimande de la part de Müller, en présence de quelques autres chefs de section comme moi. Je ne cessais de dire à mes hommes que si les choses continuaient ainsi nous perdrions la guerre au lieu de la gagner. Plus tôt encore, j'avais eu avec Wisliceny des conversations au cours desquelles je lui disais : « Je ne crois pas au Reich millénaire. Je crois que le Reich s'effondrera à la mort d'Hitler. L'empire d'Alexandre le Grand s'est en effet lui aussi effondré. Il suffit de regarder un peu ce qui s'est passé dans l'histoire ; chaque fois que s'est constitué un grand empire, il s'est en général effondré à la mort de son fondateur et s'est ensuite retrouvé démembré. Toujours, il y eut des querelles et des luttes intestines ; toujours, ce fut ensuite une décadence généralisée. » Voilà, par exemple, ce que je déclarais à Wisliceny. Un autre jour, alors que la guerre avait commencé depuis déjà pas mal de temps, je dis à Günther que je ne croyais plus à la victoire. Il y croyait encore. Je dois pourtant avouer que, lorsque j'entendis pour la première fois parler des fusées et qu'on ne cessa pas ensuite de parler d'armes miracles, je changeai d'avis et je me remis à croire qu'on pourrait effectivement gagner la guerre ; j'ai été un de ceux qui ont toujours cru aux armes miracles. Je me devais d'ajouter ce point.

— Vous n'étiez certainement pas le seul. Mais vos espoirs ont été de très courte durée.

— C'est qu'à ce moment-là la confiance dans les armes miracles allemandes, dans lesquelles peu ou prou chacun plaçait ses espérances, commençait à s'effriter, l'espoir déclinait puis disparaissait ; c'est à ce moment-là que des gens comme Becher, Wisliceny, Krumey et consorts ont dû chercher à se voir, se rencontrer et se mettre d'accord pour tenir un langage commun qui leur permette, en cas de défaite, de se retrouver dans la position la moins désagréable possible. C'est de ce moment que doit dater leur changement ultérieur à mon égard. Ainsi s'explique que leurs diverses déclarations soient presque toutes identiques. C'est aussi ce qui a dû se passer, sous une autre forme, au 6e Bureau du RSHA, avec Höttle et Wanneck des services de renseignement à l'étranger. De même pour les gens des Affaires étrangères, les von Thadden, Hetzinger et Grell. Car la propagande qui s'est déversée contre moi dans les journaux et ailleurs ne leur a évidemment pas échappé. Ils ont bien souvent agrémenté leurs déclarations me concernant de calomnies et de mensonges grossiers. Ils agirent ainsi dans l'intention évidente de prendre leurs distances à mon égard — tout ceci, bien entendu, au lendemain de 1945. La propagande m'avait en effet prêté les traits d'un personnage que je n'ai jamais été.

— Mais, vous-même, ne prenez-vous pas aussi vos distances à l'égard des événements passés ?

— Voyez-vous, mon Capitaine, ces officiers qui ont déposé une bombe au quartier général d'Hitler le 20 juillet 1944 — oui, eh bien ces gens-là, à mes yeux — et pas seulement aux miens mais aux yeux de tous — n'étaient pas jusqu'en mai 1945 coupables de haute trahison ; ils n'étaient que de simples traîtres à leur patrie, des parjures et d'infâmes crapules. Aujourd'hui, je vois en certains d'entre eux des gens qui ont commis un acte de haute trahison et qui ont donc rompu leur serment pour des motifs idéalistes et en d'autres des parjures et des traîtres à leur patrie parce que cela ne se fait pas, en temps de guerre, de..., peu importe qui est à la tête... à la tête de l'Etat... Dans beaucoup de domaines — qu'il s'agisse de problèmes philosophiques ou de problèmes de ma sphère privée, qu'il s'agisse de problèmes existentiels ou d'affaires très concrètes — dans beaucoup de ces domaines, jusqu'au 8 mai 1945, j'ai professé des opinions radicalement différentes de celles qui sont maintenant les miennes. On vivait à cette époque dans de tout autres... disons peut-être... dispositions psychiques qu'à présent à l'égard de toutes ces questions ; nous menions en effet une guerre où il allait de la survie ou de la disparition de notre peuple, car c'était bien là ce que nous pensions à l'époque. Devions-nous cette certitude à la propagande, à notre sens du devoir ou à autre chose ? Cette question est aujourd'hui secondaire. Toujours est-il qu'il en était ainsi. Et je n'étais pas le seul ; des millions étaient dans le même cas que moi ; sinon le peuple allemand n'aurait pas pu tenir tête pendant cinq ans à tant de forces et de moyens ligués contre lui. Je n'ai pas le désir de faire inscrire au procès-verbal je ne sais quels propos héroïques — loin de moi une telle pensée, quinze ans après — mais, à l'époque, nous étions dans un tout autre état d'esprit qu'aujourd'hui.

— *Et pourquoi pensez-vous aujourd'hui différemment ?*

— Ce ne fut qu'ultérieurement, après 45, que je me suis aperçu n'être pas le seul à avoir changé de point de vue ; je me suis alors aperçu que beaucoup, beaucoup d'autres changeaient d'opinion. Certains se débarrassaient même du jour au lendemain de toute l'affaire : ils la jetaient simplement pardessus bord. Il m'a toujours semblé que les personnes de ce genre avaient aussi peu de valeur... euh... morale que celles qui, pendant la guerre, feignaient peut-être d'être loyales tandis qu'en réalité elles pensaient tout à fait différemment. Mais il s'est aussi trouvé des gens pour réfléchir à tout ce qui s'était passé et pour oui, je dirais — pour lutter avec eux-mêmes. Moi aussi en effet, j'ai dû lutter avec moi-même. Je dois le reconnaître franchement : ce n'est pas du jour au lendemain que j'ai réussi à me débarrasser de tout ça. Ce n'est que peu à peu que je suis ensuite parvenu à un autre... à un autre stade ; et il m'a fallu très longtemps pour en arriver là, très longtemps pour adopter l'état d'esprit qui est aujourd'hui le mien. Mon Capitaine, pour être tout à fait franc : ce fut très, très long. Il a même fallu pour cela qu'une... qu'une fusée arrive sur la lune. A partir de ce moment-là, il s'est effectivement produit en moi un... un changement radical... ce n'est pas moi qui m'y suis employé, mais cela s'est fait automatiquement tandis que je repensais à toute cette affaire qui englobe aussi tout cet ensemble de problèmes, tous les problèmes de la guerre en général, tous les problèmes si complexes de la nation, du nationalisme et toutes les choses de ce genre. Il m'a fallu tout ce temps. Je dois bien l'avouer. Jusqu'au 8 mai 1945, je repoussais et je méprisais tout cela car il ne m'était pas possible de me parjurer et il ne me serait resté, sinon, d'autre solution que me tirer une balle dans la tête.

Commentaire : Eichmann, pourtant, se donna beaucoup de mal pour survivre au Troisième Reich. Il nie certes être passé dans la clandestinité à la fin de la guerre mais il le fait dans la seule intention de souligner qu'il ne se sentait aucunement coupable. Il savait bien entendu que les vainqueurs ne manqueraient pas de lui demander des comptes à lui aussi. Il fait mine de n'avoir eu que mépris pour ses compagnons qui, à l'heure de la débâcle, passèrent dans la clandestinité munis de faux papiers. Lui-même, pourtant, vécut en Allemagne sous un faux nom et avec de faux papiers jusqu'au printemps 1950. Il parvint d'abord à quitter Aussee, au printemps 1945, et à gagner Ulm en se faisant passer pour le caporal-chef de la Luftwaffe, Adolf Barth. Les Américains le capturèrent alors mais il réussit à s'enfuir lorsque les services secrets US commencèrent leurs interrogatoires. Il n'alla pas loin. Sous l'identité cette fois de l'Oberscharführer Adolf Barth, il se retrouva dans le camp de prisonniers américain de Weiden, dans le Haut-Palatinat. Il s'y métamorphosa en un Untersturmführer Eckmann qui s'évada à nouveau et trouva refuge, sous le nom d'Otto Heninger, chez un paysan, à Priem au bord du lac Chiemsee. Le 20 mars 1946, cet Otto Heninger, natif de Breslau (ville d'où l'on pouvait supposer que tous les papiers avaient disparu), annonça qu'il allait s'établir dans la commune d'Eversen, en Basse-Saxe, et qu'il y travaillerait comme ouvrier forestier. Il resta ensuite dans ce village d'Eversen même après la faillite de son employeur au lendemain de la réforme monétaire ; il prit à ferme une prairie à Altensalzkoth, près de Celle, y éleva des poules, fit commerce d'œufs et de volailles. Au printemps 1950, il avait mis assez d'argent de côté pour entreprendre une traversée de l'océan préparée de longue main. Il passa d'Autriche en Italie où il se procura un passeport au nom de Ricardo Klement. Muni d'un visa du consul d'Argentine à Gênes, il embarqua le 14 juillet 1950 à bord d'un bateau en partance pour Buenos Aires.

— *Voudriez-vous regarder cette photo, s'il vous plaît ? Est-ce bien vous ?*

— Oui. Elle a été prise en Argentine.

— *En quelle année ?*

— Oui, cela pourrait être... Je pense que c'est à Tucumán, oui... Oui, je le vois au costume, c'était à Tucumán. Donc à peu près en... 1951, 1952. Non, pas en 52. Oui, en 51, je pense. 50-51, oui.

— *Et c'est vous qui avez écrit cela ici ? Est-ce votre écriture ? « Adolf Eichmann, ancien Obersturmbannführer SS ».*

— Oui ! Je ne me rappelle plus à qui je l'ai donnée. Peut-être bien à Geller ; peut-être bien que c'est lui qui me l'a demandée.

— *Qui était Geller ?*

— C'était avec ce Geller que j'étais venu en Amérique, c'était un Standartenführer lui aussi. Mais je me dis que ce n'est pas forcément à lui que j'ai donné cette photo. Ce pourrait bien être à quelqu'un d'autre. C'est forcément, en tout cas, quelqu'un avec qui j'ai été très étroitement lié ; ce ne peut avoir été une femme mais un... mais un homme et je me souviens vaguement que cette personne a tenu à ce que je mette mon... *(Eichmann prend une cigarette)* merci beaucoup... mon grade au bas de la photo.

— *Hum.*

— Je n'arrive pas non plus à me souvenir d'avoir signé ici, au bas de la photo comme... comme... à la manière des stars du cinéma ; je me vois plutôt signer au dos de la photo. Car il s'agissait là d'une des photos dont j'avais besoin, je crois bien, en tant que membre du personnel de la maison « Capri » ou pour quelque chose de ce genre ; et, à l'origine, ce n'était pas une photo d'un grand format comme celle-ci Il s'agissait de photos de format plus réduit et je n'aurais certainement pas pu... Peut-être n'a-t-on photographié la signature au dos qu'au moment où l'on a réalisé la photocopie ; on l'aura ensuite montée au-dessous de ma photo.

— *Mais il s'agit bien d'une photo datant de l'année 51 à peu près, n'est-ce pas ?*

— Des années 50-51, au moment où je travaillais à la « Capri ». L'époque où j'étais à Tucumán et où je travaillais à la « Capri ».

Commentaire : Le tribunal disposait d'une deuxième photo d'Eichmann le montrant, en compagnie de deux autres hommes en civil, appuyé au bastingage du bateau le menant en Amérique du Sud. La maison « Capri » qu'il vient d'évoquer était une entreprise qui, pour le compte du gouvernement local, se livrait en Argentine à la prospection de sites propices à l'implantation de centrales hydro-électriques ; elle établissait également les plans d'installation. Elle recrutait essentiellement son personnel parmi les Allemands qui avaient quitté leur pays à la fin de la guerre. Ricardo Klement, qui avait derrière lui une longue expérience d'organisateur et qui disposait désormais d'un passeport argentin, était à la tête d'une troupe d'auxiliaires autochtones ; son avancement fut si rapide qu'il gagna bientôt assez d'argent pour envisager de faire venir sa famille. Fin juin 1952, Vera Eichmann, née Liebl, domiciliée à Aussee, accompagnée de ses fils Klaus, Dieter et Horst, se mit en route, via Gênes et Buenos Aires, pour Tucumán où Eichmann travaillait à l'époque. Il ne fut au début pour ses fils que l'oncle Ricardo. Ils avaient gardé leurs noms de famille, leur mère utilisant son nom de jeune fille. Ils maintinrent cette fiction lorsque la « Capri » n'obtint plus de contrats publics et que Ricardo Klement, au chômage, alla s'installer avec sa famille dans un faubourg de Buenos Aires ; ils logèrent dans un appartement dont le propriétaire, un Juif, Francisco Schmidt, n'aura quelques années plus tard que des éloges à faire de son ancien locataire. Eichmann fut ensuite, successivement, exploitant d'une petite laverie, employé, puis il dirigea un élevage de lapins ; lorsqu'il finit par trouver un emploi chez Daimler-Benz, il se retrouva en quelques mois à la tête d'un sous-département. Il fut bientôt en mesure d'acheter un terrain et de se faire construire une maison.

— *Le dernier grade que vous avez obtenu dans la SS correspondait-il en fait à vos pouvoirs réels ?*

— Un responsable de section dans les services de la Gestapo était Sturmbannführer, ce qui correspondait au grade administratif de cadre moyen ; il pouvait aussi être assimilé à un cadre supérieur, c'est-à-dire être Obersturmbannführer. Lorsqu'on accédait à la responsabilité d'une section du Bureau central du SD, on se retrouvait alors à un poste qui pouvait permettre d'atteindre le grade d'Oberführer de la SS à condition d'avoir le nombre d'années de service voulu. Je crois qu'on ne pouvait monter plus haut. Moi, par exemple, je suis resté quatre ans sans bouger de mon grade d'Obersturmbannführer. En toute logique, j'aurais dû au moins monter d'un grade. Le Gruppenführer Müller m'a demandé un jour : « Eh bien, Eichmann, où en êtes-vous de votre carrière de fonctionnaire ? » Je lui ai répondu : « J'aimerais, si ce n'est pas une obligation, ne pas être considéré comme un fonctionnaire car je désirerais conserver mon grade à titre purement militant. » Je cherchais en effet à m'en aller, à retourner dans les troupes combattantes. Ou bien, si je n'y parvenais pas, à me contenter d'un poste de préfet de police dans n'importe quelle ville.

— *Vous aviez pourtant à traiter de secrets d'Etat absolus ?*

— Comme il y a fort longtemps que je ne détiens plus de secrets, ni secrets ni secrets d'Etat, je ne suis plus lié d'aucune manière par le serment que j'ai prêté un jour et que j'ai eu l'obligation de respecter jusqu'au 8 mai 1945 exactement. Depuis ce jour je n'ai plus à m'imposer de contraintes intérieures quelles que soient les conséquences que je doive en subir sur le plan personnel. Je n'ai plus à m'embarrasser de scrupules moraux. Dans ces conditions, je n'ai pas la moindre raison de refuser de déposer.

— *Vous ne dissimulez donc rien ?*

— On pourrait en effet penser que je reconnais sans difficultés tout ce qui — disons — n'est, en quelque sorte, pas trop susceptible de me nuire mais que je fais preuve en revanche d'une — disons — certaine absence de mémoire sur les points où se joue l'essentiel. C'est là une attitude que je rejette pour des raisons intérieures très profondes ; je pense en effet qu'il s'agirait de ma part d'une lâche dérobade.

— Vous n'enjolivez donc rien ?

— Il y a environ un an et demi, un ami m'apprit, au retour d'un voyage qu'il venait de faire en Allemagne, que certaines fractions de la jeunesse allemande étaient visiblement sous le coup de sentiments de culpabilité, de complexes de culpabilité à l'égard de tout ce qui s'était passé. Cet incident représenta pour mon évolution personnelle une étape aussi importante que — disons — ma prise de conscience au moment de l'alunissage de la première fusée envoyée par l'homme. Cette révélation est au centre de ma vie intérieure, elle constitue un point nodal autour duquel sont venues s'articuler toutes sortes d'autres réflexions. C'est cette prise de conscience aussi qui, dès le début, m'a empêché de me soustraire par la fuite aux poursuites contre moi lorsque je me suis aperçu que j'étais en quelque sorte encerclé de guetteurs. J'avais en effet bien remarqué qu'on avait retrouvé ma trace pour ainsi dire et que le cercle se refermait de plus en plus sur moi. Car il y avait eu d'une part l'ordre de recherche lancé contre moi par le Premier ministre israélien Ben Gourion ; j'en avais eu connaissance par la presse. Et, d'autre part, j'avais appris qu'une espèce de commando prospectait à proximité de chez moi, sous le prétexte d'installer une usine de machines à coudre ; il cherchait à acheter du terrain, paraît-il. Mais il n'y avait dans le coin ni courant électrique ni eau douce et je m'étais ensuite rendu compte — tout au moins leur accent me le fit-il supposer — qu'il s'agissait de Juifs d'Amérique du Nord. J'aurais eu à l'époque une merveilleuse occasion de repasser dans la clandestinité si je l'avais voulu. Je n'en ai pas profité, j'ai au contraire continué mon train-train et j'ai décidé de voir venir. J'aurais pu, par exemple, compte tenu des certificats et des papiers d'identité en ma possession, trouver sans problème du travail en Argentine, dans n'importe quelle institution publique, et même en Patagonie. Je n'ai pas voulu le faire parce que je me suis dit que je n'avais plus le droit de disparaître. C'est notamment cette conversation sur la jeunesse allemande et ses sentiments de culpabilité et la forte impression qu'elle m'avait faite qui m'ont dicté cette décision de ne pas fuir.

Commentaire : Beaucoup de gens ont voulu s'attribuer le mérite d'avoir débusqué Adolf Eichmann et de l'avoir ainsi remis aux mains de la justice. Simon Wiesenthal, par exemple, qui s'intitule lui-même « le chasseur d'Eichmann » ; il est vrai que, des années durant, il a suivi d'innombrables pistes, échafaudé hypothèse sur hypothèse ; mais il est arrivé trop tard en Argentine. Il y eut aussi le journaliste Tuvia Friedmann, victime des persécutions nazies dans sa Pologne natale puis jeté en camp de concentration. Ce sont en réalité des agents des services secrets israéliens qui prirent en filature, dès la fin 1959, à Olivos, un faubourg de Buenos Aires, l'employé Ricardo Klement. C'est le procureur général de Francfort, Fritz Bauer, qui mit le premier ses collègues de la justice israélienne sur la piste argentine. Mais il leur fallut attendre mars 1960 pour acquérir la certitude qu'il s'agissait bien d'Adolf Eichmann. Alors qu'ils avaient déjà préparé et mis au point son enlèvement, toute sa famille déménagea pour aller s'installer en banlieue, dans la maison qu'il venait de se faire construire. C'est là que, le 11 mai 1960, à la nuit tombante, ils surprirent Klement entre l'arrêt du bus et son domicile ; ils l'entraînèrent dans une auto, le conduisirent à une cache préparée d'avance et lui demandèrent : « Qui êtes-vous ? » Il répondit : « Je suis Adolf Eichmann. Et vous, vous êtes des Israéliens ? » Il resta enfermé dans cette cache jusqu'au 20 mai ; sous l'effet des drogues qu'on lui administrait, il passa le plus clair de son temps à dormir. Le soir de ce 20 mai, on le mena sur une chaise roulante à bord d'un avion commercial israélien venu tout exprès à Buenos Aires ; on le fit passer pour un homme riche et gravement malade qui voulait mourir en Terre promise. Le 23 mai 1961, à Haïfa, un magistrat lui donna lecture de l'acte d'accusation : « ...accusé d'avoir provoqué entre 1938 et 1945, en Allemagne et dans les territoires occupés par elle, la mort de millions de Juifs ». On lui demanda : « Vous reconnaissez-vous coupable ? » Il répondit : « Je n'ai rien à déclarer en dehors du fait que je ne suis pas responsable des événements qui me sont reprochés. J'en apporterai la preuve le moment venu. »

— *Je vais vous donner lecture de quelques passages tirés de la revue* Stern *qui vous a consacré un article dans son numéro du 9 juillet 1960. Je ne vous lirai que des extraits. Par exemple : « C'est ainsi qu'il écrit — c'est de vous qu'il est question — sur la page de garde de l'ouvrage* L'atome *du Dr Fritz Kahn.* "

" J'ai bien assimilé ce livre sur le plan intellectuel et j'y ai trouvé une merveilleuse confirmation de la croyance national-socialiste en Dieu et de la foi en général ; et, comme cette dernière présente une lointaine parenté avec la théorie de la matière de la philosophie communiste, donc avec le matérialisme léniniste, je mets en garde mes enfants contre la tentation de tout mettre dans le même sac. La doctrine marxiste-léniniste enseigne le matérialisme. C'est l'absence de vie et de chaleur. La foi en Dieu, en revanche est chaleureuse, naturelle et toujours vivante. Mais je dois malheureusement craindre que, compte tenu de l'ignorance dans laquelle d'autre que paroles en l'air. "

Cela vous rappelle-t-il quelque chose ?

— Ainsi on a fouillé ma maison après mon enlèvement. C'est ce que je déduis de cet article. Je sais, j'ai écrit cette phrase, parfaitement ! Mes fils se désintéressant totalement de développer leurs... leurs... disons, leurs facultés intellectuelles, j'ai écrit cette phrase en guise d'avertissement.

— *Le* Stern *écrit encore :*

« Il leur racontait les excuses ou les justifications qu'il s'était forgées pour lui-même : bien sûr, leur père était recherché, bien sûr, on l'accusait de crimes abominables mais rien de cela n'était exact. Il avait toujours été un fonctionnaire consciencieux, effectuant ce qu'on lui avait ordonné de faire, mais qui n'avait jamais de sa vie tué un être humain. »

— Et c'est vrai !

— *Je continue :*

« Il avoue a ses amis son identité ; il a des conversations interminables ; il lit tout ce qui a été publié depuis la guerre sur ce qui fut son domaine, " la question juive ". Il se raccroche désespérément à ce qui constitue désormais la dernière justification de ses actes passés : son serment de fidélité au drapeau, l'accomplissement du devoir et l'obéissance. Et Eichmann voue une haine implacable à tous ceux qui, dans les dernières heures du " Reich millénaire ", ont placé leurs sentiments humains plus haut que l'obéissance aveugle qui restait de règle. C'est ainsi que, lisant le livre de Gerhard Boldt *Les dernières heures de la Chancellerie du Reich*, il découvre que l'auteur n'a pas obéi absolument jusqu'au bout à son Führer. Le texte de la jaquette commence par ces mots : " Un jeune officier du front [Boldt] est, en janvier 1945... " Eichmann raie le mot officier du front et écrit au-dessus " salaud ", " traître " ou " crapule ". Boldt raconte quelque part dans le livre que, dans les jours qui ont immédiatement précédé l'écroulement de l'empire nazi, de hauts dirigeants nazis, jusque-là arrogants et méprisants, s'étaient soudain faits humbles et prévenants ; Eichmann inscrit alors en marge de ce passage : " L'auteur est un pauvre con bête à manger du foin ! L'ordure, c'est Boldt ! " Il écrit à un autre endroit : " L'auteur, pour sa bassesse, mériterait d'être écorché vif. Ce sont de telles crapules qui nous ont fait perdre la guerre. " Enfin, dans les dernières pages de l'ouvrage, on trouve ce résumé de la main d'Eichmann :

" 1) Chacun est libre de vivre comme il l'entend.

2) Mais il ne faut pas, alors, se poser en officier car

3) officier = accomplissement de son devoir conformément à son serment de fidélité ! "

La revoilà la fameuse planche de salut, " l'accomplissement du devoir ", la planche à laquelle il s'agrippe et qu'il s'emploie à défendre avec une passion et des mots qui étaient loin d'être encore les siens à l'heure où il contribuait à résoudre la " question juive " avec sa froideur et sa correction mortelles. »

Avez-vous effectivement écrit ces remarques en marge de ce livre ?

— Oui, je les ai écrites. Mais c'est bien sûr, de la part de cet homme, une infamie de parler d'une... planche de salut qui m'aurait été étrangère auparavant. Cela a toujours fait partie de ma vie ; c'était pour moi une norme de vie absolue. J'ai érigé en norme l'impératif catégorique kantien et cela ne date pas d'hier. C'est cet impératif qui a guidé mon existence et je n'ai pas épargné mes imprécations à mes propres fils lorsque je me suis aperçu qu'ils se laissaient aller. Devant leur paresse et le peu de goût qu'ils montraient à s'instruire, j'ai également tenté par des propos énergiques de leur faire entendre raison... Chaque fois que je lisais un livre, je... je... comme ça en lisant... à chaque fois une sainte colère s'emparait de moi et, lorsque je me trouvais dans cet état, je prenais un crayon et j'inscrivais ce qui, sur le moment, me paraissait valoir d'être dit.

— *Le* Stern *écrit encore ceci :*

« Ses familiers et ses amis qui eurent l'occasion de parler avec lui en Argentine le décrivent comme un homme intérieurement brisé, un homme certes conscient du caractère indicible de ses crimes mais incapable de se l'avouer ; un homme s'efforçant au contraire de trouver, avec la rage du désespoir, des excuses formelles lui évitant d'avoir à porter condamnation contre lui-même. »

— C'est faux. C'est... c'est... ce sont des bavardages de journalistes.

— *Et encore ceci :*

« La conscience d'Eichmann... Nous citons ses propres notes : “ Je finis par me lasser de ma vie errante et anonyme entre deux mondes. La voix du cœur, voix à laquelle nul ne peut se dérober, m'a toujours murmuré des paroles d'apaisement. Avec mes anciens adversaires aussi j'aimerais pouvoir faire la paix. Peut-être est-ce là une marque du caractère allemand ? Et je serais le dernier à refuser de me présenter aux autorités allemandes si je ne me disais que l'aspect politique de cette affaire va susciter un intérêt trop grand pour permettre une issue objective. Loin de moi l'idée de douter si peu que ce soit de l'aptitude d'un tribunal allemand à me faire justice, mais je ne vois pas encore très bien quel statut juridique la justice accorde aujourd'hui à celui qui reçut jadis des ordres et qui, lié par son serment, était tenu d'exécuter les ordres et les directives qu'on lui donnait. Je n'ai été rien d'autre qu'un membre de la SS et du RSHA, un homme loyal, honnête, correct et consciencieux, un membre de la SS animé du seul amour d'une patrie à qui j'avais l'honneur d'appartenir. Je n'ai jamais été au fond de moi-même un salaud et je n'ai jamais été un traître. Au terme d'un examen autocritique scrupuleux, je suis dans l'obligation d'affirmer que jamais je n'ai tué ni commis d'assassinat collectif. Mais, pour ne pas m'écarter d'un pouce de la vérité, je devrais m'accuser de complicité pour assistance à criminels ; j'ai en effet transmis les ordres de déportation que je recevais et l'on a abattu une partie de ces déportés, même si c'est une tout autre unité que la mienne qui s'en chargea. Je dirais que je devrais m'accuser de complicité pour assistance à criminels si je me jugeais moi-même avec une sévérité impitoyable. Je ne suis toutefois pas encore certain d'en avoir le droit compte tenu de mes subordonnés directs. Je suis donc toujours, en ce domaine, la proie d'un conflit interne. Ce qui, au moment de ces événements, m'animait, c'était ma croyance en la nécessité d'une guerre totale car je n'ai cessé de croire de plus en plus profondément à ce que proclamait la direction du Reich allemand à cette époque — " Ou bien, au prix d'une guerre totale, le peuple allemand remportera la victoire, ou bien il périra. " C'est cette conviction qui m'amena à accomplir mon devoir et à exécuter les ordres avec bonne conscience et d'un cœur confiant. " »

— Parfaitement !

— *Est-ce vous qui avez écrit cela ou bien...*

— Je n'arrive pas à me souvenir où j'ai écrit cela, mais c'est de moi. Ce sont bien mes propos, je les reconnais. Mais d'où cela... provient-il ? Je n'arrive pas à me le rappeler.

— *Le* Stern *écrit alors ceci à votre sujet :*

« Car cet Eichmann n'était ni une brute ni un indifférent. D'après son propre témoignage qui semble digne de foi, il était même plutôt sensible. Ce qui n'empêcha pas cet homme de signer en toute connaissance de cause les ordres de déportation qui signifiaient la mort pour des centaines et des centaines de milliers de personnes. Il était un fonctionnaire du crime et, aussi longtemps qu'il le demeura, il n'ignora rien de ce qu'il était. Il n'éprouvait à l'époque ni scrupules ni besoin d'invoquer l'obligation d'obéissance. Il devra en répondre. »

— Ce sont encore des bavardages de journalistes dans ce dernier passage. Si j'étais habité de la conviction qu'il me fallait fidèlement respecter mon serment, il n'est au pouvoir de... on ne peut rien changer à ce qui est un fait, on ne peut pas non plus l'interpréter à sa manière ; les journalistes, eux, le peuvent, oui. Et les romanciers aussi.

— *Maintenez-vous les appréciations que vous avez portées dans ces livres ?*

— En ce qui concerne ces remarques, remarques que j'écrivais dans des livres m'appartenant, j'ai le sentiment que ce que j'ai écrit là, dans mes livres personnels, ne regarde personne, en fait, aussi longtemps que je ne les prête pas. Et je n'en ai prêté aucun. Mon Capitaine, je voudrais en conclusion me livrer à quelques considérations personnelles et annoncer une décision que j'ai prise. Je vous ai livré tout ce dont j'ai réussi à me souvenir malgré les quinze années écoulées depuis ces événements. Pour l'essentiel — je le crois du moins — il ne peut plus subsister quoi que ce soit qui vaille la peine de vous être dit. Mais, j'en suis certain, une foule de détails vont, à diverses occasions, me revenir en mémoire. Je voudrais que l'on me croie si je déclare être, en toute circonstance, totalement disposé à livrer sans retenue tout ce que je sais de ces événements. Psychologiquement, je suis depuis longtemps déjà prêt à faire une telle déclaration générale ; j'ignorais simplement où le destin me conduirait à la faire. Déjà, en janvier de cette année, on m'avait annoncé que je serais jugé dans l'année. On m'avait de même déclaré que je ne vivrais pas jusqu'à cinquante-six ans. L'une de ces prédictions est déjà confirmée et l'autre — je le crois — est irréversible. Dans ces conditions, je devrais me retrouver entièrement disposé à livrer tout ce que je sais, de mon plein gré, spontanément, sans prendre en considération ma propre personne qui désormais ne compte plus guère pour moi. J'ai, ma vie durant, été habitué à obéir, depuis mon tout jeune âge jusqu'au 8 mai 1945 — une obéissance qui se transforma, pendant les années où j'appartins à la SS, en une obéissance aveugle, une obéissance inconditionnelle. Que m'aurait d'ailleurs rapporté de désobéir ? Et à qui cela aurait-il été utile ? Rien d'essentiel, rien de déterminant dans ce qui s'est passé entre 1935 et 1945 n'a été de mon fait, à aucun moment ; mon grade et le poste que j'occupais étaient beaucoup trop modestes pour cela. Je sais néanmoins, bien entendu, que je ne peux pas m'en laver les mains car le fait que je n'aie été qu'un simple exécutant n'a certainement plus aucune signification aujourd'hui. Ceux qui organisaient, qui décidaient et qui commandaient se sont trop facilement soustraits à leurs responsabilités en se suicidant. D'autres sont morts ou ont disparu. Bien que je n'aie pas de sang sur les mains, je serai certainement reconnu coupable de complicité criminelle. Mais, quoi qu'il advienne, je ressens comme une libération intérieure le fait d'avoir moi aussi à expier personnellement ces événements épouvantables. Je sais que la peine de mort m'attend. Je ne demande pas non plus grâce car je n'y ai pas droit. Oui, si cela doit revêtir la signification d'un acte expiatoire mémorable, je suis prêt, en guise d'avertissement solennel à tous les antisémites d'ici-bas, à me pendre moi-même en public. Je ne souhaiterais qu'une chose : qu'on me permette auparavant d'écrire un livre sur ces horreurs, un livre qui soit, pour la jeunesse d'aujourd'hui et de demain une mise en garde et une dissuasion. Ma vie terrestre pourra alors prendre fin. Puis-je, mon Capitaine, vous remettre cette déclaration pour vos dossiers ?

Commentaire : Rudolf Höss, le commandant du camp d'extermination d'Auschwitz, et le Dr Hans Frank, le gouverneur général de la Pologne occupée, avaient eux aussi, bien avant Eichmann, exprimé leur désir d'écrire leurs Mémoires avant d'être exécutés. Tous deux parvinrent toutefois à laisser ainsi une trace écrite de leurs souvenirs ; pour ce qui est d'Eichmann, on dispose certes bien d'espèces d'aveux écrits mais ils sont d'une grande pauvreté, fragmentaires et ils évitent tout détail concret ; ils sont visiblement destinés à servir de justifications aux yeux des siens. Il en résulte que les procès-verbaux d'interrogatoires israéliens constituent la source d'informations la plus importante et la plus complète sur le caractère et les agissements de cet homme dont le nom restera à jamais lié à l'extermination des Juifs. Mais — le procès l'a d'ailleurs montré — Eichmann n'était au fond guère plus qu'un exécutant. C'est moins son antisémitisme qui l'a amené à commettre ses forfaits que son zèle de bureaucrate, son ambition de faire carrière et la jouissance qu'il éprouvait à décider de la vie ou de la mort d'autrui. Ce fut pour lui une profonde déception de ne pas parvenir à émerger de la large couche intermédiaire de la hiérarchie SS et de devoir se contenter, au revers de son col, de quatre étoiles et d'un galon, les insignes d'un Obersturmbannführer, c'est-à-dire d'un lieutenant-colonel. Il ne lui vint jamais à l'esprit que même les despotes laissent leurs bourreaux dans l'ombre.

C'est le capitaine de la police Avner Less qu'on avait choisi pour mener l'interrogatoire. C'était un ancien Berlinois à qui la situation de l'Allemagne d'avant 33 était familière et qui pouvait parler avec Eichmann dans la langue maternelle de ce dernier. Son recours à la vieille ficelle des policiers qui consiste à passer continuellement d'un problème à un autre au cours d'un interrogatoire afin d'embrouiller l'accusé et de le faire s'empêtrer dans ses contradictions, ce recours systématique rend très pénible la lecture des trois mille cinq cent soixante-quatre pages que compte le procès-verbal des interrogatoires. Jochen von Lang et Claus Sibyli ont donc, pour cette raison, regroupé en quelques grands ensembles de questions les faits qui étaient plus ou moins épars dans le dossier ; ils ont ainsi établi, dans la mesure du possible, un ordre thématique et chronologique.

Seule une partie des procès-verbaux a trouvé place dans ce montage. En historiens qu'ils sont les auteurs se sont d'abord attachés à celles des déclarations d'Eichmann qui mettaient en particulière évidence l'ampleur des crimes nazis et les méthodes employées ; ils se sont aussi attachés à celles d'entre elles qui montrent comment les seules circonstances — la glorification de la violence — et la fascination exercée par un « Führer » ont pu transformer en un monstre un homme comme les autres, un homme issu de la bourgeoisie, ayant bénéficié d'une éducation normale et qui ne manifestait pas de penchants criminels.

L'interminable série des interrogatoires débuta le 29 mai 1960, soit neuf jours après l'arrivée d'Eichmann en Israël. A intervalles irréguliers, jusqu'à la date du 2 février 1961, le capitaine de la police Less se fit amener le détenu quatre-vingt-dix fois au total. Il passa en tout deux cent soixante-quinze heures en sa présence. Questions et réponses étaient enregistrées sur bandes magnétiques ; ce n'est qu'ensuite qu'on écrivait le procès-verbal de la séance.

Le texte de chaque bande, soixante-dix-sept en tout, fut soumis à l'approbation d'Eichmann. De son écriture illisible, il griffonnait quelques rares corrections et ne manquait jamais de porter l'attestation suivante : « J'ai comparé cette transcription avec la bande magnétique, je l'ai corrigée de ma propre main et j'authentifie de ma signature l'exactitude et la fidélité de cette reproduction. »

Le procès d'Eichmann débuta à Jérusalem deux mois après le dernier interrogatoire ; c'était le 11 avril 1961. Pour la circonstance, on avait tout exprès promulgué une loi autorisant de constituer un tribunal spécial. Le ministère public fit comparaître comme témoins un grand nombre de Juifs qui avaient jadis assumé des fonctions dirigeantes dans les communautés juives de Berlin, de Vienne, de Prague et de Budapest. Eichmann avoua dans une large mesure ses forfaits mais invoqua les ordres qu'il avait reçus de ses supérieurs. Peut-être avait-il espéré en secret n'être reconnu coupable que de complicité criminelle et avoir ainsi la vie sauve ; mais l'ampleur même des faits dont il avait à répondre transforma l'accusation de crime en celle d'assassinat. Ce fut au reste un procès loyal dans la mesure bien sûr où le permirent les sentiments qui animaient les juges à l'égard d'un tel accusé. Le procès dura sept mois et chacune de ces séances fut un rappel des souffrances et de la mort de millions de Juifs. Le 11 décembre 1961, le président du tribunal donna lecture du verdict : la mort. Six mois plus tard, le 31 mai 1962, Adolf Eichmann fut pendu. Son corps fut brûlé et ses cendres dispersées en mer.

L'appareil d'Eichmann
dans la structure policière du Troisième Reich.

Himmler, Reichsführer de la SS depuis 1929, créa en 1931 une police propre à la SS, le Sicherheitsdienst ou SD (Services de sécurité), placé sous la direction de Heydrich.

En 1936, Himmler devint aussi le chef de toute la police allemande. Il avait donc sous ses ordres aussi bien la police de la SS ou du Parti, c'est-à-dire le SD, que par exemple la police de sécurité, toutes deux d'ailleurs dirigées par le même Heydrich.

En septembre 1939, ces deux services parallèles furent regroupés au sein du Reichssicherheitshauptamt ou RSHA (Bureau central pour la sécurité du Reich), confié bien sûr à Heydrich puis, après sa mort, à Kaltenbrunner. De là, le caractère hybride de la fonction policière dont joue Eichmann : tantôt fonctionnaire, tantôt militant, tantôt l'homme du SD, tantôt l'homme de la Gestapo. Entré en effet comme volontaire dans la SS, puis dans le SD de la SS, il se retrouve intégré à l'administration de la police et jouit donc d'un double statut.

Le RSHA se composait de sept Bureaux, par exemple celui des renseignements intérieurs (le 3e), celui des renseignements extérieurs (le 6e), celui de la police criminelle (le 5e), celui des archives et bibliothèques (le 7e), etc.

Eichmann dépend du 4e Bureau, dirigé par Müller, chargé de dépister et de mettre hors d'état de nuire les adversaires du régime ; c'est en fait le Bureau de la Gestapo ; Eichmann en dirige une des sections à partir de 1939.

Hiérarchie et grades dans la SS

Appellations allemandes	*Equivalent militaire français*
Reichsführer-SS (Himmler)	
Obergruppenführer et Oberstführer	général de corps d'armée
Gruppenführer	général de division
Brigadeführer	général de brigade
Oberführer	grade intermédiaire entre général de brigade et colonel
Standartenführer	colonel
Obersturmbannführer	lieutenant-colonel
Sturmbannführer	commandant
Hauptsturmführer	capitaine
Obersturmführer	lieutenant
Untersturmführer	sous-lieutenant

Hauptscharführer	adjudant-chef
Oberscharführer (au début Truppführer)	adjudant
Scharführer	sergent-chef
Unterscharführer	sergent

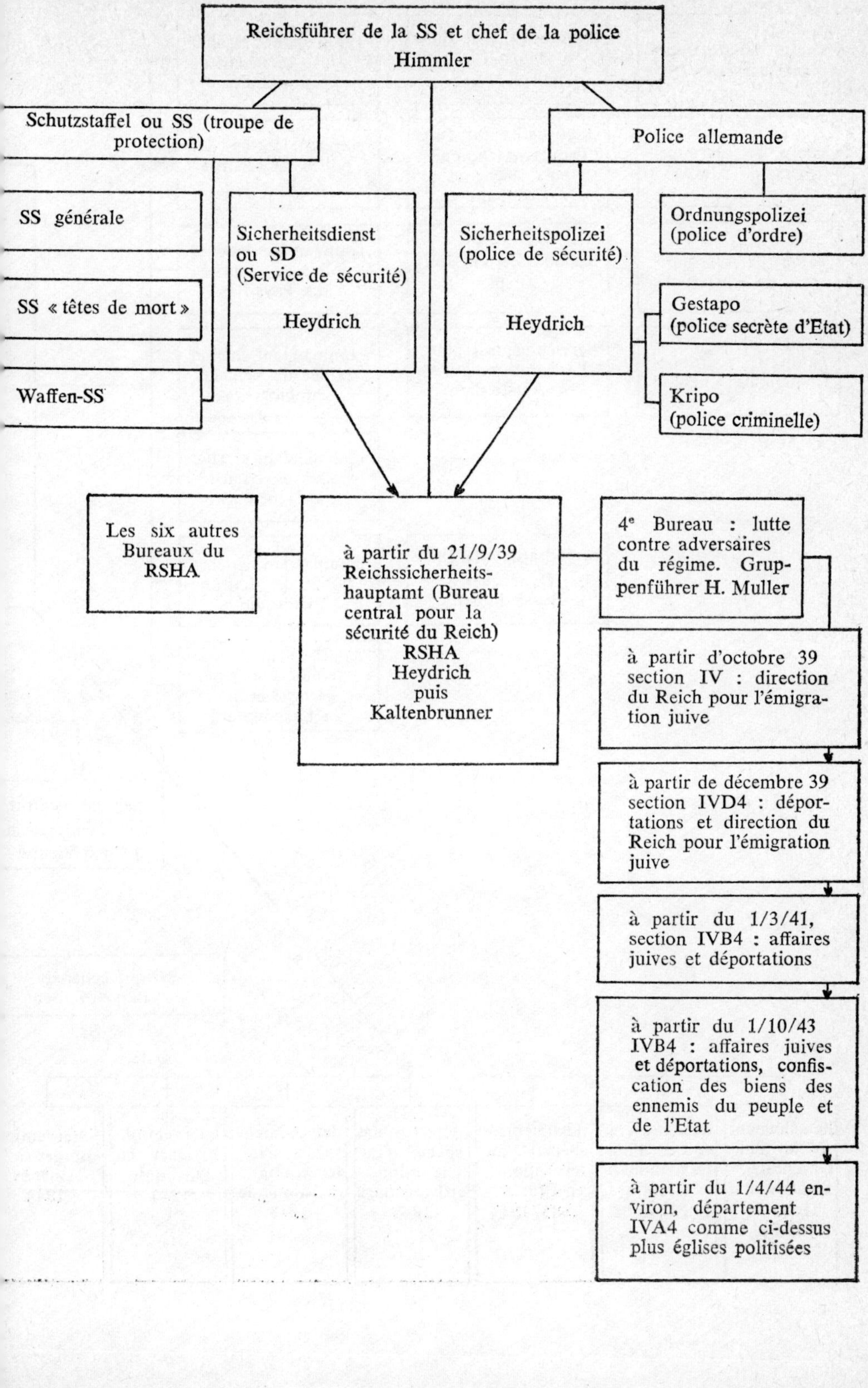
Reichsführer de la SS et chef de la police
Himmler
Schutzstaffel ou SS (troupe de protection)
Police allemande
SS générale
SS « têtes de mort »
Waffen-SS
Sicherheitsdienst ou SD (Service de sécurité)
Heydrich
Sicherheitspolizei (police de sécurité)
Heydrich
Ordnungspolizei (police d'ordre)
Gestapo (police secrète d'Etat)
Kripo (police criminelle)
Les six autres Bureaux du RSHA
à partir du 21/9/39 Reichssicherheitshauptamt (Bureau central pour la sécurité du Reich) RSHA Heydrich puis Kaltenbrunner
4e Bureau : lutte contre adversaires du régime. Gruppenführer H. Muller
à partir d'octobre 39 section IV : direction du Reich pour l'émigration juive
à partir de décembre 39 section IVD4 : déportations et direction du Reich pour l'émigration juive
à partir du 1/3/41, section IVB4 : affaires juives et déportations
à partir du 1/10/43 IVB4 : affaires juives et déportations, confiscation des biens des ennemis du peuple et de l'Etat
à partir du 1/4/44 environ, département IVA4 comme ci-dessus plus églises politisées

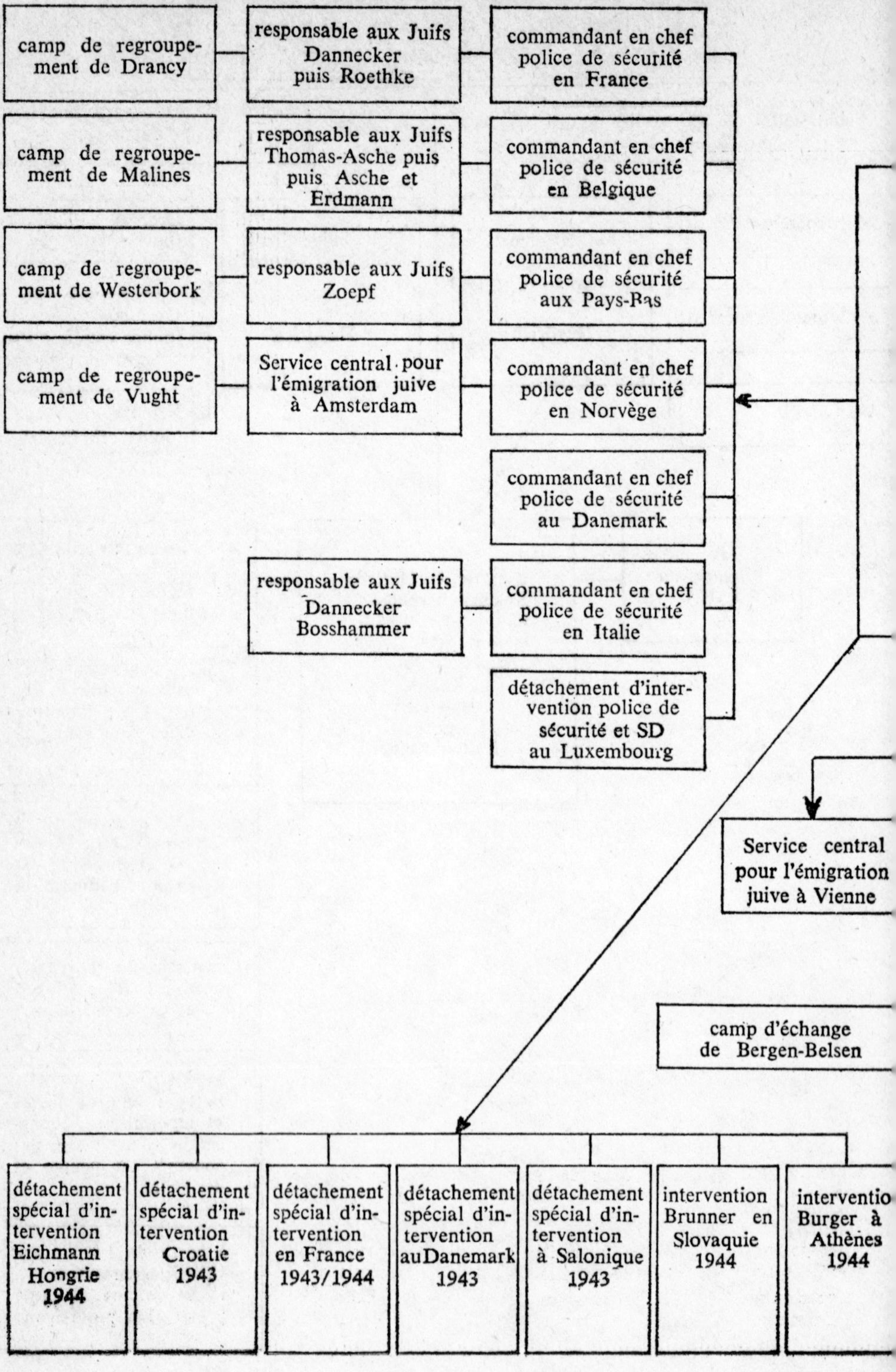
camp de regroupement de Drancy
responsable aux Juifs Dannecker puis Roethke
commandant en chef police de sécurité en France
camp de regroupement de Malines
responsable aux Juifs Thomas-Asche puis puis Asche et Erdmann
commandant en chef police de sécurité en Belgique
camp de regroupement de Westerbork
responsable aux Juifs Zoepf
commandant en chef police de sécurité aux Pays-Bas
camp de regroupement de Vught
Service central pour l'émigration juive à Amsterdam
commandant en chef police de sécurité en Norvège
commandant en chef police de sécurité au Danemark
responsable aux Juifs Dannecker Bosshammer
commandant en chef police de sécurité en Italie
détachement d'intervention police de sécurité et SD au Luxembourg
Service central pour l'émigration juive à Vienne
camp d'échange de Bergen-Belsen
détachement spécial d'intervention Eichmann Hongrie 1944
détachement spécial d'intervention Croatie 1943
détachement spécial d'intervention en France 1943/1944
détachement spécial d'intervention au Danemark 1943
détachement spécial d'intervention à Salonique 1943
intervention Brunner en Slovaquie 1944
interventio Burger à Athènes 1944

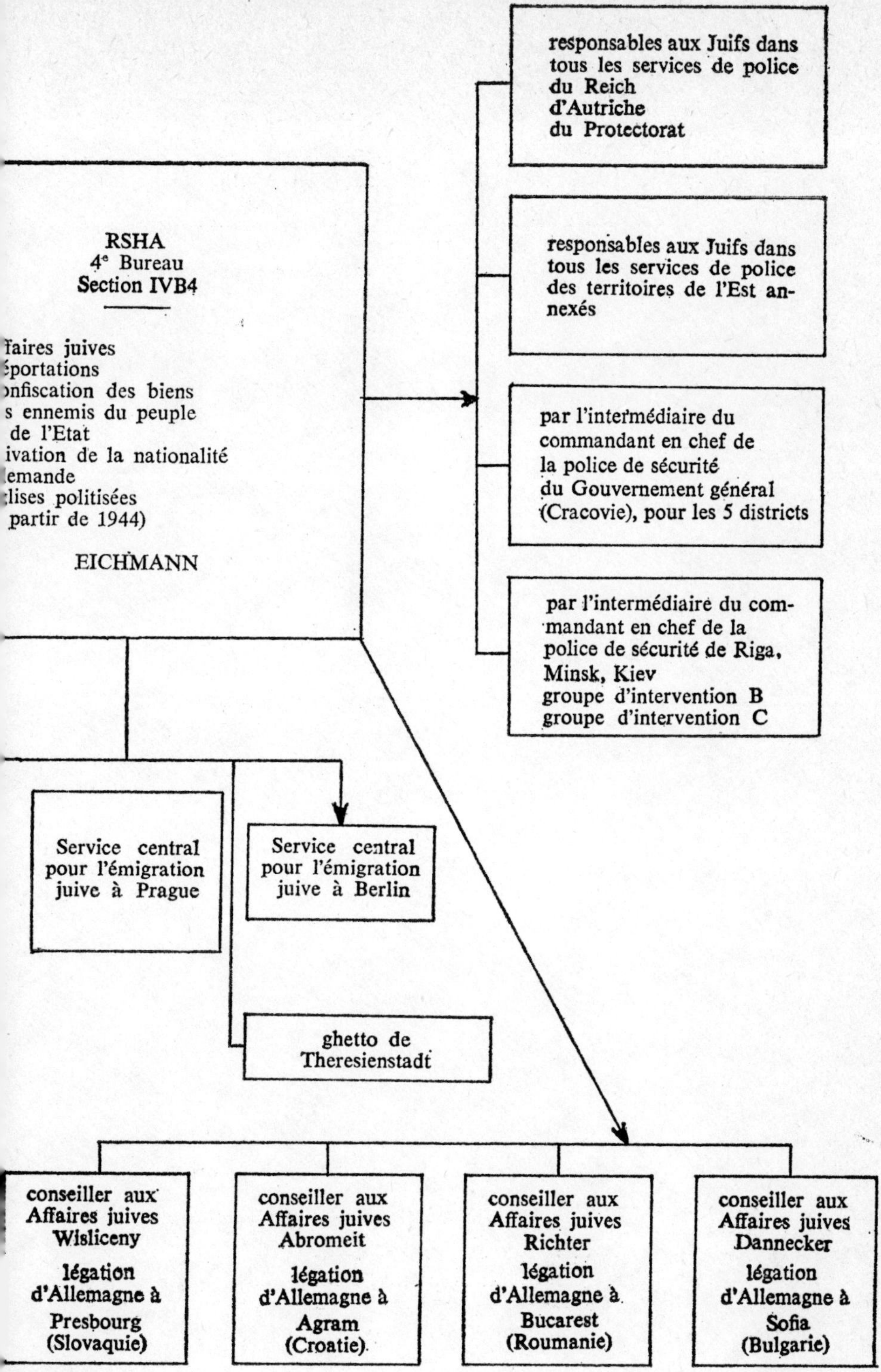
responsables aux Juifs dans tous les services de police du Reich d'Autriche du Protectorat
responsables aux Juifs dans tous les services de police des territoires de l'Est annexés
par l'intermédiaire du commandant en chef de la police de sécurité du Gouvernement général (Cracovie), pour les 5 districts
par l'intermédiaire du commandant en chef de la police de sécurité de Riga, Minsk, Kiev groupe d'intervention B groupe d'intervention C
RSHA
4e Bureau
Section IVB4
faires juives
éportations
onfiscation des biens
s ennemis du peuple
de l'Etat
ivation de la nationalité
lemande
glises politisées
partir de 1944)
EICHMANN
Service central pour l'émigration juive à Prague
Service central pour l'émigration juive à Berlin
ghetto de Theresienstadt
conseiller aux Affaires juives Wisliceny légation d'Allemagne à Presbourg (Slovaquie)
conseiller aux Affaires juives Abromeit légation d'Allemagne à Agram (Croatie)
conseiller aux Affaires juives Richter légation d'Allemagne à Bucarest (Roumanie)
conseiller aux Affaires juives Dannecker légation d'Allemagne à Sofia (Bulgarie)

Achevé d'imprimer
sur les Presses Bretoliennes
27160 Breteuil-sur-Iton

Dépôt légal : février 1984. — N° d'impression : 167